한 번에 합격, 자격증은 이기적

이렇게 기막힌 적중률

이렇게 기막힌 적중률

정보처리기사
실기 핵심 600제

+ C, Java, Python 공략집

"이" 한 권으로 합격의 "기적"을 경험하세요!

YoungJin.com Y.
영진닷컴

차례

PART 01

핵심 예상문제

C, Java, Python 공략집 동영상 강의가 제공됩니다. 이기적 홈페이지(license.youngjin.com)에 접속하여 시청하세요.

▶ 제공하는 동영상과 PDF 자료는 1판 1쇄 기준 2년간 유효합니다. 단, 출제기준안에 따라 동영상 내용은 변경될 수 있습니다.

이 책의 구성

Step 1 핵심 예상문제 400제

SECTION 01 요구사항 확인하기

138 사용자와 소프트웨어, 하드웨어 등의 디지털 기기 간의 상호작용을 위한 인터페이스는 무엇인지 작성하시오.

• 답 :

정답 & 해설

UI

UI(User Interface)
사용자와 소프트웨어, 하드웨어 등의 디지털 기기 간의 상호작용을 위한 인터페이스이다. 즉, 사용자가 컴퓨터, 스마트폰, 태블릿 등의 기기를 조작할 때 보는 화면, 클릭하는 버튼, 입력하는 텍스트 상자 등을 의미한다.

기적의 TIP

사용자 경험(UX, User Experience)
• 사용자가 어떤 시스템, 제품, 서비스를 직, 간접적으로 이용하면서 느끼고 생각하게 되는 총체적 경험입니다.
단순히 기능이나 절차상의 만족뿐 아니라 전반적인 지각 가능한 모든 면에서 사용자가 참여, 사용, 관찰하고 상호 교감을 통해서 알 수 있는 가치있는 경험을 의미합니다.
• 제품이나 서비스의 사용자 경험을 개선하여 사용자들이 제품을 더 쉽게 사용하고, 더 효과적으로 목적을 달성할 수 있도록 도우며, 사용자들이 제품에 대해 더 긍정적인 인상을 갖게 하고, 제품을 계속 사용하고 추천하게끔 만드는 데 중요한 역할을 합니다.

핵심 예상문제
출제 기준과 관련 내용을 대표하는 핵심 문제를 수록하였습니다.

정답 & 해설
문항별 키워드를 상세히 설명하여 효율적 학습이 가능합니다.

기적의 TIP
출제 경향과 학습 노하우를 알려주는 내용들을 담았습니다.

Step 2 최신 기출문제 10회

정보처리기사 실기시험 **2023 기출문제 03회**

종 목	시험시간	배 점	문제수	형 별
정보처리기사	2시간 30분	100	20	A

풀이 시간 : ________ 채점 점수 : ________

01 **다음 JAVA 프로그램의 실행 결과를 작성하시오.**

```
1:  class sup {
2:        public void paint() {
3:           System.out.print("A");
4:           draw();
5:        }
6:        public void draw() {
7:           System.out.print("B");
8:           draw();
9:        }
10: }
11: class sub extends sup {
12:       public void paint() {
13:          super.draw();
14:          System.out.print("C");
15:          this.draw();
16:       }
```

목표 점수/풀이 시간
목표하는 점수와 풀이 시간을 체크하며 실전처럼 풀어볼 수 있습니다.

기출문제
기출문제를 통한 실전학습으로 실력을 완성할 수 있습니다.

시험의 모든 것

자격검정

응시 절차 안내

시험 절차 및 내용은 반드시 시행처를 다시 한 번 확인하세요.

Step 1 응시 자격 조건

필기 시험 합격 후 응시 가능

Step 2 시험 원서 접수하기

• 한국산업인력공단 q-net.or.kr 접속
• 시험 기간 조회 후 날짜와 시간 확인

Step 3 시험 응시하기

수험표, 신분증을 지참하고 고사장에 30분 전에 입실

Step 4 합격 여부 확인하기

합격자 발표일에 인터넷으로 합격 여부 확인

Step 5 자격증 신청하기

합격 후 자격취득자가 직접 신청

1. 시행처

한국산업인력공단(q-net.or.kr)

2. 시험 방법

검정 방법 : 필답형(2시간 30분)
합격 기준 : 100점 만점에 60점 이상

3. 출제 기준

요구사항 확인	• 현행 시스템 분석하기 • 요구사항 확인하기 • 분석 모델 확인하기
데이터 입출력 구현	• 논리 데이터 저장소 확인하기 • 물리 데이터 저장소 확인하기 • 데이터 조작 프로시저 작성하기 • 데이터 조작 프로시저 최적화하기
통합 구현	• 연계 데이터 구성하기 • 연계 매커니즘 구성하기 • 내외부 연계 모듈 구현하기
서버 프로그램 구현	• 개발환경 구축하기 • 공통 모듈 구현하기 • 서버 프로그램 구현하기 • 배치 프로그램 구현하기
인터페이스 구현	• 인터페이스 설계서 확인하기 • 인터페이스 기능 구현하기 • 인터페이스 구현 검증하기
화면 설계	• UI 요구사항 확인하기 • UI 설계하기
애플리케이션 테스트 관리	• 애플리케이션 테스트케이스 설계하기 • 애플리케이션 통합 테스트하기 • 애플리케이션 성능 개선하기
SQL 응용	• 절차형 SQL 작성하기 • 응용 SQL 작성하기 소프트웨어 개발 보안 구축 • SW 개발 보안 설계하기 • SW 개발 보안 구현하기
프로그래밍 언어 활용	• 기본 문법 활용하기 • 언어 특성 활용하기 • 라이브러리 활용하기
응용 SW 기초 기술 활용	• 운영체제 기초 활용하기 • 데이터베이스 기초 활용하기 • 네트워크 기초 활용하기 • 기본 개발환경 구축
제품 소프트웨어 패키징	• 제품 소프트웨어 패키징하기 • 제품 소프트웨어 매뉴얼 작성하기 • 제품 소프트웨어 버전관리하기

PART 01

핵심 예상문제

CHAPTER 01

요구사항 확인

SECTION
01 현행 시스템 분석하기

001 소프트웨어 생명주기 모델의 종류 중 나선형 모델(Spiral Model)은 시스템 개발 시 위험을 최소화하기 위해 점진적으로 완벽한 시스템으로 개발해 나가는 모델이다. 다음의 보기를 보고 나선형 모델의 개발 절차를 순서대로 나열하시오.

〈보기〉

위험 분석, 고객 평가, 공학적 개발, 계획 및 정의

• **답** : → → →

정답 & 해설

계획 및 정의 → 위험 분석 → 공학적 개발 → 고객 평가

나선형 모델

- Boehm이 제시한 모델로 폭포수 모형과 프로토타입 모형의 장점을 수용하고 위험 분석을 추가한 점증적 개발 모델이다.
- 프로젝트 수행 시 발생하는 위험을 관리하고 최소화하려는 것을 목적으로, 성과를 보면서 점진적으로 개발을 진행한다.
- 복잡성으로 프로젝트 관리가 어렵고 개발 장기화 가능성이 존재한다. 하지만, 프로젝트의 신뢰도가 매우 높으므로 대규모 프로젝트, 국책사업 및 위험 부담이 큰 시스템 개발에 적합하다.

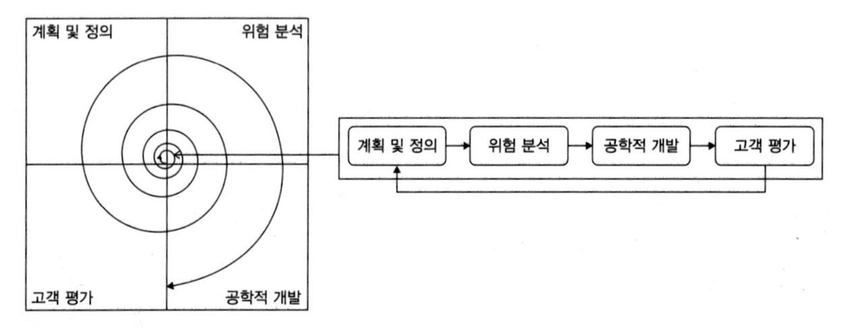

기적의 TIP

나선형 모델 개발 순서

'계획'은 가장 처음에 수행하고, '위험'이 파악되면 '개발'하여 위험을 제거한 후, 고객으로부터 '평가'받는다고 이해하면 기억하기 쉽습니다.

002 아래의 표를 보고 애자일 방법론의 유형 중 XP(eXtreme Programming)의 12가지 기본 원리의 빈칸에 알맞은 원리를 한글 또는 영문으로 작성하시오.

계획 절차(The Planning Process)	고객이 요구하는 비즈니스 가치를 정의하고, 개발자가 필요한 것은 무엇이며 어떤 부분에서 지연될 수 있는지를 알려준다.
(①)	작은 시스템을 먼저 만들고, 짧은 단위로 업데이트한다.
상징(Metaphor)	공통적인 이름의 체계를 갖고 공통적인 시스템 서술서를 갖게 되면, 개발과 의사소통을 돕는다.
단순 설계(Simple Design)	현재의 요구사항에 들어맞는 가장 단순한 시스템을 설계한다.
테스팅(Testing)	개발자 먼저 단위 테스트, 고객은 기능 테스트를 작성하여 요구사항이 모두 반영되었는지를 확인한다.
리팩토링(Refactrong)	개발하는 동안 내내 시스템의 설계를 향상시킨다.
짝 프로그래밍(Pair Programming)	개발자 둘이서 짝으로 프로그래밍한다. 짝 프로그래밍은 혼자 코딩하는 것과 비슷하거나 혹은 더 적은 비용이 든다.
공동 소유(Collective Ownership)	모든 코드는 모든 개발자에게 속해 있다. 시스템에 있는 코드는 누구든지 언제라도 수정 가능하다.
(②)	매일 여러 번씩 소프트웨어를 통합하고 빌드한다.
주당 40시간 업무(40 Hour Week)	피곤한 개발자가 실수를 더 많이 하므로 업무시간을 제한한다.
현장고객 지원(On Site Customer)	개발자들의 질문에 즉각 대답해 줄 수 있는 고객을 프로젝트에 풀 타임으로 상주시킨다.
코딩 표준(Coding Standard)	효과적인 공동 작업을 위해서는 모든 코드에 대한 코딩 표준을 정의한다.

• **답** :

정답 & 해설

① 소규모 릴리즈(Small Release)
② 지속적인 통합(Continous Integration)

XP(eXtreme Programming)

- 고객 만족을 강조하여 고객의 요구 변화에 부응하는 소프트웨어 개발 방법이다.
- 의사 소통, 단순성, 피드백, 용기 등 네 가지 가치와 팀워크, 관리자, 고객에 초점을 맞춰 각 개발자들이 전체적인 맥락에서 질적인 소프트웨어 개발에 전념하도록 한 것이다.
- XP 프로그래머는 고객 및 동료들과 의사소통을 하고, 프로그램을 단순하고 투명하게 하며, 시험을 통해 피드백을 수행하고, 가능한 빨리 고객에게 시스템을 전달하도록 한 것이다.
- 많은 퍼즐 조각처럼 개별적으로는 별 의미가 없지만 하나로 합쳐지면 완전한 그림을 볼 수 있다는 데서 시작된 것으로, 요구사항이 많거나 잦은 변화가 예상되는 프로젝트를 하는 경우에 소규모의 개발팀으로 공간 공유의 높은 효과를 볼 수 있다.

003 **LOC 기법에 의하여 예측된 총 라인수가 50000라인, 프로그래머의 월 평균 생산성이 200라인, 개발에 참여할 프로그래머가 10인일 때, 개발 소요 개월은 몇 개월인지 쓰시오.**

• **답** :

정답 & 해설

25개월

LOC, Man Month 모형

LOC 모형	• 각 기능의 원시 코드 라인 수의 낙관치, 중간치, 비관치를 측정해 예측치를 구하고 이를 통해 비용을 산정하는 방식이다. • 측정이 쉽고 이해하기 쉽다. • 예측치를 통해 생산성, 노력, 개발 기간 등 비용을 산정한다(a : 낙관치, m : 중간치, p : 비관치). 예측치 $= \frac{a + 4m + p}{6}$
Man Month 모형	• 한 사람이 1개월 동안 할 수 있는 일의 양을 기준으로 프로젝트 비용을 산정한다. 프로젝트 기간 = Man Month/프로젝트 인력 Man Month = LOC/프로그래머의 월간 생산성

개발 소요 개월은 50000/(200×10) = 25개월이다.

004 프로젝트의 CPM 네트워크가 다음과 같을 때 프로젝트를 가장 빠르게 완료할 수 있는 소요 일수는 며칠인지 쓰시오.

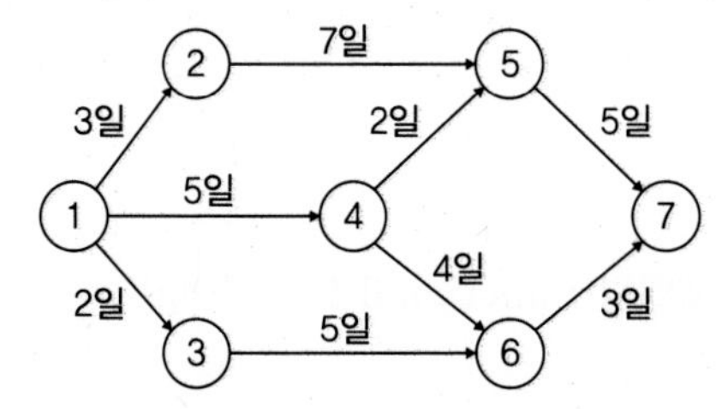

• **답** :

정답 & 해설

15일

임계경로(Critical Path)

- 여러 단계의 과정을 거치는 작업에서 그것을 완성시키려면 여러 과정의 경로가 동시에 수행되어야 한다고 할 때, 그 중 가장 긴 경로. 즉 전체 공정 중 가장 시간이 많이 걸리는 경로이다.
- 각 작업의 공정을 그래프 형태로 나타냈을 때 임계경로는 시작점에서 종료점에 이르는 가장 긴 경로가 된다. 전체 작업을 끝내는 데 걸리는 최소의 시간은 임계경로의 길이와 같다.
- 문제의 임계경로는 다음과 같이 구할 수 있다.

경로	소요일수	임계경로
1–2–5–7	3+7+5=15	○
1–4–5–7	5+2+5=12	
1–4–6–7	5+4+3=12	
1–3–6–7	2+5+3=10	

기적의 TIP

임계경로는 제품을 완성하는 데 걸리는 최소한의 시간으로 CPM 네트워크에서 가장 긴 경로를 말합니다.

005 **럼바우의 객체지향 개발 방법론(OMT)의 분석 절차를 순서대로 작성하시오.**

• 답 : → →

정답 & 해설

객체 모델링(Object Modeling) → 동적 모델링(Dynamic Modeling) → 기능 모델링(Functional Modeling)

럼바우(Rumbaugh) 객체지향 개발 방법론(OMT, Object Modeling Technique)

- 소프트웨어 구성요소를 그래픽 표기법을 이용하여 모델링하는 객체지향 분석(Object-oriented Analysis) 기법이다.
- OMT는 객체 모델링 → 동적 모델링 → 기능 모델링 순서로 진행된다.

구분	설명
객체 모델링 (Object Modeling)	객체 다이어그램, 정보 모델링으로 필요한 객체를 찾고 객체 사이의 관계를 정하는 모델링이다.
동적 모델링 (Dynamic Modeling)	상태 다이어그램, 시간의 흐름에 따라 객체들 사이의 제어 흐름, 동작 순서 등의 동적인 행위를 표현하는 모델링이다.
기능 모델링 (Functional Modeling)	자료 흐름도(DFD), 다수의 프로세스 사이의 자료 흐름을 중심으로 처리 과정을 표현한 모델링이다.

기적의 TIP

럼바우(Rumbaugh) 객체지향 분석 기법('동', '기', '상', '자') 암기법

각각의 모델링에 따라 모델링 도구로 암기하여야 합니다.

- **'객'-'동'-'기'** : 객체 모델링 → 동적 모델링 → 기능 모델링
- **'객'-'상'-'자'** : 객체 다이어그램 → 상태 다이어그램 → 자료 흐름도

006 **기존의 소프트웨어를 분석하여 해당 소프트웨어의 설계, 기능, 동작 방식 등을 파악하는 과정하는 용어로 이를 통해 소프트웨어의 수정, 개선, 재사용 등을 위한 정보를 수집할 수 있는 것을 무엇이라 하는지 작성하시오.**

• **답** :

정답 & 해설

소프트웨어 역공학(Software Reverse Engineering)

소프트웨어 역공학(Software Reverse Engineering)

- 기존의 소프트웨어를 분석하여, 해당 소프트웨어의 설계, 기능, 동작 방식 등을 파악하는 과정을 의미한다.
- 소프트웨어의 수정, 개선, 재사용 등을 위한 정보를 수집할 수 있다.
- 소프트웨어 역공학의 대표적인 예로는 디컴파일러(Decompiler)가 있다. 디컴파일러는 컴파일된 소스코드를 원래의 소스코드로 역으로 변환해주는 프로그램이다. 이외에도, 소프트웨어 역공학은 소스코드, 바이너리 코드, 데이터베이스 스키마 등을 분석하여 시스템의 동작 방식을 이해하는 데에도 활용된다.

007 **반복적이고 점진적인 소규모 팀 중심의 소프트웨어 개발 방법인 스프린트(Sprint)를 사용하고 팀원 간 활발한 소통과 협동심이 필요하며 요구사항 변경에 신속하게 대처할 수 있는 소프트웨어 개발 프로세스를 무엇이라 하는지 영문으로 작성하시오.**

• **답** :

정답 & 해설

SCRUM

스크럼(SCRUM)

- 애자일(Agile) 개발 방법론 중 하나로, 소프트웨어 개발 프로젝트를 진행할 때 사용되는 프로세스이다.
- 기능을 작은 단위로 나누어 개발하는 반복적이고 점진적인 개발 방식인 스프린트(Sprint)를 사용한다. 프로젝트를 진행할 때 일정한 주기(주로 1~4주)를 스프린트라고 부르는데 스프린트마다 개발할 기능을 우선순위에 따라 나열한 백로그(Backlog)를 작성하고, 이를 기반으로 스프린트 플래닝 회의를 진행한다. 이 회의에서는 해당 스프린트에서 구현할 기능을 선택하고, 해당 기능을 구현하기 위해 필요한 작업을 구체적으로 계획한다.
- 스프린트 플래닝 이후에는 각 팀원들이 자신이 맡은 작업을 개별적으로 수행한다. 매일 아침에는 스크럼 미팅(Scrum Meeting)을 진행하여 전일에 수행한 작업과 오늘 수행할 작업을 공유하고, 문제가 발생하면 해결 방법을 토론한다. 스프린트가 끝나면 스프린트 검토 회의를 통해 완성된 제품을 검토하고, 이를 바탕으로 다음 스프린트에 대한 계획을 수립한다.
- 스크럼에서는 팀의 협업과 자기 조직성이 중요한 역할을 한다. 또한, 스크럼에서는 지속적인 피드백과 개선이 중요시되며, 이를 통해 빠르게 변화하는 시장에 대응하는 데에 효과적이다.

008 **다음 빈칸에 공통으로 들어갈 알맞은 오픈 소스 라이선스 명칭을 작성하시오.**

(　　)(은)는 리차드 스톨만(Richard Stallman)이 이끄는 자유 소프트웨어 운동에서 만들어진 운영체제이다. 이름에서 알 수 있듯이, (　　)(은)는 유닉스(UNIX) 운영체제와 유사한 목적과 디자인을 가지고 있다.
(　　)(은)는 오픈 소스 소프트웨어로, 소스코드가 공개되어 있으며, 누구나 해당 소프트웨어를 복제, 수정, 배포할 수 있다. 또한, (　　) 프로젝트에서는 사용자들이 소프트웨어를 자유롭게 사용하고 공유할 수 있도록 다양한 자유 소프트웨어 라이선스를 만들어내기도 했다. 이러한 자유 소프트웨어 운동의 목표는 소프트웨어 자유화와 사용자의 권리 증진으로 볼 수 있다.
(　　)(은)는 이전에 유닉스 운영체제가 상용화되기 전, 유닉스와 호환성이 높은 운영체제를 만들고자 1980년대에 시작되었다. 이를 위해 리차드 스톨만은 에뮬레이터 등의 도구를 만들고, 에디터, 컴파일러 등의 소프트웨어를 개발하였다. 이러한 노력들이 이어지며, (　　)(은)는 1990년대에는 GPL을 통해 자유 소프트웨어 운동을 이끌면서 현재에 이르러도 다양한 오픈 소스 프로젝트와 라이브러리 등을 제공하고 있다.

• **답** :

정답 & 해설

GNU

GNU(GNU's Not Unix)는 유닉스(UNIX)의 상업적 확산에 반발하여 리차드 스톨만(Richard Stallman)과 그의 팀이 무료로 개발하여 배포하고 있는 유닉스 호환 운영체제이다.

009 **스크럼(SCRUM) 방법론에서 스크럼 마스터의 역할을 간단하게 서술하시오.**

• **답** :

정답 & 해설

스크럼 마스터는 프로젝트 팀의 일정 관리, 프로세스 개선 및 문제 해결 등을 담당하는 역할을 한다.

SCRUM 팀 구성의 역할

개발팀 (Development Team)	• 스크럼 프로젝트를 위해 제품을 개발하는 팀으로, 프로젝트의 성공과 실패에 큰 영향을 미치는 핵심적인 역할을 담당한다. • 크기가 작아야 하며(3~9명), 프로젝트에 필요한 모든 역량을 가진 다양한 전문성을 갖춘 개발자들로 이루어져 있다.
스크럼 마스터 (Scrum Master)	• 프로젝트 팀이 스크럼 방법론을 올바르게 적용하고, 개발 프로세스가 원활하게 진행될 수 있도록 지원하는 역할을 담당한다. • 개발팀이 자율적으로 일할 수 있도록 방해 요소들을 제거하고, 프로세스 개선을 이끌어내며, 팀 멤버들 간의 원활한 소통과 협업을 촉진한다.
제품 책임자 (Product Owner)	• 제품의 비전을 제시하고, 제품 백로그를 관리하며, 제품을 최적화하는 역할을 담당한다. • 고객의 요구사항과 우선순위를 파악하고, 개발팀과 함께 제품을 개발하는 과정에서 우선순위에 맞춰 기능들을 개발한다.

010 **소프트웨어 개발 방법론 중 고객 요구사항에 따라 반복적인 개발을 하는 방법론으로, 짧은 릴리즈와 반복, 점증적 설계, 사용자 참여 등의 특징을 가지고, 익스트림 프로그래밍(eXtremeProgramming), 스크럼(SCRUM)과 같은 종류가 있는 개발 방법론을 작성하시오.**

• **답 :**

정답 & 해설

애자일(Agile)

애자일(Agile)

- 소프트웨어 개발 방법론 중 하나로, 고객의 요구사항이 빈번하게 변하는 환경에서 빠른 개발과 변화에 유연하게 대응하는 것을 목적으로 한다.
- 애자일은 작은 주기(Iteration) 단위로 반복적인 개발을 진행하며, 이를 통해 고객의 요구사항을 빠르게 파악하고 제품을 지속적으로 개선한다.
- 개발자들 간의 자율성과 협업을 강조하며, 소통과 피드백을 중요하게 여긴다.
- 대표적인 애자일 방법론으로는 익스트림 프로그래밍(eXtremeProgramming), 스크럼(Scrum) 등이 있다.

기적의 TIP

애자일(Agile)의 핵심 정리

- 반복적이고 점진적인 개발 방법
- 협력과 소통의 중요성
- 고객 중심의 개발 방법
- 빠른 적응력과 유연성

SECTION

02 요구사항 확인하기

011 **SWEBOK(Software Engineering Body of Knowledge)에 따른 요구사항 개발 프로세스를 〈보기〉를 참조하여 작성하시오.**

〈보기〉

요구사항 분석, 요구사항 명세, 요구사항 도출, 요구사항 확인

• **답** : → → →

정답 & 해설

요구사항 도출 → 요구사항 분석 → 요구사항 명세 → 요구사항 확인

요구사항 개발 프로세스

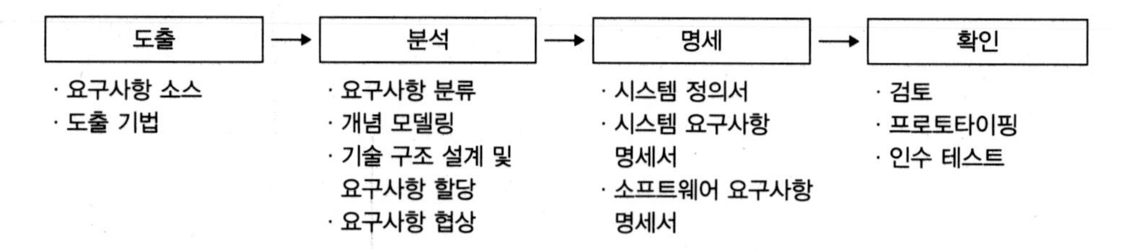

기적의 TIP

SWEBOK(Software Engineering Body of Knowledge)

- 소프트웨어 공학 분야에서 필요한 지식과 기술, 그리고 관련 용어와 개념 등을 정리하고 체계화한 것을 의미합니다.
- IEEE(전기 및 전자 기술 협회)에서 개발하였으며, 소프트웨어 공학 분야에서의 전문가들의 합의를 바탕으로 제작되었습니다.
- 소프트웨어 공학 분야에서 필요한 핵심 지식들을 정리하고 공유하여, 소프트웨어 개발 프로세스의 효율성과 품질을 향상시키기 위한 목적으로 활용됩니다.

012 **다음은 요구사항 분류에 대한 내용이다. (1), (2)에 들어갈 알맞은 용어를 작성하시오.**

(1) 요구사항	• 시스템과 외부 요소 간의 상호 연관성으로서 외부 사용자에게 직접적으로 혜택을 줄 수 있는 시스템 서비스의 기능이다. • 사용자 요구사항 명세서(User Requirement Specification)로부터 요구사항을 도출한다. • 완전성과 일관성의 확보가 필요하다. • 구현 기술과는 독립적이다.
(2) 요구사항	• 시스템의 전체적 품질이나 특성 및 기능적 요구사항을 구현할 때 고려해야 하는 제약 사항이다. • 요구 분석 이후의 설계 단계에서 이루어질 언어나 플랫폼, 구현 선택 등의 기술에 영향을 준다.

• **답 :**

정답 & 해설

(1) 기능적
(2) 비기능적

기능적 요구사항과 비기능적 요구사항

기능적 요구사항	• 시스템과 외부 요소 간의 상호 연관성으로서 외부 사용자에게 직접적으로 혜택을 줄 수 있는 시스템 서비스의 기능이다. • 사용자 요구사항 명세서(User Requirement Specification)로부터 요구사항을 도출한다. • 완전성과 일관성의 확보가 필요하다. • 구현 기술과는 독립적이다. • 예 – 시스템이 무엇을 하는가? – 시스템이 언제 그 일을 하는가? – 시스템이 운용될 때 여러 가지 다른 모드가 있는가? – 언제 어떻게 시스템이 변경되거나 확장되는가?
비기능적 요구사항	• 시스템의 전체적 품질이나 특성 및 기능적 요구사항을 구현할 때 고려해야 하는 제약 사항이다. • 요구 분석 이후의 설계 단계에서 이루어질 언어나 플랫폼, 구현 선택 등의 기술에 영향을 준다. • 예 – 신뢰성, 가용성, 유지 보수성, 보안 등 품질 특성에 대한 요구사항이 있는가? – 시스템이 결함을 찾아내고 격리시켜야 하는가? – 시스템이 가동되는 평균 시간은 어느 정도인가? – 시스템의 작업이 중단된 후 다시 복구될 때까지 허용되는 시간은 얼마인가?

013 **다음 (1), (2)에 적당한 테스트 방법을 작성하시오.**

단위, 통합 및 시스템 테스트 결과를 기반으로 구현 기능이 최종 사용자의 업무 완결성 관점에서 요구사항에 부합되는지를 테스트하기 위한 것을 사용자 인수 테스트라고 한다. 인수 테스트에는 두 가지 종류가 있는데 (1) 테스트와 (2) 테스트가 있다.
(1) 테스트는 사용자 테스트가 수행되나 개발자 환경에서 통제된 상태로 수행한다.
(2) 테스트는 개발자가 참여하지 않는 테스트로 일정 수의 시범 사용자들에 의해 수행한다.

• **답** :

정답 & 해설

(1) 알파
(2) 베타

인수 테스트 종류와 내용

사용자 인수 테스트	비즈니스 사용자가 시스템 사용의 적절성 여부를 확인
운영상의 인수 테스트	시스템 관리자가 시스템 인수 시 수행하는 테스트로 백업/복원 시스템, 재난 복구, 사용자 관리, 정기 점검 등을 확인
계약 인수 테스트	계약상의 인수/검수 조건을 준수하는지 여부를 확인
규정 인수 테스트	정부 지침, 법규, 규정 등에 맞게 개발하였는지 확인
알파 테스트	개발하는 조직 내 잠재 고객에 의해 테스트 수행
베타 테스트	실제 환경에서 고객에 의해 테스트 수행

기적의 TIP

인수 테스트 종류와 내용에서 알파 테스트와 베타 테스트는 반드시 기억하고 나머지 인수 테스트는 대략적인 내용만 파악하는 방향으로 학습하세요.

014 소프트웨어 개발 프로젝트에서 팀원들 간의 협력적인 작업을 강조하는 방법으로, 시스템 요구사항 분석 및 설계에 사용되며 다양한 이해 관계자들을 참여시켜 의견을 나누고 요구사항을 모으는 것을 목적으로 하는 회의를 무엇이라 하는지 영문 약어로 작성하시오.

• **답 :**

정답 & 해설

JAD

JAD(Joint Application Design/Development)

- 프로젝트 이해 관계자들이 요구사항을 정의하고 필요한 기능을 결정하며 체계적이고 효율적인 방식으로 시스템을 설계하기 위해 개최하는 협업 회의를 말한다.
- 프로젝트 초기에 주요 이해 관계자와 주제 전문가들을 모아 프로젝트의 목표, 요구사항 및 설계에 대한 명확한 이해를 개발하기 위해 협력함으로써 프로세스를 간소화하기 위해 소프트웨어 개발에 사용되는 기술이다.
- 이렇게 함으로써 불필요한 재작업과 비용을 피할 수 있고, 이해 관계자들은 프로젝트의 범위와 목표에 대한 공유된 이해를 발전시킬 수 있다.

015 **아래의 CMMI에서 (1), (2), (3), (4), (5)에 적당한 단계를 〈보기〉를 참조하여 작성하시오.**

1단계		2단계		3단계		4단계		5단계
(1)	→	(2)	→	(3)	→	(4)	→	(5)

〈보기〉

> 정의 단계(Defined)
> 초기 단계(Initial)
> 관리 단계(Managed)
> 최적화 단계(Optimizing)
> 정량화 단계(Quantitatively Managed)

• **답** :

정답 & 해설

(1) 초기 단계(Initial)
(2) 관리 단계(Managed)
(3) 정의 단계(Defined)
(4) 정량화 단계(Quantitatively Managed)
(5) 최적화 단계(Optimizing)

CMMI(Capability Maturity Model Integration)

- 소프트웨어 개발 및 유지보수 프로세스를 향상시키기 위한 표준 모델이다.
- CMMI 모델은 5가지 성숙도 단계로 구성되어 있다.

초기 단계(Initial)	프로세스가 불안정하고 예측할 수 없으며, 프로젝트 결과는 대개 예산과 일정을 초과한다.
관리 단계(Managed)	프로세스가 일관성 있게 실행되고 관리되며, 프로젝트 예산과 일정을 관리하고 제어한다.
정의 단계(Defined)	프로세스의 정의와 관리가 개선되고, 프로젝트 요구사항, 프로세스, 절차 등이 문서화된다.
정량화 단계(Quantitatively Managed)	프로세스가 통계적으로 측정 가능하고 제어 가능한 상태이며, 프로젝트 품질과 비용 등이 정량화되어 측정 가능하다.
최적화 단계(Optimizing)	프로세스가 지속적으로 개선되고 최적화되며, 프로세스 개선 및 혁신 등을 위한 전략적 활동이 이루어진다.

- CMMI의 상위 레벨은 하위 레벨의 조건을 포함한다.

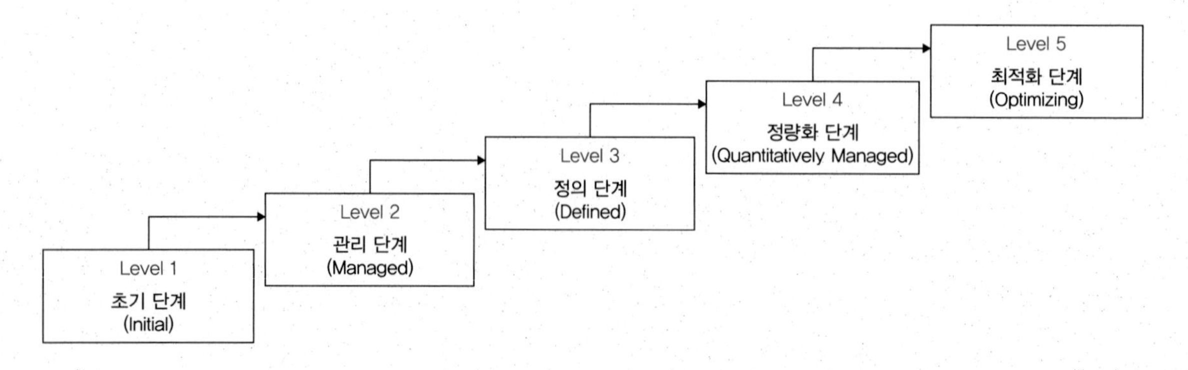

SECTION 03

분석 모델 확인하기

016 **다음의 자료 흐름도 표기법에 대하여 (1), (2)에 해당하는 표기 단위를 작성하시오.**

표기 단위	의미	사례
(1)	자료를 처리, 변환시키는 부분으로서 원이나 둥근 사각형으로 표시하고 기능 이름을 기입	로그인
자료 흐름	자료의 이동을 나타내며 화살표 위에 자료 이름을 기입	ID,패스워드 →
자료 저장소	자료 저장소(파일, 테이블)를 나타내며 도형 안에 저장소 이름을 기입	회원
(2)	시스템과 상호 작용을 하는 외부 개체로 데이터 입력 또는 데이터 출력을 담당	웹 브라우저

• 답 :

정답 & 해설

(1) 기능
(2) 단말

자료 흐름도 예시

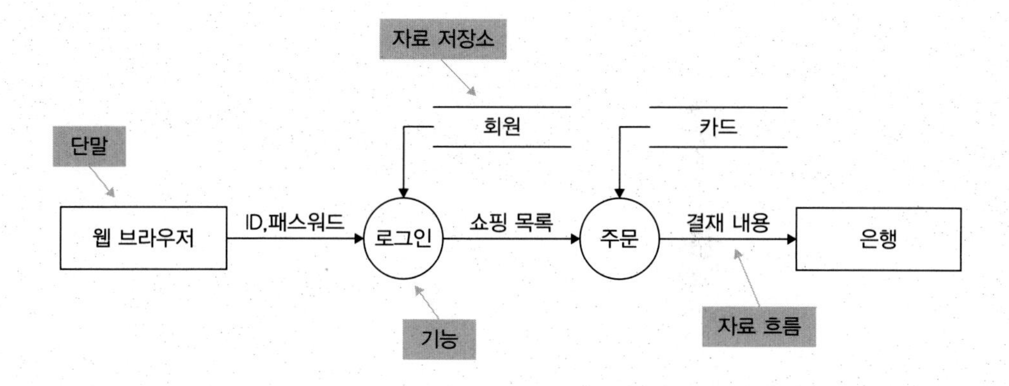

017 **객체 지향 프로그래밍의 특징 중 객체 내부의 속성과 메소드를 숨기고 공개된 인터페이스를 통해서만 메시지를 주고 받을 수 있는 특성을 무엇이라 하는지 작성하시오.**

• **답** :

정답 & 해설

정보 은닉(Information Hiding)

객체 지향 프로그래밍의 특징

캡슐화(Encapsulation)	연관된 데이터와 데이터를 처리하는 함수를 함께 묶어 외부에는 필요한 인터페이스만을 노출한다.
정보 은닉(Information Hiding)	다른 객체에게 자신의 필드 및 메소드 등을 은닉하고 자신의 연산만을 통하여 접근을 허용한다.
추상화(Abstraction)	불필요한 부분은 생략하고 주어진 문제나 시스템 중에서 중요한 부분에 집중하여 모델링한다.
상속(Inheritance)	하위 클래스에서 상위 클래스의 속성과 메소드를 물려받는 기법으로 클래스와 객체의 재사용이 가능하다.
다형성(Polymorphism)	하나의 메시지에 대해 각 객체의 고유한 방법으로 응답한다.

기적의 TIP

- 캡슐화와 정보 은닉은 유사한 용어입니다.
- 캡슐화를 통해 정보 은닉이 가능하게 됩니다.
- 캡슐화와 정보은닉은 객체지향 프로그래밍에서 클래스와 관련이 있습니다.

018 다음은 객체 지향의 구성요소에 대한 설명이다. (1), (2), (3)에 들어갈 객체 지향 구성요소를 작성하시오.

(1)(은)는 속성과 메소드로 구성된 (2)의 Instance를 의미하며, (2)(은)는 공통된 특성(속성, 연산)을 가지는 객체 집합으로 객체 타입을 정의하고 생성하는 틀이다.
(1) 간의 상호작용은 (3)(을)를 통해서 이루어지며 (3)(은)는 객체에서 객체로 전달된다.

• 답 :

정답 & 해설

(1) 객체
(2) 클래스
(3) 메시지

객체 지향 구성요소

구성요소	설명
객체(Object)	• 현실 세계의 사물이나 개념 등을 컴퓨터 프로그램 안에서 구현한 것이다. • 속성과 메소드로 구성되어 있으며, 속성은 객체의 상태를 나타내고 메소드는 객체의 동작을 수행한다. • 다른 객체와 상호작용을 할 수 있으며, 이를 통해 프로그램이 동작한다.
클래스(Class)	• 객체를 생성하기 위한 설계도이다. • 객체가 가져야 할 속성과 메소드를 정의하며, 객체가 만들어지기 전에 먼저 정의된다. • 객체를 생성하기 위한 템플릿 역할을 하며, 여러 개의 객체를 만들 수 있다.
메시지(Message)	• 객체 간의 상호작용을 위한 수단으로 메시지는 객체가 다른 객체에게 무엇인가를 요청할 때 사용되며, 요청받은 객체는 해당 메시지를 처리하여 요청에 응답한다. • 객체가 다른 객체에게 전달하는 데이터와 함께 전달될 수 있으며, 이를 통해 객체 간의 정보 교환이 가능하다.

기적의 TIP

클래스를 인스턴스화하면 객체가 됩니다. 이렇게 생성된 객체는 메시지를 통해 상호작용하면서 프로그램을 동작시킵니다.

019 **다음이 설명하는 객체 지향 설계 원칙(SOLID)은 무엇인지 작성하시오.**

자식 클래스는 자신의 부모 클래스를 대체할 수 있다는 원칙으로, 부모 클래스가 들어갈 자리에 자식 클래스를 넣어도 잘 작동해야 한다. 자식 클래스는 부모 클래스의 책임을 무시하거나 재정의하지 않고 확장만 수행하도록 해야 만족한다.

• **답** :

정답 & 해설

리스코프 치환 원칙(Liskov Substitution Principle)

객체 지향 설계 원칙

원칙	설명
단일 책임 원칙 (Single Responsiblity Principle)	• 모든 클래스는 각각 하나의 책임만 가져야 한다. • 클래스는 그 책임을 완전히 캡슐화해야 한다.
개방-폐쇄 원칙 (Open Closed Principle)	• 확장에는 열려 있고 수정에는 닫혀 있어야 한다. • 기존의 코드를 변경하지 않고(Closed) 기능을 추가할 수 있도록(Open) 설계가 되어야 한다.
리스코프 치환 원칙 (Liskov Substitution Principle)	• 자식 클래스는 자신의 부모 클래스를 대체할 수 있다. • 부모 클래스가 들어갈 자리에 자식 클래스를 넣어도 잘 작동해야 한다. • 자식 클래스는 부모 클래스의 책임을 무시하거나 재정의하지 않고 확장만 수행하도록 해야 만족한다.
인터페이스 분리 원칙 (Interface Segregation Principle)	• 한 클래스는 자신이 사용하지 않는 인터페이스는 구현하지 말아야 한다. • 하나의 평범한 인터페이스보다 여러 개의 구체적인 인터페이스가 좋다.
의존 역전 원칙 (Dependency Inversion Principle)	• 의존 역전 원칙은 변화가 없는 것에 의존해야 한다. • 구체적인 클래스보다 인터페이스나 추상 클래스와 관계를 맺어야 한다.

기적의 TIP

현재 시점에서의 소프트웨어 개발은 객체 지향 언어를 사용하는 경우가 대다수입니다. 따라서 이번 SECTION에서 다루고 있는 객체 지향 개발 관련된 문제는 확실하게 학습하는 것이 좋습니다. 특히 객체 지향 관련 용어, 객체 지향 특징, 객체 지향 설계 원칙을 비롯하여 앞으로 등장하는 UML, 디자인 패턴도 시험에 자주 등장하므로 확실하게 학습해 주세요.

020 **소프트웨어 개발 생명주기 전반에 걸쳐 사용되는 자동화 도구로, 컴퓨터 프로그램으로 개발 프로세스의 여러 단계를 자동화하고 개발자들이 프로젝트의 일부분을 처리하고 문서화하는 데 도움을 주는 도구를 무엇이라 하는지 작성하시오.**

• **답** :

정답 & 해설

CASE

CASE(Computer Aided Software Engineering)

- 소프트웨어 개발 생명주기 전반에 걸쳐 사용되는 자동화 도구이다.
- 컴퓨터 프로그램으로 개발 프로세스의 여러 단계를 자동화하고, 개발자들이 프로젝트의 일부분을 처리하고 문서화하는 데 필요한 다양한 기능을 제공한다.

기적의 TIP

CASE의 일반적 기능

- **요구사항 분석** : 요구사항을 수집하고 분석하여 명세서를 작성
- **설계** : 시스템의 아키텍처와 디자인을 결정
- **구현** : 소프트웨어를 작성하고 테스트
- **유지보수** : 기존 소프트웨어를 개선하고 버그 수정

021 **다음 (1), (2)의 설명이 의미하는 UML 다이어그램의 종류를 〈보기〉를 참조하여 각각 작성하시오.**

(1) 비즈니스 프로세스, 시스템 프로세스, 워크플로우 등에서 발생하는 활동을 시각적으로 표현할 수 있는 다이어그램
(2) 객체 간의 메시지 교환과 순서를 보여주는 다이어그램

〈보기〉

클래스 다이어그램, 순차 다이어그램, 패키지 다이어그램, 객체 다이어그램, 컴포넌트 다이어그램, 활동 다이어그램, 타이밍 다이어그램, 배치 다이어그램

• **답 :**

정답 & 해설

(1) 활동 다이어그램
(2) 순차 다이어그램

① 정적(구조) 다이어그램

시스템의 정적인 부분을 가시화하기 위하여 다이어그램을 이용하여 표현한 것이다.

클래스 다이어그램 (Class Diagram)	시스템을 구성하는 클래스와 인터페이스 사이의 정적인 관계를 나타낸 다이어그램으로 클래스 다이어그램을 통해 주요 시스템 구조를 파악하고 구조상의 문제점을 도출할 수 있다.
객체 다이어그램 (Object Diagram)	클래스 다이어그램에 포함된 사물들의 인스턴스(Instance)를 특정 시점의 객체와 객체 사이의 관계로 표현한 다이어그램이다.
컴포넌트 다이어그램 (Component Diagram)	실제 구현 모듈인 컴포넌트 간의 관계를 표현하는 다이어그램이다.
배치 다이어그램 (Deployment Diagram)	노드와 노드 사이에 존재하는 컴포넌트들의 물리적인 구성을 표현한다.

② 동적 다이어그램

시스템의 동적인 부분을 가시화하기 위해 다이어그램을 이용하여 표현한 것이다.

유스케이스 다이어그램 (Use Case Diagram)	시스템의 요구사항 중 기능적인 요구사항을 유스케이스 단위로 표현하고 액터(Actor)와 이들 간의 관계를 다이어그램으로 표현한다.
순차 다이어그램 (Sequence Diagram)	시스템의 내부적인 로직 흐름을 동적으로 표현한 다이어그램으로, 객체와 객체 사이의 관계와 객체들끼리 상호 교환하는 메시지의 순서를 강조하여 표현한다.
상태 다이어그램 (State Diagram)	시스템의 동적인 상태를 나타내는 다이어그램으로, 이벤트에 따라 순차적으로 발생하는 객체의 상태 변화를 표현한다.
활동 다이어그램 (Activity Diagram)	시스템의 내부 활동에 대한 흐름을 행위에 따라 변화하는 객체의 상태를 표현하는 다이어그램이다.

022 클래스 다이어그램에서의 (1), (2)의 관계 표현에 사용되는 도구를 그리시오.

(1) 상속 관계
(2) 의존 관계

• **답** :

정답 & 해설

(1) ———▷
(2) -------->

클래스 다이어그램에서 클래스 간의 관계

연관 관계 (Association)	———> 1..*	• 한 객체가 다른 객체와 연결되어 있음을 의미하며, 구체적으로 숫자를 표기하여 연결되는 객체의 수를 제약할 수 있다. • 양방향인 경우 화살 표시가 없다. • 클래스 간의 몇 대 몇으로 표현하는 기수성이다.
의존 관계 (Dependency)	-------->	• 한 객체가 다른 객체의 참조를 통해 그 객체의 속성 상태를 변경할 수 있는 관계이다. • 연관 관계에 비해 일시적이면서 약한 관계를 의미한다.
집합 관계 (Aggregation)	<———◇	• 부분이 모여서 전체를 이루는 관계이다. • 부분의 생명주기와 전체의 생명주기가 서로 다르다.
집합 관계 (Composition)	<———◆	• 부분이 모여서 전체를 이루는 관계이다. • 부분의 생명주기와 전체의 생명주기가 서로 같다. • 전체가 없어지면 부분도 같이 없어진다.
상속 관계 (Inheritance)	———▷	• 부모 객체의 속성과 오퍼레이션을 상속받는 관계이다.
실현 관계 (Realization)	-------▷	• 인터페이스와 해당 인터페이스를 구현하는 클래스 간의 관계이다.

023 **다음 그림의 다이어그램을 무엇이라 하는지 작성하시오.**

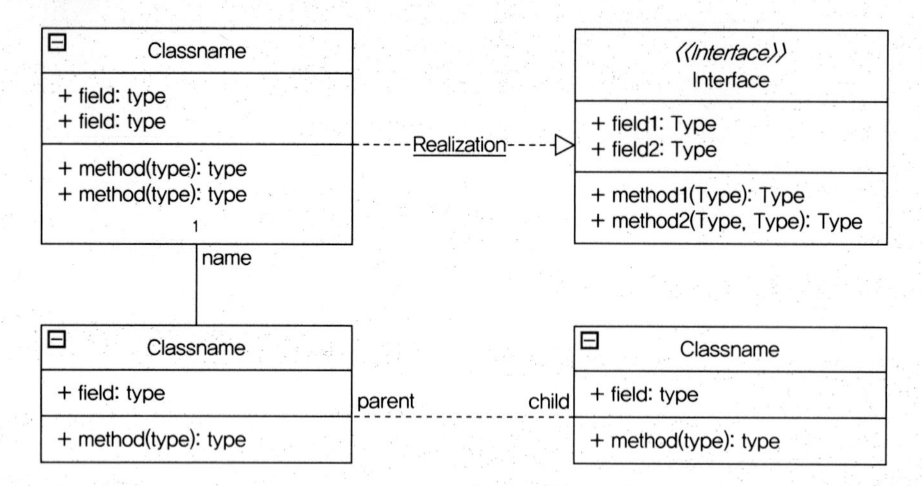

• **답 :**

정답 & 해설

클래스 다이어그램(Class Diagram)

클래스 다이어그램(Class Diagram)

시스템을 구성하는 클래스와 인터페이스 사이의 정적인 관계를 나타낸다. 이를 통해 주요 시스템 구조를 파악하고 구조상의 문제점을 도출할 수 있다.

024 Use Case Diagram의 기본 요소 명칭 (1), (2), (3)을 작성하시오.

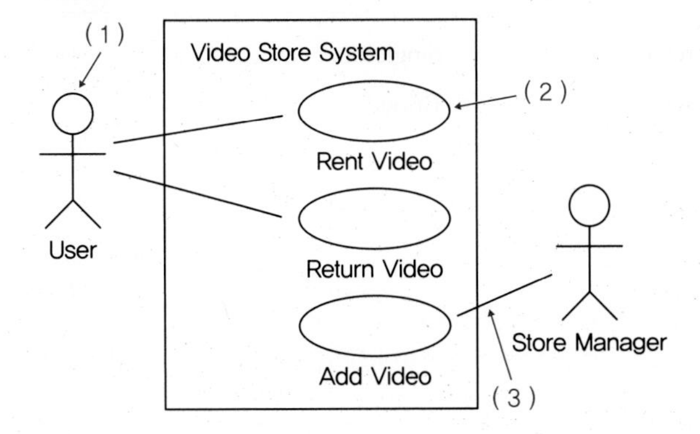

• 답 :

정답 & 해설

(1) 액터(Actor)
(2) 유스케이스(Use Case)
(3) 관계(Relation)

Use Case Diagram의 기본 요소

액터(Actor)	시스템의 외부에 있고 시스템과 상호작용을 하는 사람(시스템의 기능을 사용하는 사람), 시스템(시스템에 정보를 제공하는 또 다른 시스템)을 말한다.
유스케이스(Use Case)	사용자 입장에서 바라본 시스템의 기능이며, 시스템이 액터에게 제공해야 하는 기능으로 시스템의 요구사항을 나타낸다.
관계(Relation)	액터와 유스케이스 사이의 의미있는 관계를 나타내며, 종류는 연관(Association), 의존(Dependency), 일반화(Generalization) 등이 있고 의존 관계는 포함(Include), 확장(Extend)으로 나눠진다.

025 다음의 디자인 패턴 중 생성 패턴에 해당하는 것을 모두 고르시오.

㉠ Factory Method	㉡ Composite	㉢ Interpreter	㉣ Singleton
㉤ Prototype	㉥ Observer	㉦ Memento	㉧ Bridge

• **답 :**

정답 & 해설

㉠, ㉣, ㉤

디자인 패턴의 분류와 종류

객체 생성을 위한 패턴	Factory Method	대행 함수(위임)를 통한 객체 생성, 인스턴스 생성 결정은 서브 클래스
	Abstract Factory	제품군(product family)별 객체 생성
	Singleton	클래스 인스턴스가 하나만 만들어지고 그 인스턴스의 전역 접근
	Prototype	복제를 통한 객체 생성
	Builder	부분 생성을 통한 전체 객체 생성
구조 개선을 위한 패턴	Adapter	클라이언트가 기대하는 다른 인터페이스로 전환
	Facade	서브 시스템에 대한 통합된 인터페이스를 제공
	Bridge	인터페이스와 구현의 명확한 분리
	Composite	객체 간의 부분 · 전체 관계 형성 및 관리, 재귀적 합성 이용
	Decorator	상속없이 객체의 기능을 동적으로 추가 · 삭제(Overloading)
	Flyweight	작은 객체들의 공유
	Proxy	대체(대리자) 객체를 통한 작업 수행
행위 개선을 위한 패턴	Interpreter	간단한 문법에 기반한 검증작업 및 작업처리
	Template Method	상위 클래스에서 기본 골격을 결정, 하위 클래스에서 구체적 내용 정의(Overriding)
	Command	요청을 객체로 캡슐화, 수행할 작업의 일반화를 통한 조작
	Iterator	동일 자료형의 여러 객체 순차 접근
	Mediator	객체들 간의 상호작용을 객체로 캡슐화, 다대다 객체 관계를 다대일로 단순화
	Memento	객체의 이전 상태 복원 또는 보관
	Observer	일대다의 객체 의존관계를 정의
	State	객체 상태 추가 시 행위 수행의 원활한 변경
	Strategy	동일 목적의 여러 알고리즘 중 선택해서 적용
	Visitor	오퍼레이션이 처리할 요소의 클래스를 변경하지 않고도 새로운 오퍼레이션을 정의
	Chain of Responsibility	수행 가능 객체군까지 요청 전파

기적의 TIP

디자인 패턴은 시험에 자주 등장합니다. 디자인 패턴의 종류에 대한 영문명, 사용 목적을 포함하여 어떠한 개선을 위한 패턴인지도 학습해 두어야 합니다.

026 **디자인 패턴의 종류 중 전역 변수를 사용하지 않고 객체를 하나만 생성하도록 하여 생성된 객체를 어디에서든지 참조할 수 있도록 하는 패턴을 무엇이라 하는지 영문으로 작성하시오.**

• **답** :

정답 & 해설

Singleton

싱글턴(Singleton) 패턴은 객체 생성을 위한 패턴 중 하나로, 전역 변수를 사용하지 않고 객체를 하나만 생성하여, 생성된 객체를 한 번만 어디에서든지 참조할 수 있도록 하는 패턴이다.

기적의 TIP

Single은 한 개를 의미합니다. 즉, 객체를 하나만 생성해서 사용하도록 하는 프로그램에서 적용할 수 있는 디자인 패턴입니다. 이와 같이 디자인 패턴은 영문명의 의미를 파악하면 쉽게 학습할 수 있습니다.

027 **다음 상황에 적용하기에 가장 적절한 디자인 패턴을 작성하시오.**

- 장기 게임을 하는 프로그램에서 사용자의 선택에 맞추어서 특정 루틴의 레벨을 간단하게 교체할 수도 있다.
- 메모리가 적은 환경에서는 속도는 느리지만 메모리를 절약하는 알고리즘을 사용하고, 메모리가 많은 환경에서는 속도는 빠르지만 메모리를 많이 사용하는 알고리즘을 사용한다.
- 스프레드시트 소프트웨어의 디버그 판에서 복잡한 계산을 실행할 때 버그가 있을지도 모르는 고속의 알고리즘과 저속이지만 확실한 계산을 실행하는 알고리즘을 준비해서 전자의 검산을 후자로 실행시킨다.

• **답** :

정답 & 해설

strategy 패턴

strategy 패턴

객체 지향 프로그래밍에서 매우 일반적으로 사용되는 디자인 패턴 중 하나로 알고리즘을 캡슐화하고, 런타임에 알고리즘을 선택적으로 변경할 수 있게 하는 것을 목적으로 한다.

기적의 TIP

strategy 패턴은 특정 작업을 수행할 때 사용되는 알고리즘이 여러 개 있을 수 있다고 가정할 경우 각 알고리즘을 Strategy 클래스로 캡슐화하여 다양한 알고리즘을 손쉽게 전환할 수 있도록 디자인하는 것을 말합니다.

028 다음의 Java 프로그램에 적용된 디자인 패턴으로 적당한 것은 무엇인지 작성하시오.

파일	소스코드

Animal.java	`public interface Animal {`
	`    public void printName();`
	`}`

AnimalCall.java	`public class AnimalCall {`
	`    private Animal animal;`
	`    public void setAnimal(Animal animal) {`
	`        this.animal = animal;`
	`    }`
	`    public void callName(){`
	`        animal.printName();`
	`    }`
	`}`

Cat.java	`public class Cat implements Animal{`
	`    public void printName() {`
	`        System.out.println("Cat!!");`
	`    }`
	`}`

Dog.java	`public class Dog implements Animal{`
	`    public void printName() {`
	`        System.out.println("Dog!!");`
	`    }`
	`}`

patternTest.java	`public class StrategyTest {`
	`    public static void main(String[] args) {`
	`        AnimalCall anicall = new AnimalCall();`
	`        anicall.setAnimal(new Dog());`
	`        anicall.callName();`
	`        anicall.setAnimal(new Cat());`
	`        anicall.callName();`
	`    }`
	`}`

• 답 :

정답 & 해설

Strategy Pattern(스트래티지 패턴, 전략 패턴)

Strategy Pattern(스트래티지 패턴, 전략 패턴)

- 사용자가 자신에게 맞는 전략(Strategy)을 취사 선택하여 로직을 수행할 수 있는 방법이다.
- 향후 확장성에 대한 고려가 필요한 경우 소스코드를 참조하여 스트래티지 패턴을 적용할 수 있다.
- 스트래티지 패턴의 가장 큰 장점은 확장성이다. 문제에서 Animal 인터페이스를 다중 상속하여 코드 영향 범위를 최소화하면서 얼마든지 다른 동물도 추가할 수 있다.

029 **자료 사전에서 자료의 반복을 의미하는 기호를 작성하시오.**

- **답** :

정답 & 해설

{ }

자료 사전의 표기법

항목의 정의 (자료명과 내용의 연결)	순차 (데이터의 연결)	선택 (Selection)	반복 (Repetition)	선택 사양 (생략 가능)	설명문 (주석문)
=	+	[|]	{ }	( )	* *

030 **다음의 디자인 패턴에 대한 설명에서 (1), (2), (3)에 들어갈 알맞은 용어를 작성하시오.**

> 디자인 패턴은 유사한 문제를 해결하기 위해 설계들을 분류하고 각 문제 유형별로 가장 적합한 설계를 일반화하여 체계적으로 정리해 놓은 것으로, 소프트웨어 개발에서 효율성과 재사용성을 높일 수 있다.
> 디자인 패턴은 크게 (1) 패턴, (2) 패턴, (3) 패턴의 세 분류로 나눌 수 있다.
> (1) 패턴은 객체의 (1)(와)과 변경이 전체 시스템에 미치는 영향을 최소화하기 위한 것으로, 복잡성을 감소시키고 재사용성을 높일 수 있다.
> (2) 패턴은 복잡한 형태의 구조를 갖는 시스템을 개발하기 쉽게 만들어 주는 패턴이다.
> (3) 패턴은 반복적으로 사용되는 객체들의 상호작용을 패턴화한 것으로, 클래스나 객체들이 상호작용하는 방법과 책임을 분산하는 방법을 정의한다.

• **답** :

정답 & 해설

(1) 생성
(2) 구조
(3) 행위

디자인 패턴의 분류

생성 패턴 (Creational Patterns)	• 객체의 생성과 관련된 패턴으로, 객체의 생성, 구성 및 표현 방법을 다양하게 처리할 수 있도록 도와준다. • 객체 생성 과정에서 발생하는 복잡성을 감소시키고, 코드 재사용성을 높일 수 있다. • 대표적인 예로는 싱글톤 패턴, 팩토리 메소드 패턴, 추상 팩토리 패턴 등이 있다.
구조 패턴 (Structural Patterns)	• 객체 간의 관계를 다루는 패턴으로, 객체들을 조합하여 더 큰 구조를 만드는 방법을 제공한다. • 복잡한 구조를 간단하게 구성하고, 유지보수성과 재사용성을 높일 수 있다. • 대표적인 예로는 어댑터 패턴, 브리지 패턴, 컴포지트 패턴 등이 있다.
행위 패턴 (Behavioral Patterns)	• 객체 간의 상호작용과 책임 분배에 관련된 패턴으로, 객체들 간의 상호작용을 구현하는 방법을 제공한다. • 객체 간의 상호작용을 유연하게 구성할 수 있으며, 코드 재사용성을 높일 수 있다. • 대표적인 예로는 옵저버 패턴, 템플릿 메소드 패턴, 인터프리터 패턴 등이 있다.

031 **디자인 패턴의 구조 중 문제가 발생하는 여러 상황을 기술하여 패턴이 적용될 수 있는 상황을 나타내고, 패턴이 유용하지 못한 상황을 나타내기도 하는 것을 무엇이라 하는지 작성하시오.**

• **답** :

정답 & 해설

콘텍스트(Context)

디자인 패턴의 구조

콘텍스트(Context)	• 문제가 발생하는 여러 상황을 기술한다. • 패턴이 적용될 수 있는 상황을 나타내고, 패턴이 유용하지 못한 상황을 나타내기도 한다.
문제(Problem)	• 패턴이 적용되어 해결될 필요가 있는 여러 디자인 이슈들을 기술한다. • 이때에는 여러 제약 사항과 영향력도 문제 해결을 위해 고려해야 한다.
해결(Solution)	• 문제를 해결하도록 설계를 구성하는 요소들과 그 요소들 사이의 책임 관계, 협력 관계를 기술한다. • 해결은 다양한 상황에 적용할 수 있는 일종의 템플릿이다.

032 **다음이 설명하는 객체 지향 설계 원칙(SOLID)은 무엇인지 작성하시오.**

> 한 클래스는 자신이 사용하지 않는 인터페이스는 구현하지 말아야 한다는 원칙이다. 하나의 평범한 인터페이스보다 여러 개의 구체적인 인터페이스가 좋다.

• **답** :

정답 & 해설

인터페이스 분리 원칙(Interface Segregation Principle)

객체지향 설계 원칙

단일 책임 원칙 (Single Responsiblity Principle)	• 모든 클래스는 각각 하나의 책임만 가져야 한다. • 클래스는 그 책임을 완전히 캡슐화해야 한다.
개방-폐쇄 원칙 (Open Closed Principle)	• 확장에는 열려 있고 수정에는 닫혀 있어야 한다. • 기존의 코드를 변경하지 않고(Closed) 기능을 추가할 수 있도록(Open) 설계가 되어야 한다.
리스코프 치환 원칙 (Liskov Substitution Principle)	• 자식 클래스는 자신의 부모 클래스를 대체할 수 있다. • 부모 클래스가 들어갈 자리에 자식 클래스를 넣어도 잘 작동해야 한다. • 자식 클래스는 부모 클래스의 책임을 무시하거나 재정의하지 않고 확장만 수행하도록 해야 만족한다.
인터페이스 분리 원칙 (Interface Segregation Principle)	• 한 클래스는 자신이 사용하지 않는 인터페이스는 구현하지 말아야 한다. • 하나의 평범한 인터페이스보다 여러 개의 구체적인 인터페이스가 좋다.
의존 역전 원칙 (Dependency Inversion Principle)	• 의존 역전 원칙은 변화가 없는 것에 의존해야 한다. • 구체적인 클래스보다 인터페이스나 추상 클래스와 관계를 맺어야 한다.

033 럼바우의 객체지향 모델링 기법(Rumbaugh OMT) 분석 절차를 순서대로 작성하시오.

• 답 :

정답 & 해설

객체 모델링 → 동적 모델링 → 기능 모델링

럼바우의 객체지향 모델링 기법(Rumbaugh OMT)

객체 모델링 (Object Modeling)	• 실세계 객체 및 클래스들과 이들 사이의 관계를 나타내는 것이다. • 객체 다이어그램으로 표시한다.
동적 모델링 (Dynamic Modeling)	• 객체들의 제어 흐름(Flow of Control), 상호반응(Interactions), 연산의 순서(Sequencing of Operations) 등을 기술한다. • 객체 생명주기(Object Life-Cycle)를 분석한 시스템의 동적인 표현으로 모델 객체들의 사건, 상태 등 제어 측면을 파악하여 상태 다이어그램(상태도)으로 표시한다.
기능 모델링 (Functional Modeling)	• 처리 행위자, 데이터 저장소, 정보의 흐름 등 식별 객체들의 연산 표현을 목적으로 하는 구조적 기법의 DFD를 이용한다. • 자료 흐름도(DFD, Data Flow Diagram)는 절차(Process)와 자료 흐름(Data Flow)과 정보 저장소(Data Storage)로 표현된다.

기적의 TIP

럼바우의 객체지향 모델링 기법(Rumbaugh OMT) 분석 절차 순서는 '객'-'동'-'기'로 기억해 보세요. 그리고 동적 모델링은 '상태 다이어그램', 기능 모델링은 '자료 흐름도'를 도구로 설계한다는 것도 같이 기억해야 합니다.

034 객체지향 분석 기법 중 다음 설명에 해당하는 방법을 작성하시오.

- 미시적 개발 프로세스와 거시적 개발 프로세스를 모두 포함한다.
- 클래스와 객체들을 분석 및 식별하고 클래스의 속성과 연산을 정의한다.
- 클래스와 객체의 의미를 식별한다.
- 각 작업에 대한 다이어그램, 클래스 계층 정의, 클래스들의 클러스터링 작업을 수행한다.
- 클래스와 객체를 구현한다.

• 답 :

정답 & 해설

Booch 방법

Booch 방법

미시적(Micro) 개발 프로세스와 거시적(Macro) 개발 프로세스를 모두 사용하는 분석 방법으로 전체 시스템의 가시화와 실시간 처리에 유용하며, 설계를 위한 문서화를 강조한다.

CHAPTER 02

데이터 입출력 구현

SECTION 01

논리 데이터 저장소 확인하기

035 **다음의 데이터베이스 설계 프로세스에서 (1), (2), (3)에 적당한 단계를 〈보기〉를 참조하여 작성하시오.**

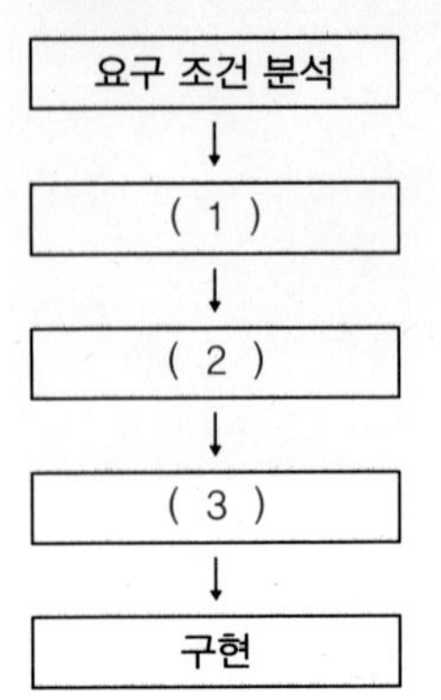

〈보기〉

물리적 데이터 설계, 개념적 데이터 설계, 논리적 데이터 설계

• 답 :

정답 & 해설

(1) 개념적 데이터 설계
(2) 논리적 데이터 설계
(3) 물리적 데이터 설계

데이터베이스 설계 순서

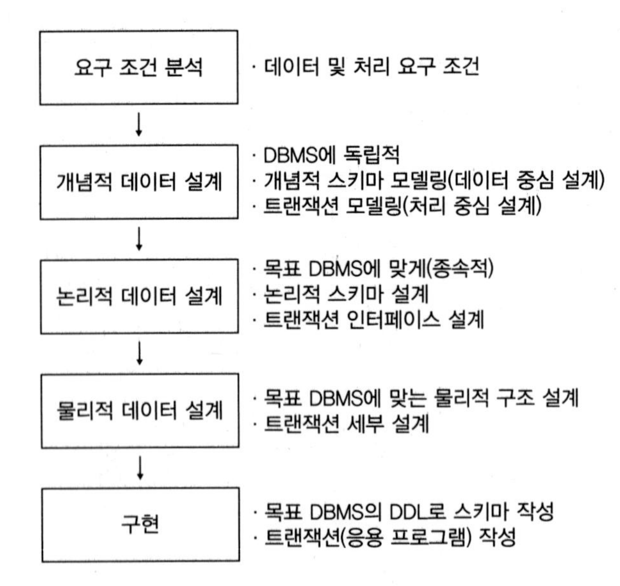

기적의 TIP

- 데이터베이스 설계 순서는 '개'-'논'-'물'(개눈물)로 암기하세요.
- 그 외 단계에서 목표하는 설계 방법도 숙지해 두어야 합니다.

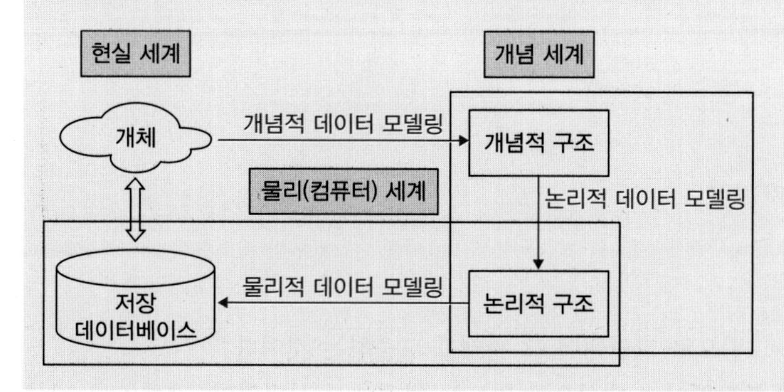

036 다음의 E-R 다이어그램을 논리적 데이터 모델로 변환할 때 [고객], [카드] 테이블의 속성을 작성하시오.

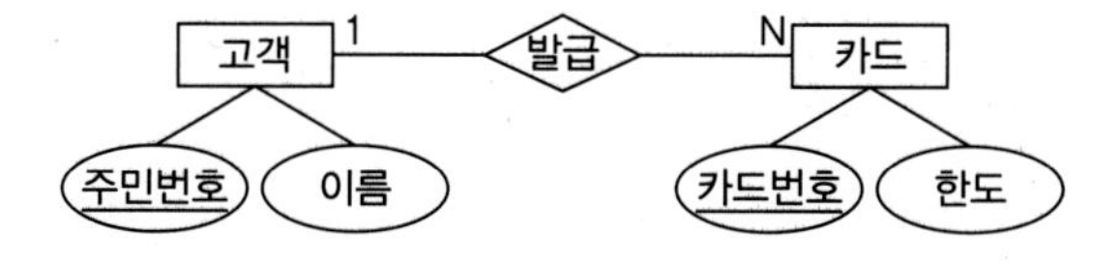

- **답 :**

정답 & 해설

고객(주민번호, 이름)
카드(카드번호, 한도, 주민번호)

- 관계 XY의 사상 원소수가 일대다(X:Y)이면 릴레이션 X의 기본키를 릴레이션 Y의 외래키로 추가해 표현하고 관계 XY는 별도의 릴레이션으로 표현하지 않는다.
- 따라서 [고객] 테이블의 기본키 '주민번호'를 [카드] 테이블의 외래키로 삽입하여 두 테이블의 관계를 설정한다.

기적의 TIP

논리적 데이터 모델로 변환 원리를 이해하면 쉽습니다.
- 문제의 고객 테이블과 카드 테이블이 1:N의 관계를 맺어주기 위해서는 1에 해당하는 테이블의 기본키를 N에 해당하는 테이블에 외래키로 삽입하면 됩니다. 여기에서 원리는 1에 해당하는 테이블의 기본키가 다른 테이블의 외래키로 삽입된다는 것입니다.
- 때문에 1:1의 관계를 맺어주기 위해서는 어느 테이블의 기본키라도 다른 테이블의 외래키로 삽입되면 됩니다.
- 그럼 N:M의 관계에서는 어떻게 할까요? 1인 테이블이 없으므로 양쪽의 기본키를 모두 가져와 새로운 테이블을 만들어 관계를 설정해 주어야 합니다.

037 **대표적인 개념적 설계 방법 중, 현실 세계의 데이터베이스 모델을 시각적으로 표현하는 다이어그램으로 특정 DBMS에 종속되지 않는 다이어그램을 무엇이라 하는지 영문 약어 또는 풀네임으로 작성하시오.**

• **답** :

정답 & 해설

ERD(E-R Diagram, Entity-Relationship Diagram)

개체 관계도(ERD, Entity-Relationship Diagram)

- 언어로 기술된 사용자(대상자) 요구 분석 사항을 그림으로 그려내어 그 관계를 도출하는 것이다.
- 조직 내의 대상(Entity)을 식별하여 프로그램의 소프트웨어적 대상으로 만드는 과정에서 식별되며, 객체(Object)를 추상적으로 기술하고 이들 간의 관계를 구조화한 것이다.
- 현실 세계를 개체 관계도로 표현한 개체-관계 모델은 어떤 특정 DBMS를 고려한 것이 아니라, 현실 세계를 사람이 보다 잘 이해할 수 있도록 표현한 개념 구조이다.

038 다음 [학생] 테이블의 디그리(Degree)와 카디널리티(Cardinality)를 작성하시오.

[학생]

학번	이름	학과	나이
10001	김영진	컴퓨터	20
10003	이기적	컴퓨터	20
10005	문동훈	국어국문	21
10010	김한수	경영	22

• 답 :

정답 & 해설

디그리(Degree) : 4
카디널리티(Cardinality) : 4

① 디그리(Degree)

릴레이션 속성의 수(=차수)

② 카디널리티(Cardinality)

릴레이션에 포함된 튜플의 수(=기수, 레코드의 수)

기적의 TIP

릴레이션의 구성

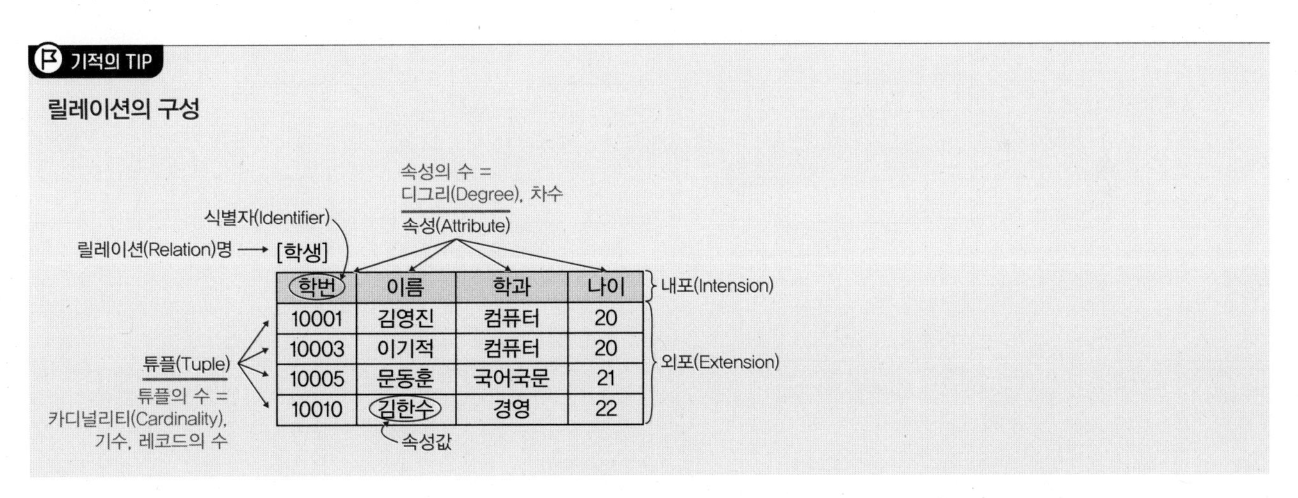

039 **2차원 테이블 가로와 세로에 각각의 집합 단위를 표현하고 비교하여 데이터의 상태를 비교 분석하는 기법으로, 데이터 처리 작업이 해당되는 소프트웨어 개발 및 데이터베이스 설계에 사용되는 도구를 무엇이라 하는지 작성하시오.**

• **답** :

정답 & 해설

CRUD 매트릭스

CRUD 매트릭스

- 데이터베이스와 같은 시스템에서 데이터의 상태를 비교 분석하는 데 사용된다.
- Create, Read, Update, Delete라는 데이터 처리 작업을 나타내는 약어이다.

Create	• 데이터를 생성한다. • 새로운 레코드를 만들거나, 데이터를 새로 입력하는 등의 작업이 해당된다.
Read	• 데이터를 읽는다. • 데이터베이스에서 레코드를 조회하거나, 파일에서 데이터를 읽는 등의 작업이 해당된다.
Update	• 데이터를 수정한다. • 기존 데이터를 업데이트하거나, 새로운 데이터로 교체하는 등의 작업이 해당된다.
Delete	• 데이터를 삭제한다. • 데이터베이스에서 레코드를 삭제하거나, 파일에서 데이터를 삭제하는 등의 작업이 해당된다.

040 **데이터베이스에서 발생할 수 있는 이상 현상(Anomaly) 중 삽입 이상에 대해서 간략히 서술하시오.**

• **답** :

정답 & 해설

새로운 데이터를 삽입할 때 불필요한 값을 추가로 입력하여야 레코드가 추가되는 현상이다.

삽입 이상

- 새로운 데이터를 삽입할 때 발생하는 문제로 테이블에 새로운 데이터를 추가할 때, 불필요한 값을 추가로 입력하여야 하는 현상을 '삽입 이상'이라고 한다.
- 예를 들어 [직원] 테이블에 '사번'이 기본키일 경우 'null'값을 허용하지 않으므로 아직 '사번'이 부여되지 않은 직원의 레코드를 입력할 경우 삽입 연산이 거부된다. 때문에 임의의 '사번'을 부여하여 입력하여야 한다.

기적의 TIP

데이터베이스 이상(Anomaly) 현상

삽입 이상 (Insertion Anomaly)	어떤 데이터를 삽입하려고 할 때 불필요하고 원하지 않는 데이터도 함께 삽입해야만 삽입이 되는 현상
삭제 이상 (Deletion Anomaly)	튜플을 삭제함으로써 유지되어야 하는 정보까지도 연쇄 삭제(Triggered Deletion)되는 정보의 손실(Loss of Information) 현상
갱신 이상 (Update Anomaly, 수정 이상)	중복된 튜플 중에서 일부 튜플의 애트리뷰트 값만을 갱신시킴으로써 정보의 모순성(inconsistency)이 생기는 현상

041 **다음은 E-R 다이어그램의 기호와 의미를 나타낸 표이다. (1), (2)에 들어갈 알맞은 기호를 그리시오.**

기호	의미
(1)	개체 타입
(2)	속성 타입
	다중값 속성
	관계 타입

• **답** :

정답 & 해설

(1)

(2) 

E-R 다이어그램의 기호와 의미

기호	의미	기호	의미
	개체 타입		다중값 속성
	속성 타입		약한 개체 타입
	관계 타입		유도 속성
	기본키 속성		복합 속성

042 **다음의 E-R 다이어그램을 논리적 데이터 모델로 변환할 때 [학생], [사물함] 테이블의 속성을 작성하시오.**

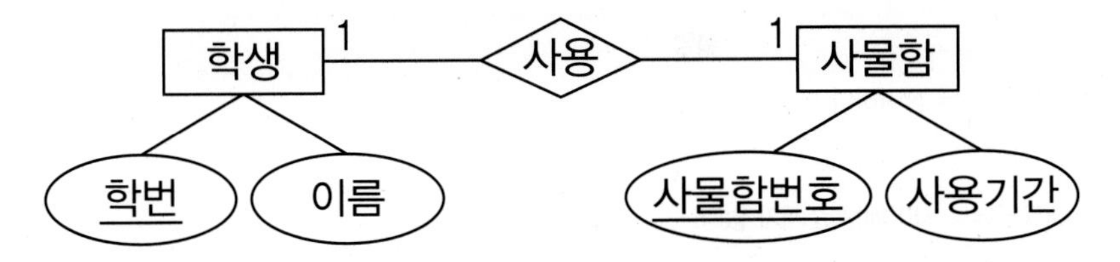

• **답** :

정답 & 해설

학생(학번, 이름)
사물함(사물함번호, 사용기간, 학번(FK))

또는

학생(학번, 이름, 사물함번호(FK))
사물함(사물함번호, 사용기간)

일대일 관계에서 기본키와 외래키 활용

- 관계 XY의 사상 원소수가 일대일(X:Y)이면 릴레이션 X의 기본키를 릴레이션 Y에 외래키로 추가하거나, 릴레이션 Y의 기본키를 릴레이션 X에 외래키로 추가해 표현하고, 관계 XY는 릴레이션으로 표현하지 않는다.
- 따라서 [학생] 테이블의 기본키 '학번'을 [사물함] 테이블의 외래키로 삽입하거나 [사물함] 테이블의 기본키 '사물함번호'를 [학생] 테이블의 외래키로 삽입하여 두 테이블의 관계를 설정한다.

043 다음은 릴레이션(Relation)의 특징에 대한 설명이다. (1), (2), (3), (4)에 들어갈 알맞은 특징을 작성하시오.

릴레이션의 특징	설명
튜플의 (1)	한 릴레이션에 포함된 튜플들은 모두 상이하다.
튜플의 (2)	한 릴레이션에 포함된 튜플 사이에는 순서가 없다.
속성의 (3)	한 릴레이션을 구성하는 애트리뷰트 사이에는 순서가 없다.
속성의 (4)	모든 애트리뷰트 값은 원자값(Atomic Value)이다.

• 답 :

정답 & 해설

(1) 유일성
(2) 무순서성
(3) 무순서성
(4) 원자성

릴레이션(Relation)의 특징

튜플의 유일성	한 릴레이션에 포함된 튜플들은 모두 상이하다.
튜플의 무순서성	한 릴레이션에 포함된 튜플 사이에는 순서가 없다.
속성의 무순서성	한 릴레이션을 구성하는 애트리뷰트 사이에는 순서가 없다.
속성의 원자성	모든 애트리뷰트 값은 원자값(Atomic Value)이다.

044 **다음 설명 중 (　　) 안에 공통으로 들어갈 용어를 작성하시오.**

> 관계형 데이터 모델에서 한 릴레이션의 (　　)(은)는 참조되는 릴레이션의 기본키와 대응되어 릴레이션 간의 참조 관계를 표현하는 데 사용되는 중요한 도구이다. (　　)(을)를 포함하는 릴레이션이 참조하는 릴레이션이 되고, 대응되는 기본키를 포함하는 릴레이션이 참조 릴레이션이 된다.

• **답** :

정답 & 해설

외래키(Foreign Key)

외래키(Foreign Key)

- 릴레이션 R_1에 속한 한 속성의 조합이 참조 릴레이션 R_2의 기본키일 때 해당 속성을 릴레이션 R_1의 외래키라 한다.
- 외래키는 릴레이션 간의 관계를 표현하는 중요한 개념이며, 외래키의 값은 참조 릴레이션의 기본키에 존재하는 값이어야 한다.

[학생] 릴레이션

학번	이름	주민번호	학과코드
100	강감찬	930813	A001
200	홍길동	941125	A002
300	이순신	920319	B001

[학과] 릴레이션

학과코드	학과
A001	전기
A002	전자
B001	전산

- [학과] 릴레이션의 '학과코드'가 기본키일 때, [학생] 릴레이션이 [학과] 릴레이션을 참조하고 있으므로, [학생] 릴레이션의 '학과코드'는 외래키이다.

045 **다음은 데이터베이스의 키(Key)에 대한 설명이다. 빈칸에 들어갈 용어를 〈보기〉에서 고르시오.**

(1)(은)는 (2)(을)를 만족하지만 (3)(을)를 만족하지 못하는 속성들의 집합으로써, 하나의 키 값으로 하나의 튜플을 유일하게 식별할 수 있는 애트리뷰트들의 조합을 말한다.
(4)(은)는 (2)(와)과 (3)(을)를 모두 만족해야 한다. 즉, 릴레이션을 구성하는 속성들 중에서 튜플을 유일하게 식별하기 위해 사용하는 하나 또는 몇 개의 속성들의 부분집합으로, 기본키로 사용될 수 있는 속성이다.

〈보기〉

기본키, 후보키, 대체키, 외래키, 신뢰성, 최소성, 유일성, 무결성, 슈퍼키

• **답** :

정답 & 해설

(1) 슈퍼키
(2) 유일성
(3) 최소성
(4) 후보키

관계 데이터베이스의 키의 종류

후보키(Candidate Key)	릴레이션을 구성하는 속성들 중에서 튜플을 유일하게 식별하기 위해 사용하는 하나 또는 몇 개의 속성들의 부분집합으로, 기본키로 사용될 수 있는 속성이다.
기본키(Primary Key)	후보키 중에서 선택된 키로, 릴레이션에서 튜플을 유일하게 식별할 수 있는 속성 또는 속성의 집합이다. 중복되지 않는 유일성을 만족해야 하고 Null 값을 가질 수 없다.
대체키(Alternate Key)	후보키가 둘 이상일 때 기본키를 제외한 나머지 후보키를 의미한다.
슈퍼키(Super Key)	유일성은 만족하지만 최소성을 만족시키지 못하는 속성들의 집합으로서, 하나의 키 값으로 하나의 튜플을 유일하게 식별할 수 있는 애트리뷰트들의 조합이다.
외래키(Foreign Key)	릴레이션 R_1에 속한 한 속성의 조합이 참조 릴레이션 R_2의 기본키일 때 해당 속성을 릴레이션 R_1의 외래키라 한다.

기적의 TIP

키의 포함 관계

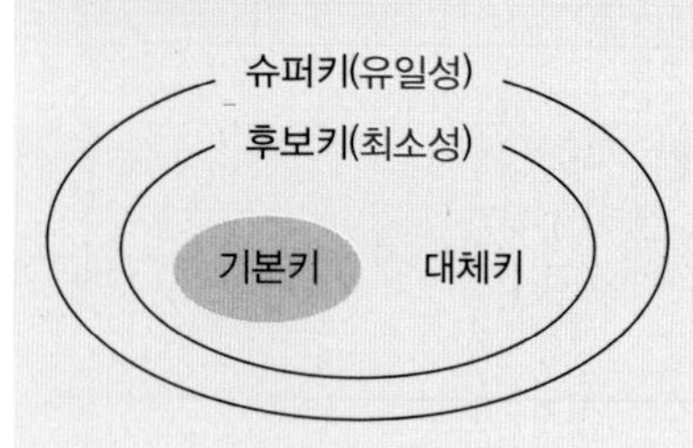

046 **관계 데이터베이스의 무결성 제약조건 중 '참조 무결성 제약조건'에 대해서 서술하시오.**

• **답** :

정답 & 해설

외래키 값은 NULL이거나 참조 릴레이션의 기본키 값과 동일해야 한다.

무결성 제약(Integrity Constraint)

- 개체 무결성 : 기본키의 속성값은 중복되거나 널(NULL)일 수 없다.
- 참조 무결성 : 외래키 값은 NULL이거나 참조 릴레이션의 기본키 값과 동일해야 한다. 즉, 릴레이션은 참조할 수 없는 외래키 값을 가질 수 없다. 외래키와 참조 테이블의 기본키는 속성명은 달라도 무방하나, 속성 개수와 도메인이 동일해야 한다.
- 도메인 무결성 : 특정 속성의 값이 그 속성이 정의된 도메인에 속한 값이어야 한다.

047 다음은 관계데이터 연산에 대한 내용이다. 설명이 의미하는 (1), (2)가 무엇인지 작성하시오.

(1)	원하는 정보가 무엇이라는 것만 정의하는 비절차적 특성을 지니며, 수학의 프레디킷 해석(Predicate Calculus)에 기반을 두고 있다.
(2)	릴레이션을 처리하기 위한 연산의 집합으로 피연산자와 결과가 모두 릴레이션이며, 원하는 정보와 그 정보를 어떻게 유도하는가를 기술하는 절차적인 방법이다.

• **답** :

정답 & 해설

(1) 관계 해석

(2) 관계 대수

① 관계 해석(Relational Calculus)

- 원하는 정보가 무엇이라는 것만 정의하는 비절차적 특성을 지닌다.
- 수학의 프레디킷 해석(Predicate Calculus)에 기반을 두고 있으며, 관계 대수로 표현한 식은 관계 해석으로 표현할 수 있고 또 관계 해석으로 표현한 식은 관계 대수로 표현할 수 있다.
- 관계 대수와 관계 해석은 그 표현과 기능이 동일한 기본적인 관계 데이터베이스 언어이다.

② 관계 대수(Relation Algebra)

- 릴레이션을 처리하기 위한 연산의 집합으로 피연산자와 결과가 모두 릴레이션이다.
- 원하는 정보와 그 정보를 어떻게 유도하는가를 기술하는 절차적인 방법이다.
- 관계 대수는 연산으로, 관계 해석은 정의로 릴레이션을 얻는다.

048 **다음 릴레이션 R과 S를 카티션 프로덕트(Cartesian Product)할 경우 결과의 카디널리티(Cardinality)를 구하시오.**

릴레이션 R

A	B	C
a1	b1	c1
a2	b2	c2
a3	b3	c3

릴레이션 S

D	E
d1	e1
d2	e2

• **답** :

정답 & 해설

6

- 카티션 프로덕트(Cartesian Product, ×) : 두 릴레이션에 있는 튜플들의 순서쌍
- 카티션 프로덕트 결과

A	B	C	D	E
a1	b1	c1	d1	e1
a1	b1	c1	d2	e2
a2	b2	c2	d1	e1
a2	b2	c2	d2	e2
a3	b3	c3	d1	e1
a3	b3	c3	d2	e2

049 **릴레이션의 R의 차수가 4이고 카디널리티가 5이며, 릴레이션의 S의 차수가 6이고 카디널리티가 7일 때, 두 개의 릴레이션을 카티션 프로덕트한 결과의 새로운 릴레이션의 차수와 카디널리티를 작성하시오.**

• **답** :

정답 & 해설

차수 : 10

카디널리티 : 35

- 카티션 프로덕트(Cartesian Product)의 결과로 나오는 차수(Degree, 속성의 수)는 원래 릴레이션의 차수의 합이고, 카디널리티는 두 릴레이션의 카디널리티(Cardinality, 튜플의 수)를 곱한 것과 같다.
- 차수(Degree) : 4(R의 속성 수) + 6(S의 속성 수) = 10
- 카디널리티(Cardinality) : 5(R의 튜플 수) × 7(S의 튜플 수) = 35

050 **다음은 관계 대수의 연산자에 대한 설명이다. (1), (2), (3), (4)에 들어갈 관계대수 기호를 작성하시오.**

연산자	기호	설명
SELECT	(1)	수평적 부분집합(Horizontal Subset), 행(Row)의 집합이다.
PROJECT	(2)	수직적 부분 집합(Vertical Subset), 열(Column)의 집합이다.
JOIN	(3)	카티션 프로덕트 연산의 결과에서 조건에 맞는 튜플의 집합을 구하기 위한 연산자이다.
DIVISION	(4)	두 개의 속성으로 된 릴레이션과 한 개의 속성으로 된 릴레이션 간의 연산에 의해 새로운 릴레이션을 만들어 내는 연산자이다.

• **답** :

정답 & 해설

(1) σ

(2) π

(3) ⋈

(4) ÷

관계 대수(Relation Algebra)

셀렉트(SELECT, σ)	• 수평적 부분집합(Horizontal Subset), 행(Row)의 집합이다. • SELECT 결과로 나온 튜플의 수는 피연산자 튜플의 수보다 작거나 같게 된다.
프로젝트(PROJECT, π)	• 수직적 부분 집합(Vertical Subset), 열(Column)의 집합이다. • PROJECT 결과의 차수(Degree)는 원래 릴레이션보다 작거나 같다.
조인(JOIN, ⋈)	• Cartesian Product와 Selection을 하나로 결합한 이항 연산자로, 일반적으로 조인이라 하면 자연조인을 말한다. • Cartesian Product 연산의 결과에서 조건에 맞는 튜플의 집합을 구하기 위한 연산자이다. • 두 개 이상의 릴레이션 사이에서 적용하는 연산으로, 릴레이션이 가지고 있는 도메인이 같은 애트리뷰트를 서로 결합하여 한 개의 새로운 릴레이션을 생성하는 연산이다.
디비전(DIVISION, ÷)	• 동시에 포함되는 속성을 찾는다. • 두 개의 속성으로 된 릴레이션과 한 개의 속성으로 된 릴레이션 간의 연산에 의해 새로운 릴레이션을 만들어 내는 연산자이다.

051 **다음의 연산을 관계 대수식으로 작성하시오.**

[학생] 테이블에서 '학과'가 '물리학과'인 학생의 '이름'을 검색하시오.

• **답** :

정답 & 해설

π이름(σ학과='물리학과'(학생))

• 관계 대수식을 작성하기 위해서는 연산자 단위로 조건을 분리하고 연산자에 따라 단계별로 작성하는 것이 좋다.
• 가장 먼저 '학과'가 '물리학과'인 조건을 SELECT 연산자를 이용하여 작성한다.

σ학과='물리학과'

• 대상이 되는 테이블이 [학생] 테이블이므로 테이블을 추가한다.

σ학과='물리학과'(학생)

• '이름' 속성을 검색해야 하므로 PROJECT 연산자를 이용하여 '이름' 속성이 검색될 수 있도록 식을 추가한다. 이때 SELECT 연산이 PROJECT 연산보다 먼저 수행해야 하므로 ( )를 추가한다.

π이름(σ학과='물리학과'(학생))

052 다음의 설명에서 관계 데이터 모델링 중 BCNF(Boyce Codd Normal Form)에 대한 옳은 설명을 모두 고르시오.

㉠ BCNF에 속하는 릴레이션은 반드시 제3정규형(Third Normal Form)에 속한다. ㉡ 제3정규형에 속하지만 BCNF에 속하지 않는 릴레이션이 있다. ㉢ 복합 속성을 허용하지 않는다. ㉣ 완전 함수적 종속성 개념에 기반을 두었다.

• **답** :

정답 & 해설

㉠, ㉡

보이스/코드 정규형(BCNF, Boyce Codd Normal Form)

- 기본 키가 둘 이상의 속성으로 구성된 합성키이고, 합성키가 둘 이상 존재할 경우에 발생하는 이상 현상을 방지하기 위하여 고안되었다.
- 릴레이션 R의 모든 결정자(Determinant)가 후보키(Candidate key)이다. 즉, 각 릴레이션의 기본 키가 모두 유일한 결정자이다.
- BCNF는 제3정규형보다 강력하다고 볼 수 있는데, 그래서 BCNF를 "강한 제3정규형(Strong 3NF)"이라고도 한다.

053 **다음은 데이터베이스 정규화의 과정의 일부분을 설명한 것이다. 빈칸에 들어갈 정규형을 작성하시오.**

[학생]

학번	이름	학과	학과사무실
101	홍길동	컴퓨터	301호
102	이영진	소프트웨어	303호
103	우진형	인공지능	403호
104	이준호	컴퓨터	301호
105	이영진	인공지능	403호

어떤 릴레이션 R이 있을 때 X와 Y를 각각 속성의 부분집합이라고 가정한다. 여기에서 X의 값을 알면 Y의 값을 바로 식별할 수 있고, X의 값에 Y의 값이 달라질 때, Y는 X에 함수적 종속이라고 하며 이 경우 X를 결정자, Y를 종속자라고 한다. 이를 기호로 표현하면 X→Y이다. [학생] 테이블에서는 이행적 함수 종속이 존재하게 된다.

> 학번 → 학과
> 학과 → 학과사무실일 때,
> 학번 → 학과사무실의 종속성 성립함

따라서 [학생] 테이블에서 이행적 함수 종속을 제거하여 분해하면 (　　빈칸　　)(이)가 되며 다음과 같이 테이블이 나누어진다.

[학생]

학번	이름	학과
101	홍길동	컴퓨터
102	이영진	소프트웨어
103	우진형	인공지능
104	이준호	컴퓨터
105	이영진	인공지능

[학과]

학과	학과사무실
컴퓨터	301호
소프트웨어	303호
인공지능	403호

• **답 :**

정답 & 해설

제3정규형(3NF)

제3정규형(3NF, Third Normal Form)

- 릴레이션 R이 2NF이고 (기본)키에 속하지 않은 모든 애트리뷰트들이 기본키에 이행적 함수 종속이 아닐 때 제3정규형(3NF)에 속한다.
- 릴레이션이 복수의 후보키를 가지고, 후보키들이 복합 애트리뷰트들로 구성되며, 후보키들이 서로 중첩되는 경우에는 적용할 수 없다. 이런 경우를 위해서 BCNF가 제안되었다.

054 **다음은 정규화 단계를 나타낸 그림이다. (1), (2), (3)에 들어갈 함수 종속성을 작성하시오.**

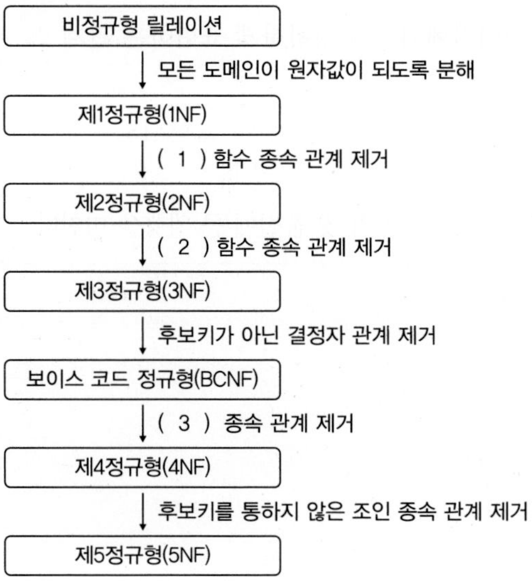

• **답** :

정답 & 해설

(1) 부분
(2) 이행적
(3) 다치

정규화 단계

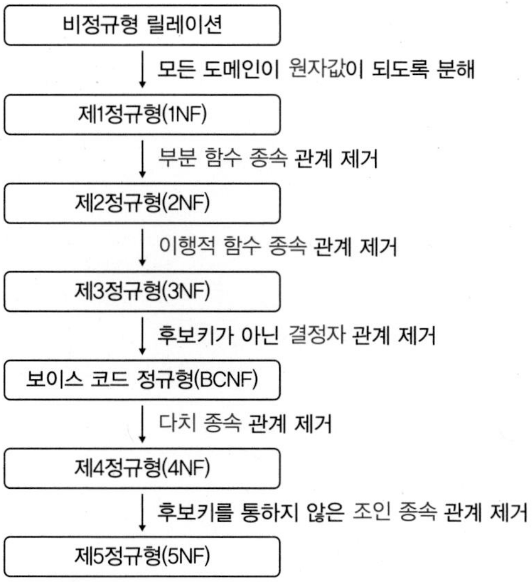

055 **다음이 설명하는 용어를 작성하시오.**

- 데이터베이스 논리 설계 단계에서 수행되는 것으로, 현실 세계를 데이터베이스에 정확하게 표현하는 관계 스키마를 정의하는 작업이다.
- 애트리뷰트 간 함수 종속성(Dependency)을 분석해서 하나의 종속성이 하나의 릴레이션에 표현되도록 분해(Decomposition)하는 과정을 말한다.
- 데이터베이스의 물리적 구조나 물리적 처리에 영향을 주는 것이 아니라, 논리적 처리 및 품질에 큰 영향을 미친다.

• **답** :

정답 & 해설

정규화

정규화(Normalization)

- 현실 세계의 개체를 컴퓨터 세계에 가장 정확하게 표현할 수 있는 데이터의 논리적 구조를 결정하는 과정이다.
- 데이터의 종속성, 효율적인 데이터 처리, 데이터의 일관성 유지 등의 요구를 충족시키기 위함이다.
- 데이터베이스 연산의 여러 가지 이상 현상을 방지하며, 어떤 릴레이션이라도 데이터베이스 안에서 표현이 가능하도록 하고, 새 데이터 삽입 시 릴레이션을 재구성할 필요성을 줄인다.

SECTION 02

물리 데이터 설계와 데이터 프로시저 작성하기

056 **다음이 설명하는 이것이 무엇인지 작성하시오.**

이것은 데이터베이스 관리 시스템(DBMS)에서 사용되는 중요한 데이터 저장소로 데이터 사전(Data Dictionary)이라고도 한다. 따라서 데이터베이스에 저장된 모든 객체(테이블, 뷰, 인덱스, 함수 등)의 메타 데이터 정보를 포함한다.

• **답** :

정답 & 해설

시스템 카탈로그

시스템 카탈로그(System Catalog)

- 데이터베이스 관리 시스템(DBMS)에서 사용되는 중요한 데이터 저장소로 데이터 사전(Data Dictionary)이라고도 한다.
- 데이터베이스에 저장된 모든 객체(테이블, 뷰, 인덱스, 함수 등)의 메타 데이터 정보를 포함한다.
- 즉, 데이터베이스 스키마, 데이터 타입, 제약조건, 인덱스, 뷰 및 트리거와 같은 데이터베이스 객체의 정보를 저장하는 시스템 데이터베이스이다.
- 시스템 카탈로그를 사용하면 데이터베이스 개발자 및 관리자가 데이터베이스 객체를 쉽게 관리하고 쿼리할 수 있으며, 데이터베이스 객체 간의 종속성 및 상호 관계를 파악할 수 있다.

057 **다음의 설명에서 빈칸에 들어갈 알맞은 용어를 영문으로 작성하시오,**

(빈칸)(은)는 하나 이상의 테이블에서 유도되는 가상의 테이블을 말한다. 즉, (빈칸)(은)는 실제 데이터를 저장하고 있는 테이블에서 데이터를 가져와서 가상의 테이블을 생성하는 것이며, 이 가상의 테이블을 조회하면 실제 데이터를 조회하는 것과 동일한 결과를 얻을 수 있다.
(빈칸)(은)는 데이터베이스의 보안, 데이터 접근성, 데이터 가용성 및 데이터 무결성을 강화하는 데 사용될 수 있다. (빈칸)(을)를 사용하여 특정 사용자나 그룹에 대한 데이터를 필터링하거나, 민감한 정보가 포함된 테이블에 대한 액세스를 제한하는 등의 보안 기능을 구현할 수 있다.

• **답** :

정답 & 해설

View

뷰(View)

- 하나 이상의 테이블로부터 데이터의 부분 집합을 논리적으로 표현하는 논리적인 테이블이다.
- 기본 테이블은 물리적으로 구현되어 실제로 데이터가 저장되지만 뷰는 물리적으로 구현되지 않는다. 다만 뷰의 정의만 시스템 내에 저장하였다가 필요 시 실행 시간에 테이블을 구축한다.
- 뷰에 대한 검색 연산은 기본 테이블과 동일하지만 삽입, 삭제, 갱신 연산에는 제약이 따른다.
- 뷰 위에 또 다른 뷰를 정의할 수 있으며, 뷰가 정의된 기본 테이블이 제거되면 뷰도 자동적으로 제거된다. 또한 뷰 제거 시 그 위에 정의된 다른 뷰도 자동적으로 제거된다.
- 데이터베이스의 선별된 부분만 표시하여 사용 권한을 다양하게 설정할 수 있다.
- 외부 스키마는 뷰와 기본 테이블의 정의로 구성된다.
- 데이터베이스의 보안, 데이터 접근성, 데이터 가용성 및 데이터 무결성을 강화하는 데 사용한다.

058 다음의 설명이 의미하는 용어를 작성하시오.

데이터베이스 설계에서 스키마를 일부러 중복이나 비정규화된 데이터 모델로 변경하는 방법을 통해 데이터베이스의 성능을 향상시키거나 애플리케이션의 요구사항을 충족시키기 위해 사용하는 방법이다.
이와 같은 방법을 통해서 쿼리의 성능 향상, 데이터 복잡성 감소, 애플리케이션의 요구사항 충족 등의 효과를 가져올 수 있다.

• **답** :

정답 & 해설

반정규화(Denormalization)

반정규화(Denormalization)

- 데이터베이스 설계에서 정규화(Normalization)된 스키마를 일부러 중복이나 비정규화된 데이터 모델로 변경하는 과정이다.
- 반정규화는 일반적으로 데이터베이스의 성능을 향상시키거나 애플리케이션의 요구사항을 충족시키기 위해 사용된다.
  - 쿼리의 성능 향상 : 정규화된 스키마에서는 여러 개의 테이블을 조인해야 하는 경우가 많아서 성능 저하를 가져올 수 있으므로 이를 해결하기 위해 중복 데이터를 추가하여 쿼리 성능을 향상시킬 수 있다.
  - 데이터 복잡성 감소 : 정규화된 스키마에서는 여러 개의 테이블이 서로 연결되어 있기 때문에 데이터의 복잡성이 높아질 수 있으므로 복잡성을 감소시키기 위해 반정규화를 사용할 수 있다.
  - 애플리케이션의 요구사항 충족 : 일부 애플리케이션에서는 정규화된 스키마가 요구하는 높은 수준의 논리적 설계가 필요하지 않을 수 있다. 이 경우 반정규화를 사용하여 애플리케이션의 요구사항을 충족시킬 수 있다.
- 반정규화는 일부 데이터 중복 및 비정규화로 인해 데이터의 일관성과 무결성을 보장하기 어려워질 수 있다. 따라서, 반정규화를 적용할 때는 데이터의 무결성과 일관성을 보장하기 위한 적절한 조치가 필요하다. 또한, 반정규화를 적용하기 전에 반드시 정규화된 스키마의 성능을 평가하고, 반정규화로 인해 발생할 수 있는 부작용을 사전에 예측해야 한다.

기적의 TIP

정규화는 데이터베이스의 이상 현상(삽입 이상, 갱신 이상, 삭제 이상)을 제거하기 위해 하나의 테이블에서 하나의 종속성만 갖도록 테이블을 분해하는 것을 말합니다. 하지만 테이블이 분해되게 되면 질의를 처리할 때 두 개 이상의 테이블을 조인해야 하는 경우가 많아져 연산속도가 느려지게 됩니다. 이럴 경우에 정규화의 역순으로 테이블을 합치는 작업이 반정규화입니다.

059 **다음은 데이터 저장소 연결 도구에 대한 설명이다. (1), (2)에 들어갈 알맞은 용어를 영문 약어로 작성하시오.**

(1)(와)과 (2)(은)는 데이터베이스와 상호작용하기 위한 대표적인 API(Application Programming Interface)이다.

(1)(은)는 Microsoft사에서 개발된 C 언어 기반의 API로, 다양한 데이터베이스 시스템에 대한 표준 인터페이스를 제공한다. (1) 드라이버를 사용하여 데이터베이스에 연결하고, SQL 문을 실행하여 데이터를 검색, 수정, 추가 및 삭제할 수 있다. 또한, C, C++, C#, Visual Basic, Delphi 등의 프로그래밍 언어에서 사용할 수 있으며, Windows, macOS, Linux 등 다양한 운영체제에서 지원된다.

(2)(은)는 Java 기반의 API로, 데이터베이스에 접속하여 SQL 문을 실행하는 데 사용된다. (2)(은)는 Java 애플리케이션과 다양한 데이터베이스 시스템 간의 통신을 지원하기 때문에, 데이터베이스 관련 작업을 수행하는 Java 애플리케이션을 개발할 때 매우 유용하며, Java에서 제공하는 표준 인터페이스로, 데이터베이스 시스템에 종속되지 않는다.

(1)(와)과 (2) 모두 데이터베이스와의 연결, SQL 문 실행, 데이터 검색, 수정, 추가 및 삭제를 지원하는 등 기본적인 데이터베이스 작업을 수행할 수 있다. 그러나 (1)(은)는 C 언어 기반의 API이며, (2)(은)는 Java 기반의 API이기 때문에, 사용하고자 하는 프로그래밍 언어나 개발 환경에 따라 적절한 API를 선택해야 한다.

• **답 :**

정답 & 해설

(1) ODBC
(2) JDBC

ODBC	다양한 데이터베이스를 직접 연결된 것처럼 접근하기 위한 API로 Database API Library에 연결해서 사용하며 C로 구현된다.
JDBC	Java를 분산 컴퓨팅 환경에 적합한 데이터터베이스 개발 언어로 바꾸어 주는 API이다.

060 **데이터베이스에서 특정 이벤트가 발생했을 때 자동으로 실행되는 일종의 프로그램을 지칭하는 것을 무엇이라 하는지 영문으로 작성하시오.**

• **답** :

정답 & 해설

Trigger

트리거(Trigger)

- 데이터베이스에서 특정 이벤트가 발생했을 때 자동으로 실행되는 일종의 프로그램이다. 이벤트는 데이터베이스에 삽입, 갱신, 삭제 등의 작업이 수행될 때 발생할 수 있으며, 이벤트가 발생하면 트리거가 자동으로 실행된다.
- 트리거는 데이터베이스에서 데이터의 무결성(Integrity)과 일관성(Consistency)을 유지하기 위해 사용할 수 있다. 예를 들어 특정 테이블의 특정 열이 갱신될 때, 해당 열 값을 다른 테이블에 자동으로 갱신하거나, 삭제되는 데이터를 백업하는 등의 작업을 수행할 수 있다. 또한, 트리거를 사용하여 데이터 변경 이력을 추적하거나, 특정 조건에 따라 이벤트를 중지시키는 등의 기능을 구현할 수 있다.

061 **다음의 설명에서 이것이 의미하는 것이 무엇인지 작성하시오.**

> 이것은 Oracle Database에서 사용되는 절차적 프로그래밍 언어로, SQL을 확장하여 저장 프로시저, 함수, 트리거 등을 작성할 수 있다.
> 이것은 SQL과 프로그래밍 언어의 장점을 결합하여 데이터베이스와 밀접한 상호작용이 필요한 업무에서 매우 효율적인 솔루션을 제공한다.
> 이것은 SQL 구문을 쉽게 포함시키고, 제어 구조와 변수, 예외 처리 등의 기능을 제공하여 더욱 복잡한 데이터베이스 애플리케이션을 개발할 수 있게 해준다.

• **답** :

정답 & 해설

PL/SQL

PL/SQL

- PL/SQL(Procedural Language/Structured Query Language)은 오라클 데이터베이스 시스템에서 사용되는 프로그래밍 언어이다.
- SQL 문장을 확장하여 프로그래밍 기능을 추가한 것으로, 데이터베이스와 상호작용하며 데이터를 검색, 조작, 저장, 삭제 등의 작업을 수행할 수 있다.

기적의 TIP

PL/SQL의 예시

- **저장 프로시저** : 고객 ID(p_customer_id)를 입력받아 해당 고객의 이름(p_customer_name)과 전화번호(p_customer_phone)를 출력

```
CREATE OR REPLACE PROCEDURE get_customer_details
  (p_customer_id IN NUMBER, p_customer_name OUT VARCHAR2, p_customer_phone OUT VARCHAR2)
IS
BEGIN
  SELECT customer_name, phone INTO p_customer_name, p_customer_phone
  FROM customers
  WHERE customer_id = p_customer_id;
END;
```

- **함수** : 주문 ID(p_order_id)를 입력받아 해당 주문의 총 금액(v_order_total)을 계산하여 반환하는 함수

```
CREATE OR REPLACE FUNCTION get_order_total (p_order_id IN NUMBER) RETURN NUMBER
IS
  v_order_total NUMBER;
BEGIN
  SELECT SUM(quantity * price) INTO v_order_total
  FROM order_items
  WHERE order_id = p_order_id;

  RETURN v_order_total;
END;
```

- **트리거** : [orders] 테이블에 새로운 주문이 추가될 때마다 주문 일자(order_date)를 현재 시간(SYSDATE)으로 업데이트하는 트리거

```
CREATE OR REPLACE TRIGGER trg_Order_Insert
BEFORE INSERT ON orders
FOR EACH ROW
BEGIN
  :NEW.order_date := SYSDATE;
END;
```

062 **다음의 보기에서 데이터 정의어(Data Definition Language)를 모두 찾아 작성하시오.**

〈보기〉

DELETE, SELECT, ALTER, DROP, GRANT, CREATE, COMMIT

• **답** :

정답 & 해설

ALTER, DROP, CREATE

SQL 명령어의 분류

정의어(DDL)	**테이블 생성**	**테이블 변경**	**테이블 삭제**	
	CREATE	ALTER	DROP	
조작어(DML)	**검색**	**삽입**	**갱신**	**삭제**
	SELECT	INSERT	UPDATE	DELETE
제어어(DCL)	**권한 부여**	**권한 회수**	**정상적 종료**	**비정상적 종료**
	GRANT	REVOKE	COMMIT	ROLLBACK

063 **데이터 제어어 중 GRANT의 기능을 간략하게 설명하시오.**

• **답** :

정답 & 해설

데이터베이스에 대한 권한을 부여하는 데 사용된다.

데이터 제어어(Data Control Language)

- GRANT : 데이터베이스에 대한 권한을 부여하는 데 사용된다.
- REVOKE : 데이터베이스에 대한 권한을 취소하는 데 사용된다.

064 다음이 설명하는 용어를 작성하시오.

- 비관계형 데이터베이스 기술로서 대규모 분산 시스템에서 사용되며, 빠른 속도와 높은 확장성을 갖추고 있다. 대규모 데이터 처리와 실시간 데이터 처리 등에 적합한 기술이며 대규모 데이터 처리와 분산 환경에서의 데이터 관리를 위한 경우에 사용할 수 있다.
- 전통적인 관계형 데이터베이스(RDBMS)와는 달리 데이터를 테이블 형태로 저장하지 않고 다른 구조를 사용한다. 예를 들어 Key-Value, Document, Column-Family, Graph 등의 구조를 사용하는데, 이러한 구조를 사용하면 데이터를 더 효율적으로 저장하고 처리할 수 있으며 빠른 속도와 높은 확장성을 제공할 수 있다.

• **답** :

정답 & 해설

NoSQL

NoSQL(Not Only SQL)

- 빅데이터 처리를 위한 비관계형 데이터베이스 관리 시스템(DBMS)이다.
- 전통적인 관계형 데이터베이스 관리 시스템(RDBMS)과는 다르게 설계된 비관계형(Non-relational) DBMS로, 대규모의 데이터를 유연하게 처리할 수 있는 것이 강점이다.
- NoSQL은 테이블-컬럼과 같은 스키마 없이, 분산 환경에서 단순 검색 및 추가 작업을 위한 키 값을 최적화하고, 지연(Latency)과 처리율(Throughput)이 우수하다. 그리고 대규모 확대가 가능한 수평적인 확장성의 특징을 가지고 있다.
- NoSQL에 기반을 둔 시스템의 대표적인 예로는 아파치 카산드라(Apache Cassandra), 하둡(Hadoop), 몽고디비(MongoDB) 등이 있다.

SECTION 03

데이터 조작 프로시저 최적화하기

065 다음이 설명하는 Oracle 도구를 작성하시오.

> Oracle 데이터베이스에서 SQL 실행 계획을 분석하기 위한 유틸리티로 SQL Trace를 통해 생성된 Trace 파일을 분석이 가능한 형식으로 전환하여 출력해 준다.
> SQL 실행 계획과 함께 각 단계에서 소요된 시간, I/O 통계 및 CPU 사용량 등의 자세한 성능 정보를 출력할 수 있는데, 이것을 활용하여 SQL 쿼리의 성능 문제를 해결하고 데이터베이스의 성능을 최적화할 수 있다.

• 답 :

정답 & 해설

TKPROF

TKPROF는 Oracle 데이터베이스의 SQL 트레이싱 유틸리티로, SQL 실행 계획과 성능 통계 정보를 분석하여 데이터베이스 성능 튜닝을 위한 정보를 제공하는 도구이다.

066 **다음의 옵티마이저에 대한 설명에서 (1), (2)에 해당하는 옵티마이저 유형을 영문 약어로 작성하시오.**

> 데이터베이스의 옵티마이저는 SQL 쿼리의 실행 계획을 최적화하는 역할을 한다. 이때, 데이터베이스는 (1)(와)과 (2) 두 가지 유형의 옵티마이저를 사용한다.
>
> (1)(은)는 SQL 쿼리를 파싱하여 미리 정의된 규칙(rule)을 적용해 실행 계획을 결정하는데 이때 규칙은 인덱스를 사용하거나 테이블을 조인하는 등의 연산을 수행하는 것이다. (1)(은)는 간단한 쿼리에 대해서는 빠르게 최적화를 수행할 수 있지만, 복잡한 쿼리에 대해서는 최적화 결과가 비효율적일 수 있다.
>
> (2)(은)는 (1)(와)과 달리 쿼리 실행 계획을 결정할 때, 실행 계획의 비용(Cost)을 고려하는데 이때 비용은 인덱스 스캔, 테이블 스캔, 조인 등의 연산을 수행하는 데 필요한 자원(예 디스크 I/O, CPU 사용량)을 기반으로 계산된다. (2)(은)는 실행 계획의 비용을 최소화하도록 최적화를 수행하기 때문에 (1)보다 더 정확하고 효율적인 실행 계획을 생성할 수 있다.
>
> 데이터베이스에서는 보통 (2)(을)를 사용하며, 대부분의 관계형 데이터베이스 시스템은 (2)(을)를 기본 옵티마이저로 제공한다. (2)(은)는 실행 계획의 비용을 계산하기 위해 통계 정보를 사용한다. 따라서 데이터베이스에서는 주기적으로 통계 정보를 수집하여 최적화를 수행한다.

• **답 :**

정답 & 해설

(1) RBO

(2) CBO

옵티마이저

RBO(Rule-Based Optimizer)	데이터베이스의 규칙을 기반으로 SQL 쿼리의 실행 계획을 최적화하는 옵티마이저이다.
CBO(Cost-Based Optimizer)	실행 계획의 비용을 고려하여 최적화를 수행하는 옵티마이저이다.

067 **애플리케이션의 성능과 가용성을 관리하는 프로세스로 데이터베이스에서 SQL 쿼리의 실행 시간, CPU 사용량, 메모리 사용량, 디스크 I/O 등과 같은 성능 지표를 수집하고 분석하여 데이터베이스의 성능을 모니터링하고 최적화하는 것을 목적으로 하는 도구를 무엇이라 하는지 영문 약어로 작성하시오.**

• **답** :

정답 & 해설

APM

APM(Application Performance Management)

- 애플리케이션의 성능과 가용성을 관리하는 프로세스를 말한다.
- 데이터베이스에서 APM은 SQL 쿼리의 실행 시간, CPU 사용량, 메모리 사용량, 디스크 I/O 등과 같은 성능 지표를 수집하고 분석하여 데이터베이스의 성능을 모니터링하고 최적화하는 것을 목적으로 한다.
- APM을 사용하면 데이터베이스에서 발생하는 성능 문제를 더욱 빠르게 식별하고 해결할 수 있다.
- APM은 사용자나 애플리케이션에서 발생하는 성능 문제를 식별할 수 있어서 사용자 경험을 향상시키는 데도 도움이 된다.

068 **Two-Phase Locking Protocol에서 트랜잭션이 겪는 두 개의 단계를 작성하시오.**

• 답 :

정답 & 해설

확장 단계, 수축 단계

2단계 로킹 규약(Two-Phase Locking Protocol)

- 로킹 기법 중 하나로, 트랜잭션이 데이터를 읽거나 쓰기 위해 락(Lock)을 요청할 때, 락을 먼저 획득한 후, 사용이 끝나면 반드시 락을 해제하는 방식으로 동작한다.
- 2단계 로킹 규약은 확장 단계(Expanding Phase)와 수축 단계(Shrinking Phase)로 나누어진다.

확장 단계 (Expanding Phase)	트랜잭션이 락을 요청할 때부터 시작되어 필요한 락을 순서대로 획득해나가는 단계이다. 이 단계에서는 공유 락을 요청한 후 배타적 락을 요청할 수 없다. 만약 이미 다른 트랜잭션이 배타적 락을 획득한 경우 해당 데이터에 대한 공유 락도 획득할 수 없다.
수축 단계 (Shrinking Phase)	트랜잭션이 더 이상 락을 요청하지 않고 락을 반납하는 단계이다. 이 단계에서는 필요한 락을 모두 획득한 후 순서대로 락을 해제해나가는 과정을 거친다. 이 과정에서는 배타적 락을 먼저 해제한 후 공유 락을 해제한다.

- 2단계 로킹 규약을 따르면, 동시에 여러 개의 트랜잭션이 실행될 때 서로의 데이터에 대한 충돌을 방지하고 데이터 무결성을 보장할 수 있다.
- 하지만 이 방법은 데드락(deadlock)과 같은 병행 제어 문제가 발생할 가능성이 있기 때문에 데드락 방지 기법을 함께 적용해야 한다.

069 **다음은 교착상태에 대한 설명이다. (1), (2)에 들어갈 알맞은 교착상태 필요 조건을 작성하시오.**

필요 조건	설명
(1)	자원은 동시에 한 프로세스나 스레드에 의해서만 사용될 수 있다.
점유 대기 (Hold and wait)	자원을 점유한 상태에서 다른 자원을 요청하면서 대기하는 상태이다.
(2)	다른 프로세스나 스레드가 이미 점유한 자원을 강제로 빼앗을 수 없다.
순환 대기 (Circular wait)	자원을 요청하는 프로세스나 스레드들이 서로 순환적으로 자원을 대기하는 상황이다.

• **답** :

정답 & 해설

(1) 상호 배제(Mutual exclusion)

(2) 비선점(No preemption)

교착상태(Deadlock)

- 두 개 이상의 프로세스나 스레드가 서로 상대방이 점유한 자원을 요청하며, 대기 상태에 빠져 무한히 기다리는 상태를 말한다. 이러한 상황에서는 모든 프로세스나 스레드가 실행되지 못하고 블록 상태에 머무르게 되어 시스템 전체가 정지될 수 있다.
- 교착상태 발생의 필요 조건

상호 배제(Mutual exclusion)	자원은 동시에 한 프로세스나 스레드에 의해서만 사용될 수 있다.
점유 대기(Hold and wait)	자원을 점유한 상태에서 다른 자원을 요청하면서 대기하는 상태이다.
비선점(No preemption)	다른 프로세스나 스레드가 이미 점유한 자원을 강제로 빼앗을 수 없다.
순환 대기(Circular wait)	자원을 요청하는 프로세스나 스레드들이 서로 순환적으로 자원을 대기하는 상황이다.

- 이러한 조건들이 모두 충족되면, 더 이상 진행할 수 없는 상태가 되어 교착상태가 발생한다. 교착상태는 시스템의 성능을 저하시키고, 시스템의 안정성을 해치므로, 교착상태를 방지하기 위한 여러 가지 기법들이 존재하는데 교착상태를 예방하거나 회피하는 기법, 교착상태가 발생했을 때 이를 탐지하고 복구하는 기법 등이 사용된다.

070 데이터베이스 트랜잭션의 네 가지 속성인 ACID에서 A(Atomicity)에 대해서 간략히 서술하시오.

• 답 :

정답 & 해설

트랜잭션은 전체가 실행되거나 전혀 실행되지 않아야 한다.

트랜잭션의 속성 ACID

원자성(Atomicity)	• 트랜잭션은 전체가 실행되거나 전혀 실행되지 않아야 한다. • 트랜잭션이 중간에 실패하면 이전 상태로 롤백되어야 한다.
일관성(Consistency)	• 트랜잭션이 실행된 결과는 데이터베이스의 일관성을 유지해야 한다. • 트랜잭션이 실행 전과 후에도 데이터베이스의 제약조건, 규칙 등이 유효해야 한다.
격리성(Isolation)	• 여러 트랜잭션이 동시에 실행되더라도, 각 트랜잭션은 다른 트랜잭션에 영향을 받지 않고 독립적으로 실행되어야 한다. • 하나의 트랜잭션이 다른 트랜잭션의 변경사항을 볼 수 없어야 한다.
지속성(Durability)	• 트랜잭션이 성공적으로 완료되면, 그 결과는 영구적으로 데이터베이스에 저장되어야 한다. • 시스템의 문제나 장애 등으로 인해 발생하는 데이터 손실을 방지하기 위해, 트랜잭션의 결과는 영구적으로 보존되어야 한다.

CHAPTER 03

통합 구현

SECTION
01 연계 데이터 구성하기

071 **서로 다른 시스템이나 애플리케이션 간의 연계를 통해 하나의 통합된 시스템을 구축하는 절차에 해당하는 것은 무엇인지 작성하시오.**

• 답 :

정답 & 해설

통합 구현

통합 구현(Integrated Implementation)

서로 다른 시스템이나 애플리케이션 간의 연계를 통해 하나의 통합된 시스템을 구축하는 것이다. 이는 기존에 분리되어 있던 여러 시스템을 하나의 통합된 시스템으로 운영함으로써, 업무 효율성을 향상시키고 비용과 시간을 절감할 수 있다.

072 **통합 구현을 위한 연계 시스템의 5가지 구성요소를 작성하시오.**

• 답 :

정답 & 해설

송신 시스템, 중계 시스템, 수신 시스템, 연계 데이터, 네트워크

통합 구현을 위한 연계 시스템의 구성요소

구분	설명
송신 시스템	• 데이터를 보내는 시스템이다. • 보내는 데이터를 처리하여 연계 메시지를 만들고 중계 시스템으로 전송한다.
중계 시스템	• 송신 시스템에서 전송한 연계 메시지를 수신 시스템에 전달하는 중개 역할을 한다. • 연계 메시지를 처리하거나 데이터 변환을 수행하고 수신 시스템으로 전송한다.
수신 시스템	• 중계 시스템에서 전달받은 연계 메시지를 수신하는 시스템이다. • 연계 메시지를 처리하여 필요한 데이터를 추출하고 해당 데이터를 처리하여 결과를 생성한다.
연계 데이터	• 시스템 간 연계를 위한 데이터를 담은 메시지이다. • 보안 및 안정성을 고려하여 암호화되거나 전자서명이 추가될 수 있다.
네트워크	• 시스템 간 연계를 위한 통신망이다. • 송신 시스템과 수신 시스템 간의 통신을 가능하게 하며 중계 시스템과 함께 연계 데이터를 전송한다.

073 **연계 요구사항 분석을 위해서는 다양한 기법을 사용할 수 있다. 빈칸에 해당하는 기법을 작성하시오.**

인터뷰 기법	연계 대상 시스템의 사용자나 관리자 등과 직접 대면하여 요구사항을 수집하는 기법
브레인스토밍 기법	그룹으로 모여 아이디어를 제시하며 요구사항을 도출하는 기법
프로토타이핑 기법	요구사항을 빠르게 수집하고 시각화하기 위해 간단한 프로토타입을 만들어 활용하는 기법
(　　　)	전문가들의 의견을 종합하여 결론을 도출하는 기법
데이터 흐름 다이어그램 기법	시스템 내의 데이터 흐름을 그래픽으로 표현하여 요구사항을 도출하는 기법

• **답** :

정답 & 해설

델파이 기법

델파이 기법(Delphi Method)

전문가들의 의견을 종합하여 결론을 도출하는 기법으로, 연계 요구사항 분석에도 적용할 수 있다. 델파이 기법의 절차는 전문가 선정 → 질문서 작성 → 익명 조사 → 응답 집계 → 의견 교환 → 결론 도출 순이다.

074 **연계 시스템의 구성요소 중 송신 시스템에서 전송한 연계 메시지를 수신 시스템에 전달하는 중개 역할을 하고 연계 메시지를 처리하거나 데이터 변환을 수행하는 시스템은 무엇인지 작성하시오.**

• **답** :

정답 & 해설

중계 시스템

중계 시스템

송신 시스템에서 전송한 연계 메시지를 수신 시스템에 전달하는 중개 역할을 한다. 중계 시스템에서는 연계 메시지를 처리하거나 데이터 변환을 수행하고 수신 시스템으로 전송한다.

075 **다음은 연계 데이터 식별 및 표준화 절차이다. 빈칸에 알맞은 단계를 작성하시오.**

연계 대상 시스템 및 인터페이스 식별 → 데이터 매핑 → (　　　　) → 데이터 요소 표준화 → 표준화된 데이터 요소 검증

• **답** :

정답 & 해설

데이터 요소 식별

데이터 요소 식별

데이터 요소 식별 단계는 데이터 요소(필드, 테이블 등)를 식별하고 관련 속성(자료형, 길이 등)을 정의하는 단계이다.

연계 데이터 식별 및 표준화 절차

연계 대상 시스템 및 인터페이스 식별 → 데이터 매핑 → 데이터 요소 식별 → 데이터 요소 표준화 → 표준화된 데이터 요소 검증 순이다.

076 **연계 데이터 파일 형식 중 2가지만 작성하시오.**

• **답** :

정답 & 해설

TXT, CSV, XML, JSON, EDI 중 2가지

연계 데이터 파일 형식

연계 데이터 파일 형식은 다양하며, 연계 대상 시스템의 종류나 연계 방식에 따라 다르다. 가장 일반적인 연계 데이터 파일 형식으로는 TXT, CSV, XML, JSON, EDI 등이 있다.

077 **다음은 연계 데이터를 표준화하기 위한 연계 데이터 코드 변환 및 매핑 단계의 과정이다. 순서에 맞게 기호를 나열하시오.**

ㄱ. 코드 변환 매핑
ㄴ. 코드 변환 적용
ㄷ. 코드 변환 분석
ㄹ. 코드 변환 결과 평가
ㅁ. 코드 변환 검증

• **답** :

정답 & 해설

ㄷ－ㄱ－ㅁ－ㄴ－ㄹ

연계 데이터 코드 변환 및 매핑 단계

- 코드 변환 분석 : 연계 데이터에 사용된 코드를 분석한다. 이 과정에서는 각 코드의 의미와 해당 코드가 사용된 분야를 파악한다.
- 코드 변환 매핑 : 연계 데이터에 사용된 코드를 표준 코드로 변환한다. 이 과정에서는 코드 변환 매핑 테이블을 작성하여, 연계 데이터의 기존 코드와 표준 코드 사이의 매핑 정보를 기술한다.
- 코드 변환 검증 : 변환된 코드를 검증한다. 이 과정에서는 변환된 코드가 정확하게 매핑되었는지 확인하고, 문제가 발생할 가능성이 있는 부분을 파악한다.
- 코드 변환 적용 : 검증된 코드 변환 매핑 정보를 적용하여 연계 데이터를 변환한다. 이 과정에서는 매핑 정보를 바탕으로 연계 데이터의 코드를 표준 코드로 변환하고, 이를 연계 대상 시스템에 전달한다.
- 코드 변환 결과 평가 : 코드 변환 결과를 평가한다. 이 과정에서는 변환된 데이터가 정확하게 전달되었는지 확인하고, 변환 작업을 보완할 필요가 있는 부분을 파악한다.

078 **다음 빈칸에 해당하는 통합 구현을 위한 연계 시스템의 구성요소를 작성하시오.**

> (　　　)(은)는 시스템 간 연계를 위한 데이터를 담은 메시지이며, 보안 및 안정성을 고려하여 암호화되거나 전자서명이 추가될 수 있다.

• **답** :

정답 & 해설

연계 데이터

연계 데이터는 시스템 간 연계를 위한 데이터를 담은 메시지이며, 보안 및 안정성을 고려하여 암호화되거나 전자서명이 추가될 수 있다.

079 **중계 시스템 내에서 중계 모듈의 역할 3가지를 작성하시오.**

• **답** :

정답 & 해설

데이터 변환, 데이터 매핑, 라우팅, 프로토콜 변환, 보안 기능 중 3가지

중계 모듈의 역할

- 데이터 변환 : 송신 시스템과 수신 시스템 간의 데이터 형식이 다를 경우, 중계 모듈은 데이터를 변환하여 적절한 형식으로 전달한다.
- 데이터 매핑 : 송신 시스템과 수신 시스템 간의 데이터 구조가 다를 경우, 중계 모듈은 데이터를 매핑하여 송수신이 가능한 형태로 전달한다.
- 라우팅 : 연계 데이터의 목적지가 여러 시스템 중 하나인 경우, 중계 모듈은 적절한 목적지로 연계 데이터를 라우팅한다.
- 프로토콜 변환 : 송신 시스템과 수신 시스템 간의 통신 프로토콜이 다를 경우, 중계 모듈은 프로토콜을 변환하여 데이터를 전달한다.
- 보안 기능 : 중계 모듈은 연계 데이터의 보안을 강화하기 위해 암호화, 복호화, 서명 검증 등의 보안 기능을 제공한다.

080 **통합 구현 시 연계 데이터 표준화가 필요한 이유를 간단하게 서술하시오.**

• **답** :

정답 & 해설

연계 시스템 구성요소 간의 데이터 교환을 원활하게 하기 위해 필요하다.

연계 데이터 표준화

연계 데이터의 표준화를 통해 데이터 형식, 필드명, 코드 값 등이 일관성 있게 정의되고 관리된다. 이를 통해 데이터 품질을 향상시키고 데이터 변환 작업을 줄이며 시스템 간 상호 운용성을 향상시킬 수 있다.

SECTION 02

연계 메커니즘 구성하기

081 연계 시스템의 구성요소 3가지를 작성하시오.

• 답 :

정답 & 해설

송신 시스템, 중계 시스템, 수신 시스템

연계 시스템의 구성요소

- 송신 시스템 : 데이터를 생성하거나 저장하는 시스템이다.
- 중계 시스템 : 송신 시스템과 수신 시스템 간의 데이터를 중계하는 시스템으로, 보안 강화 및 데이터 변환 등의 역할을 수행한다.
- 수신 시스템 : 데이터를 처리하거나 저장하는 시스템이다.

082 연계 방식의 종류 중 직접 연계에 해당하는 연계 방식의 기호를 작성하시오.

ㄱ. DB 링크	ㄴ. EAI
ㄷ. API/Open API	ㄹ. Socket
ㅁ. JDBC	ㅂ. 화면 링크

• 답 :

정답 & 해설

ㄱ, ㄷ, ㅁ, ㅂ

연계 방식의 종류 중 직접 연계 방식으로는 DB 링크, API/Open API, JDBC, 화면 링크 등이 있으며, EAI와 Socket은 간접 연계 방식에 해당한다.

083 **자바 언어를 통해 데이터베이스와 연동할 수 있는 API로, 데이터베이스에서 자료 조회 및 업데이트하기 위한 연계 방식을 작성하시오.**

• **답** :

정답 & 해설

JDBC

JDBC(Java Database Connectivity)

자바 언어를 통해 데이터베이스와 연동할 수 있는 API이다. 자바 프로그램이 모든 종류의 데이터베이스와 상호 작용할 수 있도록 하며, 데이터베이스에서 쿼리를 실행하고 결과를 검색하고 수정하는 등의 작업을 수행할 수 있다.

084 **다음 빈칸에 해당하는 프로토콜을 작성하시오.**

( )(은)는 인터넷에서 기능적인 요소를 제공하는 웹 서비스를 구현하기 위해 사용되는 통신 프로토콜 중 하나로, XML 기반의 메시지 프로토콜이며 클라이언트와 서버 간에 XML 형식의 데이터를 교환하는 프로토콜이다.

• **답** :

정답 & 해설

SOAP

SOAP(Simple Object Access Protocol)

- 인터넷에서 기능적인 요소를 제공하는 웹 서비스를 구현하기 위해 사용되는 통신 프로토콜 중 하나로 HTTP, SMTP, FTP 등과 함께 XML 기반의 메시지 프로토콜이다.
- 클라이언트와 서버 간에 XML 형식의 데이터를 교환하는 프로토콜이다.

기적의 TIP

분산 시스템 웹 서비스 구축 아키텍처

SOA (Service-Oriented Architecture)	• 서비스를 중심으로 구성된 아키텍처로 각 서비스는 독립적으로 구성되어 있으며, 필요에 따라 조합하여 복잡한 비즈니스 프로세스를 구성할 수 있음 • 각 서비스는 표준화된 인터페이스를 가지고 있으며, 이를 통해 다른 서비스와 상호작용함 • 이러한 방식으로 SOA는 느슨하게 결합된 시스템을 구축할 수 있음
ROA (Resource-Oriented Architecture)	• 리소스를 중심으로 구성된 아키텍처로 각 리소스는 고유한 식별자를 가지고 있으며, HTTP와 같은 프로토콜을 사용하여 클라이언트와 상호작용함 • 클라이언트는 URI(Uniform Resource Identifier)를 사용하여 리소스를 요청하고, 리소스는 XML이나 JSON과 같은 형식으로 데이터를 반환 • 이러한 방식으로 ROA는 RESTful 아키텍처를 구현할 수 있음

085 **연계 방식 중 다음의 설명에 해당하는 연계 방식을 작성하시오.**

- 송신 애플리케이션이 데이터를 중간 시스템에 전송하고, 중간 시스템이 데이터를 수신 애플리케이션에 전달하는 방식이다.
- 다양한 프로토콜과 인터페이스를 지원하므로, 애플리케이션 간 호환성 문제를 해결할 수 있다.

• **답** :

정답 & 해설

간접 연계 방식

간접 연계 방식

- 송신 애플리케이션이 데이터를 중간 시스템에 전송하고, 중간 시스템이 데이터를 수신 애플리케이션에 전달하는 방식이다.
- 데이터 변환, 매핑, 라우팅 등 다양한 기능을 수행할 수 있어, 애플리케이션 간 유연한 데이터 흐름을 구성할 수 있다.
- 다양한 연계 모듈을 제공하므로, 이를 통해 애플리케이션의 모듈화와 재사용성을 높일 수 있다.
- 다양한 프로토콜과 인터페이스를 지원하므로, 애플리케이션 간 호환성 문제를 해결할 수 있다.
- 애플리케이션 간의 연계를 관리할 수 있으므로, 전반적인 시스템 운영 및 관리가 용이하다.
- 안정적인 데이터 전송을 보장하여 중간 시스템에서 데이터의 변환, 검증, 필터링 등을 수행하여 데이터 품질을 향상시키고, 오류 발생 시 적절한 예외 처리를 수행할 수 있다.

086 연계 방식에서 연계 구간을 구성하는 요소 3가지를 작성하시오.

• 답 :

정답 & 해설

송신 시스템, 연계 서버, 수신 시스템

연계 구간의 구성요소

- 송신 시스템 : 연계를 시작하는 시스템으로, 연계 데이터를 생성하고 연계 서버에 전송한다.
- 연계 서버 : 송신 시스템과 수신 시스템 간 데이터를 중계하는 역할을 한다. 연계 서버는 송신 시스템에서 전송된 데이터를 수신하고, 데이터의 형식을 변환하거나 필터링하는 등의 전처리 작업을 수행한 후, 수신 시스템에 전송한다.
- 수신 시스템 : 연계 데이터를 수신하는 시스템으로, 연계 서버에서 전송된 데이터를 수신하여 해당 시스템에서 처리한다.

087 암호화 분류 중 블록 암호화 방식에 해당하는 알고리즘의 기호를 작성하시오.

ㄱ. LFSR	ㄴ. SEAL
ㄷ. DES	ㄹ. SEED
ㅁ. RC4	ㅂ. ARIA

• 답 :

정답 & 해설

ㄷ, ㄹ, ㅂ

- 블록 암호화 방식 : DES, SEED, ARIA, AES 등
- 스트림 암호화 방식 : LFSR, SEAL, RC4 등

088 **공개키(Public Key)와 개인키(Private Key)를 사용하여 데이터를 암호화하고 복호화하는 암호화 방식을 작성하시오.**

• **답** :

정답 & 해설

비대칭키(공개키) 암호화

비대칭키(공개키) 암호화 방식

공개키(Public Key)와 개인키(Private Key)를 사용하여 데이터를 암호화하고 복호화하는 방식으로, 데이터를 송신할 때 공개키를 이용하여 암호화하고, 수신할 때는 개인키를 이용하여 복호화하는 방식으로 데이터를 보호한다.

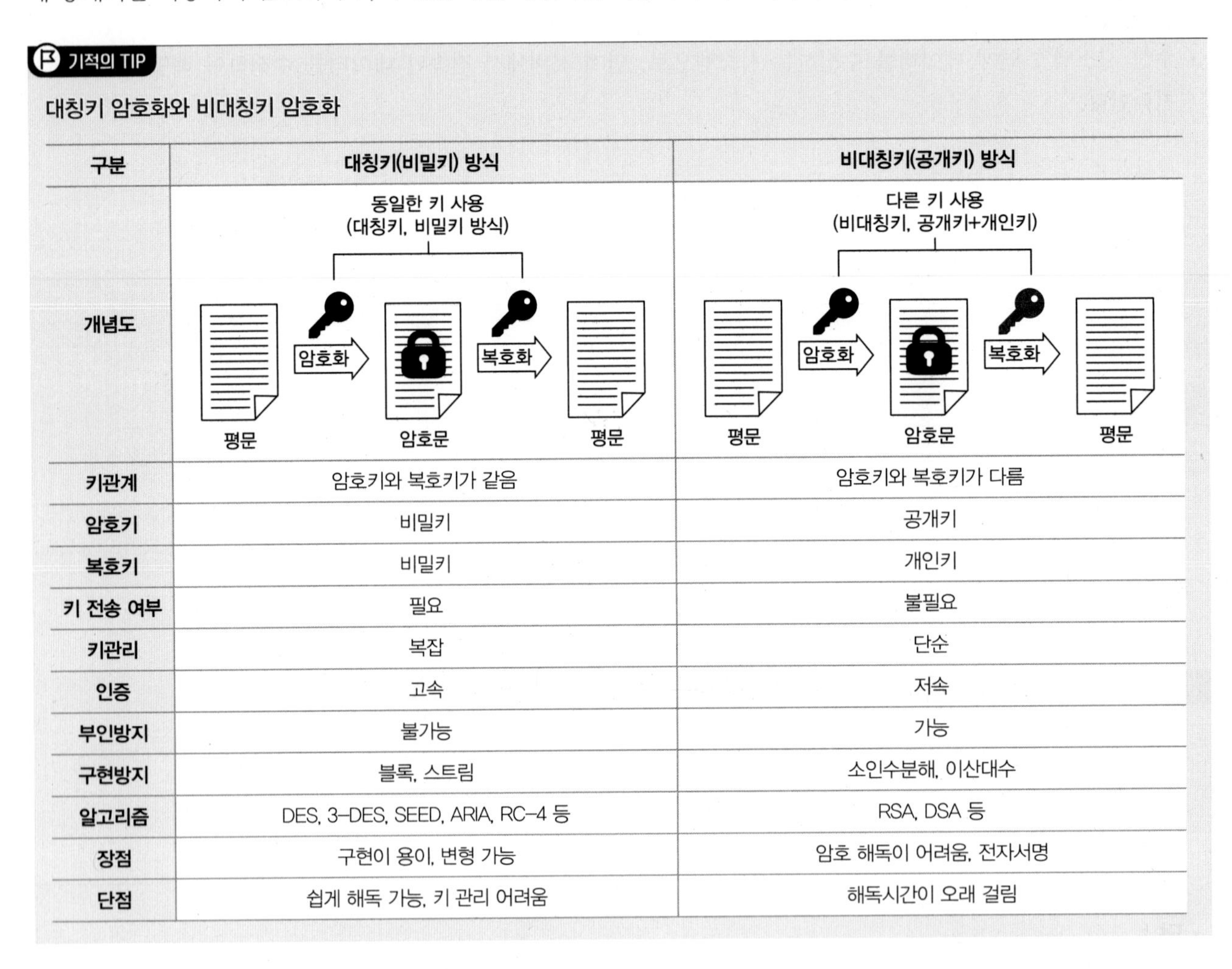

기적의 TIP

대칭키 암호화와 비대칭키 암호화

구분	대칭키(비밀키) 방식	비대칭키(공개키) 방식
개념도	동일한 키 사용 (대칭키, 비밀키 방식) 평문 → 암호화 → 암호문 → 복호화 → 평문	다른 키 사용 (비대칭키, 공개키+개인키) 평문 → 암호화 → 암호문 → 복호화 → 평문
키관계	암호키와 복호키가 같음	암호키와 복호키가 다름
암호키	비밀키	공개키
복호키	비밀키	개인키
키 전송 여부	필요	불필요
키관리	복잡	단순
인증	고속	저속
부인방지	불가능	가능
구현방지	블록, 스트림	소인수분해, 이산대수
알고리즘	DES, 3-DES, SEED, ARIA, RC-4 등	RSA, DSA 등
장점	구현이 용이, 변형 가능	암호 해독이 어려움, 전자서명
단점	쉽게 해독 가능, 키 관리 어려움	해독시간이 오래 걸림

089 직접 연계 방식 중 DB Link 방식에 대해 간단하게 서술하시오.

• 답 :

정답 & 해설

DB Link는 데이터베이스 간에 연결을 설정하는 오라클(Oracle) 데이터베이스의 기능이다. 한 데이터베이스에서 다른 데이터베이스로 데이터를 쉽게 이동시키거나, 다른 데이터베이스의 데이터를 쿼리할 수 있다.

① 직접 연계 방식

DB 링크(DB Link)	데이터베이스 간에 연결을 설정하는 오라클(Oracle) 데이터베이스의 기능이다. 한 데이터베이스에서 다른 데이터베이스로 데이터를 쉽게 이동시키거나, 다른 데이터베이스의 데이터를 쿼리할 수 있다.
DB 연결(DB Connection)	데이터베이스를 사용하기 위해 DB와 애플리케이션 간 통신을 할 수 있는 수단이다.
API/Open API	누구나 사용할 수 있도록 공개된 API를 말한다. 데이터를 표준화하고 프로그래밍해 외부 소프트웨어 개발자나 사용자가 바로 개발에 활용할 수 있는 형태이다.
JDBC	자바 언어로 다양한 종류의 관계형 데이터베이스에 접속하고 SQL 문을 수행하여 처리하고자 할 때 사용되는 표준 SQl 인터페이스 API이다.
화면 링크	웹 애플리케이션 화면에서 하이퍼 링크(Hyper Link)를 사용하여 직접 다른 페이지로 이동할 수 있다.

② 간접 연계 방식

연계 솔루션(EAI)	기업 내 각종 애플리케이션 및 플랫폼 간의 정보 전달, 연계, 통합 등 상호 연동이 가능하게 해주는 솔루션이다.
Web Service/ESB	애플리케이션 간 통합 측면에서 EAI와 비슷하지만 애플리케이션보다는 Service를 중심으로 통합하는 것을 지향한다.
Socket	소켓(Socket)을 생성하여 포트를 할당하고, 클라이언트(Client)의 요청을 연결하여 통신한다.

090 해시 암호화 기술 중 SHA-0 알고리즘의 출력 비트수와 내부 상태 크기를 각각 작성하시오.

• 답 :

정답 & 해설

160, 160

SHA-0 알고리즘의 출력 비트수는 160, 내부 상태 크기도 160으로 출력 비트수와 내부 상태 크기가 동일하다.

SECTION
03 내/외부 연계 모듈 구현하기

091 **기업 내에서 사용되는 여러 소프트웨어 애플리케이션과 시스템을 하나의 시스템으로 연결하는 프로세스를 영문 약어로 작성하시오.**

• **답** :

정답 & 해설

EAI

EAI(Enterprise Application Integration)

- 기업 내에서 각각 다른 목적으로 개발된 소프트웨어 애플리케이션과 시스템이 서로 통신하고 데이터를 공유할 수 있도록 통합한다.
- 이를 통해 기업은 중복 데이터의 제거, 통합 데이터의 표준화, 데이터 일관성 유지 등을 통해 데이터 품질을 향상시키고, 비즈니스 프로세스의 자동화와 최적화를 실현하여 생산성을 높일 수 있다.

기적의 TIP

EAI의 의미는 풀네임 단어의 뜻으로 기억하면 좋습니다.

- Enterprise : 기업
- Application : 응용 프로그램
- Integration : 통합

092 EAI 유형 중 두 개의 애플리케이션 간에 직접적인 연결을 맺어 데이터를 전송하는 방식으로, 간단하고 빠르게 구현할 수 있으며, 중간에 EAI 서버를 거치지 않아 빠른 데이터 전송이 가능한 방식을 작성하시오.

• 답 :

정답 & 해설

Point−To−Point

EAI의 유형

Point−to−Point	중간 미들웨어를 두지 않고 애플리케이션 간 직접 연결하는 방식이다.
Hub & Spoke	허브 시스템을 단일 접점으로 둔 중앙 집중적 방식이다.
Message Bus(ESB의 방식)	애플리케이션 간 미들웨어(Bus)를 두어 통합하여 처리하는 방식이다.
Hybrid	그룹 내에서는 Hub & Spoke 방식을, 그룹 간에는 Message Bus 방식을 사용하는 방식이다.

093 ESB(Enterprise Service Bus)에 대해 간단하게 서술하시오.

• 답 :

정답 & 해설

ESB는 기업에서 사용되는 여러 시스템과 애플리케이션들을 서로 연결하고 통합하는 소프트웨어 아키텍처 패턴이다.

ESB

기업에서 사용되는 여러 시스템과 애플리케이션들을 서로 연결하고 통합하는 소프트웨어 아키텍처 패턴으로, 서비스를 제공하고 소비하는 애플리케이션을 통합하기 위한 중앙 집중적인 통신 수단으로 동작하며 데이터 변환, 라우팅, 프로토콜 변환, 보안 등의 기능을 제공한다.

094 **다음 빈칸에 해당하는 기술을 작성하시오.**

( )(은)는 마크업 언어 중 하나로, 데이터를 구조화하고 전송하기 위해 사용되는 언어이다. HTML과 비슷한 문법을 가지고 있지만, 데이터의 의미와 구조를 설명하는 태그를 직접 정의할 수 있다. 태그와 속성으로 구성되며, 각 태그와 속성은 사용자가 직접 정의할 수 있다.

• **답** :

정답 & 해설

XML

XML(eXtensible Markup Laguage)

데이터를 저장하고 전송하기 위한 마크업 언어로, HTML과 마찬가지로 태그를 사용하여 데이터를 구조화하고, 데이터의 의미를 설명하는 데 사용된다.

095 **WSDL(Web Services Description Language) 기술에 대해 간단하게 서술하시오.**

• **답** :

정답 & 해설

WSDL은 웹 서비스의 기능과 메소드, 파라미터, 반환값 등의 정보를 서술하기 위한 XML 기반의 언어이다.

WSDL

웹 서비스의 기능과 메소드, 파라미터, 반환값 등의 정보를 서술하기 위한 XML 기반의 언어로, 웹 서비스가 다른 시스템에서 쉽게 사용될 수 있도록 설명하고, 웹 서비스와 클라이언트 간의 통신 규약을 정의할 수 있다.

096 **ESB(Enterprise Service Bus)의 기술 중 서비스 통합 요소에 해당하는 기술의 기호를 작성하시오.**

ㄱ. XKMS	ㄴ. SOAP
ㄷ. BPM	ㄹ. ebXML
ㅁ. XML	ㅂ. XACML

• **답** :

정답 & 해설

ㄴ, ㅁ

ESB(Enterprise Service Bus)의 기술

- 서비스 통합 요소 : SOAP, XML, WSDL 등
- 웹 서비스 보안 프로토콜 기술 : XKMS, XACML 등
- SOA 지원 기술 : BPM, ebXML 등

기적의 TIP

① SOAP(Simple Object Acess Protocol)

- XML을 이용하여 분산처리 환경에서 플랫폼의 영향을 받지 않고 정보교환을 할 수 있도록 도와주는 프로토콜 입니다.
- 요청자가 서버에서 객체나 함수를 호출하여 그 값을 변환받는 RPC(Remote Procedure Call) 방식 중 하나입니다.
- HTTP 프로토콜을 사용하기 때문에 거의 모든 기종에서 호환 가능합니다.
- 플랫폼에 독립적이며 프로그래밍 언어에도 독립적입니다.

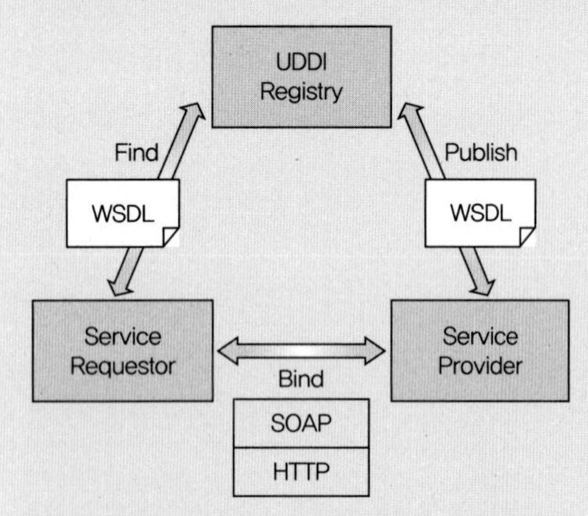

② REST(Representational State Transfer)

- 기존 웹 서비스 전달 프로토콜인 SOAP(Simple Object Access Protocol)는 처리 시 원하는 기능에 비해 처리의 오버헤드가 발생하는 문제가 있었는데 이러한 단점을 보안하기 위해 RESTful 웹 서비스가 등장하였습니다.
- 클라이언트/서버 간의 구성요소를 엄격히 분리하여 구현 시 단순하고 성능을 높일 수 있는 아키텍처(설계 방식)입니다.
- 기본적으로 HTTP 프로토콜로 데이터를 전송합니다.

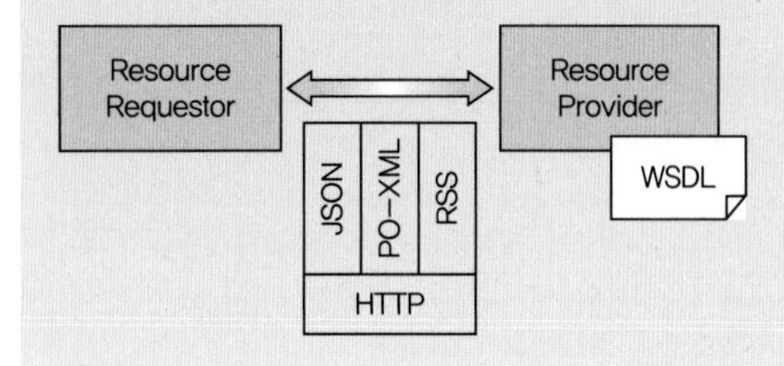

CHAPTER 04

서버 프로그램 구현

SECTION 01

개발 환경 구축하기

097 시스템 소프트웨어에서 웹 애플리케이션을 구동할 수 있는 실행 환경을 제공하며, 다양한 기능을 제공하는 서버를 작성하시오.

• 답 :

정답 & 해설

WAS(Web Application Server)

WAS(Web Application Server)

- 웹 애플리케이션을 실행시키기 위한 서버이다.
- 웹 애플리케이션을 구동할 수 있는 실행 환경을 제공하며, 동적인 컨텐츠를 처리하는 등 다양한 기능을 제공한다.
- 데이터베이스와 연동하여 데이터 처리를 수행할 수 있다.

098 형상관리(SCM)에 대해 간단하게 서술하시오.

• 답 :

정답 & 해설

SCM은 소프트웨어 개발 과정에서 소스코드의 버전 및 변경 사항을 관리하는 활동이다.

형상관리(SCM, Supply Chain Management)

- 소프트웨어 개발 과정에서 소스코드의 버전 및 변경 사항을 관리하는 활동이다.
- 소스코드의 변화를 추적하고, 여러 명의 개발자들이 동시에 작업을 할 때 충돌을 방지하고 협업을 용이하게 할 수 있다.

기적의 TIP

형상관리(SCM)는 버전 관리 시스템(VCS, Version Control System)을 통해 이루어집니다. VCS를 통해 개발자는 코드를 저장하고, 변경사항을 추적하며, 코드를 백업하고, 이전 버전으로 롤백하는 등의 작업을 수행할 수 있습니다. SCM에는 Git, SVN, Mercurial 등의 다양한 VCS 도구가 있습니다.

099 **개발 언어의 선정 기준 5가지를 작성하시오.**

• **답** :

정답 & 해설

적정성, 효율성, 이식성, 친밀성, 범용성

개발 언어의 선정 기준

- 적정성 : 프로젝트의 목적과 요구사항에 적합해야 한다.
- 효율성 : 프로그램을 효율적으로 실행하는 데 필요한 리소스를 최소화해야 한다.
- 이식성 : 다양한 운영체제와 하드웨어 플랫폼에서 이식이 가능해야 한다.
- 친밀성 : 개발자들은 이미 숙련되어 있거나 익숙한 언어를 사용하는 것이 더욱 쉽다.
- 범용성 : 언어는 다양한 종류의 애플리케이션을 개발할 수 있어야 한다.

100 **컴퓨터 시스템을 구성하는 소프트웨어 중 운영체제, 드라이버, 라이브러리, 네트워크 제어 소프트웨어 등과 같이 하드웨어와 상호 작용하는 소프트웨어를 작성하시오.**

• **답** :

정답 & 해설

시스템 소프트웨어

시스템 소프트웨어

- 운영체제, 드라이버, 라이브러리, 네트워크 제어 소프트웨어 등과 같은 하드웨어와 상호 작용하는 소프트웨어이다.
- 시스템의 자원을 관리하고 컴퓨터 시스템의 기능을 제어하는 데 사용되고, 주로 하드웨어와 관련된 문제를 다루며 성능, 안정성, 보안 및 관리와 같은 시스템 전반적인 측면을 관리한다.

101 소프트웨어 테스트 도구 중 ①, ②에 해당하는 도구를 각각 작성하시오.

(①)	디버거나 프로파일러와 같은 도구를 사용하여 코드 실행 중 발생하는 문제를 찾아낸다.
(②)	컴파일러나 정적 분석 도구를 사용하여 코드의 구문 오류, 잠재적인 버그, 일반적인 코딩 문제 등을 찾아낸다.

• **답** :

정답 & 해설

① 동적 분석

② 정적 분석

동적 분석	• 소프트웨어를 실행하여 오류를 찾는 것이다. • 코드가 실행될 때 수행된다. • 디버거나 프로파일러와 같은 도구를 사용하여 코드 실행 중 발생하는 문제를 찾아낸다.
정적 분석	• 소스코드를 분석하여 프로그램의 오류를 찾는 것이다. • 코드가 실행되기 전에 수행된다. • 컴파일러나 정적 분석 도구를 사용하여 코드의 구문 오류, 잠재적인 버그, 일반적인 코딩 문제 등을 찾아낸다.

SECTION 02

공통 모듈 구현하기

102 모듈화에 대해서 간단하게 서술하시오.

• 답 :

정답 & 해설

모듈화는 복잡한 소프트웨어를 작고 독립적인 단위로 분할하여 시스템의 성능을 향상시키는 과정이다.

모듈화(Modularity)

- 복잡한 소프트웨어를 작고 독립적인 단위로 분할하는 과정이다.
- 소프트웨어의 성능을 향상하거나 수정 및 재사용, 유지 관리 등이 용이하도록 시스템의 기능들을 모듈단위로 분해하는 것을 의미한다.
- 모듈들은 서로 상호작용하면서 하나의 시스템을 형성하며, 모듈화를 하면 코드의 재사용성, 유지보수 용이성, 개발 속도 향상 등의 장점이 있다.

103 소프트웨어 구조에서 Fan-in이 2인 모듈의 개수를 작성하시오.

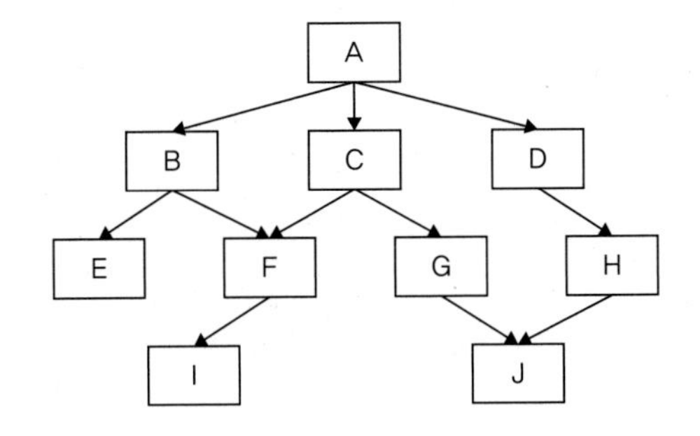

• 답 :

정답 & 해설

2개

Fan-in은 다른 모듈에서 호출되는 모듈의 수이다. F는 B, C 2개 모듈로부터, J는 G, H 2개 모듈로부터 호출되므로 Fan-in이 2인 모듈은 F, J로 총 2개이다.

104 **응집도에서 모듈 내부의 모든 기능이 하나의 목적을 위해 함께 작동하는 응집도는 무엇인지 작성하시오.**

• **답** :

정답 & 해설

기능적 응집도

기능적 응집도

기능적 응집도(Functional Cohesion)는 모듈 내부의 모든 기능이 하나의 목적을 위해 함께 작동한다. 즉, 모듈 내의 각각의 함수나 기능이 모두 비슷한 기능을 수행하며 모듈 내부의 다른 함수들과 상호작용하여 하나의 기능을 완수하므로 응집도가 강하다.

105 **소프트웨어 모듈 간의 상호 의존성을 나타내는 개념을 작성하시오.**

• **답** :

정답 & 해설

결합도

결합도(Coupling)

소프트웨어 모듈 간의 상호 의존성을 나타내는 개념이다. 모듈 간의 결합도가 높을수록 하나의 모듈이 변경될 때 다른 모듈에 영향을 미칠 가능성이 높아진다.

106 **결합도의 유형 중 결합도가 강한 순으로 기호를 작성하시오.**

ㄱ. 자료 결합도	ㄴ. 제어 결합도
ㄷ. 내용 결합도	ㄹ. 스탬프 결합도

• **답** :

정답 & 해설

ㄷ－ㄴ－ㄹ－ㄱ

결합도

• 자료 결합도(Data Coupling)는 다른 모듈 간에 공유되는 데이터를 전달함으로써 결합되는 경우로, 결합도가 가장 약하다.
• 스탬프 결합도(Stamp Coupling)는 레코드나 구조체 등의 자료형을 전달함으로써 결합되는 경우로, 자료 결합도보다 강하다.
• 제어 결합도(Control Coupling)는 다른 모듈에서 제어 정보를 제공하는 경우로, 스탬프 결합도보다 결합도가 강하다.
• 내용 결합도(Content Coupling)는 다른 모듈의 내부 동작을 직접 참조하거나 변경하는 경우로, 결합도가 가장 강하다.

기적의 TIP

결합도와 응집도의 약함~강함의 순서는 반드시 암기해야 합니다.

① 결합도의 순서

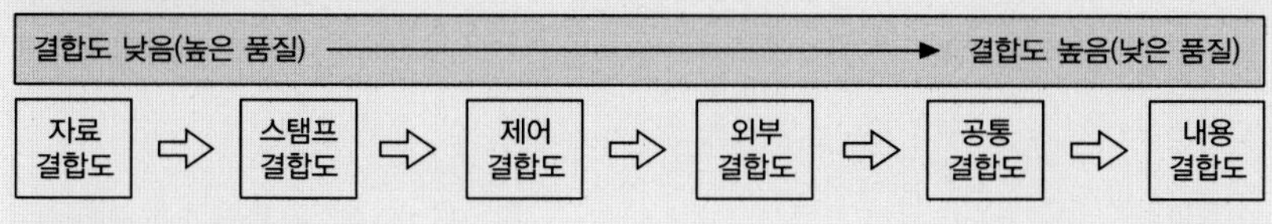

② 응집도의 순서

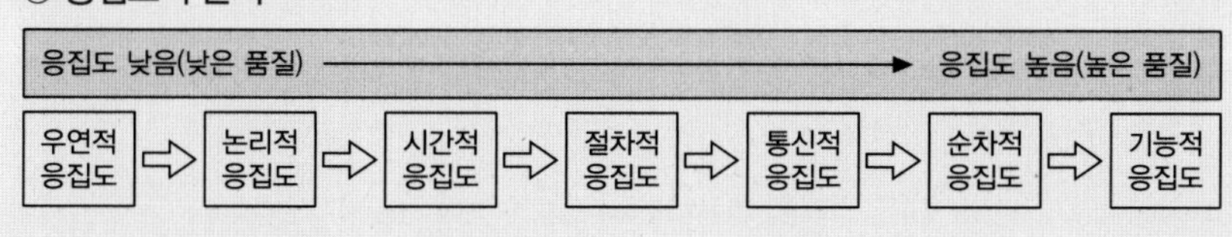

107 **다음 중 모듈을 작성할 때 주의해야 할 사항으로 옳은 내용의 기호를 작성하시오.**

ㄱ. 기능 단위로 모듈을 분리한다.
ㄴ. 모듈의 재사용성을 고려해야 한다.
ㄷ. 모듈 간의 결합도를 높인다.
ㄹ. 코드의 가독성을 높여야 한다.
ㅁ. 모듈의 크기를 최소화해야 한다.

• **답** :

정답 & 해설

ㄱ, ㄴ, ㄹ

ㄷ. 모듈 간의 의존성을 최소화하면 독립성이 향상되어 유지보수가 수월하므로 결합도를 낮춰야 한다.
ㅁ. 모듈의 크기가 너무 작으면 기능의 분리가 불명확해지고, 너무 크면 유지보수성이 낮아질 수 있으므로 모듈의 크기를 적절하게 유지해야 한다.

기적의 TIP

소프트웨어 모듈화에서 모듈 간의 결합도는 최소화(Minimize Cohesion)하고, 모듈 내 요소들 간의 응집도는 최대화(Maximize Cohesion)하는 것이 가장 좋은 모듈화 방법입니다.

108 **기존에 인정받은 소프트웨어의 일부 또는 전부를 다른 소프트웨어 개발이나 유지에 사용하는 방법으로 생산성을 높이는 방법을 무엇이라 하는지 작성하시오.**

• **답** :

정답 & 해설

소프트웨어 재사용

소프트웨어 재사용(Software Reuse)

- 기존의 소프트웨어를 다시 사용하여 새로운 소프트웨어를 개발하는 기법이다.
- 개발 시간과 비용을 줄일 수 있으며, 소프트웨어의 품질과 유지보수성을 향상시킬 수 있다.

기적의 TIP

소프트웨어 재사용과 재공학은 다른 개념입니다.
소프트웨어 재공학(software reengineering)은 기존의 소프트웨어를 개선하거나 재구성하는 유지보수 과정입니다. 즉, 기존 소프트웨어를 새로운 플랫폼에 적용하거나, 유지보수가 어려운 레거시 시스템을 개선하기 위해 수행됩니다.

109 **공통 모듈의 구현 형태 3가지를 작성하시오.**

• **답** :

정답 & 해설

라이브러리, 프레임워크, 컴포넌트

공통 모듈 구현 형태

- 라이브러리(Library) : 함수나 클래스 등의 모듈을 모아 놓은 것으로, 다른 프로그램에서 호출하여 사용할 수 있다.
- 프레임워크(Framework) : 특정한 목적을 가진 소프트웨어를 개발할 때 필요한 기본적인 구조와 기능을 제공하는 것으로, 개발자는 이를 기반으로 자신의 코드를 작성하여 사용한다.
- 컴포넌트(Component) : 독립적으로 동작하는 기능 모듈을 의미하며, 다른 소프트웨어에서 쉽게 사용할 수 있도록 인터페이스를 제공한다.

SECTION 03

서버 프로그램 구현하기

110 실행 중인 프로그램으로, 메모리에 적재되어 CPU에 의해 실행되는 작업 단위를 무엇이라 하는지 작성하시오.

• **답** :

정답 & 해설

프로세스

프로세스(Process)

- 컴퓨터에서 연속적으로 실행되고 있는 컴퓨터 프로그램을 말한다.
- 메모리에 적재되어 CPU에 의해 실행되는 작업 단위이다.
- 각각의 프로세스는 독립된 메모리 영역을 가지며, 서로 다른 프로세스 간에는 메모리 공유가 되지 않는다.

111 **소프트웨어 개발을 위해 미리 정해진 기본적인 구조와 기능을 제공하는 프레임워크의 4가지 특징을 작성하시오.**

• **답** :

정답 & 해설

추상화, 재사용성, 확장성, 역제어

프레임 워크의 특징

- 추상화 : 추상화된 인터페이스를 제공하여 개발자가 자신의 코드를 작성할 때 일관성을 유지하도록 한다.
- 재사용성 : 미리 구현된 기능을 제공하여 개발자가 새로운 소프트웨어를 빠르게 개발할 수 있도록 한다.
- 확장성 : 다양한 모듈을 제공하므로, 필요한 모듈을 추가하여 기능을 확장할 수 있다.
- 역제어(Inversion of Control) : 개발자가 작성한 코드를 실행하는 방식에 있어서 제어의 주도권을 프레임워크에게 넘기고, 이를 통해 개발자는 프레임워크가 제공하는 인터페이스를 따라 코드를 작성할 수 있다.

112 **영속 계층의 객체 종류 중 ①, ②에 각각 해당하는 객체를 작성하시오.**

(①)	데이터를 저장하거나 전달하기 위한 객체
(②)	영속 계층에서 데이터베이스에 접근하는 역할을 담당

• **답** :

정답 & 해설

① DTO

② DAO

DTO (Data Transfer Object)	• 데이터를 저장하거나 전달하기 위한 객체이다. • 일반적으로 엔티티 클래스와는 별도로 정의된다.
DAO (Data Access Object)	• 영속 계층에서 데이터베이스에 접근하는 역할을 담당한다. • 데이터베이스와의 연결 설정, 쿼리 실행 등과 같은 로우 레벨의 데이터 액세스 작업을 수행한다.

113 **언어 기반과 프레임워크가 옳게 짝지어진 기호를 작성하시오.**

ㄱ. Java–Spring	ㄴ. PHP–Django
ㄷ. CLI–Vue.js	ㄹ. JavaScript–Vue.js

• **답** :

정답 & 해설

ㄱ, ㄹ

ㄴ. PHP의 프레임워크에는 CodeIgniter, Laravel 등이 있으며, Django는 Python의 프레임워크이다.
ㄷ. CLI의 프레임워크에는 ASP, .NET 등이 있으며, Vue.js는 JavaScript의 프레임워크이다.

114 **소프트웨어 테스트의 원칙 중 살충제 패러독스에 대해 간단하게 서술하시오.**

• **답** :

정답 & 해설

동일한 테스트를 반복적으로 수행하면 새로운 버그를 발견하지 못한다는 원리이다.

살충제 패러독스(Pesticide Paradox)

- 같은 테스트 케이스를 가지고, 테스트를 계속해서 반복하는 경우 어느 시점부터는 더 이상 결함을 발견하지 못한다는 원리이다.
- 시스템의 환경이나 사용자 요구사항은 시간이 지나면서 변할 수 있기 때문에 새로운 결함이 발생할 가능성이 있으므로 주기적으로 테스트 케이스를 검토하고 개선하여 새로운 결함을 찾을 수 있는 능력을 강화해야 한다.

SECTION 04

배치 프로그램 구현하기

115 배치 프로그램의 필수 요소 중 빈칸에 해당하는 요소를 작성하시오.

대용량 데이터	대량의 데이터를 처리할 수 있어야 한다.
자동화	사용자의 개입 없이 실행되어야 한다.
( )	오류 발생 시 적절한 예외 처리를 수행하여 안정성을 높여야 한다.
안정성	로그를 기록하여 추후에 재처리할 수 있도록 해야 한다.
성능	프로그램의 처리 속도를 최적화하고, 데이터의 묶음 처리 등을 고려하여 프로그램을 설계하고 개발해야 한다.

• 답 :

정답 & 해설

견고성

대용량 데이터	대량의 데이터를 처리할 수 있어야 하고 데이터의 처리 방식, 처리 속도 등을 고려하여 프로그램을 설계하고 개발해야 한다.
자동화	자동화가 가능해야 하여 제어 파일에 실행 시간과 실행할 프로그램 등을 미리 지정해 두면, 사용자의 개입 없이 자동으로 실행된다.
견고성	오류가 발생하더라도 자동으로 처리를 중단하고, 오류 정보를 기록하여 프로그램의 견고성을 높여야 한다. 또한 오류 발생 시 적절한 예외 처리를 수행하여 안정성을 높여야 한다.
안정성	처리 결과가 일관성 있게 나와야 하며, 처리 중 예기치 않은 중단이나 오류 발생을 최소화해야 하여 데이터의 일관성을 유지하고, 로그를 기록하여 추후에 재처리할 수 있도록 해야 한다.
성능	처리 속도가 빠르고, 자동화가 가능하여 작업 효율을 높여야 하여 프로그램의 처리 속도를 최적화하고, 데이터의 묶음 처리 등을 고려하여 프로그램을 설계하고 개발해야 한다.

116 **배치 프로그램이 일괄 처리 작업을 자동화할 수 있도록 작업 스케줄링, 작업 실행, 작업 관리 등의 기능을 제공하며, 사용자의 개입 없이 예약된 시간에 작업을 실행하는 시스템은 무엇인지 작성하시오.**

• **답** :

정답 & 해설

배치 스케줄러

배치 스케줄러(Batch Scheduler)

- 일괄 처리 작업을 자동화하여 실행하는 시스템이다.
- 작업 스케줄링, 작업 실행, 작업 관리 등의 기능을 제공하며, 사용자의 개입 없이 예약된 시간에 일괄 처리 작업을 실행할 수 있다.
- 시스템 운영 및 데이터 처리 등 다양한 분야에서 사용되며 작업 스케줄링, 실행 결과 모니터링, 예외 처리 등의 기능을 제공한다.

117 **아래와 같은 크론 표현식이 주어졌을 때, 이 표현식이 어떤 시간대를 나타내는지 작성하시오.**

"0 0 12 * * ?"

• **답** :

정답 & 해설

매일 정오 12시

"0 0 12 * * ?" 표현식 해석

1번째 필드	초(seconds)	매분 0초에 실행
2번째 필드	분(minute)	매시 0분에 실행
3번째 필드	시(hour)	12시에 실행
4번째 필드	일(day of month)	매월 모든 날에 실행
5번째 필드	월(month)	매월 실행
6번째 필드	요일(day of week)	모든 요일에 실행

118 **매년 4월 15일 오전 10시 30분에 실행되는 스크립트를 실행하기 위한 크론 표현식을 작성하시오.**

• **답** :

정답 & 해설

"30 10 15 4 ? *"

'30 10'은 실행 시간을 나타내는 분과 시간을 의미하고, '15 4'는 실행 일자를 의미한다. '?'는 요일 필드를 나타내는 것이므로 어떤 요일이든 상관 없이 실행되고 '*'은 년도 필드를 나타내는 것으로 매년 실행됨을 의미한다.

CHAPTER 05

인터페이스 구현

SECTION

01 인터페이스 설계서 확인하기

119 **서로 다른 시스템, 프로그램, 기기 등이 상호 작용하는 데 필요한 공통의 통신 매커니즘을 제공하는 매개체를 작성하시오.**

• 답 :

정답 & 해설

인터페이스

인터페이스(Interface)

- 서로 다른 시스템, 프로그램, 기기 등이 상호 작용하는 데 필요한 공통의 통신 매커니즘을 제공하는 매개체이다.
- 시스템 간의 호환성, 유연성, 확장성 등을 보장한다.

120 **다음과 같은 특징을 갖는 모듈 연계 방식을 작성하시오.**

- 다양한 프로토콜 및 통신 방식 지원
- 모듈 간의 결합도를 낮춤
- 중앙 집중화된 통합
- 서비스 지향 아키텍처(SOA)

• **답** :

정답 & 해설

ESB(Enterprise Service Bus)

ESB(Enterprise Service Bus)

- 중앙 집중화된 통합 : 기업 내 다양한 시스템 및 서비스를 연결하여 중앙 집중화된 통합을 제공한다.
- 서비스 지향 아키텍처(SOA) : SOA를 기반으로 하며, 모듈 간의 통신을 표준화된 방식으로 수행한다.
- 다양한 프로토콜 및 통신 방식 지원 : 다양한 프로토콜과 통신 방식을 지원하여 기업 내의 데이터 통합을 용이하게 한다.
- 데이터 변환 및 보안 기능 제공 : 미들웨어와 같은 기술을 이용하여 데이터 변환, 보안, 오류 처리 등의 기능을 수행한다.
- 대규모 기업 시스템에 적합 : 대규모 기업 시스템에서 사용하기 적합하며, 기존 시스템과 서비스를 활용하면서 보다 빠르고 유연한 업무 프로세스를 구축할 수 있다.
- 모듈 간의 결합도를 낮춤 : ESB를 사용하면 모듈 간의 결합도를 낮출 수 있어 시스템 구성의 유연성이 높아진다.
- 모듈 간의 연결 정보 관리의 용이성 : ESB를 사용하면 모듈 간의 연결 정보를 한 곳에서 관리할 수 있어 유지보수와 관리의 용이성이 높아진다.

121 **내/외부 모듈 간 인터페이스 데이터 표준 모듈로 사용되는 데이터 형식 중 2가지 이상을 작성하시오.**

• **답** :

정답 & 해설

JSON, XML, DB, CSV, EDI 중 2가지

내/외부 모듈 간 인터페이스 데이터 표준 모듈

JSON	경량 데이터 교환 형식 중 하나로, 인터넷에서 데이터 교환에 많이 사용된다.
XML	데이터의 구조와 의미를 명시하는 마크업 언어로, 데이터 구조화 및 교환을 위해 사용된다.
DB	데이터베이스를 의미하며, 데이터를 저장하고 관리하는 소프트웨어이다. 데이터를 표준화하여 공유할 수 있다.
CSV	콤마(,)로 구분된 값들을 가진 텍스트 파일 형식으로, 일반적으로 엑셀 등에서 사용된다.
EDI	전자 데이터 교환을 위한 국제 표준 규격으로, 상호 운용성이 좋으며 B2B 전자상거래에서 많이 사용된다.

122 **인터페이스 설계서에 대해 간단하게 서술하시오.**

• **답** :

정답 & 해설

시스템 간에 데이터를 주고받을 때 데이터의 형식, 규격, 처리 방법 등을 명세한 문서이다.

인터페이스 설계서

시스템 간에 데이터를 주고받을 때 데이터의 형식, 규격, 처리 방법 등을 명세한 문서로, 시스템 간의 데이터 통신을 원활하게 하기 위해 필요하다.

123 다음 중 XML 기반의 언어로 옳은 것의 기호를 작성하시오.

ㄱ. XQuery	ㄴ. SVG
ㄷ. RTF	ㄹ. Markdown
ㅁ. SMIL	ㅂ. YAML

• **답** :

정답 & 해설

ㄱ, ㄴ, ㅁ

XQuery	XML 문서에서 데이터를 검색, 추출 및 조작하는 쿼리 언어이다.
SVG	XML 기반의 벡터 그래픽 표현 언어로, 웹 페이지에 그래픽을 표시하는 데 사용된다.
RTF	다양한 서식과 레이아웃을 지원하여 워드프로세서 등에서 사용되는 문서 형식으로, XML 기반의 언어가 아니다.
Markdown	일반 텍스트 문서를 HTML 등 다른 형식으로 변환하기 위한 경량 마크업 언어로, XML 기반의 언어가 아니다.
SMIL	XML 기반의 마크업 언어로, 다양한 멀티미디어 자원들을 조합하여 시간적으로 동기화된 멀티미디어 프레젠테이션을 작성할 수 있다.
YAML	XML과 같은 마크업 언어가 아니라 데이터 직렬화 언어로, 사람이 읽고 쓰기 쉬운 형식의 데이터를 저장하고 전송하기 위한 언어이다.

124 **Microsoft에서 개발한 서버 측 스크립트 언어로, 동적인 웹 페이지를 생성하고 데이터베이스와의 상호작용을 수행할 수 있는 웹 스크립트 언어를 작성하시오.**

• **답** :

정답 & 해설

ASP

ASP(Active Server Pages)

- Microsoft에서 개발한 서버 측 스크립트 기술이다.
- ASP를 사용하여 동적인 웹 페이지를 생성하고 데이터베이스와의 상호작용을 수행할 수 있다.
- ASP는 서버 측에서 동작하므로 클라이언트의 브라우저에게는 HTML 코드가 전송되며, 이를 통해 동적으로 생성된 웹 페이지를 볼 수 있다.

기적의 TIP

JSP(Java Server Pages)

- 자바 기반의 웹 애플리케이션 개발을 위한 서버 측 스크립트 언어로 HTML 코드에 자바 코드를 삽입하여 동적인 웹 페이지를 생성합니다.
- JSP는 서블릿(Servlet)과 마찬가지로 서버 측에서 실행되며, 웹 서버에서 동적인 컨텐츠를 생성하는 데 사용됩니다.
- JSP는 HTML 태그와 자바 코드를 혼합하여 작성됩니다. JSP 페이지는 일반적으로 .jsp 확장자를 가지며, 서버에서 동적으로 생성된 결과는 일반적으로 HTML 형식으로 출력됩니다.

SECTION 02

인터페이스 기능 구현하기

125 **비동기적인 웹 애플리케이션 개발을 위한 웹 개발 기술인 AJAX(Asynchronous JavaScript and XML)의 특징으로 옳은 기호를 작성하시오.**

ㄱ. 부분적인 업데이트가 가능하다.
ㄴ. 동적인 UI는 제공할 수 없다.
ㄷ. 보안이 우수하다.
ㄹ. 모든 브라우저에서 호환이 가능하다.
ㅁ. 사용자가 다른 작업을 동시에 수행할 수 있다.

• **답** :

정답 & 해설

ㄱ, ㅁ

AJAX(Asynchronous JavaScript and XML)

- 웹 페이지의 전체 새로고침 없이 부분적인 업데이트가 가능해 사용자 경험을 향상시킬 수 있다.
- 서버로부터 받은 데이터를 가공하여 동적인 UI를 제공할 수 있다.
- 클라이언트에서 처리하기 때문에, 서버에서 처리하는 것보다 보안성이 떨어질 수 있다.
- 다양한 브라우저에서 AJAX를 지원하지 않을 수 있어 브라우저 호환성 문제가 발생할 수 있다.
- 비동기적인 방식으로 통신하므로, 사용자가 다른 작업을 동시에 수행할 수 있다.

126 **소프트웨어 개발 과정에서 코드 작성 시 보안 취약점을 고려하여 코딩하는 기법을 작성하시오.**

• **답** :

정답 & 해설

시큐어 코딩

시큐어 코딩(Secure Coding)

- 소프트웨어 개발 과정에서 보안 취약점을 최소화하기 위한 접근 방식이다.
- 소프트웨어 개발자들은 코드 작성 시 보안 취약점을 고려하여 코딩해야 한다.
- 해킹을 비롯한 사이버 공격의 대상이 될 수 있는 소프트웨어의 보안 약점을 출시 이후가 아닌 개발 단계에서 사전에 제거해야 한다.

127 **인터페이스 구현 시 정보 보안 3요소를 유지함으로써 정보의 안전성과 신뢰성을 보장할 수 있다. 빈칸에 해당하는 정보 보안 요소를 작성하시오.**

기밀성	정보가 인가된 사람만 접근 가능하도록 제한됨
( )	정보가 인가된 사람에 의해 변경되지 않고 원래의 상태를 유지함
가용성	정보가 필요할 때 언제든지 접근 가능하도록 유지됨

• **답** :

정답 & 해설

무결성

정보 보안 3요소(CIA)

기밀성(Confidentiality)	정보가 인가된 사람만 접근 가능하도록 제한된다.
무결성(Integrity)	정보가 인가된 사람에 의해 변경되지 않고 원래의 상태를 유지한다.
가용성(Availability)	정보가 필요할 때 언제든지 접근 가능하도록 유지된다.

기적의 TIP

무결성은 정보가 인가된 사람에 의해 변경되지 않고 원래의 상태를 유지하는 것을 의미하며, 정보가 정확하고 무결함을 유지하여 정보의 신뢰성을 보장하는 것을 목적으로 합니다.

128 JavaScript를 기반하여 HTML 문서의 탐색과 조작, 이벤트 처리, 애니메이션 및 Ajax 등 다양한 기능을 제공하고, 브라우저 호환성 문제를 해결할 수 있는 클라이언트 측 웹 프레임워크를 무엇이라하는지 작성하시오.

• 답 :

정답 & 해설

jQuery

jQuery

HTML 문서의 클라이언트 사이드 조작을 단순화하고 보완하기 위한 빠르고 간편한 자바스크립트 라이브러리로, 다양한 웹 브라우저에서 일관된 방식으로 작동하도록 설계되었으며, HTML 문서의 요소를 선택하고 조작하는 기능, 이벤트 처리 및 애니메이션 등을 지원한다.

129 인터페이스 보안 위협의 종류 중 ①, ②에 해당하는 위협을 각각 작성하시오.

(①)	IP나 MAC 주소 등의 식별자를 위조하여 다른 사용자로 위장하는 방식의 위협
(②)	네트워크 상에서 데이터를 도청하거나 가로채는 방식의 위협

• 답 :

정답 & 해설

① 스푸핑

② 스니핑

스푸핑(Spoofing)	IP나 MAC 주소 등의 식별자를 위조하여 다른 사용자로 위장하는 것으로, 주로 ARP Spoofing이나 DNS Spoofing 등이 사용된다.
스니핑(Sniffing)	네트워크 상에서 데이터를 도청하거나 가로채는 것으로, 패킷 스니핑(Packet Sniffing)이라는 용어로 사용되며, 네트워크에서 전송되는 데이터를 수집하고 분석하여 정보를 추출할 수 있다.

130 **인터페이스 보안 기능을 적용하는 영역 중 방화벽, 가상 사설망(VPN), 인증 및 암호화 기술 등을 사용하여 인터넷과 내부 네트워크 간의 통신을 보호할 수 있는 영역을 작성하시오.**

• **답** :

정답 & 해설

네트워크 영역

인터페이스 보안 기능 적용 영역

- 네트워크 영역에서는 방화벽, 가상 사설망(VPN), 인증 및 암호화 기술 등을 사용하여 인터넷과 내부 네트워크 간의 통신을 보호할 수 있다. 또한 네트워크 액세스 제어(NAC)와 같은 기술을 사용하여 인가되지 않은 장치나 사용자가 네트워크에 액세스하는 것을 방지할 수 있다.
- 애플리케이션 영역에서는 접근 제어, 인증, 암호화 및 감사 로그 기능과 같은 보안 기능을 구현할 수 있다. 또한 애플리케이션 취약성을 검사하고 보안 패치를 설치하여 보안을 강화할 수 있다.
- 데이터베이스 영역에서는 암호화, 접근 제어, 감사 로그 등과 같은 보안 기능을 사용하여 데이터의 기밀성, 무결성 및 가용성을 보호할 수 있다. 또한 데이터베이스 관리 시스템(DBMS)에서 제공하는 보안 기능을 활용하여 데이터베이스 보안을 강화할 수 있다.

131 **클라이언트와 서버 간의 통신을 보호하기 위해 데이터 암호화, 인증 및 무결성 검증을 제공하여 인터넷에서 정보를 안전하게 전송하기 위한 프로토콜을 작성하시오.**

• **답** :

정답 & 해설

SSL

SSL(Secure Sockets Layer)

인터넷에서 정보를 안전하게 전송하기 위한 프로토콜로, 클라이언트와 서버 간의 통신을 보호하기 위해 데이터 암호화, 인증 및 무결성 검증을 제공한다. 일반적으로 SSL은 HTTPS 프로토콜과 함께 사용된다.

132 **데이터베이스 암호화 방식 3가지를 작성하시오.**

• **답** :

정답 & 해설

대칭키 암호화, 비대칭키 암호화, 해시 함수

데이터베이스 암호화 방식

대칭키 암호화	• 하나의 키를 암호화와 복호화에 모두 사용하는 알고리즘이다. • 대표적인 기법에는 DES(Data Encryption Standard), AES(Advanced Encryption Standard) 등이 있다. • 암호화와 복호화가 빠르고 효율적이지만, 키 관리에 대한 보안 이슈가 있을 수 있다.
비대칭키 암호화	• 공개키 암호화 방식으로, 암호화와 복호화에 각각 다른 키를 사용한다. • 대표적인 비대칭키 암호화 알고리즘으로는 RSA, ECC, DSA 등이 있다. • 대칭키 암호화에 비해 보안성이 높지만, 계산 비용이 더 높고 키 길이가 길어질수록 암호화와 복호화에 걸리는 시간이 늘어난다.
해시 함수	• 단방향 암호화 방식으로, 입력된 데이터를 고정 길이의 해시 값으로 변환하는 함수이다. • 대표적인 해시 함수로는 SHA-1, SHA-256, MD5 등이 있다. • 입력 값의 해시 값만 알아도 입력 값을 유추하기 어렵기 때문에 비밀번호와 같은 개인정보를 저장할 때 사용된다.

SECTION
03 인터페이스 구현 검증하기

133 인터페이스 구현 검증 도구 중 다양한 프로그래밍 언어를 지원하며, 단위 테스트를 위해 사용되는 소프트웨어 테스트 프레임워크를 작성하시오.

• 답 :

정답 & 해설

xUnit

xUnit

프로그램 코드를 테스트하는 데 사용되는 자동화된 테스트 프레임워크이다. 단위 테스트를 수행할 수 있으며, 여러 프로그래밍 언어에서 사용할 수 있고, 테스트 실행 및 결과 보고서 작성을 자동화하는 데 사용된다.

134 소프트웨어 애플리케이션의 성능 모니터링, 문제 진단, 문제 해결, 용량 계획 등을 하여 시스템 장애를 방지하는 프로세스 작성하시오.

• 답 :

정답 & 해설

APM

APM(Application Performance Monitoring/Management)

소프트웨어 애플리케이션의 성능을 모니터링하고 관리하는 프로세스이다. 애플리케이션 성능 모니터링, 문제 진단 및 분석, 성능 최적화, 용량 계획, 로그 분석, 트랜잭션 추적, 에러 및 예외 처리 등 다양한 기능을 제공한다.

135 **인터페이스 구현 감시 도구의 대표적인 APM 종류 2가지를 작성하시오.**

• 답 :

정답 & 해설

스카우터, 제니퍼

APM(Application Performance Management)

스카우터(Scouter)	• 분산 시스템에서 발생하는 성능 이슈를 실시간으로 모니터링하고, 트랜잭션 추적, 성능 최적화, 에러 및 예외 처리, 로그 분석 등 다양한 기능을 제공한다. • 메트릭 데이터 수집과 시각화, 분산 시스템 모니터링에 초점을 둔다.
제니퍼(Jennifer)	• 스카우터와 마찬가지로 분산 시스템에서 애플리케이션 성능 모니터링과 분석 기능을 제공하며, 트랜잭션 추적, 로그 분석, 성능 모니터링, 에러 분석 등 다양한 기능을 지원한다. • 트랜잭션 추적, 분산 환경에서의 에러 및 예외 처리, 로그 분석 등 더 중점을 둔다.

136 **인터페이스 구현 검증 도구 중 애플리케이션 테스트 자동화를 위한 오픈 소스 도구로 사용자가 웹 브라우저에서 수행하는 작업을 자동화하여 테스트를 수행할 수 있는 도구를 작성하시오.**

• 답 :

정답 & 해설

Selenium

셀레니움(Selenium)

웹 애플리케이션 테스트 자동화를 위한 오픈 소스 도구로, 사용자가 웹 브라우저에서 수행하는 작업을 자동화하여 테스트를 수행할 수 있다. 또한 여러 가지 프로그래밍 언어를 지원하며, 웹 브라우저에서 자동으로 동작하는 다양한 테스트 케이스를 작성할 수 있다.

137 **APM(Application Performance Monitoring/Management)의 유형 2가지를 작성하시오.**

• **답** :

정답 & 해설

리소스 방식, 엔드투엔드 방식

APM의 유형

리소스(Resource) 방식	• 각각의 서버와 인프라 구성요소들의 성능 메트릭을 수집하여 모니터링한다. • 예를 들어 CPU 사용률, 메모리 사용률, 디스크 I/O 등을 모니터링하여 시스템의 전반적인 성능을 파악할 수 있다.
엔드투엔드(End to End) 방식	• 사용자의 입장에서 애플리케이션 성능을 측정한다. 즉, 애플리케이션 사용자가 경험하는 전체 프로세스를 모니터링하여 성능 문제를 발견한다. • 예를 들어 웹 사이트의 로딩 속도, 트랜잭션 처리 시간 등을 측정하여 사용자 경험을 개선할 수 있다.

CHAPTER 06

화면 설계

SECTION 01

요구사항 확인하기

138 **사용자와 소프트웨어, 하드웨어 등의 디지털 기기 간의 상호작용을 위한 인터페이스는 무엇인지 작성하시오.**

- **답** :

정답 & 해설

UI

UI(User Interface)

사용자와 소프트웨어, 하드웨어 등의 디지털 기기 간의 상호작용을 위한 인터페이스이다. 즉, 사용자가 컴퓨터, 스마트폰, 태블릿 등의 기기를 조작할 때 보는 화면, 클릭하는 버튼, 입력하는 텍스트 상자 등을 의미한다.

기적의 TIP

사용자 경험(UX, User Experience)

- 사용자가 어떤 시스템, 제품, 서비스를 직, 간접적으로 이용하면서 느끼고 생각하게 되는 총체적 경험입니다. 단순히 기능이나 절차상의 만족뿐 아니라 전반적인 지각 가능한 모든 면에서 사용자가 참여, 사용, 관찰하고 상호 교감을 통해서 알 수 있는 가치있는 경험을 의미합니다.
- 제품이나 서비스의 사용자 경험을 개선하여 사용자들이 제품을 더 쉽게 사용하고, 더 효과적으로 목적을 달성할 수 있도록 도우며, 사용자들이 제품에 대해 더 긍정적인 인상을 갖게 하고, 제품을 계속 사용하고 추천하게끔 만드는 데 중요한 역할을 합니다.

139 다음은 UI(User Interface)의 종류이다. ①~③에 해당하는 종류를 각각 작성하시오.

(①)	그래픽(그림, 이미지)을 사용하여 사용자가 컴퓨터와 상호작용할 수 있도록 하는 인터페이스
(②)	명령어를 입력하여 사용자가 컴퓨터와 상호작용할 수 있도록 하는 인터페이스
(③)	터치스크린, 제스처 인식, 음성 인식, 뇌파 등 사용자의 동작과 상호작용할 수 있도록 하는 인터페이스

• **답** :

정답 & 해설

① GUI

② CLI

③ NUI

UI의 종류

GUI(Graphical User Interface)	• 그래픽(그림, 이미지)을 사용하여 사용자가 컴퓨터와 상호작용할 수 있도록 하는 인터페이스이다. • 마우스와 키보드 등의 입력장치를 이용하여 아이콘, 버튼, 창 등을 클릭하거나 드래그하여 사용자의 명령을 실행한다.
CLI(Command Line Interface)	• 명령어를 입력하여 사용자가 컴퓨터와 상호작용할 수 있도록 하는 인터페이스이다. • 문자열을 사용하여 사용자가 명령을 입력하고, 컴퓨터는 해당 명령에 따라 결과를 출력한다.
NUI(Natural User Interface)	• 사용자가 컴퓨터와 자연스러운 방식으로 상호작용할 수 있도록 하는 인터페이스이다. • 터치스크린, 제스처 인식, 음성 인식, 뇌파 등의 기술을 사용하여 사용자의 동작이나 목소리를 인식하고, 이를 컴퓨터 명령으로 변환한다.

140 한국형 웹 콘텐츠 접근성 지침 2.1의 4가지 원칙을 작성하시오.

• 답 :

정답 & 해설

인식의 용이성, 운용의 용이성, 이해의 용이성, 견고성

한국형 웹 콘텐츠 접근성 지침 2.1

인식의 용이성	• 모든 사용자가 콘텐츠를 인식할 수 있어야 한다. • 예를 들어 대체 텍스트를 제공하여 시각 장애인도 이미지를 이해할 수 있도록 해야 한다.
운용의 용이성	• 모든 사용자가 콘텐츠를 운용할 수 있어야 한다. • 예를 들어 키보드만으로 웹 사이트를 조작할 수 있도록 키보드 접근성을 제공해야 한다.
이해의 용이성	• 모든 사용자가 콘텐츠를 이해할 수 있어야 한다. • 예를 들어 용어의 해석을 제공하거나 난이도에 따른 분류를 제공하여 언어적 장벽을 극복할 수 있도록 해야 한다.
견고성	• 콘텐츠는 다양한 환경과 기기에서도 견고하게 작동해야 한다. • 예를 들어 웹 브라우저와 보조기기의 호환성을 고려하여 제작해야 한다.

141 다음 설명에서 ①, ②에 해당하는 용어를 각각 작성하시오.

(①)	사용자가 제품 또는 서비스를 사용하면서 느끼는 전반적인 경험
(②)	사용자가 제품 또는 서비스를 사용할 때 상호작용하는 인터페이스

• 답 :

정답 & 해설

① UX

② UI

UX(User Experience)	• 사용자 경험을 의미하며, 사용자가 제품 또는 서비스를 사용하면서 느끼는 전반적인 경험을 의미한다. • 예를 들어 제품이나 서비스의 사용성, 유용성, 만족도 등이 UX에 해당된다.
UI(User Interface)	• 사용자 인터페이스를 의미하며, 사용자가 제품 또는 서비스를 사용할 때 상호작용하는 인터페이스를 의미한다. • 예를 들어 웹 사이트의 디자인, 버튼의 위치, 색상, 글꼴 등이 UI에 해당된다.

142 **제품 또는 서비스의 사용자 경험을 향상시키기 위해 사용자의 감정을 이해하고, 제품 또는 서비스 디자인에 반영하는 기술을 무엇이라 하는지 작성하시오.**

• **답** :

정답 & 해설

감성공학

감성공학

제품 또는 서비스의 사용자 경험을 향상시키기 위해 음성, 얼굴 표정, 신체 움직임 등을 분석하여 사용자의 감정을 파악하고, 그것을 제품 또는 서비스 디자인에 반영하는 기술이다. 제품 및 서비스 디자인, 마케팅, 고객 서비스 등 다양한 분야에서 활용된다.

CHAPTER 06 화면 설계

143 **컴퓨터와 인간 사이의 상호작용과 개선하는 기술을 연구하는 학문으로, 사용자 경험(UX)을 최적화하는 인터페이스를 디자인하는 데 중점을 두는 학문 용어를 작성하시오.**

• **답** :

정답 & 해설

HCI

HCI(Human Computer Interaction)

인간과 컴퓨터 사이의 상호작용을 연구하는 학문 분야이다. 즉, 컴퓨터와 인간 사이의 상호작용 방식과 그것을 개선하는 기술을 연구하는 분야이다. HCI는 인간의 인지, 행동, 특성 등을 고려하여 사용자 경험(UX)을 최적화하는 인터페이스를 디자인하는 데 중점을 두고 디자이너와 엔지니어는 사용자의 요구사항과 목표를 파악하며, 컴퓨터 시스템과 인터페이스를 디자인하고 평가하여 사용자가 보다 효율적이고 만족스러운 경험을 할 수 있도록 한다.

144 **다음은 UI 요구사항 확인 시 요구사항 작성 단계의 과정이다. 순서에 맞게 기호를 나열하시오.**

ㄱ. 요구사항 작성
ㄴ. 요구사항 요소 확인
ㄷ. 정황 시나리오 작성

• **답** :

정답 & 해설

ㄴ－ㄷ－ㄱ

요구사항 작성 단계

- 요구사항 요소 확인 : UI 요구사항을 작성하기 전에 시스템이나 소프트웨어의 요구사항 요소를 확인한다. 이를 통해 UI 요구사항을 더욱 구체적으로 작성할 수 있다.
- 정황 시나리오 작성 : 시스템이나 소프트웨어를 사용하는 사용자들의 그룹, 행동, 요구사항을 파악하고, 이를 토대로 UI 요구사항을 작성한다.
- 요구사항 작성 : UI 요구사항 식별자, 설명, 우선순위, 검증 방법 등 UI 요구사항을 작성한다.

145 **UI 요구사항 작성 시 확인해야 하는 요소 4가지를 작성하시오.**

• **답** :

정답 & 해설

데이터 요구, 기능 요구, 제품/서비스 품질, 제약사항

UI 요구사항 작성 시 확인 요소

- 데이터 요구 : 시스템에서 필요한 데이터의 종류, 형식, 양, 속성 등을 명확히 정의하는 것이다. 예를 들어 어떤 데이터를 수집하고 어떤 형식으로 저장할지에 대한 요구사항 등이 있다.
- 기능 요구 : 시스템이 제공해야 하는 기능을 정의하고, 이를 구현하기 위한 요구사항을 명확히 하는 것이다. 예를 들어 어떤 화면을 보여줘야 하며, 어떤 버튼이 있어야 하는지 등의 요구사항이 있다.
- 제품/서비스 품질 : UI의 품질과 안정성을 보장하기 위한 요구사항을 명확히 하는 것이다. 예를 들어 UI가 사용자 친화적이어야 하며, 성능과 안정성이 보장되어야 하는 요구사항이 있다.
- 제약사항 : UI 개발에 있어서 제한적인 요구사항을 명확히 정의하는 것이다. 예를 들어 보안과 개인정보보호와 관련된 법적 요구사항이나, 시스템 환경과의 호환성 등의 제약사항이 있다.

SECTION 02

UI 프로토타입

146 **UI 설계 도구 중 다음 설명에 해당하는 용어를 작성하시오.**

- 간단한 선이나 박스 등 디지털 제품의 레이아웃과 구성을 시각적으로 나타낸 것이다.
- 시각적으로 이해하기 쉽게 해주어 개발자나 디자이너 간의 의사소통을 원활하게 한다.

• **답** :

정답 & 해설

와이어프레임

와이어프레임(Wireframe)

- 디지털 제품(웹 사이트, 앱 등)의 레이아웃과 구성을 시각적으로 나타낸 것이다.
- 디지털 제품의 디자인 요소(색상, 폰트, 이미지 등)는 포함되지 않으며, 간단한 선이나 박스 등으로 구성된다.
- 제품의 기능과 사용자 인터페이스를 시각적으로 이해하기 쉽게 해주어 개발자나 디자이너 간의 의사소통을 원활하게 한다.

147 **와이어프레임보다 완성된 제품의 실제 모습과 더 유사한 형태의 모형으로, 시각적으로 구성요소를 배치하는 것의 용어를 작성하시오.**

• **답** :

정답 & 해설

목업

목업(Mockup)

- 와이어프레임보다 디지털 제품(웹 사이트, 앱 등) 또는 제품(제품 디자인, 포장 등)의 외관과 시각적으로 유사하게 정적인 모형을 나타낸 것이다.
- 디자인 요소(색상, 폰트, 이미지 등)가 포함되어 있으며, 완성된 제품의 실제 모습과 매우 유사하게 디자인된다.
- 디지털 제품이나 제품의 디자인을 최종 결정하기 전에 시각적인 틀을 제공하여 개발자나 디자이너가 실제 제품의 외관과 사용자 경험을 미리 체험해 볼 수 있도록 도와준다.

148 **UI 프로토타입에 대해 간단하게 서술하시오.**

• **답** :

정답 & 해설

UI 프로토타입은 실제 사용자 경험을 체험할 수 있도록 한 동적인 형태의 모형이다.

UI 프로토타입(UI Prototype)

- 디지털 제품(웹 사이트, 앱 등)의 사용자 인터페이스(UI)를 시각적으로 나타낸 것으로, 디지털 제품의 UI 디자인과 기능을 시각적으로 표현한다.
- 목업과 비슷한 개념이지만, 목업보다 더 디테일하고 실제 사용자 경험을 체험할 수 있도록 한 동적인 형태의 모형이다.

149 UI 프로토타입의 특징으로 옳은 것에 해당하는 기호를 작성하시오.

ㄱ. 추가 비용이 발생하지 않음
ㄴ. 의사소통이 효율적으로 이루어짐
ㄷ. 다양한 플랫폼 지원이 어려움
ㄹ. 기능 추가에 제약이 없음
ㅁ. 개발 과정의 오류 최소화

• **답** :

정답 & 해설

ㄴ, ㄷ, ㅁ

ㄱ. 제작을 위한 추가적인 비용이 발생할 수 있다. 디자이너나 개발자의 시간과 노력이 들어가는 만큼, 프로토타입 제작을 위한 예산이 필요하다.
ㄴ. 디자이너와 개발자 간의 의사소통이 원활하게 이루어질 수 있다. 이는 협업 효율성을 높이고, 오해나 불필요한 수정 사항을 최소화하는 데에 도움이 된다.
ㄷ. 특정 플랫폼에만 맞춰서 디자인을 하다보면, 다른 플랫폼에서는 문제가 발생할 수 있다. 예를 들어 프로토타입을 모바일 기기에만 맞춰서 디자인을 한 경우, 데스크탑에서는 디자인이 적절하지 않을 수 있다. 이러한 문제는 플랫폼별로 디자인을 조정하는 등의 추가적인 작업을 필요로 한다.
ㄹ. 실제 개발 가능한 범위 내에서 디자인되어야 한다. 개발 가능성을 고려하지 않고 너무 많은 기능을 추가하는 경우, 프로토타입 개발에 많은 시간과 비용이 들어가게 된다.
ㅁ. 디자인과 기능을 미리 확인함으로써 개발 과정에서의 오류를 최소화할 수 있다. 이는 개발 시간을 단축하고 개발 비용을 절감하는 데에 도움이 된다.

150 UI 프로토타입 작성 시 그래픽 디자인 툴, 프로토타이핑 툴 등의 소프트웨어를 이용하여 프로토타입을 만드는 과정에서 디자인 작업이 필요하고, 기술적인 지식이 요구되나 디지털 툴을 이용하면 더욱 복잡한 프로토타입을 만들 수 있는 방식을 작성하시오.

• **답** :

정답 & 해설

디지털 프로토타입

디지털 프로토타입(Digital Prototype)

- 그래픽 디자인 툴, 프로토타이핑 툴 등의 소프트웨어를 이용하여 만드는 프로토타입이다.
- 프로토타입을 만드는 과정에서 디자인 작업이 필요하고, 기술적인 지식이 요구되나 디지털 툴을 이용하면 더욱 복잡한 프로토타입을 만들 수 있으며, 인터랙션 등 다양한 기능을 제공할 수 있다.
- 프로토타입을 만들기 위한 시간과 비용이 높을 수 있으며, 수정이나 반영이 느리다는 단점이 있다.

기적의 TIP

아날로그 프로토타입

- 종이, 칠판, 모형 등의 물리적인 재료를 이용하여 만드는 프로토타입입니다.
- 프로토타입을 만들기 위해 전문적인 도구나 기술이 필요하지 않고, 간단한 재료와 도구만 있으면 만들 수 있습니다.
- 프로토타입을 만드는 과정에서 생각이나 아이디어가 더 쉽게 떠오를 수 있고 프로토타입을 쉽게 수정할 수 있지만, 복잡한 프로토타입을 만들기 어렵고 제한된 기능만을 제공할 수 있습니다.

SECTION 03

UI 소프트웨어 아키텍처 품질 특성

151 소프트웨어 품질 관련 표준 중 다음 빈칸에 해당하는 용어를 작성하시오.

(　　)(은)는 소프트웨어 품질에 대한 국제 표준으로, 소프트웨어 품질을 평가하기 위한 일반적인 모델을 제공한다.

• 답 :

정답 & 해설

ISO/IEC 9126

ISO/IEC 9126

소프트웨어 품질에 대한 국제 표준으로, 소프트웨어 품질을 평가하기 위한 일반적인 모델을 제공한다. 이 표준은 기능적 요구사항과 비기능적 요구사항(성능, 안정성, 사용성, 호환성, 보안 등)을 모두 고려하여 소프트웨어 제품의 품질을 측정하고 평가하는 방법론을 제공한다.

152 ISO/IEC 9126 모델의 품질 특성 중 다음 설명에서 ①~③에 해당하는 특성을 각각 작성하시오.

(①)	소프트웨어가 얼마나 안정적으로 동작하는지에 대한 특성
유지보수성	소프트웨어를 유지보수하는 것에 대한 용이성에 대한 특성
(②)	소프트웨어를 사용하는 사용자의 편리성에 대한 특성
기능성	소프트웨어가 요구사항을 얼마나 정확하게 수행하는지에 대한 특성
(③)	소프트웨어를 다른 환경에서도 실행할 수 있는 용이성에 대한 특성
효율성	소프트웨어가 얼마나 효율적으로 자원을 사용하는지에 대한 특성

• 답 :

정답 & 해설

① 신뢰성
② 사용성
③ 이식성

ISO/IEC 9126 모델의 품질 특성

기능성(Functionality)	• 소프트웨어가 요구사항을 얼마나 정확하게 수행하는지에 대한 특성이다. • 소프트웨어의 정확성, 상호 운용성, 보안성, 효율성, 호환성 등을 평가한다.
신뢰성(Reliability)	• 소프트웨어가 얼마나 안정적으로 동작하는지에 대한 특성이다. • 소프트웨어의 오류 탐지 및 복구, 재시작 시 안정성, 오류 처리 및 오류 예방 등을 평가한다.
사용성(Usability)	• 소프트웨어를 사용하는 사용자의 편리성에 대한 특성이다. • 소프트웨어의 학습 용이성, 사용자 인터페이스, 명확성, 일관성 등을 평가한다.
효율성(Efficiency)	• 소프트웨어가 얼마나 효율적으로 자원을 사용하는지에 대한 특성이다. • 소프트웨어의 작업 처리 속도, 자원 사용량, 처리량 등을 평가한다.
유지보수성(Maintainability)	• 소프트웨어를 유지보수하는 것에 대한 용이성에 대한 특성이다. • 소프트웨어의 수정 용이성, 검사 용이성, 이식성, 표준 준수 등을 평가한다.
이식성(Portability)	• 소프트웨어를 다른 환경에서도 실행할 수 있는 용이성에 대한 특성이다. • 소프트웨어의 호환성, 이식성, 설치 용이성, 플랫폼 독립성 등을 평가한다.

153 ISO/IEC 9126 모델의 품질 특성 중 기능성의 하위 특성 2가지를 작성하시오.

• 답 :

정답 & 해설

정확성, 상호 운용성, 보안성, 효율성, 호환성 중 2가지

ISO/IEC 9126 모델의 품질 특성 중 기능성(Functionality)의 하위 특성

정확성(Accuracy)	소프트웨어가 요구사항을 얼마나 정확하게 수행하는지, 즉 정확한 입력을 받아 정확한 출력을 생성하는지를 확인한다.
상호 운용성(Interoperability)	소프트웨어가 다른 소프트웨어, 하드웨어, 네트워크 등과 상호 운용성을 갖추고 있는지 확인한다.
보안성(Security)	소프트웨어가 악의적인 공격으로부터 안전하고 데이터 보안을 유지하는지를 확인한다.
효율성(Efficiency)	소프트웨어의 성능, 처리 속도, 자원 사용 등을 확인하여 얼마나 얼마나 효율적으로 작동하는지를 평가한다.
호환성(Compatibility)	소프트웨어가 다른 소프트웨어나 하드웨어와 함께 작동하며 문제 없이 상호 작용할 수 있는지를 확인한다.

SECTION
04
UI 설계하기

154 UI의 설계 원칙 4가지를 작성하시오.

• 답 :

정답 & 해설

직관성, 유효성, 학습성, 유연성

UI의 설계 원칙

직관성	사용자가 처음 접해도 쉽게 이해하고 사용할 수 있어야 한다.
유효성	UI 요소들이 일관성 있게 디자인되어야 한다.
학습성	사용자가 쉽게 익힐 수 있어야 한다.
유연성	다양한 사용자 요구에 대응할 수 있어야 한다.

155 UI의 설계 원칙 중 학습성에 대해 간단하게 서술하시오.

• 답 :

정답 & 해설

사용자가 새로운 기능도 쉽게 배울 수 있어야 한다는 설계를 의미한다.

학습성

학습성은 사용자가 쉽게 익힐 수 있는 설계를 해야 한다는 원칙으로, UI 요소들이 직관적이고 예측 가능하며, 새로운 기능도 쉽게 배울 수 있어야 한다.

156 **UI(User Interface) 설계는 사용자 경험(UX)을 개선하기 위한 디자인으로, 지침에 따라 설계해야 한다. UI 설계 지침으로 옳은 지침의 기호를 작성하시오.**

ㄱ. 개발자 중심 설계	ㄴ. 복잡성
ㄷ. 비가시성	ㄹ. 일관성
ㅁ. 접근성	ㅂ. 추상적인 디자인

• **답** :

정답 & 해설

ㄹ, ㅁ

UI 설계 지침

사용자 중심적인 설계	• 사용자의 요구를 이해하고 그들의 관점에서 설계를 시작해야 한다. • 사용자의 필요에 따라 디자인을 수정하고 개선해야 한다.
간결성	• UI는 최대한 간결해야 한다. • 사용자가 보기 쉽고 이해하기 쉬운 디자인은 장시간 사용할 때도 더 효율적이다.
가시성	• 메인 화면에 주요 기능을 노출시켜 최대한 조작이 쉽도록 설계해야 한다. • 사용자가 특정 기능을 사용할 때 해당 기능이 화면에서 어디에 위치하고 있는지 명확하게 알 수 있도록 해야 한다.
일관성	• UI 요소, 레이아웃, 색상, 아이콘 등은 일관성 있게 사용해야 한다. • 일관성 있는 설계는 사용자의 경험을 개선하고 UI 디자인을 더 쉽게 사용할 수 있다.
접근성	• 모든 사용자가 UI를 사용할 수 있도록 디자인해야 한다. • 장애가 있는 사용자를 위한 대체 텍스트, 크기 조정, 색상 대비 등의 기능을 제공해야 한다.
직관적인 디자인	• UI 디자인은 간단하고 직관적이어야 한다. • 사용자가 어떻게 상호작용할지 예측하기 쉬워야 한다.

157 **UI 시나리오 문서 작성 시 얻을 수 있는 기대 효과 2가지를 서술하시오.**

• **답** :

정답 & 해설

• 요구사항을 명확히 파악하여 개발 프로세스를 개선할 수 있다.
• 사용자가 원하는 기능과 경험을 제공할 수 있고, 사용자의 만족도를 높일 수 있다.
• 사용자가 마주할 수 있는 문제들을 사전에 예방할 수 있다.
• 문제를 사전에 예방할 수 있으므로 개발 비용을 절감할 수 있다.

중 2가지

UI 시나리오 문서 작성 기대 효과

- 개발자, 디자이너, 프로젝트 매니저 등 프로젝트 팀원들이 서로 의사소통하기 쉬워지고, 요구사항을 명확히 파악하여 개발 프로세스를 개선할 수 있다.
- 사용자 중심의 디자인을 추구할 수 있어 사용자가 원하는 기능과 경험을 제공할 수 있고, 사용자의 만족도를 높일 수 있다.
- 사용자가 마주할 수 있는 문제들을 사전에 예방할 수 있어 시스템의 안정성과 신뢰성을 높일 수 있다.
- 요구사항을 명확하게 파악할 수 있고, 문제를 사전에 예방할 수 있으므로 개발 비용을 절감할 수 있다.

158 **다음 빈칸에 공통으로 해당하는 UI 설계 도구를 작성하시오.**

(　　)(은)는 사용자 인터페이스 디자인을 시각화하는 도구로, 일련의 그림 또는 이미지 시퀀스를 사용하여 애플리케이션 또는 웹 사이트의 사용자 경험을 시각적으로 보여준다. (　　)(은)는 디자이너와 개발자가 의사소통을 원활하게 할 수 있도록 돕는다.

• **답** :

정답 & 해설

스토리보드

스토리보드(Storyboard)

- 사용자 인터페이스 디자인을 시각화하는 도구로, 일련의 그림 또는 이미지 시퀀스를 사용하여 애플리케이션 또는 웹 사이트의 사용자 경험을 시각적으로 보여준다.
- 일련의 화면들을 보여주어 애플리케이션 또는 웹 사이트를 사용하는 사용자의 경험을 예측할 수 있고, 디자이너는 애플리케이션 또는 웹 사이트의 사용자 경험을 최적화할 수 있다.
- UI 설계의 초기 단계에서 매우 유용하며, 디자이너는 아이디어를 빠르게 구체화하고 다양한 디자인 옵션을 비교한 후 최적의 디자인을 찾을 수 있다.
- 클라이언트와의 의사 소통을 원활하게 하며, 변경 사항을 쉽게 반영할 수 있다.

CHAPTER 07

애플리케이션 테스트 관리

SECTION 01

애플리케이션 테스트 케이스 설계하기

159 **응용 소프트웨어의 유형 중 응용 소프트웨어와 하드웨어 또는 다른 소프트웨어 간의 상호 운용성을 제공하는 소프트웨어는 무엇인지 작성하시오.**

• **답** :

정답 & 해설

미들웨어

미들웨어(Middleware)

응용 소프트웨어와 하드웨어 또는 다른 소프트웨어 간의 상호 운용성을 제공하는 소프트웨어로, 시스템 간 통신을 담당하며 분산 시스템, 클라우드 컴퓨팅, IoT 등과 같은 다양한 응용 분야에서 사용한다.

160 **소프트웨어 테스트의 원리 중 파레토 법칙(Pareto's Principle)에 대해 간단하게 서술하시오.**

• **답** :

정답 & 해설

어떤 대상의 80%의 결과는 전체 결과 중 20%의 요인에 의해 발생한다.

파레토 법칙(Pareto's Principle)

- 80:20 법칙(80:20 Rule)으로도 불리며, 어떤 대상의 80%의 결과는 전체 결과 중 20%의 요인에 의해 발생한다는 것을 의미한다.
- 예를 들어 소프트웨어 개발 분야에서는 소프트웨어 결함 중 상위 20%가 전체 결함의 80%를 차지한다는 것이 파레토 법칙의 적용 사례이다.

161 **소프트웨어 개발 생명주기의 테스트 단계에서 생성되는 산출물 4가지를 작성하시오.**

• **답** :

정답 & 해설

테스트 계획서, 테스트 케이스, 테스트 시나리오, 테스트 보고서

테스트 단계 산출물

- 테스트 계획서 : 테스트 전략과 방법, 일정, 리소스, 산출물 등을 정의한 문서로, 프로젝트 시작 단계에서 작성되며, 테스트를 진행하기 위한 기본 가이드를 제공한다.
- 테스트 케이스 : 특정 기능이나 시나리오를 검증하기 위한 입력값, 실행 조건, 예상 결과 등을 정의한 문서로, 테스트를 수행하는 데 필요한 세부 정보를 제공하며, 테스트를 수행한 결과를 측정할 수 있도록 한다.
- 테스트 시나리오 : 여러 개의 테스트 케이스를 조합하여 구성한 테스트 케이스 집합으로, 실제 사용 환경과 유사한 상황에서 소프트웨어를 검증할 수 있도록 한다.
- 테스트 보고서 : 테스트 결과와 결함 보고서, 진척 상황 등을 기록한 문서로, 테스트 진행 상황과 품질 상태를 파악할 수 있는 기본적인 자료로 활용된다.

162 **테스트 오라클(Test Oracle)은 소프트웨어 테스트에서 예상되는 결과를 비교할 수 있는 기준이나 참조로 사용되는 기법이다. 다음 테스트 오라클 종류 중에서 ①, ②에 해당하는 용어를 각각 작성하시오.**

(①)	시스템의 내부 상태나 로그 정보를 통해 시스템이 예상대로 동작하는지 확인하는 도구나 방법
휴리스틱 오라클	경험, 지식, 또는 전문가 판단 등의 추론을 사용하여 시스템의 동작을 검증하는 도구나 방법
(②)	시스템의 동작을 일부 입력에 대해서만 확인하는 도구나 방법
비교 오라클	두 개 이상의 시스템이 동일한 입력에 대해 동일한 결과를 생성하는지 확인하는 도구나 방법

• **답** :

정답 & 해설

① 일관성 검사 오라클
② 샘플링 오라클

테스트 오라클(Test Oracle)의 종류

일관성 검사 오라클	• 시스템의 내부 상태나 로그 정보를 통해 시스템이 예상대로 동작하는지 확인하는 도구나 방법이다. • 시스템이 예상되는 상태에 도달하지 않거나 불일치하는 경우, 문제가 발생한 것으로 간주된다.
휴리스틱 오라클	• 경험, 지식, 또는 전문가 판단 등의 추론을 사용하여 시스템의 동작을 검증하는 도구나 방법이다. • 예를 들어 시스템이 예상되는 동작을 수행하지 않는 경우, 전문가가 시스템의 동작에 대해 휴리스틱 분석을 수행하여 원인을 파악할 수 있다.
샘플링 오라클	• 시스템의 동작을 일부 입력에 대해서만 확인하는 도구나 방법이다. • 일반적으로 시스템의 동작을 샘플링하고, 샘플이 시스템의 예상 동작을 대표하는지 확인한다.
비교 오라클	• 두 개 이상의 시스템이 동일한 입력에 대해 동일한 결과를 생성하는지 확인하는 도구나 방법이다. • 시스템 간의 비교 분석을 수행하고, 결과의 일관성을 검증한다.

163 **V-모델은 소프트웨어 개발 및 테스트 프로세스를 나타내는 모델로, 각 단계에서 필요한 테스트 유형이 정의된다. 다음 테스트 유형 중 ①, ②에 해당하는 테스트를 각각 작성하시오.**

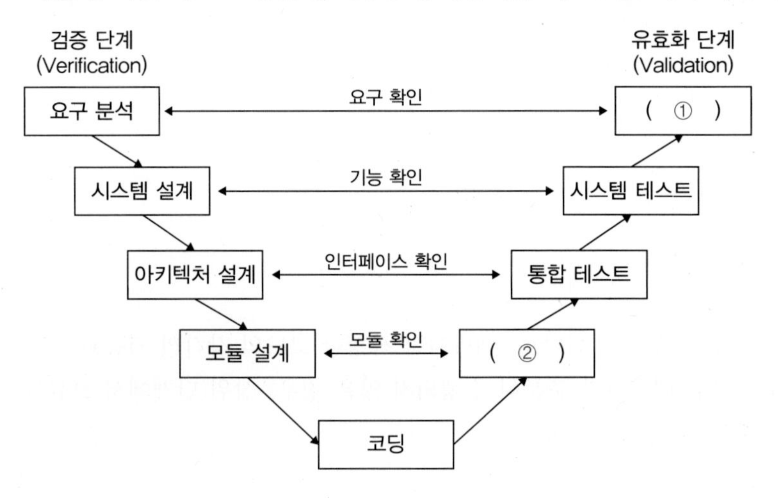

• **답** :

정답 & 해설

① 인수 테스트

② 단위 테스트

V-모델의 테스트 단계

- 단위 테스트(Unit Testing) : 소스코드의 개별 모듈 또는 단위를 테스트하는 것으로, 개발자가 주로 수행한다. 모듈이 예상된 대로 작동하는지 확인하며, 모듈과 모듈 간의 인터페이스를 검증한다.
- 통합 테스트(Integration Testing) : 단위 테스트된 모듈을 통합하여 시스템의 하위 집합을 테스트한다. 모듈 간의 인터페이스 및 데이터 흐름을 확인하며, 하위 시스템이 예상대로 상호 작용하는지 확인한다.
- 시스템 테스트(System Testing) : 시스템의 전체 기능을 검증하는 테스트로, 시스템이 요구사항을 충족하는지 확인한다. 시스템 테스트에서는 시스템의 정상 및 비정상적인 동작을 검증하고, 모든 구성요소와 서브시스템 간의 상호 작용을 테스트한다.
- 인수 테스트(Acceptance Testing) : 고객이나 최종 사용자가 수행하는 테스트로, 시스템이 고객 요구사항 및 명세서에 부합하는지 확인한다. 시스템이 사용자 요구사항을 충족하고, 사용자가 시스템을 효과적으로 사용할 수 있는지 검증한다.

164 **V-모델 테스트 단계 중 개발자가 작성한 코드의 각각의 기능과 모듈이 정확하게 동작하는지를 검증하는 테스트 단계를 작성하시오.**

- **답** :

정답 & 해설

단위 테스트

단위 테스트(Unit Testing)

V-모델에서 단위 테스트는 애플리케이션 개발의 초기 단계 중 하나로, 개발자가 작성한 코드의 각각의 기능과 모듈이 정확하게 동작하는지를 검증하는 테스트이다. 단위 테스트가 충분히 수행되지 않은 경우, 상위 단계에서 오류를 발견하고 수정하는 데 더 많은 시간과 비용이 소요될 수 있다.

165 인수 테스트의 종류 중 베타 테스트에 대해 간단하게 서술하시오.

• **답** :

정답 & 해설

소프트웨어의 최종 사용자들이 사용하기 전에 제품의 품질을 검증하는 테스트이다.

베타 테스트

소프트웨어의 최종 사용자들이 사용하기 전에 제품의 품질을 검증하는 테스트로, 제품의 사용성, 안정성, 성능, 호환성 등을 검증하고 문제점을 식별하여 수정하는 데에 활용된다. 종종 공개적으로 진행되며, 일반 사용자들이 제품에 대한 의견을 제공하고 실제 사용 환경에서의 문제점을 찾아내는 데에 도움을 준다.

기적의 TIP

인수 테스트(Acceptance Testing)

• 사용자 관점에서 소프트웨어가 요구사항을 충족시키는가를 평가합니다.
• 모든 기능적, 성능적 요구사항이 만족되는가를 보증하는 검사를 수행합니다.
• 인수 테스트에는 알파 테스트과 베타 테스트가 있습니다.

알파 테스트	선택된 사용자가 개발자의 개발 환경에 참여하여 시험을 실시. 즉, 개발자가 참석한 통제된 환경에서 이용자에 의해서 실시
베타 테스트	• 일반적으로 알파 테스트 이후 수행되며 개발자가 참여하지 않은 고객의 사용 환경에서 이용자가 검사하여 오류를 기록하고 개발자에게 보고하는 방식 • 소프트웨어를 일부 특정 사용자에게 배포하여 시범적으로 사용하게 함으로써 검출되지 않은 오류나 결함을 찾아내는 현실적인 방법론으로 오류 발견 확률이 높음

166 **애플리케이션 실행되지 않는 상태에서 발생하는 테스트로, 소스코드, 문서, 설계 등을 검토하거나 분석하여 오류 및 결함을 찾는 테스트를 작성하시오.**

• **답** :

정답 & 해설

정적 테스트

정적 테스트는 애플리케이션이 실행되지 않는 상태에서 발생하는 테스트로, 소스코드, 문서, 설계 등을 검토하거나 분석하여 오류 및 결함을 찾는다. 개발 초기에 발견된 결함을 수정하고, 소프트웨어의 안정성과 품질을 향상시킨다.

기적의 TIP

동적 테스트는 애플리케이션이 실행되는 동안 발생하는 테스트로, 다양한 입력값을 제공하여 기능 및 성능을 검증합니다. 애플리케이션의 오류 및 결함을 식별하고 수정할 수 있습니다.

167 **소프트웨어의 테스트 기반에 따른 테스트 종류 3가지를 작성하시오.**

• **답** :

정답 & 해설

구조 기반 테스트, 명세 기반 테스트, 경험 기반 테스트

테스트 기반에 따른 테스트 종류

구조 기반 테스트	• 소프트웨어 내부의 구조에 따라 테스트 케이스를 설계하고 실행하는 것으로, 소프트웨어의 논리 경로, 조건, 루프 등을 기반으로 하여 테스트를 수행한다. • 대표적인 방법으로는 분기 및 조건 검사, 경로 검사, 루프 검사 등이 있다.
명세 기반 테스트	• 소프트웨어의 요구사항과 명세서를 기반으로 하여 테스트를 수행한다. • 소프트웨어가 어떻게 작동해야 하는지에 대한 명확한 명세서가 있을 때, 해당 명세서에 따라 테스트 케이스를 설계하고 실행한다. • 대표적인 방법으로는 동등 분할 검사, 경계값 분석, 상태 전이 검사 등이 있다.
경험 기반 테스트	• 경험을 기반으로 하는 테스트 방법으로 과거에 발생한 결함, 사용자의 요구사항, 개발자의 경험 등을 기반으로 하여 테스트 케이스를 설계하고 실행한다. • 기존에 발생한 결함이나 사용자의 요구사항에 대한 높은 우선순위의 테스트 케이스를 만들 수 있다. • 대표적인 방법으로는 에러 추적, 결함 간격 분석, 사용자 인터뷰 등이 있다.

168 **애플리케이션 테스트 중 시스템이 장애 상황에서도 정상적으로 작동하는지 등의 장애 복구 능력을 평가하는 테스트를 작성하시오.**

• **답** :

정답 & 해설

회복 테스트

테스트의 종류

회복 테스트(Recovery Testing)	시스템이 장애 상황에서도 정상적으로 작동하는지 장애 복구 능력을 평가하는 테스트이다.
강도 테스트(Endurance Testing)	시스템이 장시간 또는 지속적으로 사용될 때의 성능을 평가하는 테스트이다.
성능 테스트(Performance Testing)	시스템의 용량, 응답시간, 처리량 등 성능을 측정하고 평가하는 테스트이다.
회귀 테스트(Regression Testing)	기존에 동작하던 소프트웨어가 새로운 기능 추가나 버그 수정으로 인해 영향을 받지 않는지를 확인하는 테스트이다.
구조 테스트(Structural Testing)	소프트웨어 코드의 내부 구조를 검증하여 구조적 결함이나 버그를 찾아내는 테스트이다.
안전 테스트(Security Testing)	시스템의 보안 취약점을 검증하여 해킹 등의 공격으로부터 안전한지를 확인하는 테스트이다.
병행 테스트(Concurrency Testing)	시스템이 여러 사용자의 요구를 동시에 처리할 수 있는지 확인하는 테스트이다.

169 **화이트박스 테스트(White Box Test)에 대해 간단하게 서술하시오.**

• **답** :

정답 & 해설

소프트웨어 코드의 각각의 라인이나 블록, 함수 등에 대해 테스트를 수행하며, 내부 구조를 이해하고 테스트 케이스를 설계하는 방식이다.

화이트박스 테스트(White-box Test)

- 소프트웨어 테스트 기법 중 하나로, 소프트웨어의 내부 동작을 검증하는 테스트 방법이다.
- 즉, 소프트웨어 코드의 각각의 라인이나 블록, 함수 등에 대해 테스트를 수행하며, 내부 구조를 이해하고 테스트 케이스를 설계하는 방식이다.

170 **화이트박스 테스트 검증 기준 중 아래 설명에 해당하는 검증 기준을 작성하시오.**

- 소프트웨어의 모든 분기(branch)가 최소한 한 번은 실행되는지를 검증하는 기준이다.
- 조건문과 반복문 등에서 발생할 수 있는 오류를 검출할 수 있다.

• **답** :

정답 & 해설

분기 검증 기준

화이트박스 테스트 검증 기준

문장 검증 기준	소프트웨어의 모든 실행 가능한 구문이 최소한 한 번은 실행되는지를 검증하는 기준으로, 코드의 구현 결함을 찾을 수 있다.
분기 검증 기준	소프트웨어의 모든 조건문을 한 번 이상 실행되는지를 검증하는 기준으로, 결정 검증 기준이라고도 한다.
조건 검증 기준	소프트웨어의 모든 조건이 참과 거짓 둘 중 하나의 값을 가지는지를 검증하는 기준으로, 복잡한 조건문에서의 결함을 찾을 수 있다.
분기/조건 기준	소프트웨어의 모든 분기와 조건이 최소한 한 번은 실행되는지를 검증하는 기준으로, 복잡한 조건문에서의 결함을 찾을 수 있으며, 문장 검증 기준과 분기 검증 기준을 모두 충족시킨다.

SECTION 02

애플리케이션 통합 테스트하기

171 **다음의 제어흐름도에서 화이트박스 테스트 중 문장 검증 기준(Statement Coverage)을 적용할 경우의 경로를 작성하시오.**

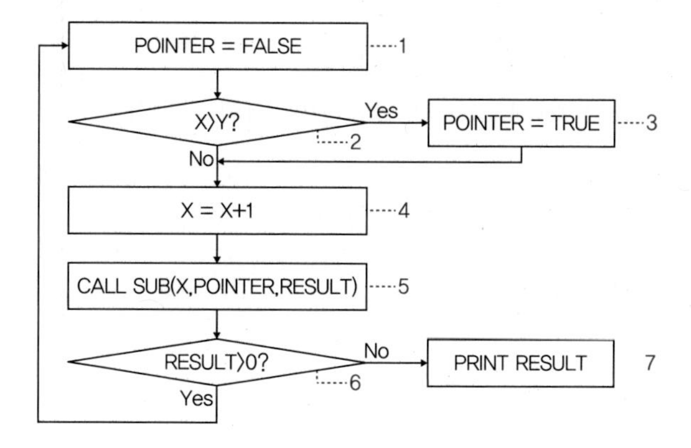

• 답 :

정답 & 해설

1–2–3–4–5–6–7

문장 검증 기준(Statement Coverage)으로 프로그램을 테스트한다면 제어흐름도에서 마름모와 네모로 표시된 모든 문장을 한 번씩 실행시키게 된다. 즉, 테스트 케이스는 1부터 7까지의 문장을 구동시키면 된다(Test Case : 1–2–3–4–5–6–7).

기적의 TIP

분기 검증 기준(branch coverage, 간선/분기 커버리지)

두 개의 분기점들의 참과 거짓 또는 거짓과 참 조건을 모두 테스트할 수 있는 테스트 케이스는 두 개입니다.
(Test Case : 1–2–3–4–5–6–7과 1–2–4–5–6–1)

172 **다음의 통합 테스트에 대한 설명에서 (1), (2)에 들어갈 용어를 작성하시오.**

> • (1) 통합 테스트
> 주프로그램으로부터 그 모듈이 호출하는 다음 레벨의 모듈들을 점차적으로 통합하는 방법으로, 하드웨어 사용이 분산되고 오류의 원인을 찾아내기 쉽다.
> 명령어 처리 모듈을 먼저 구현하고 시험한다. 여기에서 명령어 처리 모듈은 시스템 구조도의 최상위에 있는 모듈을 말한다.
>
> • (2) 통합 테스트
> 시스템의 하위 레벨 모듈로부터 점진적으로 통합하므로 시험 가동기(Test Driver)가 필요하며, 시험 가동기는 마지막 통합 단계에 이를 때까지 주 프로그램은 아니다.
> 시스템 구조도의 최하위층에 있는 모듈을 먼저 구현하고 테스트한다.

• 답 :

정답 & 해설

(1) 하향식
(2) 상향식

통합 테스트

하향식 통합 (Top-down Integration)	• 시스템의 상위 모듈부터 테스트를 시작하여 하위 모듈로 내려가는 방식이다. • 상위 모듈의 인터페이스를 먼저 테스트하고, 하위 모듈이 통합될 때까지 테스트를 반복한다. • 하위 모듈은 상위 모듈의 의존성이 있으므로, 테스트를 위해 상위 모듈이 필요하다. • 모듈 간의 상호 작용을 빠르게 확인할 수 있지만, 하위 모듈이 완성되지 않았을 때는 테스트할 수 없다.
상향식 통합 (Bottom-up Integration)	• 시스템의 하위 모듈부터 테스트를 시작하여 상위 모듈로 올라가는 방식이다. • 하위 모듈을 먼저 테스트하고, 상위 모듈이 통합될 때까지 테스트를 반복한다. • 하위 모듈은 상위 모듈의 의존성이 없으므로, 테스트를 위해 별도로 상위 모듈이 필요하지 않다. • 모든 모듈이 완성되지 않았을 때도 테스트를 시작할 수 있지만, 상위 모듈과 하위 모듈의 상호작용을 확인하는 것이 늦어질 수 있다.

CHAPTER 08

SQL 응용

SECTION 01

SQL 작성하기

173 다음의 [student] 테이블을 사용하여 〈조건〉에 맞는 SQL 쿼리를 작성하시오.

[student]

id	name	gender	age	major	grade
1	Alice	Female	21	Biology	3
2	Bob	Male	22	Computer Science	4
3	Carol	Female	20	Mathematics	2
4	Dave	Male	23	Physics	4

조건

[student] 테이블에서 학년이 3학년 이상인 학생의 'name'과 'major'를 검색하시오.

• 답 :

정답 & 해설

```
SELECT name, major
FROM student
WHERE grade >= 3;
```

```
SELECT name, major
```
③ 'name'와 'major'를 검색하시오.

```
FROM student
```
① [student] 테이블에서

```
WHERE grade >= 3;
```
② 'grade'가 3 이상인 튜플의

기적의 TIP

SELECT문의 형식

```
SELECT [ALL | DISTINCT] 열_리스트
FROM 테이블_리스트
[WHERE 조건]
[GROUP BY 열_리스트 [HAVING 조건]]
[ORDER BY 열_리스트 [ASC | DESC]];
```

174 다음의 [student] 테이블을 사용하여 〈조건〉에 맞는 SQL 쿼리를 작성하시오.

[student]

id	name	gender	age	major	grade
1	Alice	Female	21	Biology	3
2	Bob	Male	22	Computer Science	4
3	Carol	Female	20	Mathematics	2
4	Dave	Male	23	Physics	4

조건

[student] 테이블에서 'name'가 'Alice'인 학생의 'age'를 22로 변경하시오.

• **답** :

정답 & 해설

```
UPDATE student
SET age = 22
WHERE name = 'Alice';
```

`UPDATE student`

① [student] 테이블에서

`SET age = 22`

③ 'age'를 22로 변경하시오.

`WHERE name = 'Alice';`

② 'name'이 'Alice'인 튜플의

기적의 TIP

UPDATE문의 형식

```
UPDATE 테이블_이름
SET 열_이름 = 값 | 산술식
[WHERE 조건];
```

175 **다음의 [student] 테이블을 사용하여 (1), (2)에 〈조건〉에 맞는 SQL 쿼리를 완성하시오.**

[student]

id	name	gender	age	major	grade
1	Alice	Female	21	Biology	3
2	Bob	Male	22	Computer Science	4
3	Carol	Female	20	Mathematics	2
4	Dave	Male	23	Physics	4

조건

[student] 테이블에서 'grade'가 4 이하이고, 'major'가 'Computer Science'인 학생들의 'grade'를 5로 변경하시오.

〈SQL 쿼리〉

```
UPDATE student
SET grade = 5
WHERE (   1   ) AND (   2   );
```

• **답 :**

정답 & 해설

(1) grade <= 4

(2) major = 'Computer Science';

```
UPDATE student
```

① [student] 테이블에서

```
SET grade = 5
```

③ 'grade'를 5로 변경하시오.

```
WHERE grade <= 4 AND major = 'Computer Science';
```

② 'grade'가 4 이하이고 'major'가 'Computer Science'인 튜플의

176 다음의 [student] 테이블을 사용하여 〈조건〉에 맞는 SQL 쿼리를 작성하시오.

[student]

id	name	gender	age	major	grade
1	Alice	Female	21	Biology	3
2	Bob	Male	22	Computer Science	4
3	Carol	Female	20	Mathematics	2
4	Dave	Male	23	Physics	4

조건

- [student] 테이블에서 다음과 같은 학생을 추가하시오.

id	name	gender	age	major	grade
5	Tomas	Male	24	English	1

- id, age, grade는 INT 형식이고, 그 외는 모두 CHAR 형식으로 가정한다.

• 답 :

정답 & 해설

```
INSERT
INTO student (id, name, gender, age, major, grade)
VALUES (5, 'Tomas', 'Male', 24, 'English', 1);
```

```
INSERT
```
③ 삽입하여라.

```
INTO student (id, name, gender, age, major, grade)
```
① [student] 테이블의 id, name, gender, age, major, grade 열에

```
VALUES (5, 'Tomas', 'Male', 24, 'English', 1);
```
② 5, 'Tomas', 'Male', 24, 'English', 1을 순서에 맞게

기적의 TIP

INSERT문의 형식

```
INSERT
INTO 테이블_이름 (열이름_리스트)
VALUES (열값_리스트);
```

177 다음의 [student] 테이블을 사용하여 〈조건〉에 맞는 SQL 쿼리를 작성하시오.

[student]

id	name	gender	age	major	grade
1	Alice	Female	21	Biology	3
2	Bob	Male	22	Computer Science	4
3	Carol	Female	20	Mathematics	2
4	Dave	Male	23	Physics	4
5	Tomas	Male	24	English	1

조건

[student] 테이블에서 'grade'가 4인 학생의 튜플을 삭제하여라.

• **답** :

정답 & 해설

```
DELETE FROM student
WHERE grade = 4;
```

`DELETE FROM student`

① [student] 테이블에서 삭제하여라.

`WHERE grade = 4;`

② 'grade'가 4인 튜플을

기적의 TIP

DELETE문의 형식

```
DELETE FROM 테이블_이름 [WHERE 조건];
```

178 **다음 〈테이블 생성〉으로 테이블을 생성하였다고 가정하고, 〈조건〉에 해당하는 SQL 쿼리를 작성하시오.**

〈테이블 생성〉

```
CREATE TABLE order (
  order_id INT PRIMARY KEY,
  customer_id INT,
  date DATE,
  total DECIMAL(10,0)
);
```

조건

- [order] 테이블에서 total이 100,000 이상인 order_id, customer_id, total을 검색하시오.
- 검색 결과는 total의 내림차순으로 정렬하여 출력하시오.

• **답** :

정답 & 해설

```
SELECT order_id, customer_id, total
FROM order
WHERE total >= 100000
ORDER BY total DESC;
```

```
SELECT order_id, customer_id, total
```
③ order_id, customer_id, total을

```
FROM order
```
① [order] 테이블에서

```
WHERE total >= 100000
```
② total이 100000 이상인 튜플의

```
ORDER BY total DESC;
```
④ total의 내림차순으로 정렬하여 검색하시오.

기적의 TIP

ORDER BY절
- **ASC 또는 생략** : 오름차순 정렬
- **DESC** : 내림차순 정렬

179 다음의 [order] 테이블에서 3번 이상 주문한 고객의 아이디(cust_id)와 주문 횟수를 검색하는 SQL 쿼리를 작성하시오. (단, 주문 횟수의 열 이름은 order_count로 한다.)

[order]

order_id	customer_id	order_date
A12345	happy	2023-03-02
A12346	youngjin	2023-03-04
A12347	happy	2023-03-07
A12348	happy	2023-03-11
A12349	youngjin	2023-03-19
A12350	apple	2023-03-02
A12351	apple	2023-03-04
A12352	youngjin	2023-03-07
A12353	happy	2023-03-19

• 답 :

정답 & 해설

```
SELECT customer_id, COUNT(*) AS order_count
FROM orders
GROUP BY customer_id
HAVING order_count >= 3;
```

```
SELECT customer_id, COUNT(*) AS order_count
```

④ customer_id와 COUNT(*)의 열 이름을 order_count로 변경하여 검색하시오.

```
FROM order
```

① [order] 테이블에서

```
GROUP BY customer_id
```

② customer_id로 그룹화하여

```
HAVING order_count >= 3;
```

③ order_count가 3 이상인 경우

기적의 TIP

GROUP BY~HAVING

- GROUP BY는 특정 열을 기준으로 데이터를 그룹화하고, 집계 함수(예 SUM, AVG, COUNT 등)를 적용하여 그룹별 통계를 출력할 때 사용합니다.
- HAVING은 GROUP BY로 그룹화된 데이터에서 조건에 맞는 그룹만 필터링하기 위해 사용합니다.
- 따라서, GROUP BY는 데이터를 그룹화하여 집계 함수를 적용하고, HAVING은 그룹화된 데이터에서 필터링하는 데 사용합니다. 이 두 절을 함께 사용하면 특정 조건에 따라 그룹화된 데이터를 필터링하여 결과를 반환할 수 있습니다.

180 **관계 데이터베이스 스키마 STUDENT(SNO, NAME, AGE)에 대하여 다음과 같은 SQL 질의 문장을 사용한다고 할 때, 이 SQL 문장과 동일한 의미의 관계 대수식을 작성하시오. (단, STUDENT 스키마에서 밑줄 친 속성은 기본키 속성을, 관계 대수식에서 사용하는 관계대수 연산자 기호 π는 프로젝트 연산자를, σ는 셀렉트 연산자를 나타낸다.)**

〈SQL 질의문〉

```
SELECT SNO, NAME
FROM STUDENT
WHERE AGE 〉 20;
```

• **답** :

정답 & 해설

πSNO,NAME(σAGE〉20(STUDENT))

문제에서 제시된 SQL을 해석해보면 다음과 같다.
"STUDENT 테이블에서 AGE가 20을 초과한 튜플들의 속성 SNO와 NAME를 출력하라."
프로젝트(PROJECT, π)는 수직적 부분 집합(vertical subset) 즉, 열(column)의 집합이고, 셀렉트(SELECT, σ)는 수평적 부분 집합(horizontal subset) 즉, 행(row)의 집합이기 때문에 πSNO,NAME(σAGE〉20(STUDENT))와 같은 관계 대수식이 도출된다.

181 **다음은 어느 기관의 데이터베이스이다. 〈보기〉의 관계 대수식을 적용하였을 때 출력되는 카디널리티(cardinality)를 작성하시오.**

[직원]

직원번호	이름	부서
10	김	B20
20	이	A10
30	박	A10
40	최	C30

[부서]

부서번호	부서명
A10	기획과
B20	인사과
C30	총무과

[정책]

정책번호	정책명	제안자
100	인력양성	40
200	주택자금	20
300	친절교육	10
400	성과금	10
500	신규고용	20

〈보기〉

$\pi_{\text{이름, 부서명, 정책명}}(\text{부서} \bowtie_{\text{부서번호=부서}} (\pi_{\text{정책명, 이름, 부서}}(\text{정책} \bowtie_{\text{제안자=직원번호}} \text{직원})))$

• **답** :

정답 & 해설

5

- $정책 \bowtie_{제안자=직원번호} 직원$

정책번호	정책명	제안자	이름	부서
100	인력양성	40	최	C30
200	주택자금	20	이	A10
300	친절교육	10	김	B20
400	성과금	10	김	B20
500	신규고용	20	이	A10

- $\pi_{정책명, 이름, 부서}(정책 \bowtie_{제안자=직원번호} 직원)$

정책명	이름	부서
인력양성	최	C30
주택자금	이	A10
친절교육	김	B20
성과금	김	B20
신규고용	이	A10

- $부서 \bowtie_{부서번호=부서}(\pi_{정책명, 이름, 부서}(정책 \bowtie_{제안자=직원번호} 직원))$

정책명	이름	부서	부서명
인력양성	최	C30	총무과
주택자금	이	A10	기획과
친절교육	김	B20	인사과
성과금	김	B20	인사과
신규고용	이	A10	기획과

- $\pi_{이름, 부서명, 정책명}(부서 \bowtie_{부서번호=부서}(\pi_{정책명, 이름, 부서}(정책 \bowtie_{제안자=직원번호} 직원)))$

이름	부서명	정책명
최	총무과	인력양성
이	기획과	주택자금
김	인사과	친절교육
김	인사과	성과금
이	기획과	신규고용

182 다음 [구조실적] 테이블에서 중부지방청 구조건수를 올림차순으로 소속 해양경찰서와 구조건수로 출력하는 SQL 쿼리를 작성하시오.

[구조실적]

지방청	해양경찰서	구조건수
동해지방청	동해해양경찰서	24
동해지방청	속초해양경찰서	14
서해지방청	목포해양경찰서	34
서해지방청	완도해양경찰서	21
중부지방청	인천해양경찰서	54
중부지방청	평택해양경찰서	34

• **답** :

정답 & 해설

```
SELECT 해양경찰서, 구조건수
FROM 구조실적
WHERE 지방청='중부지방청'
ORDER BY 구조건수 ASC;
```

SELECT 해양경찰서, 구조건수

④ '해양경찰서', '구조건수' 컬럼을 검색하시오.

FROM 구조실적

① [구조실적] 테이블에서

WHERE 지방청='중부지방청'

② '지방청'이 '중부지방청'인 튜플을 대상으로

ORDER BY 구조건수 ASC;

③ '구조건수'를 오름차순(ASC 생략 가능)으로 하여

기적의 TIP

SELECT문의 형식

```
SELECT [ALL|DISTINCT] 열_리스트
FROM 테이블_리스트
[WHERE 조건]
[GROUP BY 열_리스트 [HAVING 조건]]
[ORDER BY 열_리스트 [ASC|DESC]];
// ASC는 오름차순, DESC는 내림차순 정렬
```

183 고객계좌 테이블에서 잔고가 100,000원에서 3,000,000원 사이인 고객들의 등급을 '우대고객'으로 변경하고자 〈보기〉와 같은 SQL문을 작성하였다. ㉠과 ㉡에 적절한 SQL 구문을 작성하시오.

〈보기〉

```
UPDATE 고객계좌
( ㉠ ) 등급 = '우대고객'
WHERE 잔고 ( ㉡ ) 100000 AND 3000000
```

• **답** :

정답 & 해설

㉠ SET
㉡ BETWEEN

BETWEEN A AND B

A와 B의 사이를 검색하고자 할 때 사용한다. 즉, A 이상 B 이하를 의미한다.

기적의 TIP

UPDATE 문의 형식

```
UPDATE 테이블_이름
SET 열_이름 = 산술식 [열_이름 = 산술식]
[WHERE 조건];
```

CHAPTER 08 SQL 응용

184 **다음은 〈질의〉를 〈SQL문〉으로 표현한 것이다. 빈칸에 들어갈 내용을 작성하시오.**

〈질의〉

사원 릴레이션에서 사원이 7명 이상인 부서에 대해서 부서명과 평균 급여를 구하시오. (단, 사원 릴레이션의 스키마는 (사원번호, 사원명, 부서명, 급여)이고, 기본키는 사원번호이다.)

〈SQL문〉

```
SELECT 부서명, AVG(급여)
FROM 사원
GROUP BY 부서명
[    빈칸    ] ;
```

• **답** :

정답 & 해설

HAVING COUNT(*) 〉= 7

사원이 7명 이상인 부서를 대상으로 검색하여야 하므로 COUNT(*) 〉= 7의 조건으로 설정하여야 한다. GROUP BY절 이후에 나오는 조건에 대해서는 반드시 HAVING을 사용하여야 한다.

기적의 TIP

GROUP BY절에 대한 조건을 설정하기 위해서는 반드시 HAVING절을 사용해야 합니다.

185 **다음은 〈질의〉를 〈SQL문〉으로 표현한 것이다. 빈칸에 들어갈 내용을 작성하시오.**

〈질의〉

직급수당 릴레이션에서 '과장' 직급의 수당을 500,000원으로 갱신하시오. (단, 직급수당 릴레이션의 스키마는 직급수당(직급, 수당)이다.)

〈SQL문〉

```
UPDATE 직급수당
[    빈칸    ] ;
```

• **답** :

정답 & 해설

SET 수당 = 500000 WHERE 직급 = '과장'

UPDATE 직급수당
① [직급수당] 테이블에서

SET 수당 = 500000
③ '수당'을 500000으로 변경하시오.

WHERE 직급 = '과장';
② '직급'이 '과장'인 튜플의

기적의 TIP

UPDATE문의 형식

```
UPDATE 테이블_이름
SET 열_이름 = 값|산술식
[WHERE 조건];
```

186 **[도서] 테이블에서 저자의 성이 "최"인 도서를 검색하는 SQL 문장을 작성하고자 할 때 (1), (2), (3)을 작성하여 완성하시오.**

```
SELECT * ( 1 ) 도서 ( 2 ) 저자 ( 3 ) "최%";
```

• **답** :

정답 & 해설

(1) FROM

(2) WHERE

(3) LIKE

- 'SELECT * FROM 테이블 WHERE 조건;'의 형식으로 SQL 검색이 이루어진다.
- 조건에서 '최'로 시작하는 데이터를 검색하는 것처럼 부분 매치 질의문을 사용할 때에는 LIKE PREDICATE를 사용한다.
- '%'는 하나 이상의 문자로 어떤 길이의 문자 스트링도 관계없다는 뜻이고, '_'는 임의의 단일 문자를 의미한다.

기적의 TIP

LIKE를 사용하는 검색(부분 매치 질의문)

- LIKE PREDICATE은 열 이름과 함께 스트링 상수를 명세한 검색 조건입니다.
- %(Percent)는 하나 이상의 문자, _(Underscore)는 임의의 단일 문자를 의미합니다.

LIKE J%	'J'로 시작하는 문자열 패턴	LIKE J_	'J'로 시작하는 2글자 문자열 패턴
LIKE %J	'J'로 끝나는 문자열 패턴	LIKE _J_	'J'가 가운데 있는 3글자 문자열 패턴
LIKE %J%	'J'를 포함하는 문자열 패턴	LIKE J__	'J'로 시작하는 3글자 문자열 패턴

- 예 전화번호가 777로 시작되는 직원의 이름 검색

```
SELECT 이름
FROM 직원
WHERE 전화번호 LIKE '777%';
```

187 **다음의 [성적] 테이블에서 학생별 평균 점수를 검색하기 위한 SQL 쿼리를 작성하시오.**

[성적]

성명	과목	점수
이순신	국어	80
이순신	영어	68
이순신	수학	97
홍길동	국어	90
홍길동	영어	85
홍길동	수학	70

• **답** :

정답 & 해설

SELECT 성명, AVG(점수) FROM 성적 GROUP BY 성명;

SQL 구문

```
SELECT 결과 필드 FROM 테이블 GROUP BY 논리적 그룹
```

- 결과 필드 : 얻고자 하는 필드로 학생별 점수 평균이기에 각 학생을 구분 지을 수 있는 '성명'과 각 학생별 평균 점수 'AVG(점수)'가 들어가게 된다.
- 테이블 : [성적] 테이블
- GROUP BY : 학생별로 그룹을 지어야 하므로 '성명'이 되게 된다.

기적의 TIP

SQL의 집계 함수(그룹 함수)

- **COUNT(속성명)** : 레코드(튜플) 수
- **MAX(속성명)** : 최대값
- **MIN(속성명)** : 최소값
- **SUM(속성명)** : 값의 총합
- **AVG(속성명)** : 값의 평균

188 다음의 SQL문을 순차적으로 수행하였을 때 (1), (2)의 결과값을 작성하시오.

```
CREATE TABLE YoungJin1 (N1 NUMBER);
INSERT INTO YoungJin1 VALUES(1);
INSERT INTO YoungJin1 VALUES(2);
CREATE TABLE YoungJin2 (N1 NUMBER);
INSERT INTO YoungJin2 VALUES(3);
TRUNCATE TABLE YoungJin2;
INSERT INTO YoungJin2 VALUES(4);



(1) SELECT SUM(N1) FROM YoungJin1;
(2) SELECT SUM(N1) FROM YoungJin2;
```

• 답 :

정답 & 해설

(1)

SUM(N1)
3

(2)

SUM(N1)
4

```
CREATE TABLE YoungJin1 (N1 NUMBER);
```

주어진 코드는 "YoungJin1"과 "YoungJin2"라는 두 개의 테이블을 생성한다. 각 테이블은 "NUMBER" 타입의 "N1"이라는 하나의 열(column)을 가진다.

```
INSERT INTO YoungJin1 VALUES(1);
INSERT INTO YoungJin1 VALUES(2);
```

"YoungJin1"의 "N1" 열에 1과 2를 삽입한다.

```
CREATE TABLE YoungJin2 (N1 NUMBER);
INSERT INTO YoungJin2 VALUES(3);
```

"YoungJin2" 테이블을 생성하고, "N1" 열에 3을 삽입한다.

```
TRUNCATE TABLE YoungJin2;
```

"TRUNCATE TABLE" 명령을 사용하여 "YoungJin2" 테이블의 모든 데이터를 제거한다.

```
INSERT INTO YoungJin2 VALUES(4);
```

"YoungJin2"의 "N1" 열에 4를 삽입한다.

```
SELECT SUM(N1) FROM YoungJin1;
```

"YoungJin1" 테이블의 "N1" 열의 합계를 선택하고 출력하면 3(1+2)이 된다.

```
SELECT SUM(N1) FROM YoungJin2;
```

"YoungJin2" 테이블의 "N1" 열의 합계를 선택하고 출력하면 4가 된다.

189 [결과]는 주어진 [Table1], [Table2]의 테이블을 특정 JOIN하여 나타난 결과이다. 어떤 조인인지 〈SQL문〉의 빈칸을 작성하시오.

[Table1]

COL1	COL2
1	2
2	2
3	3

[Table2]

COL3	COL4
1	2
2	4
4	5

[결과]

COL1	COL2	COL3	COL4
1	2	1	2
2	2	2	4
null	null	4	5

〈SQL문〉

```
SELECT *
FROM Table1 A (      ) Table2 B
ON A.COL1 = B.COL3;
```

• **답** :

정답 & 해설

RIGHT OUTER JOIN

RIGHT OUTER JOIN

오른쪽 테이블의 모든 행을 반환하고, 왼쪽 테이블의 해당 행이 존재하면 연결한다. 만약 왼쪽 테이블에 해당하는 행이 존재하지 않는 경우에는 NULL 값을 반환한다. 이는 오른쪽 테이블이 기준이 되고 왼쪽 테이블이 선택적인 경우에 사용한다.

COL1	COL2	COL3	COL4
1	2	1	2
2	2	2	4
null	null	4	5

기적의 TIP

LEFT OUTER JOIN

왼쪽 테이블의 모든 행을 반환하고, 오른쪽 테이블의 해당 행이 존재하면 연결합니다. 만약 오른쪽 테이블에 해당하는 행이 존재하지 않는 경우에는 NULL 값을 반환합니다. 이는 왼쪽 테이블이 기준이 되고 오른쪽 테이블이 선택적인 경우에 사용합니다.

COL1	COL2	COL3	COL4
1	2	1	2
2	2	2	4
3	3	null	null

190 [Table1], [Table2]의 테이블에서 〈SQL문〉을 실행한 결과를 작성하시오.

[Table1]

COL1	COL2	COL3
1	1	3
1	2	3
2	1	3
3	1	3
3	2	3

[Table2]

COL1	COL2	COL3
1	1	3
1	2	3
2	1	3
3	1	3
3	2	3

〈SQL문〉

```
SELECT COUNT(*)
FROM Table1 A, Table2 B
WHERE A.COL1 = B.COL1;
```

• **답 :**

정답 & 해설

COUNT(*)
9

Table1, Table2에 대해서 A.COL1 = B.COL1인 경우를 모두 구하면
A.COL1 = 1일 때 B.COL1 = 1인 레코드 → 2개
A.COL1 = 1일 때 B.COL1 = 1인 레코드 → 2개
A.COL1 = 2일 때 B.COL1 = 2인 레코드 → 1개
A.COL1 = 3일 때 B.COL1 = 3인 레코드 → 2개
A.COL1 = 3일 때 B.COL1 = 3인 레코드 → 2개
따라서 COUNT(*)는 9가 된다.

191 **다음이 설명하는 관계대수 연산자의 기호를 작성하시오.**

"두 릴레이션 A, B에 대해 B 릴레이션의 모든 조건을 만족하는 튜플들을 릴레이션 A에서 분리해 내어 프로젝션하는 연산"

• **답** :

정답 & 해설

÷

디비전(DIVISION, ÷) : 동시에 포함되는 속성 찾기

- 두 개의 속성으로 된 릴레이션과 한 개의 속성으로 된 릴레이션 간의 연산에 의해 새로운 릴레이션을 만들어 내는 연산자이다.
- 나누어지는 R의 차수는 (m+n)이고 나누는 릴레이션 S의 차수가 n일 때 이 디비전의 결과 릴레이션의 차수는 m이 된다.
- 나누어지는 릴레이션 R은 나누는 릴레이션 S의 모든 애트리뷰트(Y)를 공통으로 포함하고 있다. 즉 공통되는 애트리뷰트는 모두 이름들이 같다는 것이 아니라 대응되는 애트리뷰트 별로 도메인이 같다는 의미이다.

192 **사용자 X1에게 [department] 테이블에 대한 검색 연산을 회수하는 명령을 작성하시오.**

• **답** :

정답 & 해설

REVOKE SELECT ON department FROM X1;

REVOKE는 데이터베이스 사용자에게 주어진 권한을 취소하는 데 사용되는 SQL 명령이다. 이 경우, SELECT 권한이 취소되므로 사용자 X1은 department 테이블에 대한 SELECT 작업을 수행할 수 없게 된다.

기적의 TIP

REVOKE문의 형식

```
REVOKE 권한 ON 테이블명 FROM 사용자명;
```

193 STUDENT 릴레이션에 대한 SELECT 권한을 모든 사용자에게 허가하는 SQL 명령문을 작성하시오.

• 답 :

정답 & 해설

GRANT SELECT ON STUDENT TO PUBLIC;

- GRANT는 데이터베이스 사용자에게 권한을 부여하는 데 사용되는 SQL 명령어이다. 이 경우, STUDENT 릴레이션에 대한 SELECT 권한이 부여되므로, 해당 릴레이션에 대한 데이터 검색 작업을 수행할 수 있게 된다.
- PUBLIC은 데이터베이스 사용자 그룹 중 하나이며, 모든 사용자를 포함하는 그룹이다. 따라서 이 명령문을 실행하면 모든 사용자가 STUDENT 릴레이션에 대한 SELECT 권한을 가지게 된다.

194 다음의 [성적] 테이블에서 적어도 2명 이상이 수강하는 과목에 대해 등록한 학생수와 평균점수를 구하기 위한 SQL 질의문을 작성할 경우 빈칸에 적절한 구문을 작성하시오.

[성적]

학번	과목	성적	점수
100	자료구조	A	90
100	운영체제	A	95
200	운영체제	B	85
300	프로그래밍	A	90
300	데이터베이스	C	75
300	자료구조	A	95

```
SELECT 과목, COUNT(*) AS 학생수, AVG(점수) AS 평균점수
FROM 성적
GROUP BY 과목 ____________
```

• 답 :

정답 & 해설

HAVING COUNT(학번) >= 2;

- SELECT절에는 열 이름, 상수, 그리고 산술 연산자로 구성된 산술식이 나타날 수 있다.
- "AS 학생수"와 "AS 평균점수"는 별칭으로 출력하였을 때 COUNT(*)를 학생수, AVG(점수)를 평균점수로 열 이름을 표기한다.

195 다음 [Table_A]와 [Table_B]의 테이블에 대해서 〈SQL〉을 실행하였을 때 출력되는 행의 수를 작성하시오. (컬럼 행은 제외한다.)

[Table_A]

COL1	COL2
1	2
1	2
1	3

[Table_B]

COL1	COL2
1	2
1	4
1	5

〈SQL〉

```
SELECT DISTINCT COL1, COL2 FROM Table_A
UNION ALL
SELECT COL1, COL2 FROM Table_B;
```

• **답** :

정답 & 해설

5

• 위의 SQL문은 Table A와 Table B에서 COL1과 COL2 컬럼의 값을 DISTINCT한 값으로 조합하여 출력하는 문장이다.
• 먼저, Table A에서 DISTINCT한 COL1과 COL2 값을 가져와서 UNION ALL 연산자를 이용하여 Table B에서 COL1과 COL2 값을 가져온 레코드와 결합한다. UNION ALL 연산자는 중복 값을 제거하지 않으며, 그대로 출력한다.

[Table_A] 중복 튜플 제거됨

COL1	COL2
1	2
1	3

UNION ALL

[Table_B]

COL1	COL2
1	2
1	4
1	5

=

[결과]

COL1	COL2
1	2
1	3
1	2
1	4
1	5

196 학생(STD) 테이블에 컴퓨터공학과 학생 100명, 정보보호과 학생 70명, 소프트웨어공학과 학생 30명이 있다고 가정할 때 다음의 (1), (2), (3)의 SQL 질의의 결과로 확인할 수 있는 튜플의 수를 각각 작성하시오. (학생(STD) 테이블의 '학과' 컬럼명은 DEPT이다.)

```
(1) SELECT DEPT FROM STD;
(2) SELECT DISTINCT DEPT FROM STD;
(3) SELECT COUNT(DISTINCT DEPT) FROM STD WHERE DEPT = '컴퓨터공학과';
```

• 답 :

정답 & 해설

(1) 200

(2) 3

(3) 1

(1) SELECT DEPT

② DEPT를 검색하라.

FROM STD;

① STD 테이블에서

(2) SELECT DISTINCT DEPT

② DEPT를 중복 없이 검색하라.

FROM STD;

① STD 테이블에서

(3) SELECT COUNT(DISTINCT DEPT)

③ DEPT의 개수를 중복 없이 검색하라.

FROM STD

① STD 테이블에서

WHERE DEPT = '컴퓨터공학과';

② DEPT가 컴퓨터공학과인

197 **다음 [STD] 테이블을 사용하여 '이름' 속성으로 'IDX_name' 이름의 인덱스를 생성하는 SQL문을 작성할 경우 〈SQL〉의 빈칸에 들어갈 알맞은 구문을 작성하시오.**

[STD]

학번	이름	점수	학점
101	홍길동	90	B
102	이순신	95	A
103	신사임당	90	B
104	이율곡	85	C
105	안창호	90	B
106	손병희	100	A

〈SQL〉

```
( 빈칸 ) IDX_name ON STD(이름);
```

• **답** :

정답 & 해설

CREATE INDEX

- CREATE INDEX는 인덱스를 생성하는 SQL문이다. IDX_name은 인덱스의 이름을 의미하며, STD는 인덱스를 생성할 테이블의 이름이다. (이름)은 인덱스를 생성할 속성의 이름이다.
- 따라서 완성된 SQL문을 실행하면, STD 테이블의 '이름' 속성에 대한 'IDX_name'이라는 이름의 인덱스가 생성된다. 이후에는 해당 인덱스를 사용하여 테이블의 레코드를 검색하거나 정렬하는 등의 작업을 더욱 빠르게 수행할 수 있게 된다.

기적의 TIP

인덱스(Index)

인덱스는 테이블에서 원하는 데이터를 쉽고 빠르게 찾기 위해 사용합니다. 이러한 인덱스는 자주 사용되는 필드 값으로 만들어진 원본 테이블의 사본이라고 생각할 수 있습니다. 인덱스를 생성하는 형식은 아래와 같습니다.

```
CREATE INDEX 인덱스이름
ON 테이블이름(필드이름1, 필드이름2, ...);
```

198 다음 [학생] 테이블을 사용하여 〈처리조건〉에 맞는 SQL문을 작성하시오.

[학생]

학번	이름	학과	학년
2012532	안상조	컴퓨터	3
1908238	홍찬중	컴퓨터	2
2209342	천은지	경영	2
2134093	이하린	소프트웨어	2
1823098	구준모	국문	4
2320374	김영진	국문	1

처리조건

- [학생] 테이블에서 3학년과 4학년이 아닌 학생의 '학번'과 '이름'을 검색하시오.
- 3학년과 4학년을 제외하기 위한 조건은 반드시 NOT IN을 사용하여 작성하시오.
- 각 속성의 자료형은 '학번', '이름', '학과'는 CHAR(10)이고, '학년'은 INT이다.
- 동작하지 않는 질의나 요구사항과 일치하지 않는 경우 오답으로 간주한다.

• **답** :

정답 & 해설

SELECT 학번, 이름 FROM 학생 WHERE 학년 NOT IN(3, 4);

SELECT 학번, 이름

③ '학번', '이름' 속성을 검색하시오.

FROM 학생

① [학생] 테이블에서

WHERE 학년 NOT IN(3, 4);

② '학년' 속성값이 3 또는 4에 해당하지 않는 레코드에 대해

기적의 TIP

SQL 쿼리를 작성할 때 대소문자 구분을 하지는 않지만 대문자로 작성하는 것이 좋습니다. 그리고 하나의 쿼리가 끝날 때 반드시 세미콜론(;)으로 표시해야 합니다.

199 **다음의 [성적] 테이블에서 〈처리조건〉대로 〈실행결과〉를 출력하는 SQL문을 작성하시오.**

[성적]

학번	이름	학과	학년	점수
2022512	김연진	컴퓨터공학	3	90
2120326	문동은	전자공학	3	80
2204534	차호윤	컴퓨터공학	2	100
2309876	성우람	전자공학	1	85
1923094	홍찬중	건축학	4	80
2102934	이사랑	건축학	2	100

〈실행결과〉

학과	평균점수
컴퓨터공학	95
건축학	90

처리조건

- [성적] 테이블에서 학과별 점수의 평균이 90 이상인 학과를 대상으로 출력하시오.
- 〈실행결과〉를 참고하여 학과, 평균점수를 검색하시오.
- 평균점수는 별칭을 사용하여 〈실행결과〉와 동일한 형식으로 출력되도록 하여야 한다.
- 각 속성의 자료형은 이름, 학과는 char(10)이고, 학번, 학년, 점수는 int이다.
- 쿼리는 대/소문자를 구분하지 않으며 세미콜론(;)은 생략 가능하다.

- **답 :**

정답 & 해설

```
SELECT 학과, AVG(점수) AS 평균점수
FROM 성적
GROUP BY 학과 HAVING AVG(점수)>=90;
```

- AVG(점수)는 성적 테이블의 '점수' 컬럼의 평균값을 계산하는 집계 함수이다. GROUP BY절을 사용하여 학과별로 레코드를 그룹화한 후, HAVING절을 이용하여 평균 점수가 90점 이상인 그룹만을 선택한다.
- AS 키워드를 이용하여 AVG(점수)의 결과를 평균점수로 지정하여 조회한다.
- 따라서 이 SQL문은 성적 테이블에서 학과별로 점수의 평균이 90점 이상인 경우에 대해서, 학과와 해당 학과의 평균 점수를 조회하는 것이다.

200 **[주문] 테이블에 '주문일자' 속성(DATE)을 추가하는 SQL문을 작성하시오.**

• **답** :

정답 & 해설

ALTER TABLE 주문 ADD 주문일자 DATE;

ALTER TABLE 키워드를 사용하여 테이블 구조를 변경할 수 있으며, ADD 키워드를 사용하여 새로운 속성을 추가할 수 있다. 주문일자는 새로 추가되는 속성의 이름이며, DATE로 데이터 타입을 지정한다.

기적의 TIP

ALTER문의 형식

```
ALTER TABLE table_name
ADD column_name data_type;
```

table_name은 변경할 테이블의 이름이고, ADD는 테이블에 새로운 컬럼을 추가하는 액션을 의미합니다. column_name은 추가할 컬럼의 이름이며, data_type은 컬럼의 데이터 타입을 지정합니다.

201 다음 [직원] 테이블에서 〈SQL 쿼리〉를 실행했을 때의 결과를 작성하시오.

[직원]

EMP_NO	EMP_NAME	EMP_DEPT	EMP_SAL
100	김성모	총무	2500
200	이재후	총무	3100
300	이준형	인사	2900
400	성우람	인사	2700
500	홍찬중	기획	2800

〈SQL 쿼리〉

```
SELECT COUNT(*) FROM 직원
WHERE EMP_SAL BETWEEN 2500 AND 3000;
```

• **답** :

정답 & 해설

COUNT(*)
4

- EMP_NO가 2500부터 3000 사이인 레코드의 수를 조회하는 문장이다.
- WHERE 절에서 BETWEEN 조건을 사용하여 EMP_SAL이 2500부터 3000 사이인 레코드를 선택한다.
- COUNT(*)은 레코드의 수를 조회하는 집계 함수이므로 이 SQL문을 실행하면, 직원 테이블에서 EMP_SAL이 2500부터 3000 사이인 레코드의 수인 4가 반환된다.

202 다음의 [학생] 테이블에서 이름의 성이 '우'인 모든 학생의 '학년'을 1학년으로 변경하는 SQL문을 작성하시오. (성이 '우'인 학생을 찾기 위해 반드시 와일드카드 문자를 사용하시오.)

[학생]

학번	이름	학년	나이	점수
2012345	우진영	3	24	77
2185732	김선희	3	22	86
2258362	이하린	2	21	90
1927462	우진용	4	26	91

• 답 :

정답 & 해설

UPDATE 학생 SET 학년 = 1 WHERE 이름 LIKE '우%';

WHERE절에서는 LIKE 연산자를 사용하여 이름이 '우'로 시작하는 레코드를 선택하여야 한다. 따라서 '우%'와 같이 작성하여 이름이 '우'로 시작하는 문자열 패턴을 검색하여야 한다. 이 SQL문을 실행하면, 이름이 '우'로 시작하는 모든 학생들의 학년이 1로 변경된다.

203 다음의 두 개의 테이블에서 결과 테이블이 나오도록 SQL(조인)을 작성하시오.

[고객]

고객번호	이름	주소
3	홍길동	강남
4	김철수	잠실
5	박영희	강남
6	이찬수	구로

[예약]

극장번호	상영관번호	고객번호	좌석번호	날짜
1	1	5	48	2024-09-01
3	1	4	16	2024-09-01
3	2	3	15	2024-09-01

[조인결과]

고객번호	이름	주소	극장번호	상영관번호	고객번호	좌석번호	날짜
3	홍길동	강남	3	2	3	15	2024-09-01
4	김철수	잠실	3	1	4	16	2024-09-01
5	박영희	강남	1	1	5	48	2024-09-01
6	이찬수	구로	NULL	NULL	NULL	NULL	NULL

• **답** :

정답 & 해설

```
SELECT *
FROM 고객
LEFT JOIN 예약
ON 고객.고객번호 = 예약.고객번호;
```

SELECT *

와일드카드(*)를 사용하여 모든 컬럼을 선택한다.

FROM 고객

고객 테이블을 조회 대상으로 지정한다.

LEFT JOIN 예약

예약 테이블을 고객 테이블과 조인하도록 한다.

ON 고객.고객번호 = 예약.고객번호;

조인 조건을 지정하여 고객 테이블과 예약 테이블의 고객번호가 일치하는 레코드를 선택하도록 한다.

이 경우 LEFT JOIN은 고객 테이블의 모든 레코드를 포함하면서, 예약 테이블의 고객번호와 일치하는 레코드만을 선택하게 된다. JOIN 조건을 만족하지 않는 예약 테이블의 레코드는 NULL 값을 갖게 된다.

기적의 TIP

조인의 형식

```
SELECT *
FROM 왼쪽_테이블
조인방식 JOIN 오른쪽_테이블
ON 조인_조건;
```

204 다음의 〈테이블〉과 같은 릴레이션이 존재한다고 할 경우 〈질의〉를 처리할 수 있는 〈SQL문〉의 부속질의(Subquery)를 완성하시오.

Order(<u>number</u>, custname, salesperson, amount) Customer(<u>name</u>, city, industrytype)
밑줄 친 속성은 기본키이고, Order 테이블의 custname은 Customer.name을 참조하는 외래키이다.

〈질의〉

이름이 'LEE'인 고객이 주문한 주문번호를 모두 검색하시오.

〈SQL문〉

```
SELECT number
FROM Order
WHERE custname = (
    부속질의
);
```

• **답** :

정답 & 해설

```
SELECT name
FROM Customer
WHERE name = 'LEE'
```

- number는 Order 테이블에서 주문번호를 나타내는 컬럼을 의미하고, FROM은 조회 대상 테이블을 지정하는 키워드이다. WHERE는 조회 조건을 지정하는 키워드이다.
- 〈SQL문〉에서는 Customer 테이블에서 이름이 'LEE'인 고객의 이름을 검색하여, Order 테이블에서 해당 고객이 주문한 주문번호를 검색하여야 한다. 이를 위해 WHERE절에서 custname과 일치하는 Customer.name 값을 부속질의(subquery)에서 검색한다.
- 따라서 부속질의(subquery)에서는 Customer 테이블에서 name = 'LEE'의 조건에 만족하는 고객의 name을 검색하도록 정답과 같이 작성되어야 한다.

기적의 TIP

- 위의 조건은 부속질의(subquery)를 사용하여 검색한 것으로 조인(JOIN)을 사용하여 검색할 수도 있습니다.

```
SELECT o.number
FROM Order o
JOIN Customer c ON o.custname = c.name
WHERE UPPER(c.name) = 'LEE';
```

- 위의 SQL문에서는 Order와 Customer 테이블을 JOIN하여 이름이 'LEE'인 고객이 주문한 주문번호를 검색합니다. JOIN은 Order 테이블의 custname과 Customer 테이블의 name 컬럼을 비교하여 ON 절에 지정된 조건을 만족하는 데이터를 연결하여 결과를 조회합니다.
- 따라서, 이름이 'LEE'인 고객이 주문한 주문번호가 반환합니다. 조인을 사용하여 데이터를 조회할 때는 데이터의 크기나 형태에 따라 적절한 조인 방식을 선택하여 사용해야 합니다.

205 **다음은 부속질의(Subquery)에 대한 설명이다. (1), (2)에 들어갈 부속질의의 종류를 작성하시오.**

SQL에서 부속질의(Subquery)는 다른 SQL문 안에서 사용되는 SQL문을 의미한다. 부속질의는 (1)(와)과 (2)(으)로 나눌 수 있다.

- (1) : 외부 질의의 한 행마다 내부 질의가 실행되어 외부 질의의 결과에 영향을 미치는 부속질의이다. 즉, 외부 질의와 내부 질의가 상호작용하여 결과를 도출한다. 이러한 상호작용은 일반적으로 SELECT, WHERE, HAVING 절에서 발생한다.
- (2) : 외부 질의와 내부 질의가 서로 독립적으로 실행되는 부속질의이다. 내부 질의에서는 외부 질의와 관련된 데이터를 조사하고, 이를 통해 외부 질의의 결과를 도출한다. 즉, 내부 질의는 외부 질의의 결과와는 무관한 독립적인 질의로 실행된다.

• **답** :

정답 & 해설

① 상관 부속질의
② 비상관 부속질의

① 상관 부속질의(Correlated Subquery)의 예

```
SELECT *
FROM customers c
WHERE category = 'A'
AND EXISTS (
    SELECT *
    FROM orders o
    WHERE o.customer_id = c.customer_id
);
```

- 위의 SQL문은 customers 테이블에서 카테고리(category)가 'A'인 고객들 중에서, orders 테이블에서 해당 고객의 주문번호(order_id)가 존재하는 경우의 주문날짜(order_date)와 함께 조회하는 쿼리이다.
- 외부 질의에서는 customers 테이블에서 category가 'A'인 데이터를 조회하고, 내부 질의에서는 orders 테이블에서 해당 고객의 주문번호가 존재하는지 검사한다. 내부 질의는 외부 질의와 상호작용하여 결과를 도출하므로 상관 부속질의에 해당한다.

② 비상관 부속질의(Uncorrelated Subquery)의 예

```
SELECT *
FROM sales
WHERE amount > (
    SELECT MAX(amount)
    FROM sales
);
```

- 위의 SQL문은 외부 질의에서는 sales 테이블에서 amount가 특정 값보다 큰 데이터를 조회한다.
- 이때, 내부 질의에서는 sales 테이블에서 amount 값의 최대값을 구한다. 이 최대값은 각 행마다 동일하게 적용되므로 외부 질의와 상호작용하지 않는다.

206 **부속질의(Subquery) 중에서 내부 질의가 하나의 값을 반환하는 부속질의를 무엇이라 하는지 작성하시오.**

• **답** :

정답 & 해설

스칼라 부속질의(Scalar Subquery)

스칼라 부속질의(Scalar Subquery)

- 스칼라 부속질의는 내부 질의가 하나의 값(스칼라 값)을 반환하는 부속질의이다. 즉, 내부 질의는 하나의 데이터만을 조회하고 반환한다.
- 스칼라 부속질의는 일반적으로 SELECT, WHERE, HAVING절에서 사용된다.
- 스칼라 부속질의의 예 : salesperson이 'John'인 경우 amount의 평균을 검색하므로 하나의 데이터만 반환된다.

```
SELECT *
FROM sales
WHERE amount > (
    SELECT AVG(amount)
    FROM sales
    WHERE salesperson = 'John'
);
```

207 **다음의 〈SQL문〉에서 사용된 부속질의의 방법으로 SELECT문의 결과를 가상의 테이블로 사용하여 다른 SQL문에서 참조할 수 있도록 하는 방식의 부속질의를 무엇이라고 하는지 작성하시오.**

〈SQL문〉

```
SELECT *
FROM sales
WHERE amount > (
    SELECT AVG(amount)
    FROM sales
    WHERE salesperson = 'John'
);
```

• **답** :

정답 & 해설

인라인 뷰(Inline View)

인라인 뷰(Inline View)

- 하나의 SQL문 안에서 사용되는 SELECT문을 의미한다.
- SELECT문의 결과를 가상의 테이블로 사용하여 다른 SQL문에서 참조할 수 있도록 한다.
- 인라인 뷰는 FROM절에서 사용된다.

208 'admin' 사용자에게 'youngjin' 데이터베이스의 'Std' 테이블에 대한 SELECT, UPDATE, DELETE 권한을 부여하고, 해당 권한을 다른 사용자에게 전달할 수 있는 권한 추가 질의를 작성하시오.

• 답 :

정답 & 해설

```
GRANT SELECT, UPDATE, DELETE ON youngjin.Std TO admin WITH GRANT OPTION;
```

- 'admin' 사용자에게 'youngjin' 데이터베이스의 'Std' 테이블에 대한 SELECT, UPDATE, DELETE 권한을 부여하며, WITH GRANT OPTION 옵션을 추가하여 해당 권한을 다른 사용자에게도 부여할 수 있도록 작성한다.
- GRANT문의 기본 형식은 다음과 같다.

```
GRANT 권한 ON 객체 TO 사용자;
```

  - 권한 : 객체에 대해 부여할 권한
  - 객체 : 권한을 부여할 데이터베이스 객체(테이블, 뷰, 프로시저 등)
  - 사용자 : 권한을 부여받을 사용자
- GRANT문은 다양한 옵션을 지정하여 보다 세밀한 권한 부여를 할 수도 있다. 예를 들어 WITH GRANT OPTION을 추가하면 부여된 권한을 다른 사용자에게도 부여할 수 있도록 할 수 있다.

209 'Customer' 테이블로부터 유도되는 'address' 속성이 '대한민국'을 포함하는 고객들로 구성된 뷰를 만드시오. (단, 뷰의 이름은 view_Customer로 설정하시오.)

• 답 :

정답 & 해설

```
CREATE VIEW view_Customer AS
SELECT *
FROM Customer
WHERE address LIKE '%대한민국%';
```

CREATE VIEW view_Customer AS

'view_Customer'라는 이름을 가진 뷰를 생성한다.

SELECT * FROM Customer WHERE address LIKE '%대한민국%'

'Customer' 테이블에서 'address' 속성값에 '대한민국'을 포함하는 모든 행을 선택한다.

기적의 TIP

CREATE VIEW 형식

```
CREATE VIEW 뷰이름 AS SELECT문;
```

210 **데이터베이스에 접근할 수 있는 권한을 부여할 때 사용하는 명령어는 GRANT이다. 반대로 부여된 권한을 회수하는 명령어를 작성하시오.**

• **답** :

정답 & 해설

REVOKE

REVOKE 명령은 데이터베이스 보안을 관리하고 데이터베이스 객체에 대한 액세스 권한을 제어하는 데 사용된다.

기적의 TIP

REVOKE 형식

```
REVOKE [권한] ON [데이터베이스 객체] FROM [사용자];
```

- '권한'은 취소할 권한을 지정하고 '데이터베이스 객체'는 권한을 취소할 데이터베이스 객체를 지정하며 '사용자'는 권한을 취소할 데이터베이스 사용자를 지정합니다.
- 예를 들어 다음과 같은 SQL문은 'employees' 테이블에 대한 SELECT 권한을 'john' 사용자로부터 취소하는 명령입니다.

```
REVOKE SELECT ON employees FROM john;
```

211 데이터베이스의 성능을 최적화하기 위한 옵티마이저 중 테이블 조인 순서, 인덱스 선택 등 실행 계획을 평가할 때 해당 비용을 고려하여 가장 효율적인 실행 계획을 결정하는 옵티마이저를 무엇이라 하는지 영문 약어로 작성하시오.

• 답 :

정답 & 해설

CBO

옵티마이저

옵티마이저는 데이터베이스 시스템에서 쿼리를 처리하는 방법을 결정하는 프로그램이며, 크게 두 가지 종류로 나뉜다.

구분	설명
규칙 기반 옵티마이저 (Rule-Based Optimizer, RBO)	• 미리 정의된 규칙을 사용하여 실행 계획을 결정한다. • 예를 들어 SELECT절에서는 인덱스가 사용되도록 하는 등의 규칙을 사용하여 실행 계획을 결정한다. • 간단한 쿼리나 데이터베이스가 작은 경우에는 성능이 우수하지만, 쿼리가 복잡하거나 데이터베이스가 커질수록 성능이 떨어지는 단점이 있다.
비용 기반 옵티마이저 (Cost-Based Optimizer, CBO)	• 쿼리 실행에 소요되는 비용을 고려하여 실행 계획을 결정한다. • 예를 들어 테이블 조인 순서, 인덱스 선택 등 실행 계획을 평가할 때 해당 비용을 고려하여 가장 효율적인 실행 계획을 결정한다. • 더 복잡한 쿼리나 대용량 데이터베이스에서 높은 성능을 보이며, 대부분의 현대적인 데이터베이스 시스템에서 기본적으로 사용된다.

212 [Table_1] 테이블을 대상으로 〈SQL문〉을 수행하였을 때 출력되는 행(Row)의 수를 작성하시오.

[Table_1]

A	B
a1	10
a2	20
a3	30

〈SQL문〉

```
SELECT COUNT(*)
FROM Table_1
WHERE A = 'a2' AND B < 20;
```

• **답** :

정답 & 해설

0

- Table_1에서 A 컬럼이 'a2'이고, B 컬럼이 20보다 작은 모든 레코드의 개수를 반환한다.
- 즉, WHERE절에서 Table_1의 레코드 중 A 컬럼이 'a2'이고, B 컬럼이 20보다 작은 레코드를 선택하여 레코드의 개수를 COUNT(*) 함수를 사용하여 구하여 반환한다.
- Table_1에는 'a2'이면서 '20'보다 작은 행은 존재하지 않으므로 출력되는 행(Row)의 수는 0이다.

CHAPTER 09

소프트웨어 개발 보안 구축

SECTION 01

소프트웨어 개발 보안 설계하기

213 정보보안의 3대 요소 중 인터넷을 통해 전송되는 정보가 원하지 않은 상대방에게 노출되지 않도록 보호하고 허가된 사용자 이외에 해당 정보의 내용을 볼 수 없도록 차단하는 요소를 무엇이라 하는지 작성하시오.

• 답 :

정답 & 해설

기밀성(Confidentiality)

정보보안의 3대 요소(CIA)

기밀성(Confidentiality)	• 정보에 대한 불법적인 액세스나 노출을 방지하는 것이다. • 이를 위해 정보에 대한 암호화, 접근 제어, 인증 등의 기술적인 대책을 적용한다.
무결성(Integrity)	• 정보의 진실성, 정확성, 일관성을 유지하는 것이다. • 이를 위해 데이터의 변경을 감지하고, 무결성 검증 기능, 백업 등의 대책을 적용한다.
가용성(Availability)	• 정보에 대한 적절한 시간과 방법으로 액세스가 가능한 상태를 유지하는 것이다. • 이를 위해 장애 대응, 복원력, 백업 등의 대책을 적용한다.

214 정보보안의 3대 요소 중 사용자가 필요할 때 데이터에 접근할 수 있는 능력을 말하는 것을 의미하는 요소를 무엇이라 하는지 작성하시오.

• 답 :

정답 & 해설

가용성(Availability)

가용성(Availability)

정보에 대한 적절한 시간과 방법으로 액세스가 가능한 상태를 유지하는 것이다. 이를 위해 장애 대응, 복원력, 백업 등의 대책을 적용한다.

215 **경량 애플리케이션 보안 프로세스를 의미하며 개발 생명주기의 초기부터 끝까지 보안을 고려하여 개발하는 방법을 제시하는 개발 보안 프로세스를 무엇이라 하는지 영문 약어로 작성하시오.**

• **답** :

정답 & 해설

CLASP

CLASP(경량 애플리케이션 보안 프로세스, Comprehensive Lightweight Application Security Process)

• 개발 생명주기의 초기부터 끝까지 보안을 고려하여 개발하는 방법을 제시한다.
• CLASP는 7개의 주요 보안 활동을 중심으로 구성되어 있다.
  – 보안 요구사항 식별
  – 위험 분석 및 평가
  – 설계 및 구현 지침 제공
  – 코드 검사
  – 테스트 및 검증
  – 보안 운영
  – 교육 및 인식 증진
• 경량이라는 특징 때문에 작은 프로젝트나 개발팀에서도 쉽게 적용이 가능하다. 또한 산업 표준 모델인 OWASP(Open Web Application Security Project)의 가이드라인과 일치하도록 설계되어 있다. 이를 통해 보안 전문가와 개발자가 협업하여 애플리케이션 보안에 대한 적극적인 접근이 가능하다.

216 **소프트웨어 개발 보안 요구공학 프로세스에 대해 빈칸에 들어갈 알맞은 단계를 작성하시오.**

• **답** :

정답 & 해설

명세

소프트웨어 개발 보안 요구공학 프로세스

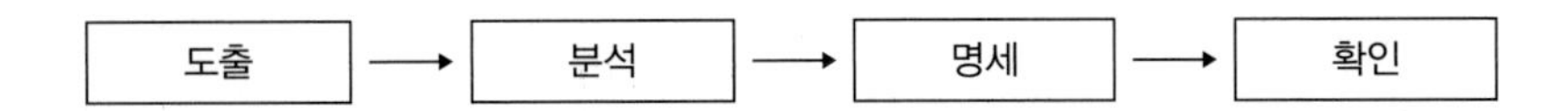

217 **다음은 보안 솔루션을 구현하거나 개발할 때 고려해야 하는 7가지 지점을 의미하는 Seven Touch Points의 보안 강화 활동의 일부분이다. (1), (2)에 들어갈 보안 강화 활동을 작성하시오.**

- (1) : 발견된 보안 위협 및 취약점을 분석하여 위험을 평가하고, 보안 솔루션을 개발하기 위한 요구사항을 도출한다.
- (2) : 구현된 보안 솔루션을 테스트한다. 이 단계에서는 보안 솔루션의 정확성, 효율성 및 보안성을 확인한다.

• **답** :

정답 & 해설

(1) 분석
(2) 검증

Seven Touch Points

- 보안 솔루션을 구현하거나 개발할 때 고려해야 하는 7가지 지점을 말한다.
- 이 지점들은 전체 보안 과정을 담당하는 여러 개인, 조직 및 프로세스 간의 협력을 강조한다.

발견(Discovery)	보안 위협 및 취약점을 식별하고 분석한다. 이를 위해 보안 검사, 스캐닝 및 펜 테스트를 수행한다.
분석(Analysis)	발견된 보안 위협 및 취약점을 분석하여 위험을 평가한다. 이를 위해 보안 솔루션을 개발하기 위한 요구사항을 도출한다.
설계(Design)	보안 솔루션의 아키텍처와 디자인을 결정한다. 이를 위해 보안 요구사항, 취약점 분석 결과 및 보안 정책을 고려한다.
구현(Implementation)	설계된 보안 솔루션을 개발하고 구현한다. 이를 위해 적절한 보안 기술과 솔루션을 선택하고, 보안 코드와 구성요소를 개발한다.
검증(Verification)	구현된 보안 솔루션을 테스트하고 검증한다. 이를 위해 보안 솔루션의 정확성, 효율성 및 보안성을 확인한다.
배포(Deployment)	검증된 보안 솔루션을 배포하고 운영한다. 이를 위해 보안 솔루션의 효과를 모니터링하고, 필요에 따라 조치를 취한다.
유지보수(Maintenance)	운영 중인 보안 솔루션을 유지보수하고 관리한다. 이를 위해 보안 업데이트 및 보안 이벤트 대응을 수행한다.

218 **개인정보를 수집 · 이용 · 제공하는 기업 및 단체의 업무 과정에서 개인정보를 보호하고, 이를 이용하는 개인의 권리를 보호하는 법률을 무엇이라 하는지 작성하시오.**

• **답** :

정답 & 해설

개인정보보호법

개인정보보호법

개인정보를 수집 · 이용 · 제공하는 기업 및 단체의 업무 과정에서 개인정보를 보호하고, 이를 이용하는 개인의 권리를 보호하는 법률이다.

기적의 TIP

- **정보통신망 이용촉진 및 정보보호 등에 관한 법률** : 정보통신서비스 제공자와 정보통신망을 이용하는 개인의 권리, 정보보호 등에 관한 내용을 규정하는 법률입니다.
- **신용정보의 이용 및 보호에 관한 법률** : 개인의 신용정보를 수집, 이용, 제공하는 기업 및 단체가 이를 적법하게 관리하고, 신용정보 이용자의 권리를 보호하는 법률입니다.

SECTION 02

소프트웨어 개발 보안 구현하기

219 소프트웨어 개발 과정에서 보안 취약점을 예방하고 방지하기 위하여 개발자가 보안을 고려하여 안전한 코드를 작성할 수 있도록 도와주는 것을 목적으로 하는 가이드라인을 무엇이라 하는지 작성하시오.

- 답 :

정답 & 해설

시큐어 코딩 가이드

시큐어 코딩 가이드(Secure Coding Guide)

- 소프트웨어 개발 과정에서 보안 취약점을 예방하고 방지하기 위하여 개발자가 보안을 고려하여 안전한 코드를 작성할 수 있도록 도와주는 것을 목적으로 하는 가이드라인이다.
- 이를 준수하면 소프트웨어 보안성이 높아지며, 코드의 신뢰성과 안정성이 향상된다. 이는 보안 공격에 대한 대처와 위험을 최소화하고, 개인정보 보호를 위한 규정을 준수하면서 안전한 서비스를 제공하는 것에 도움을 준다.

220 **다음의 암호화 기술에 대한 설명에서 바르게 설명한 지문의 개수는 몇 개인지 쓰시오.**

① 공개키 암호화는 암호화하거나 복호화하는 데 동일한 키를 사용한다.
② 공개키 암호화는 비공개키 암호화에 비해 암호화 알고리즘이 복잡하여 처리속도가 느리다.
③ 공개키 암호화의 대표적인 알고리즘에는 데이터 암호화 표준(Data Encryption Standard)이 있다.
④ 비밀키 암호화는 암호화와 복호화 과정에서 서로 다른 키를 사용하는 비대칭 암호화(Asymmetric Encryption)이다.

• **답** :

정답 & 해설

1개

• 공개키 암호화는 암호화하거나 복호화하는 데 상이한 키를 사용한다.
• 공개키 암호화는 비공개키 암호화에 비해 암호화 알고리즘이 복잡하여 처리속도가 느리다.
• 비밀키 암호화의 대표적인 알고리즘에는 데이터 암호화 표준(Data Encryption Standard)이 있다.
• 비밀키 암호화는 암호화와 복호화 과정에서 서로 같은 키를 사용하는 대칭 암호화(Symmetric Encryption)이다.

기적의 TIP

대칭키 암호화와 비대칭키 암호화

구분	대칭키(비밀키) 방식	비대칭키(공개키) 방식
개념도	동일한 키 사용 (대칭키, 비밀키 방식) 평문 → 암호화 → 암호문 → 복호화 → 평문	다른 키 사용 (비대칭키, 공개키+개인키) 평문 → 암호화 → 암호문 → 복호화 → 평문
키관계	암호키와 복호키가 같음	암호키와 복호키가 다름
암호키	비밀키	공개키
복호키	비밀키	개인키
키 전송 여부	필요	불필요
키관리	복잡	단순
인증	고속	저속
부인방지	불가능	가능
구현방지	블록, 스트림	소인수분해, 이산대수
알고리즘	DES, 3-DES, SEED, ARIA, RC-4 등	RSA, DSA 등
장점	구현이 용이, 변형 가능	암호 해독이 어려움, 전자서명
단점	쉽게 해독 가능, 키 관리 어려움	해독 시간이 오래 걸림

221 **다음은 철수가 영희에게 공개키 암호화 방법을 사용하여 메시지를 보내는 과정이다. (1), (2)에 들어갈 알맞은 키를 작성하시오.**

① 철수는 영희에게 메시지를 전송하기 위해서 (1) 저장소에서 영희의 (1)(을)를 가져온다. ② 철수는 (1)(을)를 사용하여 메시지를 암호화한다. ③ 네트워크를 통해서 영희에게 메시지를 전송한다. ④ 영희는 메시지를 수신하여 자신의 (2)(으)로 복호화하고 메시지를 확인한다.

• **답** :

정답 & 해설

(1) 공개키
(2) 비밀키

공개키 암호화 방식

- 공개키 시스템에서는 암호키와 복호키를 분리하여 정규적인 정보 교환 당사자 간에 암호키는 공개하고 복호키는 비공개로 관리한다(비대칭키 방식).
- 각 사용자의 공개키를 관리하는 공개키 관리 시스템이 필요하며 각 사용자는 이 시스템에 자유롭게 접근하여 다른 사용자의 공개키를 열람할 수 있어야 한다.
- 공개키로부터 비밀키를 유추하는 것은 수학적으로 거의 불가능에 가깝다.

기적의 TIP

공개키 암호화 방식의 개념도(메시지 전송)

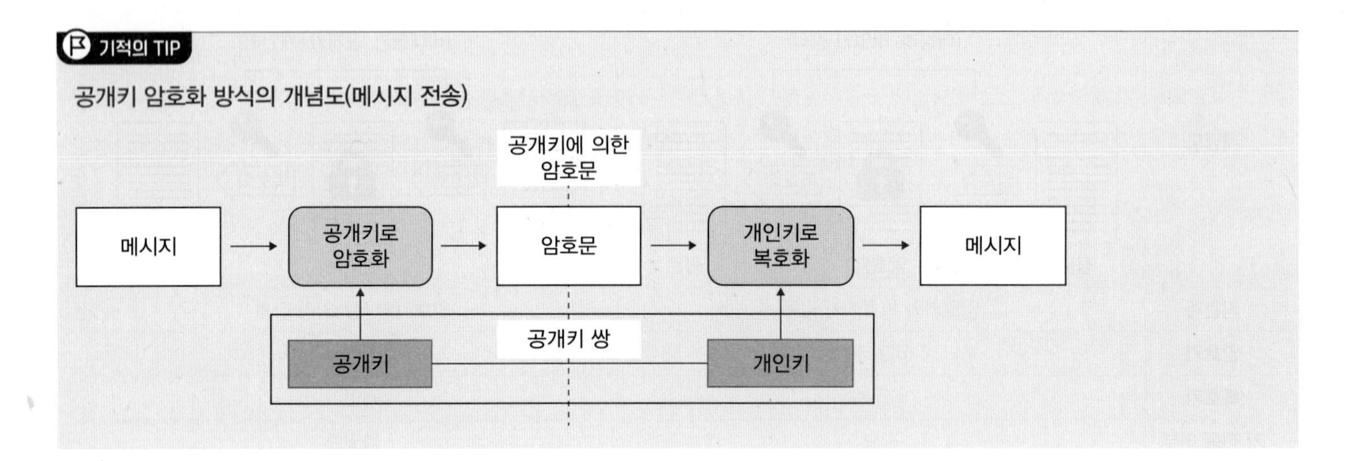

222 **공개키 암호 방식을 전자서명(Digital Signature)에 적용하여 A가 B에게 메시지를 전송하는 과정에 대한 설명이다. (1), (2)에 들어갈 키를 〈보기〉에서 골라 작성하시오.**

A와 B는 개인키와 공개키 쌍을 각각 생성한다. ↓ A는 (1)(을)를 사용하여 암호화한 메시지를 B에게 전송한다. ↓ B는 (2)(을)를 사용하여 수신된 메시지를 해독한다.

〈보기〉

A의 개인키 A의 공개키 B의 개인키 B의 공개키

• **답 :**

정답 & 해설

(1) A의 개인키
(2) A의 공개키

A는 전자서명 생성자이고, B는 전자서명 검증자이다. A는 본인의 개인키를 사용해서 메시지를 암호화해서 B에게 보낸다. B는 A의 공개키를 사용하여 수신한 메시지를 복호화해서 전자서명을 검증한다.

기적의 TIP

공개키 암호화 방식의 개념도(전자서명)

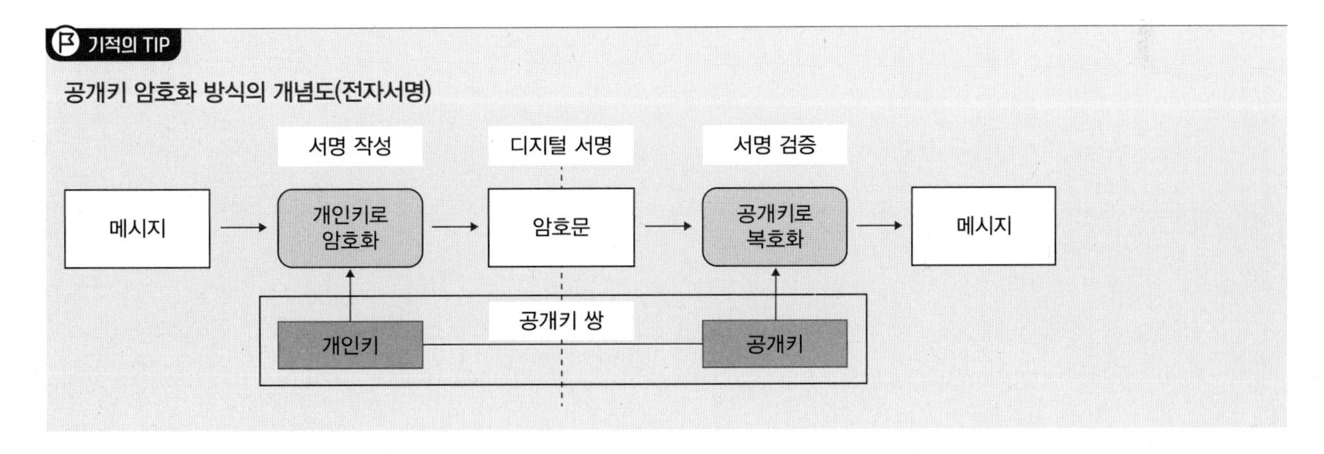

223 **다음이 설명하는 암호화 방식이 무엇인지 작성하시오.**

대표적인 비밀키 암호화 알고리즘 중 하나로, 56비트 키를 사용한다. 키의 크기가 작아서 현재는 안전하지 않으며 특히 전사 공격(Brute-force Attack)에 취약하다.

• **답** :

정답 & 해설

DES(Data Encryption Standard)

비밀키 암호화 방식의 종류

종류	설명
DES (Data Encryption Standard)	• 대표적인 비밀키 암호화 알고리즘 중 하나로, 56비트 키를 사용한다. • 키의 크기가 작아서 현재는 안전하지 않은 것으로 여겨진다.
AES (Advanced Encryption Standard)	• DES 이후에 개발된 알고리즘으로, 128, 192, 256비트 키를 사용할 수 있다. • 현재 가장 많이 사용되는 암호화 방식 중 하나이다.
블로피시(Blowfish)	• 64비트 블록과 최대 448비트의 키를 사용하는 대칭키 암호화 방식이다. • 속도가 빠르고, 키 크기가 크기 때문에 보안성이 높은 암호화 방식 중 하나이다.
IDEA (International Data Encryption Algorithm)	• DES 이후에 개발된 알고리즘으로, 128비트 키와 64비트 블록을 사용한다. • 현재는 거의 사용되지 않는 암호화 방식 중 하나이다.
RC4	• 스트림 암호화 방식으로, 8비트에서 2048비트까지의 가변 길이 키를 사용할 수 있다. • 하지만 여러 보안 취약점이 발견되어 안전성이 논란되고 있다.

224 **공개키 암호화 방식 중 하나로 강력한 보안성과 공개키 암호화의 편의성을 제공하지만, 암호화된 메시지 크기가 두 배로 증가하고 계산 복잡성이 높다는 단점이 존재하여, 전자우편과 같은 작은 메시지에 주로 사용하는 암호화 방식을 무엇이라 하는지 작성하시오.**

• **답** :

정답 & 해설

ElGamal

엘가말(ElGamal) 암호화

- 공개키 암호화 기법 중 하나로, 1985년에 Taher Elgamal이 발명했다.
- 대칭키 암호화 기법인 DES와 비슷한 암호화 수준을 제공하지만, 대칭키 암호화 기법과는 달리 공개키 암호화 기법으로 작동하며, 안전한 키 분배를 보장한다.
- 암호화된 메시지 크기가 두 배로 증가하고 계산 복잡성이 높다는 단점이 존재하여, 전자우편과 같은 작은 메시지에 주로 사용한다.

225 **〈보기〉에서 서비스 거부 공격(DOS, Denial-of-Service)의 종류를 모두 고르시오.**

〈보기〉

- Key Logger
- Smurf Attack
- Zero-day Attack
- Pharming
- SYN Flood
- Ping Flood
- Ransomware

• **답** :

정답 & 해설

Smurf Attack
SYN Flood
Ping Flood

서비스 거부 공격(DOS, Denial-of-Service)

네트워크나 서버의 자원을 과부하시켜 더 이상 정상적인 서비스를 제공할 수 없게 만드는 기법으로 Ping of Death, Smurf Attack, SYN Flood, Ping Flood, UDP Flood 등이 있다.

226 서비스 거부 공격(DOS, Denial-of-Service)의 한 종류로, 공격 대상의 IP 주소로 공격자가 생성한 대량의 ICMP Echo Request 패킷을 전송하여 공격 대상을 마비시키는 공격 기법을 무엇이라 하는지 영문으로 작성하시오.

- **답** :

정답 & 해설

Ping of Death

죽음의 핑(Ping of Death)

- 과거에 사용되던 서비스 거부 공격(DOS) 기법 중 하나로, 공격 대상의 시스템 또는 네트워크 장비에 대량의 ICMP(Internet Control Message Protocol) 패킷을 보내는 것이다. 이때 보내는 ICMP 패킷의 크기를 비정상적으로 크게 설정하여 공격 대상의 시스템이나 장비가 정상적인 ICMP 패킷 처리를 하지 못하도록 만들어 서비스 거부를 유발한다.
- IP 패킷 단편화 처리를 오용하는 방식으로 이루어지며, IP 패킷 크기는 일반적으로 65,535바이트 이하로 제한되어 있지만, 공격자가 패킷 크기를 65,535바이트 이상으로 설정하여 보내면 수신측에서 처리할 수 없어서 시스템 또는 장비를 다운시키는 결과를 초래할 수 있다.

227 서비스 거부 공격(DOS, Denial-of-Service) 기법 중 하나로, 공격 대상의 시스템에 대량의 조각난(IP Fragmentation) 패킷을 전송하는 방식으로 조각난 패킷들의 IP 데이터 오프셋과 길이를 과도하게 조작하여 IP 패킷 재조립 과정에서 시스템에 오류를 유발시키고, 이로 인해 시스템의 다운 또는 성능 저하를 초래하게 하는 공격 기법을 영문으로 작성하시오.

• 답 :

정답 & 해설

Teardrop

티어드롭(Teardrop)

- 공격 대상의 시스템에 대량의 조각난(IP Fragmentation) 패킷을 전송하는 공격으로 IP 패킷 단편화 처리를 오용하는 방식으로 이루어지며, 패킷을 전송할 때 IP 단편화 처리 방법에 대한 오류를 악용한다.
- 조각난 패킷들의 IP 데이터 오프셋과 길이를 과도하게 조작하여 IP 패킷 재조립 과정에서 시스템에 오류를 유발시키고, 이로 인해 시스템의 다운 또는 성능 저하를 초래할 수 있다.
- 패킷의 조각화 처리 오류를 악용하기 때문에 대부분의 운영체제에서 이 오류를 수정하거나 방어하기 위한 패치가 제공되어 대다수의 시스템에서는 이러한 공격을 방어할 수 있지만, 여전히 오래된 버전의 운영체제나 잘못된 구성 설정을 가진 시스템에서는 Teardrop 공격에 취약할 수 있다.
- 이를 방어하기 위해서는 최신 버전으로의 업그레이드와 보안 패치 등의 보안 대책이 필요하다.

228 컴퓨터 바이러스의 일종으로, 사용자의 파일을 암호화하거나 시스템 자체를 잠금(Lock)시켜 사용자의 파일이나 시스템을 사용할 수 없게 만든 뒤, 금전적 보상을 요구하는 악성 소프트웨어를 무엇이라 하는지 작성하시오.

• 답 :

정답 & 해설

랜섬웨어

랜섬웨어(Ransomware)

- 대부분 이메일의 스팸 메일, 악성 링크, 피싱 메일, 토렌트 등을 통해 유포되며, 사용자가 악성 코드를 실행하게 되면 암호화된 파일 또는 잠긴 시스템의 사용을 제한하고 금전적 보상을 요구한다.
- 요구되는 금액은 보통 가상 화폐인 비트코인(Bitcoin)으로 요구되며, 이를 지불하면 일부 랜섬웨어는 암호 해제 키를 제공하기도 한다.

229 〈보기〉의 (1), (2), (3)에 가장 적절한 보안 공격 기법을 작성하시오.

〈보기〉

보안 공격 기법	설명
(1)	게시판, 메일 등에 삽입된 악의적인 스크립트에 의해 페이지가 깨지거나 다른 사용자의 사용을 방해하거나 쿠키 및 기타 개인정보를 특정 사이트로 전송시키는 공격이다.
(2)	사용자의 동의 없이 설치되어 컴퓨터의 정보를 수집하고 전송하는 악성 소프트웨어를 총칭한다.
(3)	사용자가 키보드로 PC에 입력하는 내용을 몰래 가로채어 기록하는 행위를 말한다.

• 답 :

정답 & 해설

(1) XSS

(2) 스파이웨어

(3) 키 로거

보안 공격 기법

보안 공격 기법	설명
XSS(Cross Site Scripting)	게시판, 메일 등에 삽입된 악의적인 스크립트에 의해 페이지가 깨지거나 다른 사용자의 사용을 방해하거나 쿠키 및 기타 개인정보를 특정 사이트로 전송시킨다.
스파이웨어(Spyware)	사용자의 동의 없이 설치되어 컴퓨터의 정보를 수집하고 전송하는 악성 소프트웨어를 총칭한다.
키 로거(Key Logger)	사용자가 키보드로 PC에 입력하는 내용을 몰래 가로채어 기록한다.
DDoS(Distribute Denial of Service)	분산 서비스 거부(Distribute Denial of Service)는 수십 대에서 수백만 대의 PC를 원격 조종해 특정 웹 사이트에 동시에 접속시킴으로써 단시간 내에 과부하를 일으킨다.
트로이 목마(Trojan Horse)	자료 삭제나 정보 탈취 등 사이버테러를 목적으로 사용되는 악성 코드이며, 해킹 기능을 가지고 있어 인터넷을 통해 감염된 컴퓨터의 정보를 외부로 유출시킨다.
하이재킹(Hijacking)	다른 사람의 세션 상태를 훔치거나 도용하여 액세스하는 가로채기 기법이다.
스니핑(Sniffing)	네트워크상에서 자신이 아닌 다른 상대방들의 패킷 교환을 엿듣는다.
스푸핑(Spoofing)	제3자의 정보를 자신의 정보인 것처럼 위장하여 대상 시스템을 공격한다.

230 **문자 메시지(SMS)와 피싱(Phising)의 합성어로 악성 앱 주소가 포함된 휴대폰 문자(SMS)를 대량으로 전송 후 이용자가 악성 앱을 설치하도록 유도하여 금융 정보 등을 탈취하는 신종 사기 수법을 가리키는 용어를 영문으로 작성하시오.**

• **답** :

정답 & 해설

Smishing

스미싱(Smishing)

- 문자 메시지(SMS)와 피싱(Phising)의 합성어로 악성 앱 주소가 포함된 휴대폰 문자(SMS)를 대량으로 전송 후 이용자가 악성 앱을 설치하도록 유도하여 금융 정보 등을 탈취하는 신종 사기 수법이다.
- 신뢰할 수 있는 사람 또는 기업이 보낸 것처럼 가정하여 개인의 비밀정보를 요구하거나 휴대 전화의 소액 결제를 유도한다.

231 **서버 접근 통제의 3요소를 작성하시오.**

• **답** :

정답 & 해설

식별(Identification), 인증(Authentication), 인가(Authorization)

서버 접근 통제 요소

구분	설명
식별(Identification)	• 사용자의 신원을 확인하는 과정이다. • 사용자가 누구인지 식별하기 위해서는 일반적으로 사용자 ID나 이메일 주소 등의 정보를 입력받는다. • 식별은 단순히 사용자가 누구인지를 확인하는 것이며, 사용자의 실제적인 권한을 확인하기 위해서는 추가적인 정보가 필요하다.
인증(Authentication)	• 사용자의 신원을 확인한 후, 그 사용자가 실제로 자신이 주장하는 사람인지를 확인하는 과정이다. • 인증 방법에는 다양한 것이 있지만, 가장 일반적인 방법은 비밀번호나 PIN번호를 이용하는 것이다. • 최근에는 생체 인식 기술 등 다양한 인증 기술이 개발되고 있다.
인가(Authorization)	• 인증된 사용자에 대해 특정 자원에 대한 접근 권한을 부여하는 것이다. • 사용자의 역할, 권한 등을 고려하여 자원에 대한 접근 권한을 부여하며, 이를 통해 사용자는 자신이 필요한 자원에만 접근할 수 있다.

232 **다음이 설명하는 접근 통제 방식을 무엇이라 하는지 작성하시오.**

> 각 객체와 주체에 대한 라벨링(Labelling)을 통해 접근 권한을 제어하는 접근 제어 방식으로 라벨링은 일반적으로 보안 등급(Security Level)으로 설정하며, 보안 등급이 높은 객체에 대한 접근 권한은 보안 등급이 낮은 주체로부터 차단된다. 이러한 방식은 일반적으로 정부와 군사 등 보안 수준이 높은 조직에서 사용된다.

• 답 :

정답 & 해설

MAC(Mandatory Access Control)

접근 통제 방식

방식	설명
MAC(Mandatory Access Control)	• 각 객체와 주체에 대한 라벨링(Labelling)을 통해 접근 권한을 제어하는 접근 제어 방식이다. • 라벨링은 일반적으로 보안 등급(Security Level)으로 설정하며, 보안 등급이 높은 객체에 대한 접근 권한은 보안 등급이 낮은 주체로부터 차단된다. • 일반적으로 정부와 군사 등 보안 수준이 높은 조직에서 사용된다.
DAC(Discretionary Access Control)	• 사용자가 자원에 대한 접근 권한을 부여하는 방식이다. • 자원 소유자가 해당 자원에 대한 접근 권한을 부여할 수 있으며, 이를 기반으로 자원에 대한 접근 권한이 결정된다. • 일반적으로 기업 내부나 개인 사용자에게 적합한 방식이다.
RBAC(Role-Based Access Control)	• 사용자가 수행하는 역할(Role)을 기반으로 접근 권한을 결정하는 방식이다. • 사용자가 수행하는 역할에 따라 그룹을 지정하고, 각 그룹에 대한 접근 권한을 설정한다. • 대규모 기업에서 사용되는 방식으로, 업무 담당자들의 역할과 권한을 효율적으로 관리할 수 있도록 도와준다.

233 **정보보호 관리 시스템(ISMS, Information Security Management System)의 구축과 운영에 대한 요구사항을 제공하여 조직의 정보보호 수준을 높이는 데 기여하는 정보보호 체계 구축에 대한 요구사항을 규정한 표준을 무엇이라 하는지 작성하시오.**

• **답** :

정답 & 해설

ISO/IEC 27001

ISO/IEC 27001

- 정보보호 관리 시스템(ISMS, Information Security Management System)의 구축과 운영에 대한 요구사항을 제공하여 조직의 정보보호 수준을 높이는 데 기여하는 정보보호 체계 구축에 대한 요구사항을 규정한 표준이다.
- 국제표준화기구(ISO, International Organization for Standardization) 및 국제전기기술위원회(IEC, International Electrotechnical Commission)에서 제정한 정보보호 관리체계에 대한 국제 표준이자 정보보호 분야에서 가장 권위 있는 국제 인증으로, 정보보호정책, 기술적 보안, 물리적 보안, 관리적 보안 정보접근 통제 등 정보보안 관련 11개 영역, 133개 항목에 대한 국제 심판원들의 엄격한 심사와 검증을 통과해야 인증된다.

234 **인터넷을 사용하여 기업이나 개인이 안전하게 자신만의 사설 네트워크를 구축하여 외부 공격자로부터의 데이터 유출이나 개인정보 침해와 같은 위험을 최소화할 수 있는 기술을 무엇이라 하는지 영문 약어로 작성하시오.**

• **답** :

정답 & 해설

VPN

가상 사설 네트워크(VPN, Virtual Private Network)

- 인터넷을 사용하여 기업이나 개인이 안전하게 자신만의 사설 네트워크를 구축할 수 있는 기술이다.
- 데이터를 암호화하여 전송하고, 특정 사용자만이 해당 데이터에 접근할 수 있도록 한다. 이로 인해 외부 공격자로부터의 데이터 유출이나 개인정보 침해와 같은 위험을 최소화한다.

기적의 TIP

VPN의 주요 기능

- **데이터 암호화** : 인터넷을 통해 전송되는 데이터를 암호화하여 중간에서 도청이나 탈취를 방지합니다.
- **IP 주소 변경** : 사용자의 실제 IP 주소를 가리고 다른 국가의 IP 주소로 변경하여 지역 제한된 콘텐츠에 접근하거나 개인정보를 보호합니다.
- **접근 제한** : 기업이나 개인이 원하는 서버나 네트워크에만 접근을 제한합니다.

235 다음은 AAA 서버에 대한 설명이다. (1), (2), (3)에 들어갈 알맞은 용어를 〈보기〉를 참조하여 작성하시오.

- (1) : 사용자가 자신이 주장하는 신원이 맞는지 확인하는 과정으로, 사용자가 시스템에 로그인할 때 사용자 이름과 비밀번호 등의 정보를 검증하여 사용자의 신원을 확인한다.
- (2) : 인증된 사용자에게 접근 권한을 부여하는 과정으로, 인증된 사용자가 시스템 내의 특정 자원에 접근할 때, 해당 자원에 대한 권한을 확인하여 부여한다.
- (3) : 사용자가 시스템을 사용하는 동안 발생하는 모든 활동에 대한 정보를 수집하는 과정으로, 이 정보는 보안, 비용, 리소스 관리 등의 목적으로 사용된다.
- AAA 서버는 일반적으로 네트워크나 인터넷 서비스 제공 업체, 기업 등에서 사용된다. 인터넷 서비스 제공 업체에서는 인터넷 사용자가 인터넷을 이용할 때마다 (1), (2), (3) 등을 수행하여 서비스 이용의 안전성과 효율성을 높이고, 기업에서는 내부 시스템 접근에 대한 보안성을 높이기 위해 AAA 서버를 사용한다.

〈보기〉

Asymmetric, Application, Authentication, Association, Authorization, Availability, Accounting

- **답 :**

정답 & 해설

(1) Authentication
(2) Authorization
(3) Accounting

AAA 서버

Authentication(인증), Authorization(권한 부여), Accounting(계정 정보 수집)의 약어로, 사용자 인증 및 권한 부여, 그리고 사용자 활동에 대한 감사 정보를 수집하는 서버이다.

구분	설명
인증 (Authentication)	사용자가 자신이 주장하는 신원이 맞는지 확인하는 과정으로, 사용자가 시스템에 로그인할 때 사용자 이름과 비밀번호 등의 정보를 검증하여 사용자의 신원을 인증한다.
권한 부여 (Authorization)	인증된 사용자에게 접근 권한을 부여하는 과정으로, 인증된 사용자가 시스템 내의 특정 자원에 접근할 때, 해당 자원에 대한 권한을 확인하여 접근 권한을 부여한다.
계정 정보 수집 (Accounting)	사용자가 시스템을 사용하는 동안 발생하는 모든 활동에 대한 정보를 수집하는 과정으로, 이 정보는 보안, 비용, 리소스 관리 등의 목적으로 사용된다.

236 **지능형 해킹 공격으로 불리는 보안 위협으로 일반적인 해킹 공격과는 달리, 공격자가 특정 대상에게 지속적으로 공격을 시도하여 최종 목표를 달성하려는 공격의 유형을 무엇이라 하는지 영문 약어로 작성하시오.**

• **답** :

정답 & 해설

APT

APT(Advanced Persistent Threat)

- 지능형 해킹 공격으로 불리는 보안 위협을 의미한다.
- 일반적인 해킹 공격과는 달리 공격자가 특정 대상에게 지속적으로 공격을 시도하며, 공격을 지속하면서 최종 목표를 달성하려는 공격이다.
- APT는 특정한 목적을 가진 해커나 해킹 그룹에 의해 계획되고, 정교한 기술과 전문적인 지식을 바탕으로 이루어진다.
- 일반적으로 APT 공격은 여러 단계를 거쳐 이루어지며, 공격자는 대상 조직의 취약점을 찾고 네트워크와 시스템에 대한 정보를 수집하고 시스템 내부로 침입하여 목표를 달성한다.

237 다음에서 공개키 암호화 기법에 해당하는 알고리즘을 모두 찾아 작성하시오.

SEED, MD5, AES, RSA, RC4, ECC, DSA, DES, ARIA

• 답 :

정답 & 해설

RSA, ECC, DSA

① 공개키 암호화 기술 알고리즘

- RSA
- ElGamal
- ECC(Elliptic Curve Cryptography)
- DSA(Digital Signature Algorithm)
- ECDSA(Elliptic Curve Digital Signature Algorithm)
- Diffie–Hellman 키 교환

② 비밀키 암호화 기술 알고리즘

- DES(Data Encryption Standard)
- 3DES(Triple Data Encryption Standard)
- AES(Advanced Encryption Standard)
- Blowfish
- Twofish
- RC4(Rivest Cipher 4)
- RC5
- RC6
- IDEA(International Data Encryption Algorithm)
- AST5(Carlisle Adams and Stafford Tavares)
- SERPENT
- Skipjack
- GOST(Government Standard Encryption Algorithm)

CHAPTER 10

프로그래밍 언어 활용

SECTION

01 C언어

238 **다음 C언어 프로그램의 실행 결과를 작성하시오.**

```
1:  int main() {
2:    int cnt=1, i=1, sum=1;
3:    for(;cnt<10;cnt++){
4:       i=i+2;
5:       sum=sum+i;
6:    }
7:    printf("%d\n",sum);
8:    return 0;
9:  }
```

• **답** :

정답 & 해설

100

- 이 프로그램은 for 루프를 사용하여 1에서부터 2씩 증가하면서 10개의 홀수를 찾아내고, 이 홀수들의 합을 구하는 프로그램이다.
- 프로그램은 main() 함수에서 시작하며, 변수 cnt, i, sum을 선언하고 각각 1, 1, 1로 초기화한다.
- for 루프에서는 cnt 변수가 1에서부터 9까지 1씩 증가하면서 루프를 실행한다. i 변수는 2씩 증가하며, sum 변수에 i 값을 더해준다. 이 과정을 10번 반복하게 되므로, sum 변수에는 1에서부터 19까지의 홀수의 합이 저장된다.
- 마지막으로 printf() 함수를 사용하여 sum 변수의 값을 출력하고, 프로그램이 끝나게 된다.
- 따라서 이 프로그램의 출력 결과는 100이다.

239 다음 C언어 프로그램의 실행 결과를 작성하시오.

```
1:  int main(){
2:    int i=1, sum=1, j;
3:    for(j=1;j<=5;j++){
4:      i=i+j;
5:      sum=sum+i;
6:    }
7:    printf("%d\n",sum);
8:    return 0;
9:  }
```

• **답** :

정답 & 해설

41

- 이 프로그램은 for 루프를 사용하여 1부터 5까지의 수를 이용하여 일부 항이 연속으로 더해진 일련의 수열을 만들고, 이 수열의 합을 구하는 프로그램이다.
- 프로그램은 main() 함수에서 시작하며, 변수 i, sum, j를 선언하고 각각 1, 1, 1로 초기화한다.
- for 루프에서는 j 변수가 1에서부터 5까지 1씩 증가하면서 루프를 실행한다. i 변수는 j 값을 더하며, sum 변수에 i 값을 더해준다. 이 과정을 5번 반복하게 되므로, sum 변수에는 다음과 같은 일련의 수열의 합이 저장된다.

sum = 1 + (1+1) + (1+1+2) + (1+1+2+3) + (1+1+2+3+4) + (1+1+2+3+4+5)
　　= 1 + 2 + 4 + 7 + 11 + 16 = 41

- sum 변수에는 41이 저장되며, printf() 함수를 사용하여 이 값을 출력하고, 프로그램이 끝나게 된다.
- 따라서 이 프로그램의 출력 결과는 41이다.

240 **다음 C언어 프로그램의 실행 결과를 작성하시오.**

```
1:  int gcd(int a, int b) {
2:     int remainder;
3:     while (b != 0) {
4:        remainder = a % b;
5:        a = b;
6:        b = remainder;
7:     }
8:     return a;
9:  }
10: int lcm(int a, int b) {
11:    int gcd_value = gcd(a, b);
12:    int lcm_value = (a * b) / gcd_value;
13:    return lcm_value;
14: }
15: int main() {
16:    int num1=15, num2=40;
17:    printf("%d \n", gcd(num1, num2));
18:    printf("%d \n", lcm(num1, num2));
19:    return 0;
20: }
```

• **답** :

정답 & 해설

5
120

- 이 프로그램은 주어진 두 개의 정수를 사용하여 최대공약수(GCD)와 최소공배수(LCM)를 계산하는 함수를 구현하고, 이를 메인 함수에서 호출하여 결과를 출력한다.
- 첫 번째 함수는 GCD를 계산한다. GCD는 두 정수의 공통된 약수 중 가장 큰 값을 찾는 것으로 유클리드 호제법 알고리즘을 사용한다. 이 알고리즘은 다음과 같다.

> ① 두 수 a, b가 주어진다.
> ② a를 b로 나누고, 나머지를 r이라고 한다.
> ③ a에는 b를, b에는 r을 대입한다.
> ④ b가 0이 될 때까지 ②, ③을 반복한다.
> ⑤ 최종적으로 a가 GCD가 된다.

- 두 번째 함수는 LCM을 계산하는 함수이다. LCM은 두 정수의 공통된 배수 중 가장 작은 값을 찾는 것으로 GCD 함수를 사용하여 두 수의 GCD를 먼저 계산한 다음, 다음 공식을 사용하여 LCM을 계산한다.

> LCM = (a * b) / GCD

- 마지막으로 main 함수는 num1과 num2를 15와 40으로 초기화하고, GCD와 LCM을 계산하여 출력하므로 GCD는 5, LCM은 120이 출력된다.

241 **다음 C언어 프로그램의 실행 결과를 작성하시오.**

```
1:  int main() {
2:     int n = 10;
3:     int prev = 0, cur = 1;
4:     int i;
5:     for (i = 0; i < n; i++) {
6:        printf("%d ", cur);
7:        int temp = prev + cur;
8:        prev = cur;
9:        cur = temp;
10:    }
11:    return 0;
12: }
```

• **답** :

정답 & 해설

1 1 2 3 5 8 13 21 34 55

- 이 프로그램은 피보나치 수열을 출력하는 프로그램으로 n 변수를 통해 출력할 피보나치 수열의 개수를 지정한다. prev와 cur 변수는 피보나치 수열의 이전 값과 현재 값을 저장하고, 초기값으로 prev=0, cur=1을 지정한다.
- for 루프를 사용하여 n번 반복하면서 현재 값인 cur을 출력한다. 그리고 prev와 cur 값을 이용하여 다음 수를 생성하고, 이전 수(prev)를 현재 수(cur)로 갱신하고 다음 수(temp)를 현재 수(cur)로 할당한다.
- 마지막으로 printf() 함수를 사용하여 생성된 피보나치 수열을 출력한다.

기적의 TIP

피보나치 수열(Fibonacci Sequence)

- 0과 1로 시작하며, 이전의 두 수를 더하여 다음 수를 만들어가는 수열로 첫 번째 수와 두 번째 수는 각각 0과 1입니다. 그 다음 수부터는 이전 두 수를 더한 값으로 이루어집니다. 따라서, 피보나치 수열의 일반항은 다음과 같이 나타낼 수 있습니다.

$$Fn = F_{n-1} + F_{n-2} \ (n >= 2)$$

- 여기에서 Fn은 n번째 수를 나타내며, F_{n-1}은 n−1 번째 수, F_{n-2}는 n−2 번째 수를 나타냅니다. 예를 들어 처음 몇 개의 항을 나열하면 다음과 같습니다.

0, 1, 1, 2, 3, 5, 8, 13, 21, 34, 55, …

- 피보나치 수열은 수학뿐만 아니라 자연계에서도 발견되며, 우주나 식물의 성장 패턴 등에서도 확인할 수 있습니다. 또한 프로그래밍 등의 분야에서도 활용됩니다.

242 **다음 C언어 프로그램의 실행 결과를 작성하시오.**

```
1:  int main() {
2:     int num=25;
3:     for (int i = 1; i <= num; i++) {
4:        if (num % i == 0) {
5:           printf("%d ", i);
6:        }
7:     }
8:     printf("\n");
9:     return 0;
10: }
```

• **답 :**

정답 & 해설

1 5 25

- 이 프로그램은 변수 num에 25를 할당하고, 1부터 num까지의 숫자 중에서 num의 약수를 찾아 출력하는 프로그램이다.
- 프로그램은 for 루프를 사용하여 i를 1부터 num까지 1씩 증가시키면서, num을 i로 나누어 나머지가 0인 경우 i를 출력한다. 이는 i가 num의 약수임을 의미한다.
- 즉, num이 25인 경우 1부터 25까지의 숫자 중에서 25의 약수를 찾아 출력하므로 1 5 25가 출력된다.

243 **다음 C언어 프로그램의 실행 결과를 작성하시오.**

```
1:  int main() {
2:     for (int num = 1; num <= 10; num++) {
3:        int sum = 0;
4:        for (int i = 1; i <= num/2; i++) {
5:           if (num % i == 0) {
6:              sum += i;
7:           }
8:        }
9:        if (sum == num) {
10:          printf("%d\n", num);
11:       }
12:    }
13:    return 0;
14: }
```

• **답** :

정답 & 해설

6

- 이 프로그램은 1부터 10까지의 숫자 중에서 완전수(자신을 제외한 약수들의 합이 자기 자신이 되는 수)를 찾아서 출력하는 프로그램이다.
- 프로그램은 for 루프를 사용하여 변수 num을 1부터 10까지 1씩 증가시키면서, 각 숫자가 완전수인지 판별한다.
- for 루프 내부에서는, 변수 sum을 0으로 초기화하고, 변수 i를 1부터 num/2까지 1씩 증가시키면서, num을 i로 나누어 나머지가 0인 경우 i를 sum에 더한다. 이를 통해 num의 모든 약수의 합인 sum을 구할 수 있다.
- 마지막으로 if문을 사용하여 sum과 num이 같으면, num은 완전수임을 의미하므로 해당 값을 출력한다.
- 위 코드를 실행하면 1부터 10까지의 숫자 중에서 완전수는 6이므로 6이 출력된다.

244 **다음 C언어 프로그램의 실행 결과를 작성하시오.**

```
1:  int factorial(int n);
2:  int main() {
3:     int n=5;
4:     int result = f(n);
5:     printf("%d! = %d \ n", n, result);
6:     return 0;
7:  }
8:  int f(int n) {
9:     if (n == 1) {
10:        return 1;
11:    } else {
12:        return n * f(n-1);
13:    }
14: }
```

• **답** :

정답 & 해설

5! = 120

- 위 코드는 재귀함수를 사용하여 입력된 수의 팩토리얼을 계산하는 C언어 프로그램이다.
- 먼저 main() 함수에서는 변수 n에 5를 할당하고, f() 함수를 호출하여 그 결과를 변수 result에 저장한다. 그리고 printf() 함수를 사용하여 변수 n과 result를 출력한다.
- f() 함수는 인수로 받은 n값이 1일 경우 1을 반환한다. 이외의 경우에는 n * factorial(n−1)을 반환한다. 이때 f(n−1)은 다시 f() 함수를 호출하는데, 이는 n−1에 대한 팩토리얼을 구하는 것이다. 이렇게 재귀적으로 n이 1이 될 때까지 계속해서 n−1에 대한 팩토리얼을 구하게 된다.
- 따라서 이 코드를 실행하면 5! = 120이 출력된다.

245 **다음 C언어 프로그램의 실행 결과를 작성하시오.**

```
1:  int pow(int base, int exp);
2:  int main() {
3:     int base = 2, exp = 5;
4:     int result = pow(base, exp);
5:     printf("%d^%d = %d \ n", base, exp, result);
6:     return 0;
7:  }
8:  int pow(int base, int exp) {
9:     if (exp == 0) {
10:        return 1;
11:    } else if (exp == 1) {
12:        return base;
13:    } else {
14:        return base * pow(base, exp - 1);
15:    }
16: }
```

• **답** :

정답 & 해설

2^5 = 32

- 위 프로그램은 재귀함수를 사용하여 입력된 수의 거듭제곱을 계산한다.
- pow() 함수는 인수로 받은 base값의 exp 거듭제곱을 계산하여 반환하는데 exp가 0일 경우 1을 반환하고, 1일 경우 base를 반환한다. 그 이외의 경우에는 base와 pow(base, exp−1)을 곱하여 반환한다.
- main() 함수에서는 base와 exp의 값을 지정하고, pow() 함수를 호출하여 result에 반환값을 저장한 후, 결과를 출력한다.
- 예를 들어 base값이 2이고 exp값이 5인 경우, pow(2, 5) 함수가 호출된다. 이 함수에서는 exp값이 0이 아니므로, base와 pow(base, exp−1)을 곱한 값을 반환한다. 여기에서 pow(2, 4) 함수가 호출된다. 이 과정이 반복되어 pow(2, 0) 함수가 호출되고, 이때는 exp값이 0이므로 1을 반환한다.
- 그리고 이전 단계에서 호출한 pow(2, 1) 함수에서 base값인 2와 pow(2, 0) 함수의 반환값인 1을 곱한 값인 2를 반환하고 그 이전 단계에서 호출한 pow(2, 2) 함수에서 base값인 2와 pow(2, 1) 함수의 반환값인 2를 곱한 값인 4를 반환한다. 이 과정이 반복되어 최종적으로 pow(2, 5) 함수는 base값인 2와 pow(2, 4) 함수의 반환값인 16을 곱한 값인 32를 반환한다.
- 따라서 위 프로그램을 실행하면 2^5 = 32가 출력된다.

246 다음 C언어 프로그램의 실행 결과를 작성하시오.

```
1:  void ToBinary(int decimal) {
2:     int binary[8];
3:     int i;
4:     for (i = 0; decimal > 0; i++) {
5:        binary[i] = decimal % 2;
6:        decimal = decimal / 2;
7:     }
8:     for (i = i - 1; i >= 0; i--) {
9:        printf("%d", binary[i]);
10:    }
11: }
12: int main() {
13:    int d=17;
14:    ToBinary(d);
15:    return 0;
16: }
```

• **답 :**

정답 & 해설

10001

이 프로그램을 실행하면 10진수 17을 2진수로 변환한 결과인 10001이 출력된다.

① ToBinary(int decimal) 함수

10진수 정수를 매개변수로 받아 해당 정수를 2진수로 변환하는 함수이다.

int binary[8];	2진수로 변환된 결과를 저장할 배열을 선언한다. 최대 크기는 8비트로 가정하고 있다.	
int i;	반복문에서 사용할 변수를 선언한다.	
첫 번째 for 반복문	10진수 정수가 0보다 클 동안 다음 작업을 수행한다.	
	binary[i] = decimal % 2;	10진수 정수를 2로 나눈 나머지를 배열에 저장한다. 이렇게 함으로써 이진수의 각 자리수를 얻게 된다.
	decimal = decimal / 2;	10진수 정수를 2로 나눈다. 이렇게 함으로써 이진수의 다음 자리수를 구할 수 있다.
두 번째 for 반복문	배열의 인덱스를 역순으로 하여 변환된 2진수를 출력한다.	

② main() 함수

int d = 17;	10진수 정수 17을 변수 d에 저장한다.
ToBinary(d);	ToBinary 함수를 호출하여 10진수 정수 d를 2진수로 변환하고 출력한다.

247 다음 C언어 프로그램의 실행 결과를 작성하시오.

```
1:  int fun(int n) {
2:     printf("%d ", n);
3:     if(n < 3) return 1;
4:     return (fun(n - 3) + fun(n - 2));
5:  }
6:  int main() {
7:     int k;
8:     k = fun(5);
9:     printf("%d\n", k);
10: }
```

• **답** :

정답 & 해설

5 2 3 0 1 3

- main 함수에서 fun(5);로 함수를 호출한다. printf("%d ", n);에 의해 5를 출력하고, if(n < 3)의 조건이 거짓으로 fun(2) + fun(3)을 재귀함수로 호출한다. 이때 fun(2)를 먼저 호출하고 반환 값을 받은 다음 fun(3)을 호출한다.
- fun(5);로 생성된 재귀함수에 의해 fun(2)를 호출하면 printf("%d ", n);에 의해 2를 출력하고, if(n < 3)의 조건이 참이기 때문에 fun(2)를 호출한 부분에 1을 반환한다.
- fun(5);로 생성된 재귀함수에 의해 fun(3)을 호출하면 printf("%d ", n);에 의해 3을 출력하고, if(n < 3)의 조건이 거짓으로 fun(0) + fun(1)을 재귀함수로 호출한다. 이때 fun(0) 먼저 호출하고 반환 값을 받은 다음 fun(1)을 호출한다.
- fun(3);으로 생성된 재귀함수에 의해 fun(0)을 호출하면 printf("%d ", n);에 의해 0을 출력하고, if(n < 3)의 조건이 참이기 때문에 fun(0)를 호출한 부분에 1을 반환한다.
- fun(3);으로 생성된 재귀함수에 의해 fun(1)을 호출하면 printf("%d ", n);에 의해 1을 출력하고, if(n < 3)의 조건이 참이기 때문에 fun(0)를 호출한 부분에 1을 반환한다.
- 이와 같은 형식으로 값을 반환하게 되면

  fun(5) = fun(2) + fun(3);

  fun(2) = 1

  fun(3) = fun(0) + fun(1)

  fun(0) = 1

  fun(1) = 1

  이기 때문에 아래부터 올라가면서 값을 대입하면 fun(5);의 반환 값은 3이 되고 main() 함수에서 k에 할당되어 k의 값은 3이 된다. 때문에 마지막 출력되는 값은 3이다.

248 다음은 C언어 프로그램의 일부이다. 〈재귀함수〉와 동일한 기능을 하도록 〈반복문〉을 작성할 때 빈칸 (1), (2)에 들어갈 알맞은 소스코드를 작성하시오.

〈재귀함수〉

```
1:  int func (int n) {
2:     if (n==0)
3:       return 1;
4:     else
5:       return n * func (n-1);
6:  }
```

〈반복문〉

```
1:  int iter_func (int n) {
2:      int f = 1;
3:      while (   1   )
4:          (   2   )
5:      return f;
6:  }
```

• **답** :

정답 & 해설

(1) n 〉 0

(2) f = f * n--;

- 문제의 재귀함수는 매개변수 n을 입력받아 1부터 n까지의 곱을 리턴하는 함수이다.
- 이러한 재귀함수를 반복문으로 변환하게 되면, n은 n부터 1씩 감소하면서 0이 될 때까지 반복하여야 한다.
- 때문에 while문의 조건에 들어갈 논리식은 n 〉 0이 될 수 있다.
- 또한 반복 처리해야 하는 명령문은 변수 f에 곱셈의 결과를 누적시켜야 하므로 f = f * n;과 같은 명령이 적당하며 n의 값은 반복처리를 위해 1씩 감소해야 한다. 때문에 f = f * n--;가 될 수 있다.

249 **다음 C언어 프로그램의 실행 결과를 작성하시오.**

```
1:  int main(void)
2:  {     int array[] = {100, 200, 300, 400, 500};
3:        int *ptr;
4:        ptr = array;
5:        printf("%d \n", *(ptr+3) + 100);
6:  }
```

• **답** :

정답 & 해설

500

• array[] 변수를 사용하여 길이가 5인 정수 배열을 선언하고 초기화한다. 배열의 요소는 다음과 같다.

array[0]	array[1]	array[2]	array[3]	array[4]
100	200	300	400	500

• int *ptr;를 사용하여 ptr라는 정수 포인터 변수를 선언하고 ptr = array;를 사용하여 배열 array의 시작 주소를 포인터 ptr에 할당한다. 이제 ptr 포인터는 배열 array의 첫 번째 요소를 가리킨다.

• printf("%d \ n", *(ptr+3) + 100);을 사용하여 포인터를 사용하여 배열의 요소에 접근하고 출력한다. 여기에서 다음 작업을 수행한다.

 – ptr+3 : ptr 포인터를 3만큼 증가시키면 ptr+3은 배열의 네 번째 요소(인덱스 3)를 가리킨다(값 400).

 – *(ptr+3) : ptr+3이 가리키는 값을 참조한다. 이 값은 400이다.

 – *(ptr+3) + 100 : 400에 100을 더하여 500을 출력한다.

250 **다음 C언어 프로그램의 실행 결과 a, b, c 변수의 값을 순서대로 작성하시오.**

```
1:  int foo(int a, int *b){
2:     int c;
3:     *b = a + 1;
4:     c = a - 1;
5:     return c;
6:  }
7:  int main(){
8:     int a = 5;
9:     int b = 3;
10:    int c = 0;
11:    b = foo(a, &c);
12:    c = foo(b, &a);
13:    printf("a=%d b=%d c=%d \n", a, b, c);
14:    return 0;
15: }
```

• **답 :**

정답 & 해설

0=5 b=4 c=3

- foo(int a, int *b) 함수는 정수 a와 정수 포인터 b를 매개변수로 받는다. 이 함수는 다음 작업을 수행한다.
  - *b에 a + 1을 할당한다.
  - c에 a − 1을 할당한다.
  - c를 반환한다.
- 정수 변수 a, b, c를 초기화한다. 초기 값은 a = 5, b = 3, c = 0이다.
- b = foo(a, &c);를 사용하여 foo() 함수를 호출하고 반환 값을 b에 할당한다. 함수 호출 시 인자로 a와 &c를 전달한다. foo(5, &c)가 호출되면 *b에 5 + 1인 6을 할당하고, c에 5 − 1인 4를 할당한다. 이제 c = 6이고 함수는 4를 반환하여 b에 반환된 값 4를 할당한다.
- c = foo(b, &a);를 사용하여 foo() 함수를 호출하고 반환 값을 c에 할당한다. 함수 호출 시 인자로 b와 &a를 전달한다. foo(4, &a)가 호출되면 *b에 4 + 1인 5를 할당하고, c에 4 − 1인 3을 할당한다. 이제 a = 5이고 함수는 3를 반환하여 c에 반환된 값 3를 할당한다.
- printf("a=%d b=%d c=%d \n", a, b, c);를 사용하여 변경된 변수 값들을 출력하면 a=5 b=4 c=3이 출력된다.

251 다음 C언어 프로그램의 실행 결과를 작성하시오.

```
1:  #define N 3
2:  int main(void){
3:     int (*in)[N], *out, sum=0;
4:     in=(int (*)[N])malloc(N*N*sizeof(int));
5:     out=(int *)in;
6:     for (int i=0; i < N*N; i++)
7:        out[i]=i;
8:     for (int i=0; i < N; i++)
9:        sum+=in[i][i];
10:    printf("%d", sum);
11:    return 0;
12: }
```

• 답 :

정답 & 해설

12

- 이 프로그램은 동적 메모리 할당을 사용하여 2차원 배열을 생성하고, 그 배열의 대각선 요소들의 합을 구한 후 출력하는 작업을 수행한다.
- #define N 3을 사용하여 매크로 N을 정의하고 값 3을 할당하여 2차원 배열의 크기를 결정한다.
- int (*in)[N], *out, sum=0;를 사용하여 다음 변수를 선언한다.
  - in : 크기가 N인 1차원 배열에 대한 포인터를 가리키는 포인터
  - out : 정수 포인터
  - sum : 합계를 저장할 정수 변수이며 초기값으로 0을 설정
- in=(int (*)[N])malloc(N*N*sizeof(int));를 사용하여 N * N 크기의 동적 배열을 할당하고, 이 배열의 시작 주소를 포인터 in에 할당한다. 배열의 크기는 N * N이다.
- out=(int *)in;을 사용하여 포인터 out에 포인터 in의 주소를 할당한다. 이제 out 포인터는 동적으로 할당된 배열의 첫 번째 요소를 가리키게 된다.
- 첫 번째 for 루프를 사용하여 동적으로 할당된 배열의 요소를 초기화하고, 배열의 인덱스를 사용하여 i 값(0부터 시작)을 할당한다.

0	1	2
3	4	5
6	7	8

- 두 번째 for 루프를 사용하여 배열의 대각선 요소들의 합계를 구한다. in[i][i]는 행과 열이 같은 대각선 요소를 나타내므로, 이 값을 sum에 더한다.

0	1	2
3	4	5
6	7	8

- printf("%d", sum);을 사용하여 대각선 요소들의 합계를 출력한다.
- 따라서 프로그램을 실행하면, 2차원 배열의 대각선 요소들의 합인 0+4+8 = 12가 출력된다.

252 다음 C언어 프로그램의 실행 결과를 작성하시오.

```
1:  int recursion(int n){
2:      if (n < 5){
3:        return 1;
4:      }
5:      else if (n % 5 == 1){
6:        return n + recursion(n-1);
7:      }
8:      else{
9:        return recursion(n-1);
10:     }
11: }
12: int main(){
13:     int n = recursion(16);
14:     printf("%d", n);
15:     return 0;
16: }
```

• **답** :

정답 & 해설

34

• 함수의 호출 과정을 보면 다음과 같다.
  recursion(16) = 16 + recursion(15)
  recursion(15) = recursion(14)
  recursion(14) = recursion(13)
  ⋮
  recursion(11) = 11 + recursion(10)
  recursion(10) = recursion(9)
  ⋮
  recursion(6) = 6 + recursion(5)
  recursion(5) = recursion(4)
  recursion(4) = 1
• 함수를 호출하는 매개변수가 5의 배수인 경우에만 n에 더해지는 방식으로 동작한다. 따라서 최종 리턴 값은 34가 된다.

253 다음 C언어 프로그램의 실행 결과를 작성하시오.

```
1:  int main(){
2:    int a = 5, b = 5;
3:    a *= 3 + b++;
4:    printf("%d %d", a, b) ;
5:    return 0;
6:  }
```

• 답 :

정답 & 해설

40 6

- int a = 5, b = 5;를 사용하여 두 정수 변수 a와 b를 a = 5, b = 5로 초기화한다.
- a *= 3 + b++;는 두 개의 연산을 수행한다.

```
a *= 3 + b++;
```

  - 먼저 b++ 연산이 수행되고 b의 값을 증가시킨다. 하지만 후위 증가 연산자이므로 이 표현식의 값은 증가하기 전의 값인 5이다. 식의 연산이 종료되었을 때 b는 6이 된다.
  - 그 다음 3 + b를 계산하여 8이 된다.
  - 마지막으로 a에 8을 곱한다. 이제 a = 5 * 8이므로 a = 40이다.
- printf("%d %d", a, b);를 사용하여 변경된 변수 값들을 출력하면 40 6이 출력된다.

기적의 TIP

C언어 연산자의 우선순위

<table>
<tr><th>종류</th><th>연산자</th><th>우선순위</th></tr>
<tr><td>괄호, 구조체, 공용체 연산자</td><td>( ) [ ] -〉</td><td>높다</td></tr>
<tr><td>단항 연산자</td><td>! ~ ++ -- & * sizeof( )</td><td>↑</td></tr>
<tr><td>곱하기/나누기</td><td>* / %</td><td></td></tr>
<tr><td>더하기/빼기</td><td>+ -</td><td></td></tr>
<tr><td>shift 연산</td><td>〈〈 〉〉</td><td></td></tr>
<tr><td>비교 연산자</td><td>〈 〈= 〉 〉= == !=</td><td></td></tr>
<tr><td>비트 연산</td><td>& ^ |</td><td></td></tr>
<tr><td>논리 연산</td><td>&& ||</td><td></td></tr>
<tr><td>조건 연산자</td><td>? :</td><td></td></tr>
<tr><td>대입 연산자</td><td>+= -= *= /= %= &= |= 〈〈= 〉〉=</td><td>↓</td></tr>
<tr><td>콤마 연산자</td><td>,</td><td>낮다</td></tr>
</table>

- 정리하면 '괄호 → 단항 연산자 → 사칙 연산→ shift 연산 → 비교 연산 → 비트 연산 → 논리 연산 → 조건 연산자 → 대입 연산자'의 순서입니다.
- C언어 연산자 우선순위는 Java와 Python에도 동일하게 적용됩니다.

254 **다음 C언어 프로그램의 실행 결과 a, b, c 변수의 값을 순서대로 작성하시오.**

```
1:  int a = 10;
2:  int b = 20;
3:  int c = 30;
4:  void func(void){
5:     static int a = 100;
6:     int b = 200;
7:     a++;
8:     b++;
9:     c = a;
10: }
11: int main(void){
12:    func();
13:    func();
14:    printf("a = %d, b = %d, c = %d \n", a, b, c);
15:    return 0;
16: }
```

• **답** :

정답 & 해설

10, 20, 102

- 이 프로그램은 전역 변수와 지역 변수, 그리고 정적 변수를 사용하여 변수들의 값을 변경하고 출력하는 작업을 수행한다.
- 세 개의 전역 변수 a, b, c를 선언하고 초기화한다.
  - int a = 10;
  - int b = 20;
  - int c = 30;
- void func(void) 함수에서 static int a = 100;을 사용하여 정적 변수 a를 선언하고 초기화한다. 정적 변수는 함수가 호출될 때마다 값이 유지되며 초기화가 한 번만 수행된다.
  - int b = 200;을 사용하여 지역 변수 b를 선언하고 초기화
  - a++를 사용하여 정적 변수 a의 값을 1 증가
  - b++를 사용하여 지역 변수 b의 값을 1 증가
  - c = a;를 사용하여 전역 변수 c에 정적 변수 a의 값을 대입
- int main(void) 함수에서 func();를 두 번 호출한다. 첫 번째 호출에서 정적 변수 a는 101이 되고, 지역 변수 b는 201이 된다. 전역 변수 c에 정적 변수 a의 값이 대입되어 c는 101이 된다. 두 번째 호출에서 정적 변수 a는 102가 되고, 지역 변수 b는 다시 초기화되어 201이 된다. 전역 변수 c에 정적 변수 a의 값이 대입되어 c는 102가 된다.
- printf("a = %d, b = %d, c = %d \n", a, b, c);를 사용하여 전역 변수 a, b, c의 값을 출력하면 a = 10, b = 20, c = 102가 출력된다.

255 다음 C언어 프로그램에서 main() 함수를 실행할 때 fib() 함수가 호출되는 횟수를 작성하시오.

```
1:  int fib(int n) {
2:     if(n == 0) return 0;
3:     if(n == 1) return 1;
4:     return(fib(n-1) + fib(n-2));
5:  }
6:  int main() {
7:     fib(5);
8:  }
```

• **답** :

정답 & 해설

15

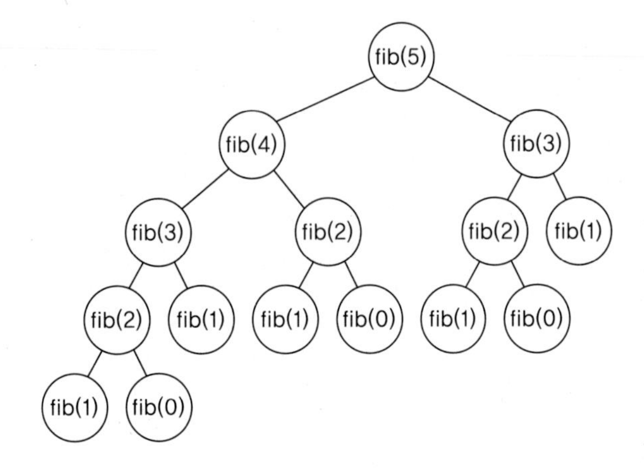

256 **다음 C언어 프로그램의 실행 결과를 작성하시오.**

```
1:  #include <stdio.h>
2:  void main(void) {
3:    int num[5] = {3, 5, 8, 10, 19};
4:    int x, y, sum = 0;
5:    for (x = 0; x < 5; x++) {
6:      for (y = 2; y <= num[x]; y++)
7:        if (num[x] % y == 0) break;
8:      if (y == num[x])
9:        sum += num[x];
10:   }
11:   printf("%d", sum);
12: }
```

• **답** :

정답 & 해설

27

- 이 프로그램은 주어진 정수 배열에서 소수들을 찾아 그 합을 계산하고 출력하는 작업을 수행한다.
- int num[5] = {3, 5, 8, 10, 19};를 사용하여 정수 배열 num을 선언하고 초기화한다.
- int x, y, sum = 0;를 사용하여 루프 변수 x, y와 합계를 저장할 변수 sum을 선언하고 초기화한다.
- 첫 번째 for 루프 (for (x = 0; x < 5; x++))는 배열 num의 각 요소에 대해 반복한다.
- 두 번째 for 루프 (for (y = 2; y <= num[x]; y++))는 2부터 현재 요소 num[x]까지 반복하면서 소수인지 확인한다. if (num[x] % y == 0) break;를 사용하여 현재 요소 num[x]가 y로 나누어 떨어지면 (즉, 소수가 아니면) break에 의해 루프를 종료한다.
- if (y == num[x])를 사용하여 두 번째 루프가 break; 없이 종료되었는지 확인한다. 이 경우 num[x]는 소수이다.
- sum += num[x];를 사용하여 소수인 num[x]의 값을 sum에 더하고, 모든 요소에 대해 검사를 마치면 printf("%d", sum);을 사용하여 소수들의 합계를 출력한다. 따라서 프로그램을 실행하면 소수인 3, 5, 19의 합계인 27이 출력된다.

257 다음은 숫자를 처리하는 C 프로그램이다. 프로그램에서 입력값과 출력 결과가 아래 〈입력/출력〉과 같을 때, (1), (2)에 들어갈 알맞은 수식을 작성하시오.

```
1:  void a (int n, int *num) {
2:        for (int i = 0; i < n; i++)
3:              scanf("%d", &(num[i]));
4:  }
5:  void c(int *a, int *b) {
6:        int t;
7:        t = *a; *a = *b; *b = t;
8:  }
9:  void b(int n, int *lt) {
10:       int a, b;
11:       for (a = 0; a < n-1; a++)
12:             for (b = a + 1; b < n; b++)
13:                   if (lt[a] > lt[b]) c( ( 1 ), ( 2 ) );
14: }
15: int main() {
16:       int n;
17:       int *num;
18:       printf("How many numbers? \n");
19:       scanf("%d", &n);
20:       num = (int *)malloc(sizeof(int) * n);
21:       a(n, num);
22:       b(n, num);
23:       for (int i = 0; i < n; i++)
24:             printf("%d ", num[i]);
25:       return 0;
26: }
```

〈입력/출력〉

입력 : 3 2 1 4
출력 : 1 2 4

• 답 :

정답 & 해설

(1) lt+a 또는 &(lt[a])

(2) lt+b 또는 &(lt[b])

- main() 함수에서 scanf() 함수를 이용하여 3을 입력받았다. 때문에 n의 값은 3이 된다. 이후 num=(int*)malloc(sizeof(int)*n);을 실행하면 num은 정수 3개를 입력받을 수 있는 포인터가 된다.
- 이후에는 a(n,num)을 이용하여 2 1 4를 입력받고, b(n,num)을 이용하여 저장된 2 1 4를 오름차순 정렬한다. 때문에 출력결과는 1 2 4로 출력된다.
- 또한 (1), (2)에 들어갈 알맞은 수식은 c() 함수의 매개변수가 포인터의 형태로 매개변수를 전달받고 있다. call by reference로 (1), (2)는 주소의 형태를 가져야 하므로 (1) lt+a 또는 &(lt[a]), (2) lt+b 또는 &(lt[b])가 적당하다.

① call by value(값에 의한 매개변수 전달)

함수를 호출할 때 매개변수를 복사하여 값만 전달하는 방식입니다. 따라서 아래에서 a와 b는 다른 변수입니다.

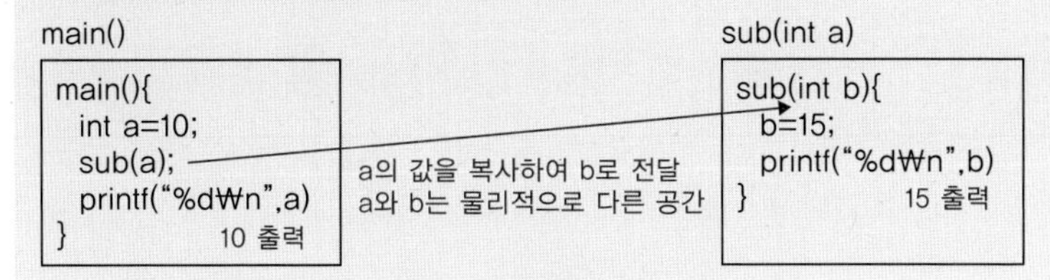

② call by reference(주소에 의한 매개변수 전달)

함수를 호출할 때 매개변수의 주소를 복사하여 전달하는 방식입니다. 따라서 a와 b는 같은 메모리 영역을 참조합니다.

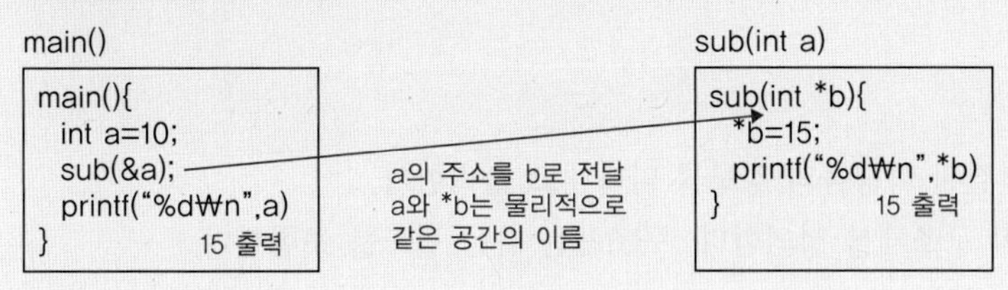

CHAPTER 10 프로그래밍 언어 활용

258 다음 C언어 프로그램의 실행 결과를 작성하시오.

```
1:  struct student{
2:     char name[20];
3:     int money;
4:     struct student *link;
5:  };
6:  int main(void){
7:     struct student stu1 = {"Kim", 90, NULL};
8:     struct student stu2 = {"Lee", 80, NULL};
9:     struct student stu3 = {"Goo", 60, NULL};
10:    stu1.link = &stu2;
11:    stu2.link = &stu3;
12:    printf("%s %d\n", stu1.link->link->name, stu1.link->money);
13:    return 0;
14: }
```

• **답** :

정답 & 해설

Goo 80

- 이 프로그램은 구조체와 포인터를 사용하여 연결된 학생들의 정보를 나타내고 출력한다.
- struct student를 사용하여 학생의 정보를 저장할 구조체를 정의한다. 구조체는 다음 필드를 포함한다.
  - char name[20]; : 학생의 이름을 저장할 문자 배열
  - int money; : 학생이 가진 돈의 양을 저장할 정수 변수
  - struct student *link; : 다음 학생의 정보를 가리킬 구조체 포인터
- main 함수에서 세 명의 학생 정보를 저장할 구조체 변수를 선언하고 초기화한다.

  struct student stu1 = {"Kim", 90, NULL};

  struct student stu2 = {"Lee", 80, NULL};

  struct student stu3 = {"Goo", 60, NULL};

stu1	stu2	stu3
Kim 90 &stu2	Lee 80 &stu3	Goo 60 NULL

- stu1.link = &stu2;와 stu2.link = &stu3;를 사용하여 학생들 간의 연결을 설정한다. 이제 stu1의 link는 stu2를 가리키고, stu2의 link는 stu3를 가리킨다. stu3의 link는 초기값으로 NULL이다.
- printf("%s %d\n", stu1.link->link->name, stu1.link->money);에서 stu1.link->link->name는 stu1의 link가 가리키는 구조체(stu2)의 link가 가리키는 구조체(stu3)의 name 필드 값인 "Goo", stu1.link->money는 stu1의 link가 가리키는 구조체(stu2)의 money 필드 값인 80을 출력한다.

259 **다음 C언어 프로그램을 실행했을 때 출력되는 a, b, c, d의 값을 작성하시오.**

```
1:  void change(int *px, int *py, int pc, int pd);
2:  int main(){
3:        int a=10, b=20, c=30, d=40;
4:        change(&a, &b, c, d);
5:        printf(a=%d b=%d c=%d d=%d, a, b, c, d);
6:        return 0;
7:  }
8:  void change(int *px, int *py, int pc, int pd){
9:        *px=*py+pd;
10:       *py=pc+pd;
11:       pc=*px+pd;
12:       pd=*px+*py;
13: }
```

• **답** :

정답 & 해설

a=60 b=70 c=30 d=40

- 프로그램이 실행되면서, main( ) 함수는 변수 a, b, c, d를 선언하고 각각 10, 20, 30, 40의 값을 할당한다. 그 후 change( ) 함수를 호출하면서 a, b, c, d 변수의 주소를 인수로 전달한다.
- change( ) 함수는 인수로 전달받은 포인터 px와 py를 이용하여 각각의 값을 변경한다. 또한 인수로 전달받은 값 pc와 pd를 이용하여 다른 값들을 변경한다.
  - *px 변수는 *py+pd의 값으로 변경
  - *py 변수는 pc+pd의 값으로 변경
  - pc 변수는 *px+pd의 값으로 변경되지만, 이 변경은 main( ) 함수 내의 c 변수에는 영향을 주지 않음
  - pd 변수는 *px+*py의 값으로 변경
- change( ) 함수의 실행이 끝나면, main( ) 함수는 변경된 a, b, c, d 변수의 값을 출력하는데 a와 b는 change( ) 함수 내에서 변경되었으므로 변경된 값이 출력되고, c는 change( ) 함수에서 변경된 값이 main( ) 함수 내에서는 변경되지 않았으므로 이전 값인 30이 출력된다. 그리고 d는 change( ) 함수에서 변경된 값으로 계산되었지만, main( ) 함수 내에서는 변경되지 않았으므로 이전 값인 40이 출력된다.

260 **입력 안내에 따라 두 사람의 나이를 입력받고 그 합을 구하는 C 프로그램을 작성하려고 한다. 프로그램이 정상적으로 동작하도록 다음의 코드 조각을 올바른 순서로 나열하시오.**

```
ㄱ.  scanf("%d%d", &age1, &age2);
ㄴ.  result = age1 + age2;₩
ㄷ.  int age1, age2, result;
ㄹ.  printf("나이의 합은 %d살입니다. \n", result);
ㅁ.  printf("철수와 영희의 나이를 입력하세요 :");
```

• **답** :

정답 & 해설

ㄷ→ㅁ→ㄱ→ㄴ→ㄹ

위의 프로그램에서 가장 먼저 수행되어야 하는 구문은 ㄷ의 변수의 선언이다. 그 이후 ㅁ을 통하여 입력받고자 하는 값이 무엇인지 메시지를 출력해야 하며 ㄱ을 통하여 두 개의 값을 입력받는다. ㄴ의 나이를 더하는 연산을 한 뒤 result를 출력하기 위하여 ㄹ을 실행한다.

261 다음 C언어 프로그램의 실행 결과를 작성하시오.

```
1:  int func(int n);
2:  int main(void){
3:      int num;
4:      printf("%d\n", func(5));
5:      return 0;
6:  }
7:  int func(int n){
8:      if (n < 2)
9:          return n;
10:     else {
11:         int i, tmp, current=1, last=0;
12:         for(i=2; i<=n; i++){
13:             tmp = current;
14:             current += last;
15:             last = tmp;
16:         }
17:         return current;
18:     }
19: }
```

• **답** :

정답 & 해설

5

- main( ) 함수에서는 func( ) 함수에 인수로 5를 전달하고, 반환된 값을 출력한다.
- func( ) 함수는 피보나치 수열의 n번째 값을 계산한다. 만약 n이 2보다 작거나 같다면, n값을 반환한다. 그렇지 않으면, for 루프를 사용하여 피보나치 수열의 n번째 값을 계산하는데 current 변수에 현재 값을 저장하고 last 변수에 그 전 값을 저장한다. 루프를 반복할 때마다, 현재 값과 이전 값을 더한 값을 current에 저장하고, last에는 이전 값을 저장한다. 이렇게 반복하여 n번째 피보나치 수열 값을 계산한 후, 그 값을 반환한다.
- 프로그램은 func( ) 함수에 인수로 5를 전달하여, 5번째 피보나치 수열 값을 계산하고, 그 값을 출력한다. 따라서 5번째 피보나치 수열 값을 출력한다.

기적의 TIP

피보나치 수열

피보나치 수열은 이전 두 수의 합으로 이루어지는 수열입니다. 일반적으로, 첫째 항과 둘째 항은 1로 시작하며, 이후 항들은 그 이전 두 항의 합으로 계산됩니다.

예 1, 1, 2, 3, 5, 8, 13, 21, 34 .....

262 **다음 C언어 프로그램의 실행 결과를 작성하시오.**

```
1:  int main() {
2:      int i = 2;
3:      int a[] = {10, 20, 30, 40, 50, 60, 70};
4:      int *ptr = a + 3;
5:      printf("%d",*(ptr + i) - 3);
6:      return 0;
7:  }
```

• **답** :

정답 & 해설

57

- main( ) 함수에서는 변수 i를 2로 초기화하고, 배열 a를 선언하고 {10, 20, 30, 40, 50, 60, 70}의 값으로 초기화한다. 또한 포인터 ptr을 선언하고, 배열 a의 세 번째 요소(인덱스 2)의 주소에 대한 포인터를 ptr에 할당한다. 따라서, ptr이 가리키는 값은 40이다.
- 이어서, *(ptr + i) − 3을 계산하여 출력하는데 i가 2이므로, ptr에서 두 칸 떨어진 곳에 있는 값을 출력하게 된다. 즉, *(ptr + 2) − 3을 계산하면 60 − 3 = 57이므로 57을 출력한다.

263 **다음 C언어 프로그램의 실행 결과를 작성하시오.**

```
1:  int main(){
2:      int i;
3:      char ch;
4:      char str[7] = "nation";
5:      for(i = 0; i < 3; i++){
6:          ch = str[5-i];
7:          str[5-i] = str[i];
8:          str[i] = ch;
9:      }
10:     printf("%s \n", str);
11:     return 0;
12: }
```

• **답** :

정답 & 해설

noitan

- main( ) 함수에서는 변수 i와 ch를 선언하며, 문자열 str을 선언하고 "nation"이라는 문자열로 초기화한다.
- for 루프에서는 i가 0부터 2까지 1씩 증가하면서, str[5−i]와 str[i]의 값을 교환하는데, 이를 통해 str의 첫 번째와 마지막 글자, 두 번째와 네 번째 글자가 순서대로 교환되면서 문자열이 뒤집힌다.
- 문자열 str은 "noitan"이라는 문자열로 변경되고, 이후, printf( ) 함수를 사용하여 문자열 str을 출력하면 "noitan"이라는 문자열을 출력하게 된다.
- 따라서 이 프로그램은 문자열을 뒤집는 프로그램이다.

264 **다음은 C언어로 작성된 선택 정렬 프로그램이다. (빈칸)에 공통으로 들어갈 알맞은 변수를 작성하시오.**

```
1:  void selectionSort(int arr[], int n) {
2:     int i, j, min_idx, temp;
3:     for (i = 0; i < n - 1; i++) {
4:        min_idx = i;
5:        for (j = i + 1; j < n; j++) {
6:           if (arr[j] < arr[ (빈칸) ]) {
7:              (빈칸) = j;
8:           }
9:        }
10:       if (min_idx != i) {
11:          temp = arr[min_idx];
12:          arr[min_idx] = arr[i];
13:          arr[i] = temp;
14:       }
15:    }
16: }
17: int main() {
18:    int arr[] = {26, 5, 77, 1, 61, 11, 59, 15, 48, 19};
19:    int n = sizeof(arr) / sizeof(arr[0]);
20:    int i;
21:    printf("\n");
22:    selectionSort(arr, n);
23:    for (i = 0; i < n; i++) {
24:       printf("%d ", arr[i]);
25:    }
26:    return 0;
27: }
```

• **답** :

정답 & 해설

min_idx

- min_idx 변수는 현재 탐색 중인 배열의 부분에서 가장 작은 요소의 인덱스를 저장하는 데 사용된다. 내부 for 반복문은 j = i + 1부터 시작하여 배열의 나머지 요소를 확인한다.
- 따라서 if (arr[j] < arr[min_idx])로 조건문을 작성하여야 현재 탐색 중인 요소 arr[j]가 현재까지 발견한 가장 작은 요소 arr[min_idx]보다 작은 경우에 가장 작은 요소의 인덱스를 업데이트하므로 min_idx에 j 값을 할당하도록 해야 한다. 이렇게 하여 min_idx는 항상 가장 작은 요소의 인덱스를 유지하게 된다.

265 **다음은 C언어로 작성된 버블 정렬 프로그램이다. (빈칸)에 들어갈 알맞은 조건식을 작성하시오.**

```
1:  void bubbleSort(int arr[], int n) {
2:     int i, j, temp;
3:     for (i = 0; i < n - 1; i++) {
4:        for (j = 0; j < n - i - 1; j++) {
5:           if ( (빈칸) ) {
6:              temp = arr[j];
7:              arr[j] = arr[j + 1];
8:              arr[j + 1] = temp;
9:           }
10:       }
11:    }
12: }
13: int main() {
14:    int arr[] = {26, 5, 77, 1, 61, 11, 59, 15, 48, 19};
15:    int n = sizeof(arr) / sizeof(arr[0]);
16:    int i;
17:    bubbleSort(arr, n);
18:    for (i = 0; i < n; i++) {
19:       printf("%d ", arr[i]);
20:    }
21:    return 0;
22: }
```

• **답** :

정답 & 해설

arr[j] > arr[j + 1]

- 버블 정렬 알고리즘은 인접한 요소끼리 비교하여 정렬하는 방식이다. j와 j + 1 인덱스의 요소를 비교하여 arr[j]가 더 크다면, arr[j + 1]과 위치를 바꿔야 한다. 이 작업을 반복하면 배열의 가장 큰 값이 맨 오른쪽에 위치하게 되고, 다음 반복에서는 두 번째로 큰 값이 오른쪽에서 두 번째 위치에 있게 된다. 이러한 방식으로 배열이 오름차순으로 정렬된다.
- 따라서 조건식은 인접한 요소를 비교하여 위치를 바꿔야 하는지 결정하는 데 사용되어야 하므로 arr[j] > arr[j + 1]가 적당하다. 이 조건이 참이면, 현재 요소 arr[j]가 다음 요소 arr[j + 1]보다 크므로 위치를 바꾸게 된다.

266 **다음은 C언어로 작성된 삽입 정렬 프로그램이다. (빈칸)에 들어갈 알맞은 소스코드를 작성하시오.**

```
1:  void insertionSort(int arr[], int n) {
2:     int i, j, key;
3:     for (i = 1; i < n; i++) {
4:        key = arr[i];
5:        j = i - 1;
6:        while (j >= 0 && arr[j] > key) {
7:           arr[j + 1] = arr[j];
8:           j = j - 1;
9:        }
10:       (   빈칸   );
11:    }
12: }
13: int main() {
14:    int arr[] = {26, 5, 77, 1, 61};
15:    int n = sizeof(arr) / sizeof(arr[0]);
16:    int i;
17:    insertionSort(arr, n);
18:    for (i = 0; i < n; i++) {
19:       printf("%d ", arr[i]);
20:    }
21:    printf("\n");
22:    return 0;
23: }
```

• **답** :

정답 & 해설

arr[j + 1] = key

- 삽입 정렬 알고리즘은 배열의 각 요소를 이미 정렬된 부분 배열에 올바른 위치에 삽입하는 방식이다. key 변수는 현재 정렬하려는 요소를 저장하며, j는 정렬된 부분 배열의 마지막 요소의 인덱스를 가리킨다.
- while 루프는 j가 양수이고 arr[j] > key 조건이 참인 경우 계속 실행된다. 이 조건은 현재 정렬된 부분 배열의 요소가 정렬하려는 요소보다 클 때 참이 된다. 이 경우, 정렬된 부분 배열의 요소를 오른쪽으로 한 칸씩 이동시킨다(arr[j + 1] = arr[j]). 이렇게 하여 정렬하려는 요소 key의 올바른 위치를 만들어 준다.
- while 루프가 종료되면 j + 1 위치가 현재 정렬하려는 요소 key의 올바른 위치이다. 따라서 arr[j + 1] = key; 식을 사용하여 해당 위치에 key 값을 삽입해야 배열이 오름차순으로 정렬된다.

267 **다음 C언어 프로그램의 실행 결과를 작성하시오.**

```
1:  int main() {
2:      int x = 0x15213F10 >> 4;
3:      char y = (char) x;
4:      unsigned char z = (unsigned char) x;
5:      printf("%d, %u", y, z);
6:      return 0;
7:  }
```

• **답** :

정답 & 해설

−15, 241

- 정수형 변수 x를 선언하고 16진수 값 0x15213F10을 4비트 오른쪽으로 시프트하여 대입한다. 이때 시프트 연산자는 오른쪽으로 시프트하며, 빈자리는 0으로 채워진다. 따라서 x는 0x015213F1 값이 된다.
- 문자형 변수 y를 선언하고 x를 형변환하여 대입한다. 이때 x의 값인 0x015213F1은 부호 있는 4바이트 정수형이므로, y에 대입하기 전에 1바이트 크기의 부호 있는 문자형으로 형변환된다. 형변환을 하면 x의 값의 상위 3바이트가 버려지고, 하위 1바이트만 남게 되는데 하위 1바이트는 0xF1 값이다(16진수의 1자리는 4비트). 부호 있는 문자형은 1바이트 크기를 가지며, 범위는 −128 ~ 127이다. 따라서 값이 0xF1인 경우, 부호 있는 문자형으로 형변환하면 −15의 값이 된다.
- 부호 없는 문자형 변수 z를 선언하고 x를 형변환하여 대입한다. 이때 x의 값인 0x015213F1은 부호 있는 4바이트 정수형이므로, z에 대입하기 전에 1바이트 크기의 부호 없는 문자형으로 형변환된다. 부호 없는 문자형은 1바이트 크기를 가지며, 범위는 0 ~ 255이다. 따라서 값이 0xF1인 경우, 부호 없는 문자형으로 형변환하면 0xF1의 16진수 값인 241이 된다.
- printf 함수를 호출하여 y와 z의 값을 출력한다. %d 형식 지정자는 부호 있는 10진수 정수를 출력하며, %u 형식 지정자는 부호 없는 10진수 정수를 출력하므로 y는 −15의 값인 −15가 출력되고, z는 241의 값인 241이 출력된다.

268 **다음 C언어 프로그램의 실행 결과를 작성하시오.**

```
1:  int funa(int);
2:  int main() {
3:      printf("%d, %d", funa(5), funa(6));
4:      return 0;
5:  }
6:  int funa(int n) {
7:      if(n > 1)
8:          return (n + (funa(n-2)));
9:      else
10:         return (n % 2);
11: }
```

• **답** :

정답 & 해설

9, 12

- funa( ) 함수는 인자로 정수형 변수 n을 받아서 if 조건문을 사용하여 n이 1보다 큰 경우와 그렇지 않은 경우로 나누어 실행한다. n이 1보다 큰 경우, n−2를 인자로 하여 재귀 호출을 수행한다. 이때 funa( ) 함수는 n−2와 n을 더한 값을 반환하게 된다.
- 하지만, n이 1보다 크지 않은 경우, n을 2로 나눈 나머지를 반환한다.
- main( ) 함수에서 funa( ) 함수를 호출하여 반환된 값을 출력하는데 이때 funa( ) 함수의 인자로 5와 6을 전달한다.

```
funa(5) → 5 + funa(3)
funa(3) → 3 + funa(1)
funa(1) → 1 % 2 = 1
```

```
funa(6) → 6 + funa(4)
funa(4) → 4 + funa(2)
funa(2) → 2 + funa(0)
funa(0) → 0 % 2 = 0
```

- 따라서 funa(5)는 9, funa(6)는 12가 출력된다.

269 다음 C언어 프로그램의 실행 결과를 작성하시오.

```
1:  int C(int v) {
2:     printf("%d ", v);
3:     return 1;
4:  }
5:  int main() {
6:     int a = -2;
7:     int b = !a;
8:     printf("%d %d %d %d ", a, b, a&&b, a||b);
9:     if(b && C(10))
10:          printf("A ");
11:    if(b & C(20))
12:          printf("B ");
13:    return 0;
14: }
```

• **답** :

정답 & 해설

-2 0 0 1 20

- 정수형 변수 a와 b를 선언하고, a에는 -2, b에는 논리 부정 연산자(!)를 사용하여 a의 값을 부정한 후 대입한다. a의 값이 0이 아닌 경우, 논리 부정 연산자를 사용하면 0(false)이 되고, 0인 경우, 1(true)이 되는데 a의 값이 -2이므로, b에는 0(false)이 대입된다.
- printf( ) 함수를 사용하여 a, b, a&&b, a||b의 값을 출력한다. &&는 논리곱 연산자이며, ||는 논리합 연산자이다. a&&b의 결과는 a와 b가 모두 참인 경우 참(true)이 되고, 그렇지 않은 경우 거짓(false)이 된다. a||b의 결과는 a와 b 중에서 하나 이상이 참인 경우 참(true)이 되고, 그렇지 않은 경우 거짓(false)이 된다. 따라서 a&&b의 결과는 0(false), a||b의 결과는 1(true)이 된다.
- if문을 사용하여 b && C(10)의 결과가 참(true)인 경우 "A"를 출력한다. &&는 논리곱 연산자이며, C(10) 함수는 인자로 10을 받고, 10을 출력한 후 1을 반환하는 구조이다. 하지만 b는 0(false)이므로 if의 논리식은 C(10)의 리턴값과 관계없이 false이다. 따라서 C(10)은 수행되지 않는다. 이것을 단락회로 또는 중지연산이라고 한다.
- 이어지는 두 번째 if문도 동일한 원리로 if의 조건이 false이고, 이후 C(10) 함수는 수행되지 않는다.

SECTION 02

Java

270 **다음 Java 프로그램의 실행 결과를 작성하시오.**

```
1:  import java.util.HashSet;
2:  import java.util.Set;
3:
4:  public class HashSetExample {
5:     public static void main(String[] args) {
6:        Set<Integer> set = new HashSet<>();
7:
8:        set.add(7);
9:        System.out.println(set);
10:
11:       set.add(5);
12:       System.out.println(set);
13:
14:       set.add(5);
15:       System.out.println(set);
16:
17:       set.remove(5);
18:       System.out.println(set);
19:
20:       System.out.println(set.size());
21:    }
22: }
```

• **답** :

정답 & 해설

```
[7]
[5, 7]
[5, 7]
[7]
1
```

- 이 코드는 java.util.HashSet 클래스를 이용하여 숫자 집합을 관리하는 예제이다.
- Set 인터페이스를 구현한 HashSet 클래스를 이용하여 set 객체를 생성한다. set 객체에는 add() 메소드를 이용하여 원소를 추가하고, remove() 메소드를 이용하여 원소를 삭제할 수 있다. 이때, HashSet 클래스는 중복된 원소를 허용하지 않으며, 원소의 순서를 보장하지 않는다.
- 위 코드에서는 먼저 set 객체를 생성하고, add() 메소드를 이용하여 숫자 7을 추가한다. 그리고 System.out.println() 함수를 이용하여 set 객체를 출력한다.
- 그 다음, add() 메소드를 이용하여 숫자 5를 추가하고, 다시 System.out.println() 함수를 이용하여 set 객체를 출력한다.
- 이후 add() 메소드를 이용하여 숫자 5를 추가하지만 Set 객체에 이미 존재하는 값이므로 중복 추가되지 않는다.
- remove() 숫자 5를 삭제하고 Set 객체를 출력한 후, Size() 메소드를 이용하여 Set 객체의 크기를 반환하면 1이 출력된다.

271 다음 Java 프로그램의 실행 결과를 작성하시오.

```
1:  class A {
2:      int a = 10;
3:      public A() {
4:          System.out.print("가");
5:      }
6:      public A(int x) {
7:          System.out.print("나");
8:      }
9:  }
10:
11: class B extends A {
12:     int a = 20;
13:     public B() {
14:         System.out.print("다");
15:     }
16:     public B(int x) {
17:         System.out.print("라");
18:     }
19: }
20:
21: public class YoungJin {
22:     public static void main(String[] args) {
23:         B b1 = new B();
24:         A b2 = new B(1);
25:         System.out.print(b1.a + b2.a);
26:     }
27: }
```

• **답** :

정답 & 해설

가다가라30

- 상속 상태에서의 객체는 부모의 생성자를 호출한 뒤 자식의 생성자가 호출되어 생성된다.
- 위 코드의 B b1 = new B();에서 B 클래스의 기본 생성자가 호출되기 전에 부모의 기본 생성자가 호출된다. 따라서 부모 클래스의 A() 메소드로 '가'가 출력되고 이후 자식 클래스의 b() 메소드로 '다'를 출력한다.
- A b2 = new B(1);에서는 부모 클래스의 A() 메소드로 '가'가 출력되고, 자식 클래스의 생성자 중 매개변수가 int형 하나로 설정된 B(int x)로 '라'가 출력된다.
- 또한 b1 객체의 a는 10으로 초기화되고, B 클래스의 인스턴스 변수 a는 20으로 초기화된다. 즉, b1.a는 B 클래스의 인스턴스 변수 a의 값인 20이 되고, b2.a는 A 클래스의 인스턴스 변수 a의 값인 10이 되므로 b1.a + b2.a의 값인 30을 출력하게 된다.
- 따라서 전체적인 실행 결과는 "가다가라30"이 된다.

272 다음은 정수를 저장할 수 있는 스택을 Java로 구현한 것이다. (1)과 (2)에 들어갈 알맞은 문장을 쓰시오.

```
1:  public class StackExample {
2:     private int[] stackArray;
3:     private int top;
4:
5:     public StackExample(int size) {
6:        stackArray = new int[size];
7:        top = -1;
8:     }
9:
10:    public void push(int element) {
11:       if (isFull()) {
12:          System.out.println("Stack is full");
13:       } else {
14:          stackArray[ ( 1 ) ] = element;
15:          System.out.println("Pushed element: " + element);
16:       }
17:    }
18:
19:    public int pop() {
20:       if (isEmpty()) {
21:          System.out.println("Stack is empty");
22:          return -1;
23:       } else {
24:          int element = stackArray[ ( 2 ) ];
25:          System.out.println("Popped element: " + element);
26:          return element;
27:       }
28:    }
29:
30:    public boolean isEmpty() {
31:       return (top == -1);
32:    }
33:
34:    public boolean isFull() {
35:       return (top == stackArray.length - 1);
36:    }
37: }
```

• 답 :

정답 & 해설

(1) ++top

(2) top--

- top의 초깃값이 -1이며 배열의 초깃값은 0이다.
- 스택에 데이터를 push할 경우 top의 값이 증가한 다음 값을 배정해야 한다. 때문에 (1)에는 ++top과 같이 top이 1 먼저 증가한 후 element의 값을 배정받는 문장이 적당하다.
- 반면 스택에서 데이터를 pop하고자 할 경우에는 데이터를 리턴한 다음 top의 값을 감소시켜야 한다. 때문에 top--과 같은 문장이 적당하다.

273 다음 Java 프로그램의 실행 결과를 작성하시오.

```
1:  class A {
2:      public void f () {
3:          System.out.println("1");
4:      }
5:      public static void g() {
6:          System.out.println("2");
7:      }
8:  }
9:
10: class B extends A {
11:     public void f() {
12:         System.out.println("3");
13:     }
14: }
15:
16: class C extends B {
17:     public static void g() {
18:         System.out.println("4");
19:     }
20: }
21:
22: public class YoungJin {
23:     public static void main(String[] args) {
24:         A obj = new C();
25:         obj.f();
26:         obj.g();
27:     }
28: }
```

• **답** :

정답 & 해설

3
2

- A 클래스는 f 메소드와 g 클래스 메소드를 갖고 있고, B 클래스는 A 클래스를 상속받아 f 메소드를 재정의한다. C 클래스는 B 클래스를 상속받아 g 클래스 메소드를 재정의한다.
- main 메소드에서는 A 클래스 타입의 obj 변수를 new C()로 초기화한다. 이때 obj 변수는 C 클래스의 객체를 참조하게 된다. 이후 obj.f()를 호출하면 C 클래스에서 f 메소드를 오버라이딩 했으므로 "3"이 출력된다.
- 하지만 obj.g()를 호출하면 g가 static 메소드(오버라이딩 불가)인 것을 감안할 때, obj가 C 클래스의 객체를 참조하지만, g가 static 메소드이기 때문에 C 클래스의 g()가 호출되는 것이 아니라 A.g()가 호출된다.
- 따라서 위 코드는 "3"과 "2"가 순서대로 출력된다.

274 다음 Java 프로그램의 실행 결과를 작성하시오.

```
1:  public class VariableAndOperator {
2:     public static void main(String[] args) {
3:        int a = 12, b = 5, sum = 2;
4:
5:        b *= a /= 4;
6:        sum += ++a * b-- / 4;
7:
8:        System.out.printf("%d", sum);
9:     }
10: }
```

• 답 :

정답 & 해설

17

- 주어진 코드에서 a, b, sum 변수가 선언되고, 각각 12, 5, 2로 초기화된다.
- b *= a /= 4 식에서는, 먼저 a /= 4가 실행되어 a 변수는 3으로 갱신된다. 그 후 b *= 3이 실행되어 b 변수는 15로 갱신된다.
- sum += ++a * b-- / 4 식에서는, 먼저 ++a가 실행되어 a 변수는 4로 갱신되고, b--가 실행되어 b 변수는 14로 감소한다. 그러나 b는 후위식이므로 수식이 모두 연산된 이후 1이 감소한다. 따라서 4 * 15 / 4가 계산되어 15가 된다. 마지막으로 sum += 15가 실행되어 sum 변수는 17이 된다. 주어진 코드를 실행하면 17이 출력된다

275 다음 Java 프로그램의 실행 결과를 작성하시오.

```
1:  public class YoungJin {
2:      public static void main(String[] args) {
3:          int a = 101;
4:          System.out.println((a>>2) << 3);
5:      }
6:  }
```

• **답** :

정답 & 해설

200

- 비트 연산자를 사용하여 값을 조작하는 프로그램이다.
- main 메소드에서는 int 타입의 a 변수를 101로 초기화한다.
- a를 2비트 오른쪽으로 시프트 하면 결과는 25가 된다. (101 → 001100101_2 → 000011001_2 → 25)
- 1에서 구한 값 25를 3비트 왼쪽으로 시프트 하면 결과는 200이 된다. (25 → 00011001_2 → 11001000_2 → 200)
- 따라서 200을 출력한다.

276 **다음 Java 프로그램의 실행 결과를 작성하시오.**

```
1:  public class YoungJin {
2:      public static void main(String[] args) {
3:          int i, j, k;
4:          for (i = 1, j = 1, k = 0; i < 5; i++ ) {
5:              if ((i % 2) == 0)
6:                  continue;
7:              k += i * j++;
8:          }
9:          System.out.println(k);
10:     }
11: }
```

• **답** :

정답 & 해설

7

• main 메소드의 반복문 for에서 int 타입의 i, j, k 변수를 1, 1, 0으로 초기화하고 i가 1부터 4까지 1씩 증가하면서 반복된다. 이때 i가 짝수인 경우에는 continue 키워드에 의해 반복문의 다음 단계로 건너뛰게 된다.
• 그러므로 i가 1, 3일 때 k 변수에 i * j 값을 더하고, j를 1 증가시킨다.
• 이렇게 구해진 k 값은 반복문이 끝나고 System.out.println(k)로 출력된다.
• 따라서 k = 1 * 1 + 3 * 2 = 7이 출력된다.

277 다음 Java 프로그램의 실행 결과를 작성하시오.

```
1:  class Super {
2:      Super() {
3:          System.out.print('A');
4:      }
5:
6:      Super(char x) {
7:          System.out.print(x);
8:      }
9:  }
10:
11: class Sub extends Super {
12:     Sub() {
13:         super();
14:         System.out.print('B');
15:     }
16:
17:     Sub(char x) {
18:         this();
19:         System.out.print(x);
20:     }
21: }
22:
23: public class YoungJin {
24:     public static void main(String[] args) {
25:         Super s1 = new Super('C');
26:         Super s2 = new Sub('D');
27:     }
28: }
```

• **답 :**

정답 & 해설

CABD

- Super s1 = new Super('C');로 객체를 생성하게 될 때, 매개변수 C를 포함하여 객체를 생성하기 때문에 Super 클래스의 Super(char x) { System.out.print(x); }를 수행시켜 C가 출력된다.
- Super s2 = new Sub('D');로 객체를 생성하게 되면 sub 클래스의 메소드를 매개변수 D를 포함하여 객체를 생성하게 되는데, 이때 this()를 수행시켜 자기 자신의 생성자 Sub()를 호출하게 된다. 그리고 Sub() 생성자는 super();에 의해 부모의 생성자를 호출하게 되어 A가 출력되고, 그 이후 sub의 생성자에서 B를 출력한 뒤 System.out.print(x);에 의해서 D를 출력하게 된다.

278 **다음 Java 프로그램의 실행 결과를 작성하시오.**

```
1:  public class YoungJin {
2:      public static void main(String[] args) {
3:          int a, b, result;
4:          a = 3;
5:          b = 0;
6:          try {
7:              result = a / b;
8:              System.out.print("A");
9:          }
10:         catch (ArithmeticException e) {
11:             System.out.print("B");
12:         }
13:         finally {
14:             System.out.print("C");
15:         }
16:         System.out.print("D");
17:     }
18: }
```

• **답** :

정답 & 해설

BCD

- a와 b라는 두 개의 정수 변수와 result라는 변수를 a는 3으로 초기화하고, b는 0으로 초기화하여 생성한다.
- try–catch–finally 블록에 의해 result = a / b에서는 b가 0으로 나누기 연산이 이루어지므로, ArithmeticException 예외가 발생한다. 이때, 예외가 처리되도록 catch 블록이 실행되며 "B"가 출력된다. 그리고 finally 블록이 실행되어 "C"가 출력되고 마지막으로 "D"가 출력된다.
- 따라서 이 프로그램의 출력은 "BCD"가 된다.

279 **다음 Java 프로그램에서 적용된 〈객체지향언어의 특징〉을 모두 고르시오.**

```
1:  class Adder {
2:      public int add(int a, int b) { return a+b;}
3:      public double add(double a, double b) {
4:          return a+b;
5:      }
6:  }
7:  class Computer extends Adder {
8:      private int x;
9:      public int calc(int a, int b, int c) {
10:         if (a == 1) return add(b, c);
11:         else return x;}
12:     Computer() { x = 0;}
13: }
14:
15: public class Adder_Main {
16:     public static void main(String args[]) {
17:         Computer c = new Computer();
18:         System.out.println
19:             ("100 + 200 = " + c.calc(1, 100, 200));
20:         System.out.println
21:             ("5.7 + 9.8 = " + c.add(5.7, 9.8));
22:     }
23: }
```

〈객체지향언어의 특징〉

캡슐화, 상속, 오버라이딩, 정보 은닉, 오버로딩

• **답 :**

정답 & 해설

캡슐화, 상속, 정보 은닉, 오버로딩

오버라이딩이란, 부모(슈퍼) 클래스에 있는 메소드를 서브(자식) 클래스에서 다른 작업을 하도록 동일한 함수 형태를 재정의한 것으로, 클래스의 상속 관계에서 발생한다. 슈퍼 클래스의 메소드와 메소드 이름이 같고 매개변수의 개수와 타입, 접근 제한 키워드, 반환형이 같은 서브 클래스의 메소드를 오버라이딩된 메소드라 한다. 위 프로그램에서 Computer 클래스는 Adder 클래스의 add 메소드와 이름이 똑같고 매개변수의 개수와 타입, 접근 제한 키워드, 반환형이 같은 메소드는 없다. 따라서 오버라이딩 기법은 사용되지 않았다.

280 **추상 클래스에 대하여 간략히 서술하시오.**

• **답** :

정답 & 해설

추상 클래스는 하나 이상의 추상 메소드를 포함하는 클래스로, 구현이 완전하지 않은 불완전한 클래스이다. 즉, 일부 메소드는 선언만 하고 구현은 하지 않은 추상 메소드를 포함한 클래스이다.

추상 클래스

- 하나 이상의 추상 메소드를 포함하는 클래스로, 구현이 완전하지 않은 불완전한 클래스이다. 즉, 일부 메소드는 선언만 하고 구현은 하지 않은 추상 메소드를 포함하고 있다.
- 일반 클래스와 마찬가지로 멤버 변수, 생성자, 일반 메소드 등을 포함할 수 있지만, 추상 메소드를 포함하는 점에서 일반 클래스와 구분된다.
- 추상 클래스를 사용하는 이유는 상속 관계에서 하위 클래스에서 해당 추상 클래스의 추상 메소드를 반드시 구현하도록 강제함으로써 클래스 간의 일관성을 유지하고, 설계의 효율성과 유연성을 높이기 위해서이다.
- abstract 키워드를 사용하여 선언하며 추상 클래스를 상속받는 클래스는 추상 클래스의 모든 추상 메소드를 반드시 구현하여야 한다.

281 **다음의 (1), (2)에 들어갈 알맞은 객체지향언어 특징을 영문으로 작성하시오.**

- (1) : 하나의 클래스 내에 인수의 개수나 형이 다른 동일한 이름의 메소드를 여러 개 정의하는 것이다. 즉, 인수(파라미터)가 다른 동일한 이름을 가진 메소드들을 만들 수 있는 것이다.
- (2) : 이미 존재하는 메소드와 똑같은 이름을 사용하여 하위 클래스에서 상위 클래스에 없는 메소드를 새로 재정의하는 것이다.

• **답** :

정답 & 해설

(1) Overloading

(2) Overriding

오버로딩(Overloading)	하나의 클래스 내에 인수의 개수나 형이 다른 동일한 이름의 메소드를 여러 개 정의하는 것이다. 즉, 인수(파라미터)가 다른 동일한 이름을 가진 메소드들을 만들 수 있는 것이다.
오버라이딩(Overriding)	이미 존재하는 메소드와 똑같은 이름을 사용하여 하위 클래스에서 상위 클래스에 없는 메소드를 새로 재정의하는 것이다.

282 다음 Java 프로그램의 실행 결과를 작성하시오.

```
1:  public class YoungJin {
2:      public static void main(String[] args) {
3:          int a=80, b=90, c=85, y=0;
4:          String str="";
5:          str = c>a?(c>b?"Excellent":"Very Good"):"Good";
6:          System.out.println(str);
7:          y = (int)(2.5+2.5);
8:          System.out.println(y);
9:          y = (int)2.5 +(int)2.5;
10:         System.out.println(y);
11:     }
12: }
```

• 답 :

정답 & 해설

Very Good

5

4

- 변수 a, b, c, y, str이 선언되고 초기화된다. a는 80, b는 90, c는 85로 초기화되고, y와 str은 빈 문자열과 0으로 초기화된다.
- 다음 줄에서는 삼항 연산자를 사용하여 str 변수에 값을 할당한다. c 〉 a인 경우에는 c 〉 b인지 확인하고, 그렇지 않은 경우에는 "Good"을 할당한다. 따라서 str 변수에는 "Very Good"이 할당된다.
- 그 다음 줄에서는 변수 y에 (int)(2.5+2.5)의 결과인 5를 할당한다. 이때, 2.5+2.5의 계산 결과는 double 타입이기 때문에, 명시적인 형변환이 필요하다. (int) 연산자를 사용하여 정수형으로 형변환을 하면서 값이 5가 된다.
- 마지막 줄에서는 y에 (int)2.5 + (int)2.5의 결과인 4를 할당한다. 이때, 먼저 (int)2.5와 (int)2.5는 연산 전 형변환을 하므로 2 + 2가 된다. 이 결과를 y에 할당하여 값은 4가 된다.
- 따라서 이 프로그램의 출력은 "Very Good", 5, 4가 된다.

283 **다음 Java 프로그램의 실행 결과를 작성하시오.**

```
1:  public class YoungJin {
2:      public static void main(String[] args) {
3:          String s1 = "assembly";
4:          String s2 = s1.substring(1,4);
5:          System.out.println(s2);
6:      }
7:  }
```

• **답** :

정답 & 해설

sse

- 먼저, 문자열 "assembly"가 s1 변수에 할당된다. 그리고 s1 변수의 substring 메소드를 호출하여, 인덱스 1부터 인덱스 4 미만까지의 부분 문자열을 추출한다. 이때, 첫 번째 매개변수는 시작 인덱스이고 두 번째 매개변수는 끝 인덱스이다. 끝 인덱스는 실제로 추출되지 않는 문자열의 인덱스이다.
- 따라서 s2 변수에는 "sse"가 할당된다. 마지막으로 System.out.println 메소드를 사용하여 s2 변수의 값을 출력하면 "sse"가 출력된다.

284 다음 Java 프로그램의 실행 결과를 작성하시오.

```
1:  public class YoungJin {
2:      public static void main(String[] args) {
3:          String s1 = "Java";
4:          String s2 = "programing";
5:          String s3 ;
6:          s2.toUpperCase() ;
7:          s3 = s1 + s2 ;
8:          System.out.println( s3.substring(0,6) );
9:      }
10: }
```

• **답** :

정답 & 해설

Javapr

- String 클래스의 인스턴스 s1, s2, s3가 선언된다. s1 변수에는 "Java" 문자열이 할당되고, s2 변수에는 "programming" 문자열이 할당된다.
- 다음으로, s2 문자열을 모두 대문자로 변경하는 toUpperCase() 메소드가 호출된다. 하지만, 배정문을 이용하여 다른 변수에 할당 시에만 대문자로 변환되어 할당하므로 s2 변수의 값은 변화가 없다. 따라서 s2 변수에는 여전히 "programming" 문자열이 할당된다.
- 그 다음으로, s1 변수와 s2 변수를 연결하여 s3 변수에 저장한다. 이때 + 연산자는 문자열 연결 연산자로 작동한다.
- 마지막으로 s3 문자열의 첫 6글자를 추출하여 출력한다. 이때 substring 메소드를 사용하여 첫 번째 매개변수가 시작 인덱스이고 두 번째 매개변수가 끝 인덱스임을 지정한다. 따라서 "Javapr"이 출력된다.

285 다음 Java 프로그램의 실행 결과를 작성하시오.

```
1:  class A {
2:      void f() {
3:          System.out.println("0");
4:      }
5:      void f(int i) {
6:          System.out.println(i);
7:      }
8:      void f(int i, int j) {
9:          System.out.println(i+j);
10:     }
11: }
12:
13: public class YoungJin {
14:     public static void main(String[] args) {
15:         A a = new A();
16:         a.f(25, 25);
17:     }
18: }
```

• **답** :

정답 & 해설

50

- A 클래스에는 f() 메소드와 f(int i) 메소드, 그리고 f(int i, int j) 메소드가 각각 정의되어 있다. 이때, 메소드 오버로딩은 같은 이름의 메소드가 다른 매개변수 목록을 갖는 경우로 즉, 메소드 이름이 같지만 매개변수의 개수나 타입이 다른 경우이다.
- main() 메소드에서는 A 클래스의 인스턴스를 생성한 후, f(int i, int j) 메소드를 호출한다. 이때, 인자로 25와 25를 전달하기 때문에 f(int i, int j) 메소드가 호출되고, 두 개의 정수를 더한 후 결과인 50이 출력된다.

286 **다음 Java 프로그램의 실행 결과를 작성하시오.**

```
1:  import java.util.*;
2:  public class YoungJin {
3:      public static void main(String[] args) {
4:          LinkedList<Integer> ds = new LinkedList<Integer>();
5:          ds.addLast(new Integer(10));
6:          ds.addLast(new Integer(30));
7:          ds.addLast(new Integer(20));
8:          while (! ds.isEmpty())
9:              System.out.print(ds.removeLast()+" ");
10:         System.out.println();
11:     }
12: }
```

• **답** :

정답 & 해설

20 30 10

- LinkedList 클래스는 링크드 리스트 자료구조를 구현하는 클래스이다. 이 클래스는 요소를 삽입하거나 삭제할 때 배열과 달리 인덱스를 사용하지 않으며, 요소들은 연속된 메모리 공간에 저장되지 않고 포인터로 연결되어 있다.
- main() 메소드에서는 LinkedList 클래스의 인스턴스인 ds를 생성한다. ds 변수는 LinkedList 클래스의 제네릭 타입으로 Integer 객체를 저장한다.
- 그 다음으로, ds.addLast() 메소드를 사용하여 10, 30, 20 순서대로 값을 추가한다.
- 그리고 while 루프를 사용하여 ds 리스트가 비어 있지 않은 동안에는 ds.removeLast() 메소드를 호출하여 리스트의 마지막 요소를 삭제하고 그 값을 출력한다. removeLast() 메소드는 리스트의 마지막 요소를 삭제하고 그 값을 반환한다. 따라서 이 프로그램의 출력은 "20 30 10"이 된다.

287 **다음 식을 Java 프로그램의 우선순위 규칙에 근거하여 연산 결과를 작성하시오.**

```
10 - -4 % -3 * -4
```

• **답** :

정답 & 해설

6

$10 - -4 \% -3 * -4$

$= 10 - ((-4 \% -3) * -4)$

$= 10 - -1 * -4$

$= 10 - 4$

$= 6$

288 **다음 Java 프로그램의 실행 결과를 작성하시오.**

```
1:  class ParaPassing {
2:      public void change(int i, int[] j) {
3:          i = 20; j[3] = 400;
4:      }
5:      public void display(int i, int[] j) {
6:          System.out.println("i: "+i);
7:          System.out.print("j: ");
8:          for (int k = 0; k < j.length; k++)
9:              System.out.print(j[k]+" ");
10:         System.out.println();
11:     }
12: }
13: public class YoungJin {
14:     public static void main(String[] args) {
15:         ParaPassing pp = new ParaPassing();
16:         int i = 10, j[] = { 1, 2, 3, 4 };
17:         pp.change(i, j);
18:         pp.display(i, j);
19:     }
20: }
```

• **답** :

정답 & 해설

i: 10

j: 1 2 3 400

- ParaPassing 클래스에는 change() 메소드와 display() 메소드가 있다. change() 메소드는 int형 변수 i와 int형 배열 j를 매개변수로 받는다. i의 값을 20으로, j 배열의 인덱스 3의 값을 400으로 변경한다.
- display() 메소드는 int형 변수 i와 int형 배열 j를 매개변수로 받는다. 이 메소드는 i와 j 배열의 값을 출력한다.
- main() 메소드에서는 ParaPassing 클래스의 인스턴스를 생성한 후, int형 변수 i와 int형 배열 j를 초기화한다. 그 다음으로 change() 메소드에 i와 j를 전달하여 값을 변경한다.
- 마지막으로 display() 메소드를 호출하여 i와 j 배열의 값을 출력한다. 이때, change() 메소드에서 i와 j 배열의 값이 변경되었지만, display() 메소드에서 출력되는 i는 변경되기 이전의 값이 출력된다.
- 따라서 이 프로그램의 출력은 "i: 10, j: 1 2 3 400"이 된다.

289 **다음 Java 프로그램의 실행 결과를 작성하시오.**

```
1:  public class YoungJin {
2:      public static void main(String[] args) {
3:          byte b = (byte)011;
4:          short s = (short)0x11;
5:          int i = 14;
6:          long l = 160L;
7:          System.out.println(b+s+i+l);
8:      }
9:  }
```

• **답** :

정답 & 해설

200

- byte 타입 변수 b에 8진수 011(십진수 9)를 할당한다. 이때, (byte) 연산자를 사용하여 명시적인 형변환을 수행한다.
- 다음으로 short 타입 변수 s에 16진수 0x11(십진수 17)을 할당한다. 이때, (short) 연산자를 사용하여 명시적인 형변환을 수행한다.
- int 타입 변수 i에는 14를 할당한다.
- 마지막으로 long 타입 변수 l에는 접미사 L을 사용하여 160을 할당한다.
- System.out.println() 메소드를 사용하여 b+s+i+l 값을 출력한다. 이때, b와 s는 int 타입으로 자동 형변환되어 i와 더해진 이후 앞에서 수행된 결과가 long 타입으로 자동 형변환되어 l과 더해진다. 따라서 출력 결과는 long 타입으로 자동 형변환되어 출력된다.
- 따라서 이 프로그램의 출력은 200이 된다.

290 다음 Java 프로그램이 배열 numbers의 모든 원소들을 출력하기 위해 빈칸에 들어갈 소스코드를 작성하시오.

```
1:  public class YoungJin {
2:      public static void main(String[] args) {
3:          String numbers[] = {"first", "second", "third"};
4:          for (  빈칸  )
5:              System.out.println(s);
6:      }
7:  }
```

• **답 :**

정답 & 해설

String s: numbers

- for 루프의 헤더에 '자료형 변수명: 배열'의 형식으로 작성하게 되면 변수명에 배열의 원소를 하나씩 대입하면서 반복한다는 의미이다.
- 따라서 for 루프의 헤더 부분에 String s: numbers라고 작성하게 되면 "배열 numbers의 모든 요소를 반복하여 하나씩 s 변수에 할당하고, 반복문 안에서 s 변수를 사용한다"는 의미이다.

291 다음이 설명하는 Java의 버전을 영문으로 작성하시오.

- Java의 표준 버전으로, 자바 개발에 필요한 기본적인 라이브러리와 도구를 제공한다.
- 대부분의 자바 애플리케이션 개발에 사용되며, 기본적인 GUI, 네트워크, 데이터베이스, 보안, XML 등의 기능을 제공한다.
- 일반 자바 프로그램 개발을 위한 용도로 사용되며 스윙이나 AWT와 같은 GUI 방식의 기본 기능이 포함된다.

• **답** :

정답 & 해설

Java SE(Standard Edition)

Java SE(Standard Edition)

- 자바의 표준 버전으로, 자바 개발에 필요한 기본적인 라이브러리와 도구를 제공한다.
- 대부분의 자바 애플리케이션 개발에 사용되며 기본적인 GUI, 네트워크, 데이터베이스, 보안, XML 등의 기능을 제공한다.
- 일반 자바 프로그램 개발을 위한 용도로 사용되며 스윙이나 AWT(Abstract Window Toolkit)와 같은 GUI 방식의 기본 기능이 포함된다.

기적의 TIP

Java EE(Enterprise Edition)

- 자바 기반 엔터프라이즈 애플리케이션 개발을 위한 플랫폼입니다.
- Java SE를 기반으로 하며, 기업용 시스템에서 필요한 다양한 기능과 서비스를 제공합니다.
- 웹 애플리케이션, 분산 시스템, 데이터베이스 연동, 트랜잭션 처리, 보안, 메시징, EJB(Enterprise Java Beans) 등의 기능을 제공합니다.
- 다양한 업체에서 구현한 서버에서 실행될 수 있습니다.

292 다음 Java 프로그램의 실행 결과를 작성하시오.

```
1:  class Calculate {
2:      public int cal(int a, int b) {
3:          return a-b;
4:      }
5:      public float cal(float a, float b) {
6:          return a-b;
7:      }
8:      public double cal(double a, double b) {
9:          return a+b;
10:     }
11:     public int cal(int a, int b,int c) {
12:         return a+b+c;
13:     }
14: }
15:
16: public class YoungJin {
17:     public static void main(String[] args) {
18:         Calculate a=new Calculate();
19:         System.out.println( a.cal(31, 69, 25) );
20:         System.out.println( a.cal(24.8, 5.1) );
21:     }
22: }
```

• **답** :

정답 & 해설

125
29.9

- Calculate 클래스에는 cal 메소드가 여러 개 정의되어 있는데 이들 메소드는 이름은 같지만 인자의 개수나 자료형이 다르다. 이렇게 동일한 이름의 메소드를 여러 개 정의하는 것을 메소드 오버로딩(Overloading)이라고 한다.
- 메인 메소드에서는 Calculate 클래스의 인스턴스를 생성한 후에, cal 메소드를 호출하여 값을 계산하여 출력한다. 첫 번째 호출에서는 int형 인자 3개를 받는 cal 메소드가 호출되어 3개의 인자를 합산한 값(125)을 반환하고 출력한다. 두 번째 호출에서는 double형 인자 2개를 받는 cal 메소드가 호출되어 2개의 인자를 합산한 값(29.9)을 반환하고 출력한다.
- 따라서 이 프로그램의 출력은 125와 29.9가 된다.

293 다음 Java의 접근 지정자(Access Modifier)에 대한 설명에서 (1), (2)에 들어갈 알맞은 접근 지정자를 작성하시오.

public	어디에서나 접근 가능
(1)	같은 패키지 내의 클래스와 해당 클래스를 상속받은 하위 클래스에서 접근 가능
default(package-private)	같은 패키지 내의 클래스에서만 접근 가능, 따로 접근 지정자를 지정하지 않은 경우 기본값으로 설정
(2)	같은 클래스 내에서만 접근 가능

• **답** :

정답 & 해설

(1) protected

(2) private

Java의 접근 지정자(Access Modifier)

- 클래스, 멤버 변수, 메소드 등의 접근 범위를 지정하는 키워드이다.
- 다른 클래스나 객체가 해당 클래스의 멤버 변수, 메소드, 생성자 등에 접근할 수 있는지 여부를 결정하는 데 사용된다. 자바에서는 다음과 같은 네 가지 접근 지정자가 있다.

public	어디에서나 접근 가능
protected	같은 패키지 내의 클래스와 해당 클래스를 상속받은 하위 클래스에서 접근 가능
default(package-private)	같은 패키지 내의 클래스에서만 접근 가능, 따로 접근 지정자를 지정하지 않은 경우 기본값으로 설정
private	같은 클래스 내에서만 접근 가능

- 위와 같은 접근 지정자를 사용하여 클래스, 멤버 변수, 메소드 등에 접근 범위를 제한함으로써, 다른 객체나 클래스가 불필요하게 해당 멤버에 접근하는 것을 방지할 수 있다.

기적의 TIP

Java의 접근 제어자(Access Modifier) 정리 (● : 접근 가능)

제어자	같은 클래스	같은 패키지	자식 클래스	전체
public	●	●	●	●
protected	●	●	●	
default	●	●		
private	●			

294 **다음 Java 프로그램의 실행 결과를 작성하시오.**

```
1:  import java.util.*;
2:  public class YoungJin {
3:      public static void main(String[] args) {
4:          Vector v1 = new Vector();
5:          Vector v2 = new Vector();
6:          v1.addElement("java_book");
7:          v2.addElement("java_book");
8:          System.out.println(v1.equals(v2));
9:          System.out.println(v1==v2);
10:     }
11: }
```

• **답** :

정답 & 해설

true
false

- 두 개의 Vector 객체 v1과 v2를 생성하고, 각각 "java_book" 요소를 추가한 후, equals 메소드와 == 연산자를 사용하여 두 객체를 비교하는 프로그램이다.
- 첫 번째 출력문 System.out.println(v1.equals(v2))에서 equals 메소드는 두 개의 객체가 동등한지(요소가 같은지) 비교한다. 따라서 v1과 v2는 모두 "java_book" 요소를 가지므로, equals 메소드는 true를 반환한다.
- 두 번째 출력문 System.out.println(v1==v2)에서 == 연산자는 두 개의 객체가 같은 객체인지(참조가 같은지) 비교한다. v1과 v2는 각각 다른 객체를 참조하므로, == 연산자는 false를 반환한다.

295 **다음 프로그램은 정상 동작하지 않는 프로그램이다. 프로그램의 오류의 원인이 무엇인지 서술하시오.**

```
1:  abstract class Person {
2:      int age;
3:      protected String name;
4:      abstract String job();
5:      public int getAge() {
6:          return age;
7:      }
8:  }
9:  public class HumanResource {
10:     public static void main(String[] args) {
11:         Person p = new Person();
12:     }
13: }
```

• **답** :

정답 & 해설

추상 클래스로부터 객체를 생성하였기 때문이다.

추상 클래스는 독립적으로 객체를 생성하지 못하고, 자식 객체를 통해서만 생성이 가능하다.

기적의 TIP

추상 클래스

- 하나 이상의 추상 메소드를 포함하는 클래스로, 구현이 완전하지 않은 불완전한 클래스입니다. 즉, 일부 메소드는 선언만 하고 구현은 하지 않은 추상 메소드를 포함하고 있습니다.
- 일반 클래스와 마찬가지로 멤버 변수, 생성자, 일반 메소드 등을 포함할 수 있지만, 추상 메소드를 포함하는 점에서 일반 클래스와 구분됩니다.
- 추상 클래스를 사용하는 이유는 상속 관계에서 하위 클래스에서 해당 추상 클래스의 추상 메소드를 반드시 구현하도록 강제함으로써 클래스 간의 일관성을 유지하고, 설계의 효율성과 유연성을 높이기 위해서입니다.
- abstract 키워드를 사용하여 선언하며 추상 클래스를 상속받는 클래스는 추상 클래스의 모든 추상 메소드를 반드시 구현하여야 합니다.

296 **다음 Java 프로그램의 실행 결과를 작성하시오.**

```
1:  public class YoungJin {
2:      public static void main(String[] args) {
3:          int sum = 0;
4:          int[] mydream = new int[] {5, 4, 6, 9, 7, 9};
5:          int[] mytarget = (int[])mydream.clone();
6:          for(int i=0; i<mytarget.length; i++) {
7:              sum = sum + mytarget[i];
8:          }
9:          System.out.println(sum);
10:     }
11: }
```

• **답** :

정답 & 해설

40

- mydream이라는 정수형 배열을 생성하고, 그 배열을 복제하여 mytarget 배열을 만든 후, mytarget 배열의 모든 요소의 합을 계산하여 출력하는 프로그램이다.
- 먼저 mydream 배열을 생성하고, 배열의 초기값으로 {5, 4, 6, 9, 7, 9}를 설정한다. 그리고 mydream.clone() 메소드를 사용하여 mydream 배열을 복제하여 mytarget 배열을 만든다. 이때, 복제된 배열은 Object 타입으로 반환되므로, 형변환을 통해 int 배열로 변환한다.
- 그리고 반복문을 통해 mytarget 배열의 각 요소를 더해 sum 변수에 누적하므로 sum 값을 출력하면 40이 출력된다.

297 다음 Java 프로그램의 실행 결과를 작성하시오.

```
1:  public class YoungJin {
2:      public static void main(String[] args) {
3:          String s = new String("Hello");
4:          modify(s);
5:          System.out.print(s + ", ");
6:          modify(s);
7:          System.out.print(s);
8:      }
9:      public static void modify(String s) {
10:         s += "World! ";
11:     }
12: }
```

• 답 :

정답 & 해설

Hello, Hello

- s에 "Hello"라는 문자열을 저장하고 modify 메소드를 호출한다. 이 메소드는 String 객체를 인자로 받아 해당 문자열에 "World! "를 추가한다. 하지만 String 객체는 불변하기 때문에, 메소드 내에서 문자열을 수정해도 원래의 s 값은 변경되지 않는다. 그 이유는 메소드를 호출할 때 String 객체를 복사하여 전달하였기 때문이다(Call by value).
- 따라서 System.out.print(s + ", ")에서는 "Hello, "가 출력되고, 다시 modify 메소드를 호출하여도 s의 값은 변하지 않기 때문에 System.out.print(s)에서는 "Hello"가 출력된다.

298 다음 Java 프로그램의 실행 결과를 작성하시오.

```
1:  class A extends RuntimeException {};
2:  class B extends A {};
3:
4:  public class YoungJin {
5:      public static void main(String[] args) {
6:          try {
7:              try {
8:                  throw new B();
9:              } catch (A x) {
10:                 System.out.print("1 ");
11:                 throw x;
12:             } finally {
13:                 System.out.print("2 ");
14:             }
15:         } catch (B x) {
16:             System.out.print("3 ");
17:         }
18:     }
19: }
```

• **답** :

정답 & 해설

1 2 3

- main 메소드에서는 먼저 try 블록 안에서 B 클래스의 객체를 생성하여 throw 구문으로 예외를 발생시킨다. 이때, catch 블록에서는 A 클래스 타입의 변수 x로 예외를 처리한다. 이는 A 클래스가 B 클래스의 상위 클래스이기 때문에 가능하다.
- catch 블록에서는 "1 "을 출력한 후, throw x 구문으로 A 클래스 예외를 다시 발생시킨다. 따라서 이 예외는 바깥쪽의 catch 블록에서 처리된다.
- finally 블록에서는 "2 "를 출력하고, 예외 처리가 끝나면 바깥쪽의 catch 블록으로 이동하는데 catch 블록의 인자 x는 A 클래스 타입이기 때문에, 발생한 예외가 B 클래스의 객체인 경우에는 catch 블록을 수행하지 않는다. 따라서 finally 블록에서 "2 "가 출력된 후, 바깥쪽의 catch 블록으로 이동한다.
- 마지막으로 바깥쪽 catch 블록에서는 B 클래스 타입의 예외를 처리하고, "3 "을 출력한다.
- 따라서 실행 결과 '1 2 3 '이 출력된다.

299 **다음 Java 프로그램의 실행 결과를 작성하시오.**

```
1:  public class YoungJin {
2:      public static void main(String[] args) {
3:          int a=1, b=2, c=3, d=4;
4:          if((a==b) & (c++ != d) && (c++ < 6)) c++;
5:          System.out.println(c);
6:      }
7:  }
```

• **답 :**

정답 & 해설

4

- Java의 단락회로 : &&, || (&, | 는 단락회로가 아님)
- &&보다 &의 우선순위가 더 높으므로 (a==b) & (c++ != d)의 식이 먼저 평가된다.
- (a==b)는 false, (c++ != d)는 false (c++이 수행되므로 c는 4)
- false & false는 false이므로 식 전체의 결과는 무조건 false이다. 따라서 (c++ 〈 6)은 실행되지 않으므로 c의 값은 4가 되어 출력된다.

SECTION
03 Python

300 **다음 Python 프로그램의 실행 결과를 작성하시오.**

```
1:  hap = 0
2:  i = 0
3:  for i in range(1, 5):
4:      hap = hap + i
5:  print("합계 %d" % hap)
```

• **답** :

정답 & 해설

10

- hap 변수를 0으로 초기화하고 i 변수를 0으로 초기화한다.
- range(1, 5) 함수는 1부터 4까지의 정수 범위를 반환한다. 따라서 for 루프는 1, 2, 3, 4의 값을 차례대로 i 변수에 할당하면서 실행된다.
- 각 반복마다 hap 변수에 i 값을 더한다.
- for 루프가 끝나면 "합계"와 hap 변수의 값을 포맷 문자열을 사용하여 출력한다.
- 따라서 실행 결과는 10이 출력된다.

301 **다음 Python 프로그램의 실행 결과를 작성하시오.**

```
1:  a=0
2:  b=0
3:  for a in range(1, 50, 2):
4:      b += a
5:      if b > 20:
6:          break
7:  print(b)
```

• **답** :

정답 & 해설

25

- a 변수를 0으로 초기화하고, b 변수를 0으로 초기화한다.
- range(1, 50, 2) 함수는 1부터 49까지의 홀수 정수 범위를 반환한다. 즉, a 변수는 1부터 2씩 증가하면서 49까지의 값을 차례대로 할당받는다.
- 각 반복마다 b 변수에 a 값을 더한다.
- if b >= 20: 조건문을 사용하여, b 변수의 값이 20보다 크거나 같으면 for 루프를 종료한다. 즉, a를 b에 누적하면서 20이 넘어가면 루프가 종료된다(1 + 3 + 5 + 7 + 9 = 25).
- for 루프가 끝나면 b 변수의 값을 출력한다.

302 다음은 Python으로 작성된 선택 정렬(Selection Sort) 알고리즘 예제이다. (빈칸)에 들어갈 알맞은 코드를 작성하시오. (빈칸은 한 줄의 소스코드로 작성함)

```
1:  s = [10, 25, 15, 22]
2:  c = len(s)
3:  for i in range(0, c-1):
4:      for j in range(i+1, c):
5:          if s[i] > s[j]:
6:              (   빈칸   )
7:  print(s)
```

• **답** :

정답 & 해설

s[i], s[j] = s[j], s[i]

- s 리스트를 정의하고, 4개의 요소 [10, 25, 15, 22]를 포함한다.
- c 변수를 사용하여 s 리스트의 길이를 구한다.
- for 루프를 사용하여 i 변수가 0부터 c−2까지 1씩 증가하면서 반복된다.
- 안쪽에 또 다른 for 루프를 사용하여 j 변수가 i+1부터 c−1까지 1씩 증가하면서 반복된다.
- if s[i] 〉 s[j]: 조건문을 사용하여, s[i] 값이 s[j] 값보다 크면 s[i]와 s[j]의 값을 서로 바꾼다. 이때 두 개의 변수의 값을 바꾸기 위해 s[i], s[j] = s[j], s[i]과 같이 작성하여야 한다.
- for 루프가 완료되면, s 리스트의 요소가 오름차순으로 정렬된다.
- print 함수를 사용하여 정렬된 s 리스트를 출력하면 [10, 15, 22, 25]가 출력된다.

303 **다음은 Python으로 작성된 버블 정렬(Bubble Sort) 알고리즘 예제이다. (빈칸)에 들어갈 알맞은 코드를 작성하시오. (내림차순으로 출력, 빈칸은 한 줄의 소스코드로 작성함)**

```
1:  lis = [20, 10, 30, 50, 40]
2:  for j in range(0, len(lis) - 1):
3:      for k in range(0, (len(lis) - 1) - j):
4:          if (   빈칸   ):
5:              lis[k], lis[k + 1] = lis[k + 1], lis[k]
6:  print(lis)
```

• **답** :

정답 & 해설

lis[k] 〈 lis[k+1]

- lis 리스트를 정의하고, 5개의 요소를 포함한다.
- 바깥쪽 for 루프를 사용하여 j 변수가 0부터 len(lis)−2까지 1씩 증가하면서 반복된다.
- 안쪽에 또 다른 for 루프를 사용하여 k 변수가 0부터 (len(lis)−2)−j까지 1씩 증가하면서 반복된다.
- 버블 정렬은 이웃하는 두 개의 리스트 원소의 값을 비교하여 정렬하는 방법이므로 if lis[k] 〈 lis[k+1]: 조건문을 사용하여, lis[k] 값이 lis[k+1] 값보다 작으면 lis[k]와 lis[k+1]의 값을 서로 바꾸도록 식을 작성해야 한다.
- 안쪽 for 루프가 완료되면, lis 리스트에서 가장 큰 값이 마지막 위치에 위치하게 된다.
- 바깥쪽 for 루프를 반복하면서 정렬이 완료될 때까지 안쪽 for 루프를 반복한다.
- print 함수를 사용하여 정렬된 lis 리스트를 출력하면 [50, 40, 30, 20, 10]이 출력된다.

304 **다음 Python 프로그램의 실행 결과를 작성하시오.**

```
1:  num = '25214000'
2:
3:  if num.isdigit():
4:     num = num[::-1]
5:     ret = ''
6:
7:     for i,c in enumerate(num):
8:        i+=1
9:        if i != len(num) and i%3 ==0:
10:          ret += (c+',')
11:       else:
12:          ret += c
13:    ret = ret[::-1]
14:    print(ret)
15:
16: else:
17:    print('입력한 [%s]: 숫자가 아닙니다.'%num)
```

• **답 :**

정답 & 해설

25,214,000

- 주어진 문자열이 숫자인 경우, 천 단위마다 쉼표(,)를 넣어서 숫자를 출력하는 프로그램이다.
- num 변수를 정의하고, 문자열 25214000을 할당한다.
- if num.isdigit(): 조건문을 사용하여, num 변수가 숫자로만 이루어져 있는지 확인한다.
- num[::-1]을 사용하여 num 문자열을 뒤집은 문자열을 만든다.
- ret 변수를 빈 문자열로 초기화한다.
- for 루프를 사용하여 num 문자열에서 문자와 인덱스 값을 순회한다.
- i 값을 1 증가시켜서 1부터 시작하도록 한다.
- if i != len(num) and i%3 ==0: 조건문을 사용하여, i 값이 num 문자열의 길이와 같지 않고, i 값을 3으로 나눈 나머지가 0인 경우, ret 문자열에 ,를 추가한다.
- 그렇지 않은 경우, ret 문자열에 c 값을 추가한다.
- ret[::-1]을 사용하여 ret 문자열을 뒤집은 문자열을 만든다.
- print 함수를 사용하여 쉼표가 추가된 숫자를 출력하면 25,214,000이 출력된다.

305 다음 Python 프로그램의 실행 결과를 작성하시오.

```
1:  a = [1, 2, 3, 4, 5]
2:  a = list(filter(lambda num: num % 2 == 0, a))
3:  print(a)
```

• **답** :

정답 & 해설

[2, 4]

- filter() 함수를 사용하여 리스트 a에서 짝수만 추출하여 새로운 리스트를 생성하는 예제이다.
- a 리스트를 정의하고, 1부터 5까지의 정수를 포함한다.
- filter() 함수를 사용하여, a 리스트에서 짝수만 추출하여 새로운 리스트를 생성한다. 이때 람다 함수 lambda num: num % 2 == 0에 의해서 num이 짝수인지 여부를 판단하고 짝수인 경우에만 추가한다. 그리고 list() 함수를 사용하여 filter() 함수의 결과를 리스트로 변환한다.
- print() 함수를 사용하여 새로운 리스트를 출력하면 [2, 4]가 출력된다.

306 다음 Python 프로그램의 실행 결과를 작성하시오.

```
1:  name = "Alice"
2:  age = 30
3:  sentence = "My name is %s and I'm %d years old." % (name[:3], age)
4:  print(sentence)
```

• **답** :

정답 & 해설

My name is Ali and I'm 30 years old.

- 위 코드는 문자열 슬라이싱과 문자열 포맷팅을 사용하여 name 변수에서 앞 세 글자와 age 변수의 값을 삽입하여 문자열을 생성하는 예제이다.
- name 변수를 정의하고, 문자열 Alice를 할당한다.
- age 변수를 정의하고, 정수 30을 할당한다.
- %s와 %d 포맷 코드를 사용하여 name[:3]과 age 변수의 값을 삽입하여 문자열 문장을 생성한다. 여기에서 name[:3]은 name 변수에서 앞 세 글자를 추출하는 슬라이싱 연산이다. 따라서 %s 포맷 코드에 name[:3]의 값을 삽입하므로 name[:3]은 Ali이다. 그리고 %d 포맷 코드에 age 변수의 값을 삽입한다.
- print() 함수를 사용하여 생성된 문자열 문장을 출력하면 'My name is Ali and I'm 30 years old.'이 출력된다.

307 **다음 Python 프로그램의 실행 결과를 작성하시오.**

```
1:  def print_info(name, age=30, gender='Male'):
2:     info = "Name: %s, Age: %d, Gender: %s"% (name, age, gender)
3:     print(info)
4:
5:  print_info("John")
```

• **답** :

정답 & 해설

Name: John, Age: 30, Gender: Male

- print_info() 함수를 정의하고, 세 개의 매개변수 name, age, gender를 갖는다. age 매개변수는 기본값으로 30을, gender 매개변수는 기본값으로 Male을 갖는다.
- print_info() 함수를 호출할 때, name 매개변수에만 값을 전달하고 age와 gender 매개변수는 생략하면, age 매개변수는 기본값 30, gender 매개변수는 기본값 Male이 사용된다. 즉, name 매개변수에 "John" 값을 전달하고, age와 gender 매개변수는 생략한 것이다.
- info 변수에 문자열 포맷팅을 사용하여 name, age, gender 매개변수의 값을 저장하고 print() 함수를 사용하여 info 변수의 값을 출력하면 'Name: John, Age: 30, Gender: Male'이 출력된다.

308 Python에는 여러 개의 아이템들을 담을 수 있는 가변(mutable) 객체인 리스트 타입이 있다. 리스트 타입의 객체에서 제공하는 메소드의 설명을 보고 알맞은 메소드 이름을 〈보기〉를 보고 작성하시오.

- (1) : 리스트에서 특정 값이 처음 나오는 위치(인덱스)를 반환한다.
- (2) : 리스트에서 값이 x인 첫 번째 항목을 제거한다.
- (3) : 리스트의 끝에 새로운 요소를 추가한다.

〈보기〉

append(), index(), extend(), insert(), remove(), pop(), clear(), sort(), reverse()

- **답 :**

정답 & 해설

(1) index()

(2) remove()

(3) append()

리스트 객체의 메소드(Method)

append(x)	리스트의 끝에 x를 추가한다.
extend(iterable)	iterable의 모든 항목을 리스트에 추가한다.
insert(i, x)	리스트의 i번째 위치에 x를 삽입한다.
remove(x)	리스트에서 값이 x인 첫 번째 항목을 제거한다.
pop([i])	리스트의 i번째 위치에 있는 항목을 제거하고 반환한다. 인덱스 i가 생략되면 리스트의 마지막 항목을 제거하고 반환한다.
clear()	리스트의 모든 항목을 제거한다.
index(x[, start[, end]])	리스트에서 값이 x인 첫 번째 항목의 인덱스를 반환한다. start와 end 인덱스는 선택적으로 지정할 수 있다.
count(x)	리스트에서 값이 x인 항목의 개수를 반환한다.
sort(key=None, reverse=False)	리스트를 정렬한다. key 함수를 통해 정렬 기준을 지정할 수 있으며, reverse 옵션을 True로 설정하면 역순으로 정렬된다.
reverse()	리스트의 항목들을 역순으로 뒤집는다.

309 **다음 Python 프로그램의 실행 결과를 작성하시오.**

```
1:  a = 5
2:  result = 0
3:  for i in range(1, 4):
4:     result = a << i
5:     result = result * 2
6:  print(result)
```

• **답 :**

정답 & 해설

80

- a 변수를 정의하고, 정수 5를 할당한다. 그리고 result 변수를 초기값 0으로 할당한다.
- 반복문을 사용하여 a 변수를 1부터 3까지 3번 i 비트 왼쪽 시프트하면서 result 변수에 시프트된 값을 할당한 이후, result 변수에 2를 곱한다.
  - i 변수의 값이 1일 때, a 변수를 1비트 왼쪽 시프트한 결과는 10이므로 result 변수에 10을 할당한 후, result 변수를 2배로 곱한 결과는 20이다.
  - i 변수의 값이 2일 때, a 변수를 2비트 왼쪽 시프트한 결과는 20이므로 result 변수에 20을 할당한 후, result 변수를 2배로 곱한 결과는 40이다.
  - i 변수의 값이 3일 때, a 변수를 3비트 왼쪽 시프트한 결과는 40이므로 result 변수에 40을 할당한 후, result 변수를 2배로 곱한 결과는 80이다.
- 따라서, result 변수의 값인 80을 출력한다.

310 **다음 Python 프로그램의 실행 결과를 작성하시오.**

```
1: class City:
2:    cities = ["New York", "Paris", "London", "Tokyo", "Sydney"]
3: my_city = City()
4: last_chars = ''
5: for city in my_city.cities:
6:    last_chars += city[-1]
7: print(last_chars)
```

• **답** :

정답 & 해설

ksnoy

- 이 프로그램은 City 클래스를 정의하고, cities 리스트 속성을 초기화한다. 그 후 반복문을 사용하여 리스트의 각 요소에서 마지막 글자를 추출하고, 이를 last_chars 문자열 변수에 추가한 뒤 last_chars 변수를 출력한다.
- City 클래스를 정의하고, cities 리스트 속성을 초기화한다. cities 리스트에는 "New York", "Paris", "London", "Tokyo", "Sydney"가 포함되게 된다. 그리고 City() 클래스로 my_city 객체를 생성한다.
- 반복문을 사용하여 my_city 객체 cities 리스트의 요소를 하나씩 추출하며 반복하고 각 요소의 마지막 글자를 추출한 뒤 추출한 문자열을 last_chars 변수에 추가한다.
- 이후 last_chars 변수를 출력하면 'ksnoy'가 출력된다.

311 다음 Python 프로그램의 실행 결과를 작성하시오.

```
1:  arr = [[1, 2, 3], [4, 5], [6, 7, 8, 9]]
2:  sum = 0
3:  for sub in arr:
4:      for item in sub:
5:          sum += item
6:  print(sum)
```

• **답 :**

정답 & 해설

45

- arr 리스트를 정의하고, 요소들을 초기화한다. arr 리스트는 [1, 2, 3], [4, 5], [6, 7, 8, 9]가 된다.
- sum 변수의 초기값은 0이다.
- 이중 반복문을 사용하여 arr 리스트의 각 요소를 하나씩 추출한다.
- 요소들을 더하고, 결과를 sum 변수에 누적한다.
- sum 변수에는 45가 저장되어 출력된다.

312 다음 Python으로 작성된 소스코드를 수행했을 때의 결과를 작성하시오.

```
1: person = {"name": "Alice", "age": 25, "gender": "female"}
2: person["age"] = 30
3: person["occupation"] = "engineer"
4: del person["gender"]
5: print(person)
```

• **답** :

정답 & 해설

{'name': 'Alice', 'age': 30, 'occupation': 'engineer'}

- person 딕셔너리를 정의하고, age 키의 값을 30으로 변경하고, occupation 키를 추가한 뒤, gender 키를 del 키워드를 사용하여 삭제하여 최종 결과를 출력한다.
- person 딕셔너리에는 "name": "Alice", "age": 25, "gender": "female" 키-값 쌍이 포함되어 있다.
- person["age"]의 값인 25가 30으로 변경된다.
- person 딕셔너리에 "occupation": "engineer" 키-값 쌍이 추가된다.
- del person["gender"] 코드를 실행하여 person 딕셔너리에서 gender 키-값 쌍이 삭제된다.
- 최종 결과인 {'name': 'Alice', 'age': 30, 'occupation': 'engineer'}가 출력된다.

313 다음 Python 프로그램을 실행하고 'hello world'를 입력하였을 때 실행 결과를 작성하시오.

```
1:  x = input()
2:  x = x.capitalize()
3:  y = x.split()
4:  print(y[0][::2], end = '*')
5:  print(y[1][3:6])
6:
```

• 답 :

정답 & 해설

Hlo*ld

- x = input() : 사용자로부터 입력받은 값을 변수 x에 할당한다.
- x = x.capitalize() : capitalize() 메소드를 이용하여 문자열의 첫 번째 글자만 대문자로 만든다. x에 "hello world"가 입력되어 있으므로 x는 "Hello world"가 된다.
- y = x.split() : split() 메소드를 이용하여 문자열을 공백을 기준으로 나누어 리스트 y에 할당한다. 예를 들어 만약 x가 "Hello world"였다면 y는 ["Hello", "world"]가 된다.
- print(y[0][::2], end = '*') : y 리스트의 첫 번째 요소 y[0]의 짝수 인덱스 문자들만 추출하여 출력하고, 마지막에 * 문자를 출력한다. [::2]는 리스트의 처음부터 끝까지 2칸 간격으로 문자를 추출하는 슬라이싱이다. 따라서 "Hello"에서 짝수 인덱스 문자들인 "H", "l", "o"만 추출되어 "Hlo"가 "*"과 함께 출력되고 줄바꿈을 하지 않는다.
- print(y[1][3:6]) : y 리스트의 두 번째 요소 y[1]에서 3번 인덱스부터 5번 인덱스까지의 문자열을 추출하여 출력한다. 따라서 "world"에서 3번 인덱스부터 5번 인덱스까지의 문자열인 "ld"가 출력된다.
- 두 결과를 합하면 Hlo*ld가 출력된다.

314 다음 Python 프로그램을 실행하고 〈입력〉과 같이 입력하였을 경우의 실행 결과를 작성하시오.

```
1:  str_input = input('문자열을 입력하세요: ')
2:  str_list = str_input.split('-')
3:
4:  len_input = int(input('리스트 길이를 입력하세요: '))
5:  num_list = list(range(0, len_input, 2))
6:  num_list.remove(4)
7:
8:  i_index = str_list[1].find('i')
9:  result = i_index + num_list[2]
10:
11: print('결과값은 {}입니다.'.format(result))
12:
```

〈입력〉

```
문자열을 입력하세요: apple-ipad-macbook
리스트 길이를 입력하세요: 8
```

• **답** :

정답 & 해설

결과값은 6입니다.

- str_input = input('문자열을 입력하세요: ') : 사용자로부터 'apple-ipad-macbook'을 입력받는다.
- str_list = str_input.split('-') : '-'를 기준으로 문자열을 분리하여 str_list 리스트에 할당한다. str_list는 ['apple', 'ipad', 'macbook']이 된다.
- len_input = int(input('리스트 길이를 입력하세요: ')) : 사용자로부터 8을 입력받는다.
- num_list = list(range(0, len_input, 2)) : range() 함수를 이용하여 0부터 len_input까지 2씩 증가하는 숫자 리스트 num_list를 생성한다. 따라서 num_list는 [0, 2, 4, 6]이 된다.
- num_list.remove(4) : num_list 리스트에서 4를 삭제한다. 따라서 num_list는 [0, 2, 6]이 된다.
- i_index = str_list[1].find('i') : str_list 리스트에서 두 번째 요소인 'ipad'에서 'i' 문자가 처음 나타나는 인덱스를 구하여 i_index 변수에 할당한다. 따라서 i_index는 0이 된다.
- result = i_index + num_list[2] : i_index 변수와 num_list 리스트에서 세 번째 요소를 더하여 최종 결과값을 구하고, result 변수에 할당한다. 따라서 result는 6이 된다.
- print('결과값은 {}입니다.'.format(result)) : 문자열 포맷팅을 이용하여 result 값을 출력하므로 '결과값은 6입니다.'이 출력된다.

315 다음 Python으로 작성된 소스코드를 수행했을 때의 결과를 작성하시오.

```
1:  i = 50
2:  f = 987654.321E-3
3:  print('%d \ n%d' % (i, i), end='/')
4:  print('%.3f' % f)
```

• **답** :

정답 & 해설

50
50/987.654

- 먼저 i 변수에 50을, f 변수에 987654.321E−3을 할당한다.
- 그리고 나서 첫 번째 print() 함수에서는 %d를 이용하여 i 변수의 값을 정수 형태로 출력하며, 두 번째 print() 함수에서는 %.3f를 이용하여 f 변수의 값을 소수점 이하 3자리까지 실수 형태로 출력한다.
- 마지막으로 end 옵션을 사용하여 두 번째 출력의 마지막 문자를 '/'로 변경한다. 이렇게 하면 첫 번째 print() 함수와 두 번째 print() 함수가 이어져서 출력되며, '/' 문자가 두 값 사이에 추가되어 출력된다.

316 **다음 Python으로 작성된 소스코드를 수행했을 때의 결과를 작성하시오.**

```
1:  class Vehicle:
2:     def __init__(self, wheels, price):
3:        self.wheels = wheels
4:        self.price = price
5:
6:  class Bicycle(Vehicle):
7:     def __init__(self, wheels, price, gears):
8:        super().__init__(wheels, price)
9:        self.gears = gears
10:
11: bicycle = Bicycle(2, 100, "Shimano")
12: print(bicycle.gears)
13: print(bicycle.wheels)
```

• **답** :

정답 & 해설

Shimano
2

- 코드에서 Vehicle 클래스는 wheels와 price 멤버 변수를 갖고, Bicycle 클래스는 Vehicle 클래스를 상속받는 클래스로 부모의 wheels, price와 그리고 gears 멤버 변수를 추가로 갖는다. 그리고 super() 함수를 이용하여 부모 클래스의 생성자를 호출하여 wheels와 price 멤버 변수를 초기화한다.
- 마지막으로 Bicycle 클래스의 객체를 생성하고 gears와 wheels 멤버 변수의 값을 출력한다. Bicycle 클래스의 객체 bicycle를 생성할 때, wheels에는 2를, price에는 100을, gears에는 "Shimano"를 넣어서 초기화하였다.
- print(bicycle.gears)는 bicycle 객체의 gears 멤버 변수를 출력하므로 "Shimano"가 출력되고, print(bicycle.wheels)는 bicycle 객체의 wheels 멤버 변수를 출력하므로 2가 출력된다.

317 다음 Python으로 작성된 소스코드를 수행했을 때의 결과를 작성하시오.

```
1:  class Parent:
2:     def operate(self, x, y):
3:        print(x + y)
4:
5:  class Child(Parent):
6:     def operate(self, x, y):
7:        print(x * y)
8:
9:  parent = Parent()
10: parent.operate(2, 3)
11:
12: child = Child()
13: child.operate(2, 3)
```

• **답** :

정답 & 해설

5
6

- 코드에서 Parent 클래스는 부모를 나타내는 클래스로 operate() 메소드를 갖고, Child 클래스는 Parent 클래스를 상속받아 자식을 나타내는 클래스로 operate() 메소드를 추가로 갖는다. Parent 클래스의 객체와 Child 클래스의 객체를 생성하고, operate() 메소드를 호출한다.
- parent.operate(2, 3)은 Parent 클래스의 operate() 메소드를 호출한다. 이때, 매개변수로 2와 3을 전달하므로 2와 3을 더한 5가 출력된다.
- child.operate(2, 3)은 Child 클래스의 operate() 메소드를 호출한다. 이때, 매개변수로 2와 3을 전달하므로 2와 3을 곱한 6이 출력된다.
- 즉, Child 클래스에서 Parent 클래스를 상속받아 Parent 클래스의 operate() 메소드를 오버라이딩하여 자식 클래스에서 원하는 결과를 얻을 수 있다.

320 **다음 Python으로 작성된 소스코드를 수행했을 때의 결과를 작성하시오.**

```
1:  arr = [[1, 2, 3], [4, 5], [6, 7, 8, 9]]
2:  sum = 0
3:  for sub in arr:
4:     for item in sub:
5:        sum += item
6:  print(sum)
```

• **답** :

정답 & 해설

45

• arr이라는 2차원 리스트를 [[1, 2, 3], [4, 5], [6, 7, 8, 9]]와 같이 정의한다.
• sum이라는 변수를 생성하고 0으로 초기화한다. 이 변수는 배열의 모든 원소의 합을 저장하기 위한 것이다.
  – 첫 번째 for 루프에서 arr의 각 하위 배열(리스트)를 sub로 가져온다.
  – 두 번째 for 루프에서 각 하위 배열 sub의 원소를 item으로 가져온다.
  – sum에 item을 더하여 누적 합을 구한다.
• 모든 원소를 더한 후, 합계인 sum을 출력하면 45가 출력된다.

321 다음 Python으로 작성된 소스코드를 수행했을 때의 결과를 작성하시오.

```
1:  a=0
2:  b=0
3:  for a in range(1, 50, 2):
4:     b += a
5:     if b > 20:
6:        break
7:  print(b)
```

• **답** :

정답 & 해설

25

- 변수 a와 b를 0으로 초기화한다.
- for 루프를 사용하여 a가 1부터 49까지의 범위에서 2씩 증가하는 홀수 값을 가진다. (range(1, 50, 2)는 1, 3, 5, ..., 49의 시퀀스를 생성한다.)
- 각 반복에서 b에 a 값을 더한다.
- if문을 사용하여 누적 합인 b의 값이 20보다 커지면 break문으로 루프를 종료하고, b의 값을 출력한다.

  a = 1, b = 0 + 1 = 1

  a = 3, b = 1 + 3 = 4

  a = 5, b = 4 + 5 = 9

  a = 7, b = 9 + 7 = 16

  a = 9, b = 16 + 9 = 25 (b 〉 20에 False로 루프 종료)
- 루프가 종료되고, b의 값인 25를 출력한다.

322 **다음 Python으로 작성된 소스코드를 수행했을 때의 결과를 작성하시오.**

```
1:  my_list = [1, 2, 3]
2:  my_list.append(4)
3:  my_list.append([5, 6])
4:  print(my_list)
```

• **답 :**

정답 & 해설

[1, 2, 3, 4, [5, 6]]

- my_list라는 변수를 생성하고, [1, 2, 3]라는 리스트를 할당한다.
- append 메소드를 사용하여 my_list에 정수 4를 추가한다. 이제 my_list는 [1, 2, 3, 4]가 된다.
- 다시 append 메소드를 사용하여 my_list에 [5, 6]라는 새로운 리스트를 추가한다. 이 경우, [5, 6] 전체 리스트가 하나의 원소로 추가되므로 my_list는 [1, 2, 3, 4, [5, 6]]가 된다.
- print 함수를 사용하여 my_list를 출력한다. 그 결과 [1, 2, 3, 4, [5, 6]]가 출력된다.

my_list	1	2	3	4	[5, 6]

323 다음 Python으로 작성된 소스코드를 수행했을 때의 결과를 작성하시오.

```
1: my_list = [1, 2, 3, 4, 5]
2: new_list = my_list[1:4]
3: print(new_list)
```

• **답** :

정답 & 해설

[2, 3, 4]

- my_list라는 변수를 생성하고, [1, 2, 3, 4, 5]라는 리스트를 할당한다.
- new_list라는 변수를 생성하고, my_list에서 슬라이싱을 사용해 인덱스 1부터 3까지([1:4])의 원소를 포함하는 새로운 리스트를 할당한다. 즉, 슬라이싱의 끝 인덱스는 포함되지 않으므로, 인덱스 1(값 2), 인덱스 2(값 3), 인덱스 3(값 4)의 원소만 포함된 새로운 리스트가 생성된다. 따라서 new_list는 [2, 3, 4]가 된다.
- print 함수를 사용하여 new_list를 출력하면 결과는 [2, 3, 4]이다.

324 **다음 Python으로 작성된 소스코드를 수행했을 때의 결과를 작성하시오.**

```
1:  fruits = ('apple', 'banana', 'orange')
2:  prices = tuple([1000, 2000, 1500])
3:
4:  tuple1 = fruits + prices
5:  tuple2 = tuple1 * 3
6:
7:  print(len(tuple2))
```

• **답** :

정답 & 해설

18

- fruits라는 튜플 변수를 생성하고, ('apple', 'banana', 'orange')를 할당한다.
- 리스트 [1000, 2000, 1500]을 생성하고, 이를 tuple() 함수를 사용하여 튜플로 변환한 후, prices라는 튜플 변수에 할당한다. 따라서 prices는 (1000, 2000, 1500)이 된다.
- 두 튜플 fruits와 prices를 합하여 새로운 튜플 tuple1을 생성한다. 따라서 tuple1은 ('apple', 'banana', 'orange', 1000, 2000, 1500)이 된다.
- tuple1을 세 번 반복하여 새로운 튜플 tuple2를 생성하면 tuple2는 ('apple', 'banana', 'orange', 1000, 2000, 1500, 'apple', 'banana', 'orange', 1000, 2000, 1500, 'apple', 'banana', 'orange', 1000, 2000, 1500)이 된다.
- len() 함수를 사용하여 tuple2의 길이(원소 개수)를 출력하면, 결과는 18이다.

325 다음 Python으로 작성된 소스코드를 수행했을 때의 결과를 작성하시오.

```
animals = ['dog', 'cat', 'rabbit']
for i in animals:
  print(len(i))
```

• 답 :

정답 & 해설

3

3

6

- 리스트 animals를 'dog', 'cat', 'rabbit'의 초기값으로 생성하였다.
- for i in animals:는 리스트 animals의 각 원소를 i에 배정하여 반복하게 된다.
- 반복문의 명령에 print(len(i))를 출력하면 i의 길이가 출력되므로, 'dog'는 3, 'cat'은 3, 'rabbit'은 6이 각각 출력된다.

326 다음 Python으로 작성된 소스코드를 수행했을 때의 'onion'의 출력 횟수를 작성하시오.

```
1:  for i in range(1, 15, 2):
2:      for j in range(1, 5, 1):
3:          print("onion")
```

• 답 :

정답 & 해설

28

- 첫 번째 for 루프에서 i를 1부터 14까지의 범위에서 2씩 증가하는 홀수 값으로 설정한다 (range(1, 15, 2)는 1, 3, 5, ..., 13의 시퀀스를 생성한다).
- 두 번째 for 루프에서 j를 1부터 4까지의 범위에서 1씩 증가하는 값으로 설정한다 (range(1, 5, 1)는 1, 2, 3, 4의 시퀀스를 생성한다).
- 첫 번째 for 루프는 총 7번 반복되고(홀수는 총 7개이기 때문에), 두 번째 for 루프는 각각의 첫 번째 루프 반복마다 4번 반복된다. 따라서 "onion"이라는 문자열은 총 7 * 4 = 28번 출력된다.

327 **다음 Python으로 작성된 소스코드를 수행했을 때의 결과를 작성하시오.**

```
1:  def apple(num1,num2,num3,num4):
2:      aa = (num1 * num2) + (num3 - num4)
3:      for i in [num1,num2,num3,num4]:
4:          aa += num2
5:      return aa
6:
7:  def banana(num1,num2,num3,num4):
8:      bb = apple(num1,num2,num3,num4)/1.5
9:      return bb
10:
11: aa = banana(1,10,4,21)
12: print(aa**2//21)
```

• **답** :

정답 & 해설

23.0

- apple 함수는 네 개의 인자(num1, num2, num3, num4)를 받아 다음과 같은 계산을 수행한다.
  - aa 변수에 (num1 * num2) + (num3 - num4) 값을 할당하고, for 루프를 사용하여 num1, num2, num3, num4의 리스트에서 각 원소에 대해 aa에 num2 값을 더한다.
  - 그리고 aa 값을 반환한다.
- banana 함수는 apple 함수를 호출하여 값을 계산한 뒤 그 결과를 1.5로 나눈다. 그리고 계산된 값을 반환한다.
- 11번째 줄에서 banana 함수를 호출하고 인자로 (1, 10, 4, 21)을 전달한다. 이어서 apple 함수를 호출하고 인자로 (1, 10, 4, 21)을 전달한다. 단계별로 계산된 값은 다음과 같다.
  - apple 함수 호출 : apple(1, 10, 4, 21)
- aa = (1 * 10) + (4 - 21) = 10 - 17 = -7
- for 루프에 의해 aa 값에 num2(10)를 4번 더한다. → aa = -7 + 10 * 4 = -7 + 40 = 33
- aa 값을 반환하므로, apple(1, 10, 4, 21) = 33
  - banana 함수 호출 : banana(1, 10, 4, 21)
- bb = apple(1, 10, 4, 21) / 1.5 = 33 / 1.5 = 22.0
- bb 값을 반환하므로, banana(1, 10, 4, 21) = 22.0
  - aa 변수에 22.0을 할당한다.
  - aa 값을 제곱하고 21로 나눈 몫을 계산하고 출력한다. → (22.0 ** 2) // 21 = 484 // 21 = 23.047…
- 따라서 23.0이 출력된다.

328 다음 Python으로 작성된 소스코드를 수행했을 때의 결과를 작성하시오.

```
1:  def multi(a):
2:     k = [1,3,5,7,9]
3:     for i in k:
          a += 1
4:     return a//2
5:
6:  def mumu(a):
7:     k = [2,4,6,8]
8:     for i in k:
          a += 2
9:     if a > 1:
10:       return a
11:    else:
          a += 2
12:       return a
13:
14: print(mumu(multi(2)))
```

• 답 :

정답 & 해설

11

- multi 함수는 하나의 인자 a를 받아 다음과 같은 계산을 수행한다.
  - 리스트 k를 정의하고, [1, 3, 5, 7, 9] 값을 할당한다.
  - for 루프를 사용하여 k의 각 원소에 대해 a에 1을 더한다.
  - 최종적으로 a 값을 2로 나눈 몫을 반환한다.
- mumu 함수는 하나의 인자 a를 받아 다음과 같은 계산을 수행한다.
  - 리스트 k를 정의하고, [2, 4, 6, 8] 값을 할당한다.
  - for 루프를 사용하여 k의 각 원소에 대해 a에 2를 더한다.
  - if문을 사용하여 a가 1보다 큰지 확인한다.
  - a가 1보다 크면, a 값을 반환한다.
  - 그렇지 않으면, a에 2를 더한 값을 반환한다.
- print(mumu(multi(2)))에 의해서 mumu 함수에 multi 함수의 결과를 전달하여 호출하고, 그 결과를 출력한다. 단계별로 계산된 값은 다음과 같다.
  - multi 함수 호출 : multi(2)
- 초기 a 값 : 2
- for 루프에 의해 a 값에 1을 5번 더한다. : a = 2 + 1 * 5 = 7
- a 값을 2로 나눈 몫을 반환한다. : 7 // 2 = 3
- 따라서 multi(2) = 3
  - mumu 함수 호출 : mumu(3)
- 초기 a 값 : 3
- for 루프에 의해 a 값에 2를 4번 더한다. : a = 3 + 2 * 4 = 11
- a가 1보다 크므로, a 값을 반환한다. : 11
- 따라서 mumu(3) = 11
  - print(mumu(multi(2))) = print(11)
- 따라서 11이 출력된다.

329 **다음 Python으로 작성된 소스코드를 수행했을 때의 결과를 작성하시오.**

```
1:  def power(x, y):
2:      result = 1
3:      for i in range(y):
4:          result = result * x
5:      return result
6:
7:  print(power(10, 2))
```

• **답** :

정답 & 해설

100

- power 함수는 두 개의 인자 x와 y를 받아 다음과 같은 계산을 수행한다.
  - result 변수를 1로 초기화한다.
  - for 루프를 사용하여 y의 횟수만큼 반복한다.
  - 각 반복에서 result에 x를 곱한 값을 result에 할당한다.
  - 모든 반복이 끝난 후, result 값을 반환한다.
- power 함수를 호출하고 인자로 (10, 2)를 전달한 뒤 이 호출의 결과값을 print() 함수로 출력한다. 각 단계별로 계산된 값은 다음과 같다.
  - power 함수 호출 : power(10, 2)
- 초기 result 값 : 1
- 첫 번째 반복에서 result 값에 x(10)를 곱한다. : result = 1 * 10 = 10
- 두 번째 반복에서 result 값에 x(10)를 곱한다. : result = 10 * 10 = 100
- result 값을 반환하므로, power(10, 2) = 100
  - print(power(10, 2)) = print(100)
- 따라서 출력 결과는 100이다. 이는 10의 2제곱, 즉 10 * 10을 계산한 결과와 동일하다.

CHAPTER 11

응용 SW 기초 기술 활용

SECTION

01 운영체제 기초 활용하기

330 **서버 가상화(Virtualization)에서 필요로 하는 하이퍼바이저(Hypervisor)에 대한 설명으로 옳은 것을 <보기>에서 모두 고르시오.**

〈보기〉

ㄱ. 하이퍼바이저는 운영체제(OS, Operating System) 없이 직접 하드웨어를 제어하거나 운영체제상에서 응용 프로그램처럼 동작할 수 있다.
ㄴ. 하이퍼바이저상에서 실행되는 게스트(guest) OS는 반드시 특정 하이퍼바이저상에서 실행될 수 있도록 수정되어야 한다.
ㄷ. Type 2 하이퍼바이저는 특정 OS상에서 응용 프로그램처럼 동작한다.
ㄹ. 전가상화(Full-virtualization)와 반가상화(Para-virtualization) 기술 모두에서 하이퍼바이저를 필요로 한다.
ㅁ. KKVM(Kernel-based Virtual Machine)은 Type 1 하이퍼바이저로 분류될 수 있다.

• **답 :**

정답 & 해설

ㄱ, ㄷ, ㄹ, ㅁ

하이퍼바이저(Hypervisor)

• 하이퍼바이저는 호스트 컴퓨터에서 다수의 운영체제(Operating System)를 동시에 실행하기 위한 논리적 플랫폼(Platform)을 의미한다. 가상화 머신 모니터 또는 가상화 머신 매니저(VMM)라고도 부른다.
• 하이퍼바이저는 위치와 역할에 따라 Type 1, Type 2로 분류되고, 하이퍼바이저의 가상화 방식에 따라 전가상화, 반가상화로 분류할 수 있다.

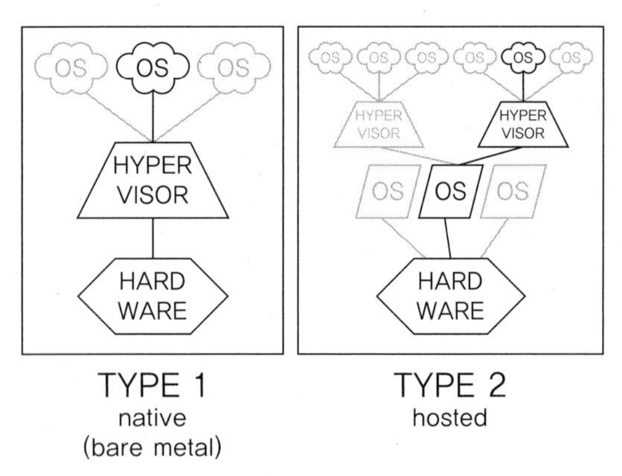

• 먼저 Type 1 하이퍼바이저는 호스트 하드웨어에 직접 설치하여 구동된다. 그림을 보면 Type 1 하이퍼바이저의 경우 하드웨어 바로 위에 위치함을 알 수 있다. 그래서 하드웨어를 제어하는 OS 역할과 VM들을 관리하는 역할을 모두 하이퍼바이저가 담당한다.
• Type 2 하이퍼바이저는 다른 Application과 마찬가지로 호스트 OS 위에 설치되는 방식의 하이퍼바이저이다. 즉, 기존의 컴퓨터 환경을 그대로 사용하는 방식이므로 설치 및 구성이 편리하다는 장점이 있다.

331 정보 시스템에 대한 설명을 보고 그에 해당하는 시스템을 〈보기〉를 참조하여 (1), (2), (3), (4)를 작성하시오.

- (1) : 여러 개의 프로그램을 메모리에 동시에 적재하여 실행하는 시스템으로, CPU가 한 프로그램을 실행하는 동안 다른 프로그램이 I/O 작업 등을 수행할 수 있도록 한다.
- (2) : 일정한 작업을 처리하는 시스템으로, 대량의 데이터를 한꺼번에 처리하는 방식이다. 사용자가 작업을 요청하면 해당 작업은 대기열에 저장되고 순차적으로 처리된다.
- (3) : 여러 사용자가 하나의 시스템을 동시에 사용할 수 있도록 하는 시스템으로, 각 사용자에게 일정한 시간을 할당하여 각 사용자가 독립적으로 시스템을 사용할 수 있도록 한다.
- (4) : 여러 개의 CPU를 사용하여 하나의 시스템에서 여러 작업을 처리하는 시스템으로, 대규모 계산이나 대용량 데이터 처리 등에서 사용된다.

〈보기〉

시분할 시스템
일괄처리 시스템
다중처리 시스템
다중프로그래밍 시스템

- **답 :**

정답 & 해설

(1) 다중프로그래밍 시스템
(2) 일괄처리 시스템
(3) 시분할 시스템
(4) 다중처리 시스템

구분	설명
다중프로그래밍 시스템 (Multi Programming System)	• 여러 개의 프로그램을 메모리에 동시에 적재하여 실행하는 시스템으로, CPU가 한 프로그램을 실행하는 동안 다른 프로그램이 I/O 작업 등을 수행할 수 있도록 한다. • 따라서 CPU가 일을 기다리는 시간을 최소화하고, 시스템의 성능을 향상시킬 수 있다.
일괄처리 시스템 (Batch Processing System)	• 일정한 작업을 처리하는 시스템으로, 대량의 데이터를 한꺼번에 처리하는 방식이다. • 사용자가 작업을 요청하면 해당 작업은 대기열에 저장되고 순차적으로 처리되기 때문에 대용량의 데이터를 한번에 처리할 때 사용된다.
시분할 시스템 (Time Sharing System)	• 여러 사용자가 하나의 시스템을 동시에 사용할 수 있도록 하는 시스템으로, 각 사용자에게 일정한 시간을 할당하여 각 사용자가 독립적으로 시스템을 사용할 수 있도록 한다. • 대화식 환경에서 터미널 장치를 통해 사용된다.
다중처리 시스템 (Multi Processing System)	• 여러 개의 CPU를 사용하여 하나의 시스템에서 여러 작업을 처리하는 시스템으로, 대규모 계산이나 대용량 데이터 처리 등에서 사용된다. • CPU들이 동시에 작업을 처리하기 때문에 처리 속도가 빠르고 장애 대응력도 높아져 시스템의 안정성이 높아진다.

332 **병렬처리 프로그램에서 차례로 수행되어야 하는 비교적 적은 수의 명령문들이, 프로세서의 수를 추가하더라도 그 프로그램의 실행을 더 빠르게 할 수 없도록 속도 향상을 제한하는 요소를 갖고 있다는 법칙을 무엇이라 하는지 작성하시오.**

• **답** :

정답 & 해설

암달의 법칙

암달의 법칙(Amdahl's law)

• 컴퓨터 프로그램은 프로세서를 아무리 병렬화시켜도 병렬처리가 가능한 부분(전체 처리량의 약 5%)과 불가능한(순차 처리) 부분으로 구성되므로 더 이상 성능이 향상되지 않는 한계가 존재한다는 법칙이다.
• 즉, 병렬처리 프로그램에서 차례로 수행되어야 하는 비교적 적은 수의 명령문들이, 프로세서의 수를 추가하더라도 그 프로그램의 실행을 더 빠르게 할 수 없도록 속도 향상을 제한하는 요소를 갖고 있다는 것이다.

333 **구글에서 개발한 리눅스(Linux) 기반의 오픈소스 모바일 운영체제(OS)로, 다양한 디바이스에서 사용되며, 다양한 앱을 개발하고 배포할 수 있는 오픈소스 플랫폼을 무엇이라 하는지 작성하시오.**

• **답** :

정답 & 해설

안드로이드

안드로이드(Android)

• 구글이 개발한 모바일 운영체제(OS)로 스마트폰, 태블릿, 스마트 워치, 차량용 시스템, TV 등 다양한 디바이스에서 사용되는 모바일 운영체제 중 하나이다.
• 리눅스(Linux) 기반의 오픈소스 운영체제로, 다양한 애플리케이션 개발 및 배포를 위한 구글 플레이 스토어(Google Play Store)와 같은 서비스를 제공한다.
• 안드로이드 앱은 Java, Kotlin 등 다양한 프로그래밍 언어를 사용하여 개발할 수 있다.

334 **다음 유닉스(Unix)에 대한 설명 중 (1), (2)에 들어갈 알맞은 유닉스 구성요소를 작성하시오.**

> 유닉스(Unix)는 대부분의 서버 시스템에서 사용되는 운영체제(OS)이다. 유닉스 운영체제는 (1)(와)과 (2)(으)로 구성되어 있다.
> - (1)(은)는 운영체제의 핵심 부분으로, 하드웨어와 프로그램 사이에서 인터페이스 역할을 한다. 또한 프로세스 관리, 메모리 관리, 입출력 관리, 네트워크 관리 등 다양한 시스템 관리 기능을 제공한다.
> - (2)(은)는 사용자와 운영체제 사이에서 인터페이스 역할을 한다. 사용자가 입력한 명령어를 해석하고, 해당 명령어를 실행시키는 역할을 한다.

• **답 :**

정답 & 해설

(1) 커널

(2) 쉘

① 커널(Kernel)

- 운영체제의 핵심 부분으로, 하드웨어와 프로그램 사이에서 인터페이스 역할을 한다.
- 프로세스 관리, 메모리 관리, 입출력 관리, 네트워크 관리 등 다양한 시스템 관리 기능을 제공한다.
- 하드웨어와 소프트웨어의 상호작용을 관리하여 시스템 안정성과 보안성을 유지한다.

② 쉘(Shell)

- 사용자와 운영체제 사이에서 인터페이스 역할을 한다.
- 사용자가 입력한 명령어를 해석하고, 해당 명령어를 실행시키는 역할을 한다.
- 다양한 명령어와 기능을 제공하여 사용자가 운영체제를 보다 쉽게 사용할 수 있도록 한다.
- 유닉스 시스템에서는 보통 bash, csh, ksh 등 다양한 쉘을 지원한다.

기적의 TIP

유닉스(Unix)의 계층 구조

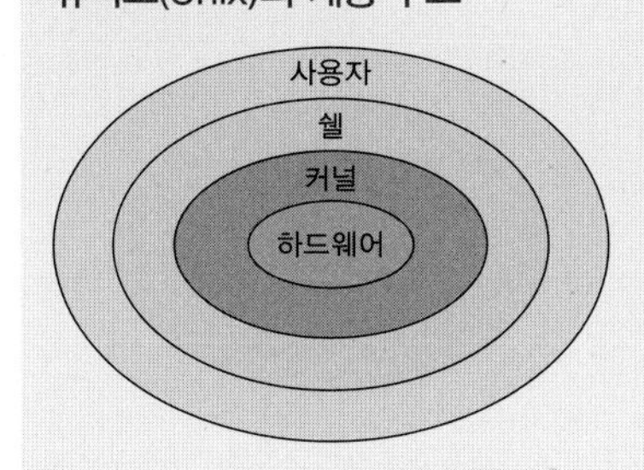

335 **다음과 같은 가용 공간을 갖는 주기억장치에 크기가 각각 25KB, 30KB, 15KB, 10KB인 프로세스가 순차적으로 적재 요청된다고 가정할 때 최악 적합(Worst Fit) 배치 전략을 사용하여 할당되는 가용 공간 시작 주소를 순서대로 나열하시오.**

〈가용 공간 리스트〉

시작 주소	크기
w	30KB
x	20KB
y	15KB
z	35KB

• **답** :

정답 & 해설

z→w→x→y

- 25KB → 크기가 가장 큰 z의 35KB에 배치
- 30KB → 남은 공간 중 가장 큰 w의 30KB에 배치
- 15KB → 남은 공간 중 가장 큰 x의 20KB에 배치
- 10KB → 마지막 공간 y의 15KB에 배치

기적의 TIP

기억장치 배치 전략

최초 적합(First Fit)	가능한 영역 중에서 첫 번째 영역에 배치
최적 적합(Best Fit)	가능한 영역 중에서 단편화를 가장 작게 남기는 영역에 배치
최악 적합(Worst Fit)	가능한 영역 중에서 단편화를 가장 많이 남기는 영역에 배치

336 **다음이 가상 기억 장치의 구현 방법에 대한 방법을 무엇이라 하는지 작성하시오.**

> 프로그램을 논리적인 블록으로 나누어서 메모리에 할당하는 방식이다. 각 블록은 논리적인 의미를 가지고 있으며, 필요한 블록만 물리적인 메모리에 올려서 사용하면 물리적인 메모리 크기보다 큰 프로그램도 실행할 수 있다. 이 방법을 사용하면 내부 단편화는 일어나지 않지만 외부 단편화는 일어날 수 있다.

• **답** :

정답 & 해설

세그먼테이션 기법

가상 기억 장치의 구현 방법

구분	설명
페이징 기법 (Paging)	• 프로그램을 작은 크기의 페이지로 나누어서 메모리에 할당하는 방식이다. • 물리적인 메모리 공간과 동일한 크기로 페이지 프레임(Page Frame)을 설정하고, 물리적인 메모리에 페이지 프레임을 할당하면서 필요한 페이지를 로드한다. • 프로그램이 실행될 때 필요한 페이지만 물리적인 메모리에 올려서 사용하고, 필요하지 않은 페이지는 디스크 공간에 저장한다. • 메모리 관리가 쉽고 공간을 효율적으로 사용할 수 있으나, 페이지 교체 시 발생하는 오버헤드가 있을 수 있다.
세그먼테이션 기법 (Segmentation)	• 프로그램을 논리적인 블록인 세그먼트(Segment)로 나누어서 메모리에 할당하는 방식이다. • 각 세그먼트는 논리적인 의미를 가지고 있으며, 필요한 세그먼트만 물리적인 메모리에 올려서 사용한다. • 페이징 기법보다 세부적인 메모리 관리가 가능하며, 세그먼트 단위로 보안과 접근 권한 등을 관리할 수 있지만, 메모리 공간 낭비 문제가 발생할 수 있다.

337 초기 페이지 프레임은 비어 있다고 가정할 때, 3개의 페이지 프레임을 가진 기억장치에서 다음과 같이 페이지 참조열이 주어졌다. LRU(Least Recently Used) 알고리즘을 적용했을 때 발생하는 페이지 부재의 수를 작성하시오.

```
2, 3, 4, 2, 1, 5, 6, 2, 1, 2, 3, 5, 3
```

• 답 :

정답 & 해설

10

참조열	2	3	4	2	1	5	6	2	1	2	3	5	3
페이지 프레임			4	2	1	5	6	2	1	2	3	5	3
		3	3	4	2	1	5	6	2	1	2	3	5
	2	2	2	3	4	2	1	5	6	6	1	2	2
부재	✓	✓	✓		✓	✓	✓	✓	✓		✓	✓	

338 컴퓨터 시스템에서 물리적인 메모리보다 많은 양의 가상 메모리가 사용되어 발생하는 현상으로, 프로세스가 필요로 하는 페이지를 메모리에서 찾을 수 없어서 페이지 교체가 계속해서 생기면서 발생한다. 이로 인해 프로세스의 실행이 느려지고, 시스템 전체의 성능이 저하되는 현상을 무엇이라 하는지 작성하시오.

• 답 :

정답 & 해설

스래싱

스래싱(Thrashing)이 발생하는 경우

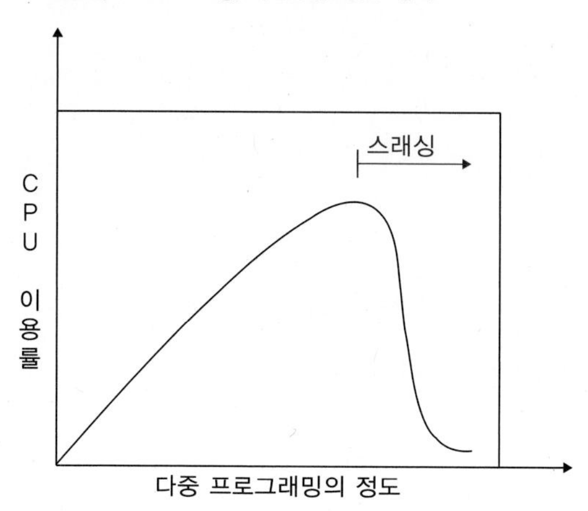

- 물리적인 메모리 공간이 부족한 경우
- 사용 중인 프로세스의 수가 증가하여, 페이지 교체가 빈번하게 발생하는 경우
- 페이지 교체 알고리즘의 성능이 좋지 않아서, 올바른 페이지 교체가 이루어지지 않는 경우

339 다음이 설명하는 페이지 교체 기법을 영문 약어로 작성하시오.

(1)	최근에 가장 적게 쓰인 페이지를 대체한다. 즉, 가장 최근에 사용하지 않은 페이지와 교체하는 기법이다.
(2)	사용 빈도가 가장 적은 페이지가 교체되는 기법이다.
(3)	각 페이지가 주기억장치로 들어올 때마다 그 시간을 기억하고 있다가 페이지가 교체될 필요가 있을 때, 가장 먼저 주기억장치에 들어 있는 페이지와 교체시키는 방법이다.

• **답** :

정답 & 해설

(1) LRU

(2) LFU

(3) FIFO

페이지 교체 기법

최적 교체 (Optimal Replacement)	현재 주기억장치에 적재되어 있는 페이지들 중 현재 시점 이후로 가장 오랫동안 참조되지 않을 페이지를 교체한다.
선입 선출 (FIFO, First In First Out)	각 페이지가 주기억장치로 들어올 때마다 그 시간을 기억하고 있다가 페이지가 교체될 필요가 있을 때, 가장 먼저 주기억장치에 들어 있는 페이지와 교체시키는 방법이다.
LRU(Least Recently Used)	최근에 가장 적게 쓰인 페이지를 대체한다. 즉, 가장 최근에 사용하지 않은 페이지와 교체하는 기법이다.
LFU(Least Frequently Used)	사용 빈도가 가장 적은 페이지가 교체된다.
NUR(Not Used Recently)	근래에 쓰이지 않은 페이지는 가까운 미래에도 쓰이지 않을 가능성이 많기 때문에 이러한 페이지를 새로 호출하는 페이지와 대체한다. 초기의 참조비트와 변형비트는 0으로 설정하고, 이후 페이지가 참조나 변형되었을 때 각각 1로 세트한다.

340 **다음에 따라 페이지 기반 메모리 관리 시스템에서 LRU(Least Recently Used) 페이지 교체 알고리즘을 사용하였을 때 주어진 참조열의 모든 참조가 끝난 후 최종으로 남아 있는 페이지를 스택 구조에 작성하시오.**

- LRU 구현 시 스택을 사용한다.
- 프로세스에 할당된 페이지 프레임은 4개이다.
- 메모리 참조열 : 1 2 3 4 5 3 4 2 5 4 6 7 2 4

• **답** :

스택 top	
스택 bottom	

정답 & 해설

스택 top	4
	2
	7
스택 bottom	6

- 스택을 이용하여 LRU(Least Recently Used) 페이지 교체 알고리즘을 구현하면 페이지의 교체가 필요한 경우 스택의 최하단의 페이지가 제거된다.
- 요청되는 페이지(교체/유지 모두 포함)를 스택의 최상단으로 이동시키면서 알고리즘을 동작한다.

참조열	1	2	3	4	5	3	4	2	5	4	6	7	2	4
프레임				4	5	3	4	2	5	4	6	7	2	4
			3	3	4	5	3	4	2	5	4	6	7	2
		2	2	2	3	4	5	3	4	2	5	4	6	7
	1	1	1	1	2	2	2	5	3	3	2	5	4	6

341 가상기억장치의 구현에 있어서 프로세스가 일정 시간 동안 자주 사용하는 페이지들의 집합을 의미하는 용어를 무엇이라 하는지 작성하시오.

• 답 :

정답 & 해설

워킹 셋(Working Set)

워킹 셋(Working Set)

- 프로세스가 일정 시간 동안 자주 사용하는 페이지들의 집합을 의미한다.
- 프로세스의 페이지 교체를 줄이고, 메모리 관리를 효율적으로 할 수 있도록 한다.
- 운영체제는 워킹셋을 추적하여, 프로세스가 필요로 하는 페이지를 미리 메모리에 로드하거나, 불필요한 페이지를 메모리에서 내리는 등의 메모리 관리를 수행한다.
- 워킹셋의 크기는 프로세스의 실행 상태에 따라 변동된다. 예를 들어 프로세스가 입출력 작업 등의 블로킹(Blocking) 작업을 수행할 때는 워킹셋이 작아지지만, CPU 사용량이 높아질 때는 워킹셋이 커진다. 따라서 운영체제는 프로세스의 워킹셋 크기를 동적으로 추적하여 메모리 관리를 수행한다.

342 **다음의 프로세스 상태 전이도의 (1), (2), (3)에 들어갈 알맞은 상태를 작성하시오.**

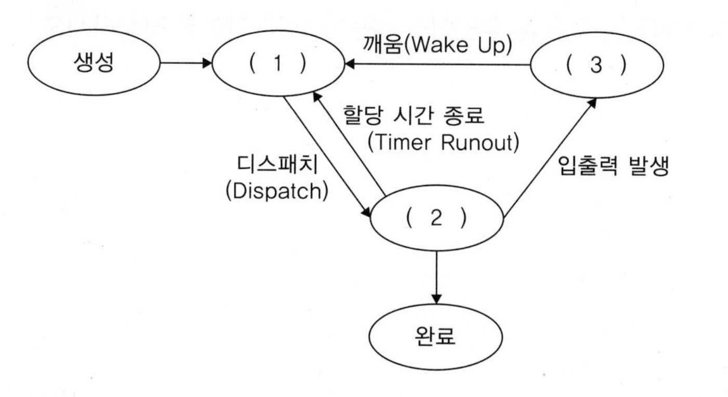

• **답** :

정답 & 해설

(1) 준비

(2) 실행

(3) 대기

프로세스의 상태

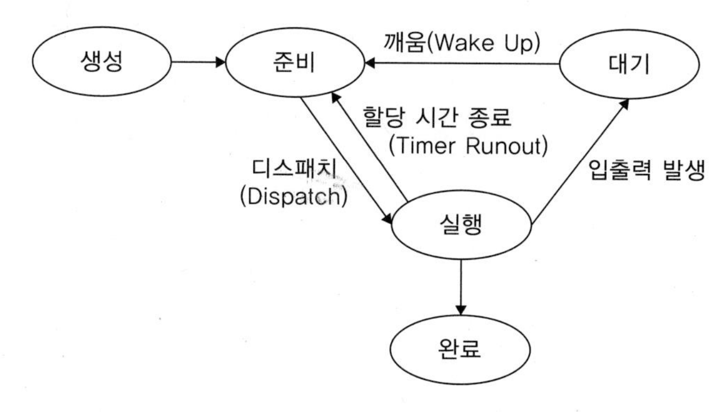

생성 상태(New)	프로세스가 생성 이후 운영 체제에 의해 실행 가능하게 되지 못한 상태
준비 상태(Ready)	프로세스가 실행을 위해 CPU(Process)를 할당 받기를 기다리는 상태
실행 상태(Execute)	프로세스가 CPU(Process)를 할당받아 실행되는 상태
대기 상태(Block)	프로세스가 임의의 자원을 요청한 후 이를 할당받을 때까지 기다리고 있는 상태
완료 상태(Finish)	프로세스가 완료되어 기억장치, CPU 등 모든 자원 해제

343 **프로세스를 관리하는 데 필요한 정보를 담고 있는 자료구조로 운영체제가 프로세스를 관리하기 위해 필요한 정보를 저장하고 있으며, 각 프로세스마다 고유하게 할당되는 블록을 무엇이라 하는지 영문 약어로 작성하시오.**

• **답** :

정답 & 해설

PCB

PCB(Process Control Block)

- 프로세스를 관리하는 데 필요한 정보를 담고 있는 자료구조로 운영체제가 프로세스를 관리하기 위해 필요한 정보를 저장하고 있으며, 각 프로세스마다 고유하게 할당된다.
- PCB는 프로세스의 실행 상태를 추적하고, 프로세스 관리에 필요한 정보를 저장하여 운영체제가 프로세스를 관리하는 데 사용된다.
- 프로세스가 생성될 때 할당되며, 프로세스의 상태 전이나 CPU 스케줄링 등의 이벤트가 발생할 때마다 갱신된다.

기적의 TIP

PCB가 포함하는 정보

- 프로세스의 현 상태
- 프로세스의 고유한 식별자
- 프로세스의 부모 프로세스에 대한 포인터
- 프로세스의 자식 프로세스에 대한 포인터
- 프로세스의 우선순위
- 프로세스가 위치한 메모리에 대한 포인터
- 할당된 자원에 대한 포인터
- 프로그램 카운터
- 중앙 처리 장치 레지스터 보관 장소

344 **다음 중 프로세스 스케줄링을 선점 스케줄링과 비선점 스케줄링으로 구분할 때 선점 스케줄링 기법을 모두 골라 작성하시오.**

ㄱ. RR(Round Robin)
ㄴ. SJF(Shortest Job First)
ㄷ. SRT(Shortest Remaining Time)
ㄹ. HRN(Highest Response ratio Next)
ㅁ. MFQ(Multilevel Feedback Queue)
ㅂ. MLQ(MultiLevel Queue)

• 답 :

정답 & 해설

ㄱ, ㄷ, ㅁ, ㅂ

선점 스케줄링과 비선점 스케줄링의 종류

구분	종류
선점 스케줄링	• RR(Round Robin) • SRT(Shortest Remain Time) • MLQ(Multilevel Queue) • MFQ(Multilevel Feedback Queue) • 선점 우선순위
비선점 스케줄링	• FIFO(First In First Out) • SJF(Shortest Job First) • HRN(Highest Response Ratio Next) • 비선점 우선순위

345 다음은 단일 중앙처리장치에 진입한 프로세스의 도착 시간과 그 프로세스를 처리하는 데 필요한 실행 시간을 나타낸 것이다. 비선점 SJF(Shortest Job First) 스케줄링 알고리즘을 사용한 경우, P1, P2, P3, P4 프로세스 4개의 평균 대기 시간을 작성하시오. (단, 프로세스 간 문맥 교환에 따른 오버헤드는 무시하며, 주어진 4개의 프로세스 외에 처리할 다른 프로세스는 없다고 가정한다.)

프로세스	도착 시간(ms)	실행 시간(ms)
P1	0	5
P2	3	6
P3	4	3
P4	6	4

• 답 :

정답 & 해설

3ms

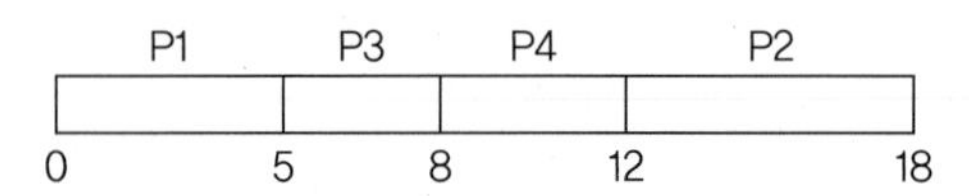

- P1의 대기 시간 = 0−0 = 0
- P2의 대기 시간 = 12−3 = 9
- P3의 대기 시간 = 5−4 = 1
- P4의 대기 시간 = 8−6 = 2

→ 총 대기 시간/프로세스의 수 = (0+9+1+2)/4 = 12/4 = 3ms

기적의 TIP

대기 시간 = 시작 시간−도착 시간

346 **프로세스 P1, P2, P3, P4를 선입선출(First In First Out) 방식으로 스케줄링을 수행할 경우 평균 반환 시간을 작성하시오.**

프로세스	도착 시간(ms)	실행 시간(ms)
P1	0	2
P2	2	2
P3	3	3
P4	4	9

• **답 :**

정답 & 해설

5ms

문제에서 평균 응답 시간을 프로세스 도착 시간부터 처리가 종료될 때까지의 시간, 즉 반환 시간으로 정의하였으므로,

P1	P2	P3	P4
0–2	2–4	4–7	7–16

- P1의 응답 시간 = 2−0 = 2
- P2의 응답 시간 = (2+2)−2 = 4−2 = 2
- P3의 응답 시간 = (2+2+3)−3 = 7−3 = 4
- P4의 응답 시간 = (2+2+3+9)−4 = 16−4 = 12

→ 총 응답 시간/프로세스의 수 = (2+2+4+12)/4 = 20/4 = 5ms

347 다음 프로세스 집합에 대하여 RR(Round Robin) 스케줄링 알고리즘을 사용할 때, 프로세스들의 총 대기 시간을 작성하시오. (단, 시간 0에 P1, P2, P3 순서대로 도착한 것으로 하고, 시간 할당량은 4밀리초로 하며, 프로세스 간 문맥교환에 따른 오버헤드는 무시한다.)

프로세스	버스트 시간(ms)
P1	20
P2	3
P3	4

• **답** :

정답 & 해설

18ms

P1	P2	P3	P1
4ms	3ms	4ms	16ms

• P1의 대기 시간 : 3+4 = 7
• P2의 대기 시간 : 4
• P3의 대기 시간 : 4+3 = 7
→ 총 대기 시간 = 7+4+7 = 18ms

348 다음의 운영체제에 대한 설명 중 옳은 것만 모두 골라 작성하시오.

ㄱ. 운영체제는 중앙처리장치, 주기억장치, 보조기억장치, 주변장치 등의 컴퓨터 자원을 할당 및 관리하는 시스템 소프트웨어이다.
ㄴ. 스풀링(Spooling)은 CPU와 입출력 장치의 속도 차이를 줄이기 위해 주기억장치의 일부분을 버퍼처럼 사용하는 것이다.
ㄷ. 비선점(Non-preemptive) 방식의 CPU 스케줄링 기법은 CPU를 사용하고 있는 현재의 프로세스가 종료된 후 다른 프로세스에 CPU를 할당하는데, 대표적으로 RR(Round Robin) 스케줄링 기법이 있다.
ㄹ. 가상메모리(Virtual Memory)는 디스크와 같은 보조기억장치에 가상의 공간을 만들어 주기억장치처럼 활용하도록 하여 실제 주기억장치의 물리적 공간보다 큰 주소 공간을 제공한다.

• **답** :

정답 & 해설

ㄱ, ㄹ

ㄴ. 스풀링(Spooling)은 CPU와 입출력 장치의 속도 차이를 줄이기 위해 보조기억장치 디스크의 일부분을 버퍼처럼 사용하는 것이다.
ㄷ. 비선점(Non-preemptive) 방식의 CPU 스케줄링 기법은 CPU를 사용하고 있는 현재의 프로세스가 종료된 후 다른 프로세스에 CPU를 할당하는데, 대표적으로 FIFO(First In First Out), SJF(Shortest Job First), HRN(Highest Response Ratio Next) 등이 있다.

349 **리눅스 또는 유닉스에서 youngjin.txt 파일에 대한 권한 부여를 〈보기〉와 같이 할 수 있는 명령문을 작성하시오.**

> • 기타 사용자에게 실행의 권한을 부여한다.
> • 그룹 사용자에게는 읽기, 실행의 권한을 부여한다.
> • 파일 소유자에게는 읽기, 쓰기, 실행의 권한을 부여한다.
> • 한 줄로 작성하고 8진수를 이용하여 작성한다.

• **답** :

정답 & 해설

chmod 751 youngjin.txt

- chmod는 리눅스에서 파일이나 디렉토리의 권한을 변경하는 명령어이다.
- 이후 751은 각각 세 개의 숫자는 파일에 대한 권한을 지정한다. 각 숫자는 권한의 종류(읽기, 쓰기, 실행)를 나타내며, 7은 소유자, 5는 그룹, 1은 기타 사용자(다른 사용자)에 대한 권한을 지정한다.
  - 7(rwx−111) : 소유자에게 모든 권한(읽기, 쓰기, 실행)을 부여한다.
  - 5(rwx−101) : 그룹에게 읽기와 실행 권한을 부여한다.
  - 1(rwx−001) : 다른 사용자에게 실행 권한만 부여한다.

350 다음이 설명하는 UNIX 명령을 작성하시오.

(1)	현재 디렉토리에 있는 파일과 디렉토리를 보여주는 명령어이다. -l 옵션을 사용하면 파일의 권한, 소유자, 파일 크기, 수정 날짜 등의 상세 정보도 확인할 수 있다.
(2)	현재 실행 중인 프로세스를 보여주는 명령어이다. 옵션을 추가하여 보여줄 프로세스 정보를 제한하거나 상세 정보를 확인할 수 있다.
(3)	파일에서 특정한 패턴을 찾는 데 사용되며, 그 패턴을 포함하고 있는 모든 행을 출력한다.

• 답 :

정답 & 해설

(1) ls

(2) ps

(3) grep

UNIX 명령어

명령어	설명	명령어	설명
creat	새로운 파일을 생성한다.	su	시스템에 접속한 상태에서 재로그인 없이 다른 사람 ID로 접속한다.
exec	새로운 프로세스를 만든다.	write	특정 사용자와 대화를 시작한다.
fork	현재의 프로세스를 복제하여 새로운 자식 프로세스를 만든다.	find	디스크에서 특정 파일을 찾아낸다.
chmod	파일에 대한 개인, 그룹, 타인의 접근 권한을 변경한다.	ln	특정 파일의 링크 파일을 만든다.
chgrp	파일의 그룹 소유권을 바꾼다.	grep	주어진 패턴을 포함하는 파일의 라인(행)을 찾아주고, 출력시킨다.
chown	파일의 소유권을 바꾼다.	wc	특정 단어나 문자 또는 행의 수를 세는 명령이다.
ls	파일의 목록을 보여준다.	du	특정 디렉터리에서 하부 디렉터리까지 포함한 디스크의 사용량을 보여준다.
cd	경로를 변경한다.	env	현재 시스템 사용자들의 환경변수를 보여준다.
cp	파일을 복사한다.	free	가상메모리를 포함한 메모리의 사용현황을 보여준다.
cat	파일의 내용을 화면으로 출력한다.	id	자신의 id번호와 자신이 속한 그룹의 ID를 보여준다.
pwd	현재 작업 중인 디렉터리 경로를 보여준다.	kill	현재 실행 중인 특정 프로세스를 종료한다.
mkdir	디렉터리를 만든다.	ps	사용자나 시스템 프로세서의 상태에 관한 정보를 출력한다.
rmdir	디렉터리를 제거한다.	login	ID와 Password를 입력하여 시스템에 최초로 접속한다.
rm	파일을 삭제한다.	passwd	login할 때 사용자의 비밀번호를 설정 및 변경한다.
mv	파일을 이동한다.	logout	UNIX 작업을 종료하는 것으로 logout 또는 exit를 입력한다.
df	마운트된 디스크 각 파티션의 용량과 사용량, 남은 용량을 볼 수 있다.	who	현재 login해서 사용 중인 사용자의 이름을 표시한다.
vi	문서를 작성하거나 편집한다.	date	현재 날짜, 시간, 요일을 표시한다.
man	도움말을 출력한다.	time	명령의 실행시간을 표시한다.
more	주어진 파일의 내용을 한 화면씩 출력한다.		

351 다음은 안드로이드의 4가지 구성요소에 대한 설명이다. (1), (2)의 구성요소를 작성하시오.

(1)	사용자 인터페이스를 구성하는 기본 단위이다. 눈에 보이는 화면 하나가 (1)이며 여러 개의 뷰나 프래그먼트로 구성된다.
(2)	UI가 없어 사용자 눈에 직접적으로 보이지 않으며 백그라운드에서 무한히 실행되는 컴포넌트이다.
방송 수신자	시스템으로부터 전달되는 방송을 대기하고 신호 전달 시 수신하는 역할을 한다.
콘텐츠 제공자	다른 응용 프로그램을 위해 자신의 데이터를 제공한다.

• **답** :

정답 & 해설

(1) 액티비티

(2) 서비스

안드로이드의 4가지 구성요소

액티비티(Activity)	• 사용자 인터페이스(UI)를 가지는 단일 화면이다. • 예를 들어 로그인 화면이나 설정 화면 등이 액티비티이며 하나의 애플리케이션은 여러 개의 액티비티를 가질 수 있다.
서비스(Service)	• 백그라운드에서 실행되어 비주얼 없는 작업을 수행하는 구성요소이다. • 예를 들어 음악 재생, 네트워크 통신, 파일 다운로드 등의 작업이 서비스로 구현될 수 있다.
방송 수신자 (Broadcast Receiver)	• 안드로이드 시스템이나 다른 애플리케이션에서 방송하는 메시지를 받아 처리하는 구성요소이다. • 예를 들어 배터리 부족 메시지를 받아 처리하는 기능이 방송 수신자로 구현될 수 있다.
콘텐츠 제공자 (Content Provider)	• 데이터를 저장하고 다른 애플리케이션에서 이를 공유하기 위한 구성요소이다. • 예를 들어 주소록이나 캘린더 데이터를 콘텐트 제공자로 구현하여 다른 애플리케이션에서 이를 공유할 수 있다.

SECTION 02

데이터베이스 기초 활용하기

352 다음의 데이터베이스 특성에 대하여 빈칸에 알맞은 내용을 작성하시오.

실시간 접근	데이터의 검색이나 조작을 요구하는 수시적이고 비정형적인 질의에 대하여 즉시 응답할 수 있어야 한다.
계속적인 변화	데이터베이스의 상태는 정적이 아니고 동적이므로 현재의 정확한 데이터를 유지해야 한다.
동시 공유	데이터베이스는 동시에 여러 사용자가 접근할 수 있어야 한다.
(빈칸)	데이터베이스 내에 있는 데이터 레코드들은 값에 의해 참조된다.

• **답** :

정답 & 해설

내용에 의한 참조(Content Reference)

데이터베이스 특성

실시간 접근 (Real Time Accessibility)	데이터의 검색이나 조작을 요구하는 수시적이고 비정형적인 질의에 대하여 즉시 응답할 수 있어야 한다.
계속적인 변화 (Continuous Evolution)	데이터베이스의 상태는 정적이 아니고 동적이므로 현재의 정확한 데이터를 유지해야 한다.
동시 공유 (Concurrent Sharing)	데이터베이스는 동시에 여러 사용자가 접근할 수 있어야 한다.
내용에 의한 참조 (Content Reference)	데이터베이스 내에 있는 데이터 레코드들은 값에 의해 참조된다.

353 다음의 데이터베이스 정의에 대하여 빈칸에 알맞은 내용을 작성하시오.

통합 데이터	원칙적으로 데이터베이스에서는 똑같은 데이터가 중복되어 있지 않음을 의미한다.
저장 데이터	컴퓨터가 접근할 수 있는 저장매체(자기테이프, 디스크)에 저장된 데이터이다.
공용 데이터	한 조직에서 여러 응용 프로그램이 공동으로 소유, 유지 가능한 데이터이다.
(빈칸)	명확한 존재 목적과 유용성이 있는 데이터이다.

• **답** :

정답 & 해설

운영 데이터(Operational Data)

데이터베이스 정의

통합 데이터(Integrated Data)	원칙적으로 데이터베이스에서는 똑같은 데이터가 중복되어 있지 않음을 의미한다.
저장 데이터(Stored Data)	컴퓨터가 접근할 수 있는 저장매체(자기테이프, 디스크)에 저장된 데이터이다.
공용 데이터(Shared Data)	한 조직에서 여러 응용 프로그램이 공동으로 소유, 유지 가능한 데이터이다.
운영 데이터(Operational Data)	명확한 존재 목적과 유용성이 있는 데이터이다.

354 데이터베이스 스키마 중 다음이 설명하는 스키마를 무엇이라 하는지 작성하시오.

데이터베이스의 논리적 구조의 정의로 데이터베이스에 저장된 데이터와 데이터 간의 관계, 제약조건, 무결성 규칙 등을 기술한다. 여러 개의 외부 스키마와 독립적으로 정의될 수 있으며, 데이터베이스의 모든 응용 프로그램이 공유하는 정보이다.

• **답** :

정답 & 해설

개념 스키마

데이터베이스의 스키마

내부 스키마 (Internal Schema)	• 데이터베이스의 물리적 저장 구조를 정의한다. • 디스크에 데이터가 어떻게 저장되는지, 데이터의 블록 크기, 인덱스의 유무, 어떤 알고리즘을 사용해 데이터를 접근하는지 등의 정보를 포함한다.
개념 스키마 (Conceptual Schema)	• 데이터베이스의 논리적 구조를 정의한다. • 데이터베이스에 저장된 데이터와 데이터 간의 관계, 제약조건, 무결성 규칙 등을 기술한다. • 개념 스키마는 여러 개의 외부 스키마와 독립적으로 정의될 수 있으며, 데이터베이스의 모든 응용 프로그램이 공유하는 정보이다.
외부 스키마 (External Schema)	• 데이터베이스에 접근하는 응용 프로그램이 볼 수 있는 논리적 구조를 정의한다. • 데이터베이스에서 필요한 일부 데이터와 그 구조를 정의한다. • 외부 스키마는 각 응용 프로그램마다 필요한 데이터를 정의하기 때문에, 데이터베이스에 접근하는 모든 응용 프로그램마다 여러 개의 외부 스키마가 존재할 수 있다.

기적의 TIP

데이터베이스의 스키마 계층도

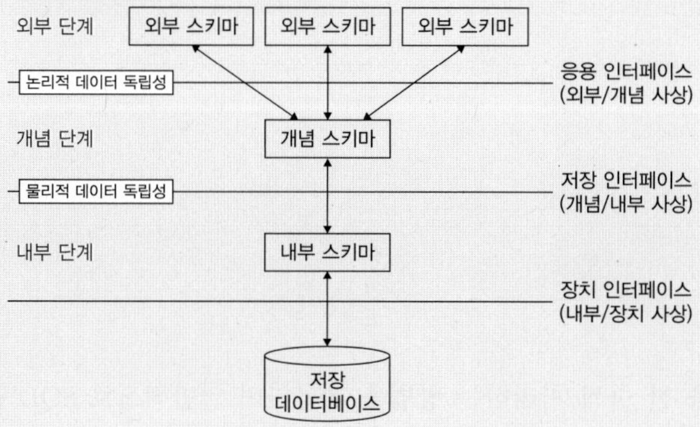

355 데이터베이스 스키마(Schema)에 대하여 간단하게 작성하시오.

• 답 :

정답 & 해설

데이터 구조와 제약조건에 관한 명세를 기술한 것이다.

스키마(Schema)

- 데이터 구조와 제약조건에 관한 명세를 기술한 것으로 컴파일되어 데이터 사전에 저장된다.
- 스키마에는 데이터 구조를 표현하는 데이터 객체(Data Object) 즉 개체(Entity), 개체의 특성을 표현하는 속성(Attribute), 이들 간에 존재하는 관계(Relationship)에 대한 정의와 이들이 유지해야 할 제약조건(Constraints)을 포함한다.
- 어떤 입장에서 데이터베이스를 보느냐에 따라 외부 스키마, 개념 스키마, 내부 스키마의 3단계로 구분된다.

356 다음에서 공통적으로 설명하는 개념은 무엇인지 작성하시오.

- 응용 프로그램의 삽입 SQL에만 사용되는 새로운 객체이다.
- SELECT 연산에서 얻은 레코드 집합에 있는 각 레코드를 한 번에 하나씩 지시할 수 있게 해서 그 레코드 전체를 처리할 수 있도록 하는 포인터이다.
- 단일 검색문일 경우와 삽입 · 삭제 · 갱신문의 경우에는 불필요하다.
- 복수 레코드를 검색하는 SELECT문을 사용할 경우에는 반드시 필요하다.

• 답 :

정답 & 해설

커서(Cursor)

커서(Cursor)

- 데이터베이스에서 커서(Cursor)는 결과 집합(Result Set)을 한 줄씩 처리하는 방법을 제공하며 일반적으로 SQL 쿼리를 실행하고 결과 집합을 반환할 때 사용된다.
- 데이터베이스 연결을 통해 데이터베이스 서버로부터 데이터를 가져오는 일종의 포인터이다. 데이터베이스에서 결과 집합을 조회하면, 커서가 결과 집합의 첫 번째 레코드를 가리키게 된다. 이후에, 커서를 이용하여 결과 집합의 다음 레코드를 가리키면서 하나씩 처리할 수 있다.
- 커서의 기능
  - 데이터 조회 : 커서를 사용하여 데이터베이스에서 데이터를 조회할 수 있다.
  - 데이터 조작 : 커서를 사용하여 데이터를 삽입, 삭제, 수정 등의 작업을 수행할 수 있다.
  - 데이터 이동 : 커서를 사용하여 결과 집합에서 다음 레코드로 이동하거나, 이전 레코드로 이동할 수 있다.

357 **다음에서 공통적으로 설명하는 개념은 무엇인지 작성하시오.**

- DBMS 카탈로그에 저장된 정보를 말한다.
- '데이터에 대한 데이터'라고 하며 저장되는 실제 데이터와 관련 있는 내용을 가진 데이터이다.
- MARC, DC, ONIX, MODS 등의 포맷이 있다.

• **답** :

정답 & 해설

메타데이터(Metadata)

메타데이터(Metadata)

- 데이터에 대한 정보를 담고 있는 데이터를 말한다. 데이터를 식별하고 구성하는 데 필요한 정보를 포함하고 있다.
- 메타데이터는 데이터베이스, 파일 시스템, 웹 페이지 등 다양한 곳에서 사용된다.
- 데이터의 속성, 구조, 형식, 생성 시간, 수정 시간, 소유자 등의 정보를 포함한다.
  - 데이터의 속성 : 데이터의 이름, 크기, 타입 등의 속성 정보를 포함한다.
  - 데이터의 구조 : 데이터의 구조, 계층, 관계 등의 정보를 포함한다.
  - 데이터의 형식 : 데이터의 형식, 포맷 등의 정보를 포함한다.
  - 데이터의 생성 시간 및 수정 시간 : 데이터가 생성된 시간과 수정된 시간 등의 정보를 포함한다.
  - 데이터의 소유자 : 데이터를 소유하는 사용자나 그룹 등의 정보를 포함한다.

358 **데이터베이스에서 키(Key)란 저장되어 있는 레코드를 검색하거나 정렬할 때 기준이 되는 속성이다. 후보키 중 기본키가 아니면서 유일성과 최소성을 모두 만족하는 키를 무엇이라 하는지 작성하시오.**

• **답** :

정답 & 해설

대체키(Alternate Key)

- 기본키(Primary Key)가 아니라고 문제에 제시되었으므로 기본키는 답이 될 수 없다.
- 기본키는 후보키(Candidate key) 중에서 특별히 선정된 키이므로, 후보키는 기본키를 포함하는 개념이고 기본키가 아닌 시점에서 후보키는 답이 될 수 없다.
- 유일성과 최소성을 모두 만족해야 하므로 최소성을 만족하지 못하는 슈퍼키(Super key)도 답이 아니다.
- 따라서 답이 될 수 있는 것은 기본키를 제외한 나머지 후보키들인 대체키(Alternate key)뿐이다.

359 데이터베이스에서 테이블을 생성하고 외래키를 설정할 경우 참조되는 테이블에 일어나는 변경을 기본 테이블에 어떻게 반영할 것인지에 대한 옵션 중 다음이 설명하는 옵션이 무엇인지 작성하시오.

참조 테이블의 속성 값이 변경되면 기본 테이블의 속성 값도 함께 변경된다.

• 답 :

정답 & 해설

CASCADE

외래키 지정 시 옵션

NO ACTION	참조되는 테이블의 변경을 반영하지 않고 기본 테이블의 속성 값을 그대로 둔다.
CASCADE	참조 테이블이 속성 값이 변경되면 기본 테이블의 속성 값도 함께 변경된다.
SET NULL	참조되는 테이블에 변경이 발생하면 기본 테이블의 속성 값을 NULL로 변경한다.
SET DEFAULT	참조되는 테이블에 변경이 발생하면 기본 테이블의 속성 값을 기본 값으로 변경한다.

360 데이터베이스에서 발생할 수 있는 이상(Anomaly) 중 삽입 이상(Insertion Anomaly)에 대해서 간략하게 설명하시오.

• 답 :

정답 & 해설

어떤 데이터를 삽입하려고 할 때 불필요하고 원하지 않는 데이터도 함께 삽입해야만 삽입이 되는 현상이다.

데이터베이스 이상(Anomaly) 현상

삽입 이상 (Insertion Anomaly)	어떤 데이터를 삽입하려고 할 때 불필요하고 원하지 않는 데이터도 함께 삽입해야만 삽입이 되는 현상이다.
삭제 이상 (Deletion Anomaly)	튜플을 삭제함으로써 유지되어야 하는 정보까지도 연쇄 삭제(Triggered Deletion)되는 정보의 손실(Loss of In-formation) 현상이다.
갱신 이상 (Update Anomaly, 수정 이상)	중복된 튜플 중에서 일부 튜플의 애트리뷰트 값만을 갱신시킴으로써 정보의 모순성(inconsistency)이 생기는 현상이다.

361 다음이 설명하는 무결성 제약조건을 무엇이라 하는지 작성하시오.

외래키는 NULL이거나 참조되는 릴레이션에 있는 기본키와 같아야 한다. 이때 외래키가 NULL이라는 것은 아직까지 참조할 튜플을 결정하지 못했다는 의미이다. 릴레이션은 참조할 수 없는 외래키 값(NULL이 아니면서 참조 릴레이션의 기본키 값으로 존재하지 않는 값)을 가질 수 없다. 즉, 외래키는 참조되는 릴레이션에 기본키로 존재하는 값이거나 NULL이어야 한다.

• 답 :

정답 & 해설

참조 무결성(Referential integrity)

무결성 제약(Integrity Constraint)

개체 무결성(Entity Integrity)	기본키의 속성값은 중복되거나 널(NULL)일 수 없다.
참조 무결성(Referential Integrity)	외래키 값은 NULL이거나 참조 릴레이션의 기본키 값과 동일해야 한다. 즉, 릴레이션은 참조할 수 없는 외래키 값을 가질 수 없다. 외래키와 참조 테이블의 기본키는 속성명은 달라도 무방하나, 속성 개수와 도메인이 동일해야 한다.
도메인 무결성(Domain Integrity)	특정 속성의 값이 그 속성이 정의된 도메인에 속한 값이어야 한다.

362 관계대수의 연산 중 릴레이션의 속성을 추출하는 것으로 중복이 제거되며 결과 릴레이션이 원래 릴레이션의 수직적 부분집합이 되는 연산 기호를 작성하시오.

• 답 :

정답 & 해설

π

프로젝트(PROJECT, π)

- 프로젝트 연산은 속성 값만을 추출하며 중복을 제거한다.
- 테이블의 열에 해당하는 속성을 추출하기 때문에 수직 연산이라고도 한다.

363 **다음은 SQL의 SELECT문의 WHERE절에 조건식을 사용할 때 사용되는 연산자의 종류를 표에 정리한 것이다. (1), (2), (3)에 알맞은 연산자를 작성하시오.**

BETWEEN a AND b	a와 b의 값 사이에 있으면 된다(a와 b의 값이 포함됨).
(1)	리스트에 있는 값 중에서 어느 하나라도 일치하면 된다.
(2)	비교 문자열과 형태가 일치하면 된다(%, _ 사용).
IS NULL	NULL 값이다.
NOT BETWEEN a AND b	a와 b의 값 사이에 있지 않다(a, b값을 포함하지 않음).
(3)	리스트에 있는 어느 값과도 일치하지 않는다.
IS NOT NULL	NULL 값을 갖지 않는다.

• **답 :**

정답 & 해설

(1) IN
(2) LIKE
(3) NOT IN

WHERE에서 사용할 수 있는 연산자

구분	연산자	설명
비교 연산자	=	같다.
	〉	보다 크다.
	〉=	보다 크거나 같다.
	〈	보다 작다.
	〈=	보다 작거나 같다.
SQL 연산자	BETWEEN a AND b	a와 b의 값 사이에 있으면 된다(a와 b의 값이 포함됨).
	IN	리스트에 있는 값 중에서 어느 하나라도 일치하면 된다.
	LIKE	비교문자열과 형태가 일치하면 된다(%, _ 사용)
	IS NULL	NULL 값이다.
논리 연산자	AND	앞에 있는 조건과 뒤에 오는 조건이 참(TRUE)이 되면 결과도 참(TRUE)이 된다. 즉, 앞의 조건과 뒤의 조건을 동시에 만족해야 한다.
	OR	앞의 조건이 참(TRUE)이거나 뒤의 조건이 참(TRUE)이 되어야 결과도 참(TRUE)이 된다. 즉, 앞뒤 조건 중 하나만 참(TRUE)이면 된다.
	NOT	뒤에 오는 조건에 반대되는 결과를 되돌려 준다.
부정 비교 연산자	!=, ^=, 〈〉	같지 않다.
	NOT 컬럼명 =	~와 같지 않다.
	NOT 컬럼명 〉	~보다 크지 않다.
부정 SQL 연산자	NOT BETWEEN a AND b	a와 b값 사이에 있지 않다(a, b값을 포함하지 않음).
	NOT IN	리스트에 있는 어느 값과도 일치하지 않는다.
	IS NOT NULL	NULL 값을 갖지 않는다.

364 〈보기〉에 나열된 데이터베이스의 정규화 과정과 관련된 내용을 정규화 순서에 맞도록 기호를 올바르게 나열하시오.

㉠ 조인 종속이 후보키를 통해서만 성립 ㉡ 모든 결정자가 후보키 ㉢ 다치 종속 분해 ㉣ 원자값 ㉤ 비이행적 함수 종속 ㉥ 완전 함수 종속

• **답** : → → → → →

정답 & 해설

㉣ → ㉥ → ㉤ → ㉡ → ㉢ → ㉠

데이터베이스의 정규화 과정

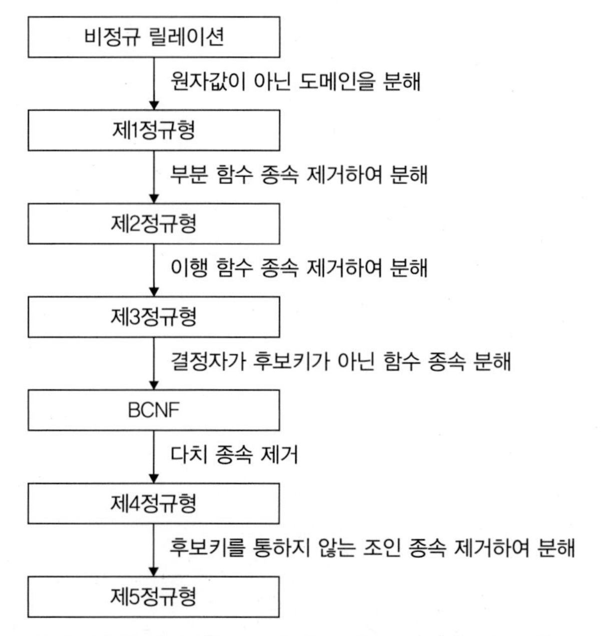

원자값(제1정규형) → 완전 함수 종속(제2정규형) → 비이행적 함수 종속(제3정규형) → 모든 결정자가 후보키(보이스-코드 정규형) → 다치 종속 분해(제4정규형) → 조인 종속이 후보키를 통해서만 성립(제5정규형)

365 다음 설명에 부합하는 데이터베이스 회복 기법을 작성하시오.

- 트랜잭션이 부분 완료될 때까지 데이터베이스에 내용을 적용하지 않고 데이터베이스에 대한 변경을 로그에 전부 기록한다.
- 트랜잭션이 실행되는 도중에 시스템이 붕괴하거나 트랜잭션이 철회되면 로그에 있는 정보는 무시한다.
- 회복 시 Undo 연산이 불필요하며, Redo 프로시저를 이용한다.

• **답** :

정답 & 해설

지연 갱신(Deferred Update)

지연 갱신(Deferred Update)

- 트랜잭션이 부분 완료될 때까지 모든 output 연산을 지연시킴과 동시에 데이터베이스에 대한 변경을 로그에 전부 기록한다.
- 트랜잭션 실행 중 시스템이 붕괴되거나 트랜잭션이 철회되면 로그에 있는 정보는 그냥 버리고 무시하면 된다.
- 회복 방법은 Redo 프로시저를 사용한다. 즉, Undo 연산을 수행할 필요가 없다.

기적의 TIP

지연 갱신(Deferred Update)의 예

세 개의 상이한 시점의 로그 분석(단, 초기 값 (A, B, C)=(1000, 2000, 3000))

로그 유형	로그 1	로그 2	로그 3
로그	〈T1, Start〉 〈T1, A, 900〉 〈T1, B, 2100〉 시스템 실패	〈T1, Start〉 〈T1, A, 900〉 〈T1, B, 2100〉 〈T1, Commit〉 〈T2, Start〉 〈T2, C, 2800〉 〈T2, Abort〉 시스템 실패	〈T1, Start〉 〈T1, A, 900〉 〈T1, B, 2100〉 〈T1, Commit〉 〈T2, Start〉 〈T2, C, 2800〉 〈T2, Commit〉 시스템 실패
(A,B,C)	(1000, 2000, 3000)	(900, 2100, 3000)	(900, 2100, 2800)
회복조치	회복조치 필요 없음 (no operation)	Redo(T1)만 실행 T2는 no operation	Redo(T1)와 Redo(T2) 실행

366 **다음 설명에 부합하는 용어를 작성하시오.**

- 의사결정 지원을 위한 주제지향의 통합적이고 영속적이면서 시간에 따라 변하는 데이터의 집합이다.
- 데이터의 수정이나 삭제는 거의 발생하지 않아 무결성 유지나 동시성 제어, 회복 등이 매우 간단하다.
- 여러 데이터 소스(근원지)로부터 수집된 정보를 하나의 통일된 스키마에 저장한다.

• 답 :

정답 & 해설

데이터 웨어하우스(Data Warehouse)

데이터 웨어하우스(Data Warehouse)

- 기간 시스템의 데이터베이스에 축적된 데이터를 공통의 형식으로 변환하여 일원적으로 관리하는 데이터베이스를 의미한다. '웨어하우스'는 창고라는 의미인데, 데이터의 격납이나 분석 방법까지 포함하여 조직 내 의사 결정을 지원하는 정보 관리 시스템으로 이용된다. 데이터 웨어하우스(DW) 개념은 미국의 컴퓨터 제조업체와 데이터베이스 관리 시스템(DBMS) 공급업체들이 제창하고 있다.
- DW를 이용함으로써 고객의 구매 동향, 신제품에 대한 반응도, 제품별 수익률 등 세밀한 마케팅 정보를 획득하는 것을 목표로 한다. 목적별 데이터뿐만 아니라 기업 활동에 관한 모든 정보를 전 회사 규모의 데이터베이스로 일원화하여 관리하므로 그 용량이 작게는 수백 GB에서 수 TB에 이른다. 따라서 대형 메인 프레임 등 종래의 플랫폼(Platform)으로는 시간과 비용의 제약으로 곤란한데, 병렬 서버기의 등장과 자기 디스크 장치의 대용량화/저가격화로 가능하게 되었다. 병렬 서버를 사용하면 하나의 검색 처리 요구를 분할하여 복수 프로세스로 병렬 처리함으로써 고속으로 검색할 수 있기 때문이다. 병렬 서버에 대응해서 관계형 데이터베이스 관리 시스템(RDBMS)을 사용한다.

367 **아래 그림은 트랜잭션의 상태 흐름도이다. 빈칸 (1)~(5)에 알맞은 상태의 명칭을 작성하시오.**

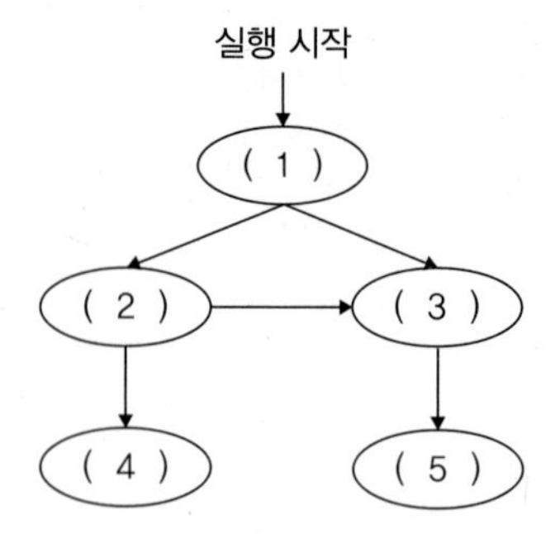

• **답** :

정답 & 해설

(1) 활동(Active)
(2) 부분 완료(Partially Committed)
(3) 실패(Failed)
(4) 완료(Committed)
(5) 철회(Aborted)

트랜잭션의 상태

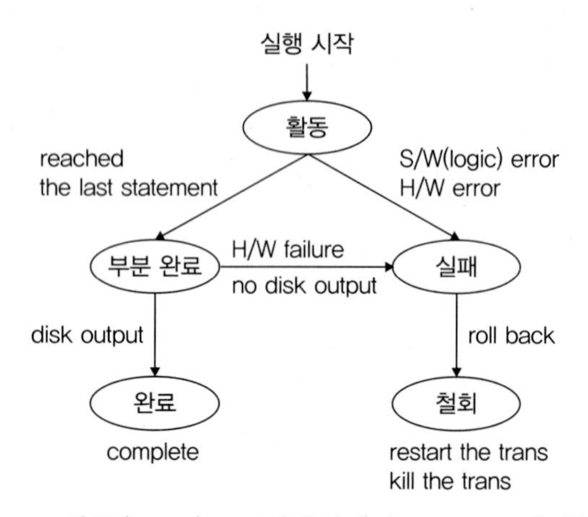

- 활동(Active) : 트랜잭션이 Begin_Trans에서부터 실행을 시작하였거나 실행 중인 상태
- 부분 완료(Partially Committed) : 트랜잭션이 마지막 명령문을 실행한 직후의 상태
- 실패(Failed) : 정상적인 실행을 더 이상 계속할 수 없어서 중단한 상태
- 완료(Committed) : 트랜잭션이 실행을 성공적으로 완료하여 Commit 연산을 수행한 상태
- 철회(Aborted) : 트랜잭션이 실행에 실패하여 RollBack 연산을 수행한 상태

368 다음 E-R 다이어그램을 바탕으로 릴레이션 스키마를 정의하시오. 단, E-R 다이어그램에서 밑줄 친 속성은 기본키이며 릴레이션 스키마에서도 밑줄을 그어 표현하시오. 릴레이션명은 개체명이나 관계명을 그대로 사용하고, 외래키 속성의 속성명은 참조되는 릴레이션의 이름과 참조하는 기본키 속성명을 이어서 사용하시오. (예 교수 릴레이션의 교번 속성을 참조한다면 외래키 속성명은 교수교번)

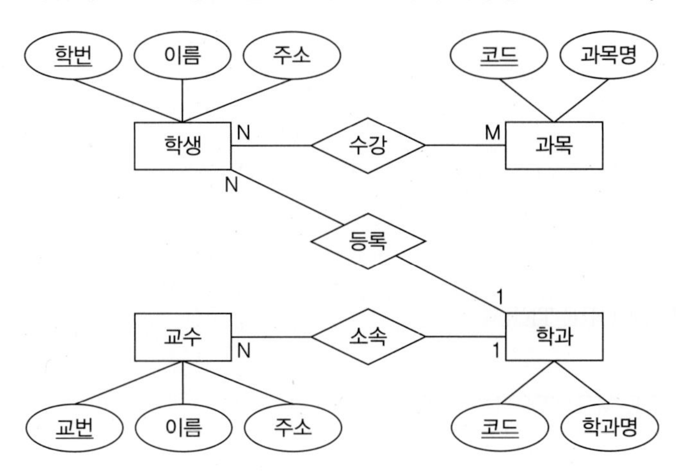

• **답** :

정답 & 해설

과목(코드, 과목명)
학생(학번, 이름, 주소, 학과코드)
수강(학생학번, 과목코드)
학과(코드, 학과명)
교수(교번, 이름, 주소, 학과코드)

- 관계 XY의 사상 원소수가 일대일(X:Y)이면 릴레이션 X의 기본키를 릴레이션 Y에 외래키로 추가하거나, 릴레이션 Y의 기본키를 릴레이션 X에 외래키로 추가해 표현하고, 관계 XY는 릴레이션으로 표현하지 않는다.
- 관계 XY의 사상 원소수가 일대다(X:Y)이면 릴레이션 X의 기본키를 릴레이션 Y에 외래키로 추가해 표현하고 관계 XY는 별도의 릴레이션으로 표현하지 않는다.
- 관계 XY의 사상 원소수가 다대다(X:Y)이면 릴레이션 X와 Y의 기본키를 둘 다 포함하는, 별도의 관계 릴레이션 XY로 표현한다.

369 **다음 데이터베이스에서 중간고사 성적(MIDTERM)이 80 이상인 학생의 이름(SNAME)과 학과(DEPT), 그리고 학기(TERM)를 속성으로 가지는 뷰 EXCEL을 작성하는 SQL문을 차례대로 작성하시오.**

```
STUDENT(SNO, SNAME, DEPT, YEAR)
SCORE(SNO, TERM, MIDTERM, FINAL)
```

• **답** :

정답 & 해설

```
CREATE VIEW EXCEL(SNAME, DEPT, TERM)
AS SELECT STUDENT.SNAME, STUDENT.DEPT, SCORE.TERM
FROM STUDENT, SCORE
WHERE STUDENT.SNO = SCORE.SNO AND SCORE.MIDTERM >= 80;
```

- 데이터베이스 내의 두 테이블, STUDENT와 SCORE를 이용해 새로운 뷰(View)를 생성한다. 생성될 뷰의 이름은 EXCEL이며, 뷰는 3개의 열(SNAME, DEPT, TERM)로 구성된다.
- SELECT절 : STUDENT 테이블의 SNAME(학생 이름)과 DEPT(학과) 열, SCORE 테이블의 TERM(학기) 열을 선택한다.
- FROM절 : STUDENT와 SCORE 테이블을 조인(Join)한다.
- WHERE절 : 조건을 설정하여 STUDENT 테이블의 SNO가 SCORE 테이블의 SNO와 같은 경우, 그리고 SCORE 테이블의 MIDTERM가 80 이상인 경우만 결과에 포함된다.

370 **다음이 설명하는 것이 무엇인지 작성하시오.**

- 온라인 금융 거래 정보를 블록으로 연결하여 피투피(P2P) 네트워크 분산 환경에서 중앙 관리 서버가 아닌 참여자(피어, Peer)들의 개인 디지털 장비에 분산 · 저장시켜 공동으로 관리하는 방식이다.
- 이 기술을 사용하면 기존 은행처럼 거래 장부용 데이터베이스로 관리할 필요가 없어 관리 비용이 절감되며, 분산 처리로 해킹이 어려워 금융 거래의 안전성도 향상된다. 또한 주식, 부동산 등의 거래에도 적용 가능하며, 토지 권리 양도나 가정 현관 키 등 보안에 관련된 다양한 분야에 활용될 수 있다.

• **답** :

정답 & 해설

블록체인(Blockchain)

블록체인(Blockchain)

- 온라인 금융 거래 정보를 블록으로 연결하여 피투피(P2P) 네트워크 분산 환경에서 중앙 관리 서버가 아닌 참여자(피어, Peer)들의 개인 디지털 장비에 분산 · 저장시켜 공동으로 관리하는 방식이다.
- 기본 구조는 블록을 잇달아 연결한 모음의 형태이며 피투피(P2P) 방식을 기반으로 한다. 일정 시간 동안 반수 이상의 사용자가 거래 내역을 서로 교환해 확인하고 승인하는 과정을 거쳐, 디지털 서명으로 동의한 금융 거래 내역만 하나의 블록으로 만든다. 그리고 새로 만들어진 블록을 이전 것들에 연결하고, 그 사본을 만들어 각 사용자 컴퓨터에 분산시켜 저장한다. 따라서 기존 은행처럼 거래 장부용 데이터베이스로 관리할 필요가 없어 관리 비용이 절감되며, 분산 처리로 해킹이 어려워 금융 거래의 안전성도 향상된다.
- 주식, 부동산 등의 거래에도 적용 가능하며, 토지 권리 양도나 가정 현관 키 등 보안에 관련된 다양한 분야에 활용될 수 있다. 이 방식을 사용한 대표적인 예가 가상 화폐인 비트코인(Bitcoin)이다.

371 **지연갱신(Deferred Update)을 기반으로 한 회복 기법을 사용하는 DBMS에서 다음과 같은 로그 레코드가 생성되었다. 시스템 실패가 발생하여 DBMS가 재시작할 때 T1, T2, T3, T4의 트랜잭션에 수행되는 각각의 연산을 작성하시오. (단, 〈Tn, A, old, new〉는 트랜잭션 Tn이 데이터 A의 이전값(old)을 이후값(new)으로 갱신했다는 의미이다.) (no operation, redo, undo로 작성하시오.)**

〈T1, Start〉
〈T1, A, 900, 1000〉
〈T1, Commit〉
〈T4, Start〉
〈T3, Start〉
〈T2, Start〉
〈검사점 연산(Checkpoint)〉
〈T2, B, 2100, 2200〉
〈T2, Commit〉
〈T3, C, 1700, 1800〉
〈T3, Abort〉
〈T4, A, 600, 700〉
시스템 실패

• **답** :

정답 & 해설

T1 : no operation
T2 : redo
T3 : no operation
T4 : no operation

- T1 : no operation(Checkpoint 이전에 Commit이 있으므로 아무것도 수행하지 않음)
- T2 : redo(Checkpoint 이후에 Commit이 있으므로 Redo 연산 수행)
- T3 : no operation(트랜잭션을 취소했으므로 아무것도 수행하지 않음)
- T4 : no operation(지연갱신은 Undo 연산 불필요)

기적의 TIP

지연갱신은 이전 값이 필요없습니다. 그 이유는 트랜잭션이 Commit되기 이전에는 모든 output 연산이 지연되기 때문에 commit 명령이 없으면 아무것도 수행하지 않은 것과 같기 때문입니다. 따라서, 지연갱신 기법에서는 undo 연산이 필요없습니다.

372 **아래 그림과 같은 순서로 병행 제어 없이 두 트랜잭션이 실행될 때 발생하는 문제는 무엇인지 쓰시오.**

T1	T2
Read(x)	
x ← x + 100	
write(x)	
	read(x)
	x ← x * 2
	write(x)
read(y)	
rollback T1	

• **답** :

정답 & 해설

연쇄복귀(Cascading Rollback, 비완료 의존성)

- 연쇄복귀(Cascading Rollback, 비완료 의존성) 문제가 발생하는 경우로, 병행 수행되던 트랜잭션들이 어느 하나에 문제가 생겨 Rollback하는 경우 다른 트랜잭션도 함께 Rollback되어야 하나 복귀를 할 수 없는 문제이다.
- 트랜잭션 T1이 레코드 y를 판독하여 갱신하려다 문제가 발생하여 갱신을 취소하고 원래 상태로 복귀해야 하므로 잘못된 데이터를 접근한 트랜잭션 T2도 당연히 복귀해야 하지만 트랜잭션 T2는 이미 갱신 작업을 성공적으로 완료하고 시스템을 떠난 뒤이기 때문에 사실상 복귀할 수 없는 문제가 발생한다.

373 **데이터베이스 응용 프로그램을 시작하기 위하여 시스템에 들어오는 트랜잭션의 순서대로 순위를 지정하여 병행 제어의 기준으로 사용하는 방식을 무엇이라 하는지 작성하시오.**

• 답 :

정답 & 해설

타임 스탬프(Time Stamp)

타임 스탬프(Time Stamp)

- 트랜잭션을 식별하기 위해 시스템에서 생성하는 고유 번호를 트랜잭션에 부여하는 것이다. 즉, 데이터베이스 응용 프로그램을 시작하기 위하여 시스템에 들어오는 트랜잭션의 순서대로 타임 스탬프를 지정하여 병행 제어의 기준으로 사용한다.
- 트랜잭션 간의 수행 순서를 결정할 목적으로 타임 스탬프를 이용하여 수행 순서를 미리 선택하는 방법이다.
- 접근하려고 하는 트랜잭션이 가장 최근에 접근한 트랜잭션보다 더 오래되었다면 더 큰 값의 타임 스탬프로 재시작하는 것이 기본 원리이다.
- 타임 스탬프를 이용하면 충돌되는 연산들이 타임 스탬프 순서로 처리되므로 직렬성이 보장되어 병행 제어하는 데 교착상태(Deadlock) 문제가 발생하지 않는다.

374 **데이터베이스를 업무에 최적화시키고 하드웨어적인 병목 현상을 해결하거나 SQL 쿼리를 효율적으로 만드는 작업으로, 단지 처리 속도를 높이는 것에 그치는 것이 아니라 사용자가 필요한 때에 원하는 정보를 제공하는 데 그 목적이 있는 작업을 무엇이라 하는지 작성하시오.**

• 답 :

정답 & 해설

튜닝(Tuning)

튜닝(Tuning)

- '조율' 또는 '미세조정'이라는 사전적 의미를 가지고 있지만 데이터베이스에서는 조율이나 조정이라기보다는 '최적화'가 더 가까운 뜻으로 쓰인다. 데이터베이스 튜닝을 함으로써 업무에 최적화시키고 하드웨어적인 병목 현상을 해결하거나 SQL을 최적화한다. 이러한 최적화는 단지 처리 속도를 높이는 것에 그치는 것이 아니라 사용자가 필요한 때에 원하는 정보를 제공하는 데 그 목적이 있다고 할 수 있다.
- 특정한 응용을 시스템 성능 향상을 위해 다양한 파라미터들과 설계 선택들을 조정하는 것이다.
- 데이터베이스 응용 프로그램, 데이터베이스 자체, 운영체계 등의 조정을 통해 데이터베이스 관리 시스템의 성능을 향상시키는 작업을 말한다.

SECTION 03

네트워크 기초 활용하기

375 다음이 설명하는 용어를 작성하시오.

- IPv6를 사용하는 두 컴퓨터가 서로 통신하기 위해 IPv4를 사용하는 네트워크 영역을 통과해야 할 때 사용되는 전략이다.
- 이 영역을 통과하기 위해 패킷은 IPv4 주소를 가져야만 한다.
- IPv6 패킷은 그 영역에 들어갈 때 IPv4 패킷 내에 캡슐화되고, 그 영역을 나올 때 역캡슐화된다.

• 답 :

정답 & 해설

터널링(Tunneling)

터널링(Tunneling) 기법이란, IPv4에서 IPv6로 전환하는 방식 중에서 IPv6를 사용하는 두 컴퓨터가 서로 통신하기 위해 IPv4를 사용하는 네트워크 영역을 통과해야 할 때 사용되는 전략으로 캡슐화와 역캡슐화 과정을 거친다.

기적의 TIP

IPv4/IPv6 변환 방법

이중 스택(Dual Stack)	• IPv6 호스트와 라우터들은 IPv6 전용이거나 IPv4와 IPv6 모두를 사용할 수 있는 이중 스택 구조를 가짐 • 이중 스택 시스템은 IP계층에서 IPv4와 IPv6 두 가지 프로토콜이 모두 존재하여 통신 상대방에 따라 적절한 IP프로토콜을 선택할 수 있음
터널링(Tunneling)	• 일반적으로 특정 프로토콜을 사용하는 네트워크 사이에 다른 프로토콜을 사용하는 네트워크가 존재할 때, 중간 네트워크에서 사용하는 프로토콜로 캡슐화하여 전송하는 방법을 의미 • IPv6 네트워크 사이에 IPv4 네트워크가 존재할 때, 송신 라우터가 IPv4로 캡슐화하여 전송하고 수신 라우터가 IPv6로 역캡슐화하여 서로 간에 통신할 수 있음
헤더 변환	• IPv6와 IPv4 사이의 게이트웨이에서 서로 간의 헤더 형식을 변환해 주는 방법 • IPv6 시대가 되었으나 IPv4를 사용하는 컴퓨터가 있다면 IPv6 형식의 헤더를 IPv4 헤더 형식으로 바꿔줄 필요가 있음

376 다음의 IPv6에 대한 설명 중 밑줄 친 (1), (2) 부분에 대한 오류를 수정하여 작성하시오.

- IP 주소의 확장 : IPv4의 기존 32비트 주소 공간에서 벗어나 IPv6는 (1)256비트 주소 공간을 제공하여 주소 부족 문제를 해결하기 위해 고안되었다.
- IPv6의 전송 방법 : 유니캐스트, 멀티캐스트, (2)브로드캐스트로 구분할 수 있다.
- 효율적인 라우팅 : IP 패킷의 처리를 신속하게 할 수 있도록 고정 크기의 단순한 헤더를 사용하는 동시에, 확장 헤더를 통해 네트워크 기능에 대한 확장 및 옵션 기능의 확장이 용이한 구조로 정의하였다.
- 인증 및 보안 기능 : 패킷 출처 인증과 데이터 무결성 및 비밀 보장 기능을 IP 프로토콜 체계에 반영하였다

• 답 :

정답 & 해설

(1) 128

(2) 애니캐스트

IPv6의 특징

- 더 많은 주소 지원 : IPv6는 128비트 주소 체계를 사용하므로 더 많은 IP 주소를 지원한다.
- 자동 구성 : 호스트가 네트워크에 연결될 때 자동으로 주소를 할당한다.
- 흐름 라벨링 : 데이터 흐름에 대한 라벨링을 제공한다. QoS(품질 보증) 및 다른 응용 프로그램을 위한 기능을 제공하며, 패킷을 특정 스트림으로 표시하여 트래픽을 관리할 수 있다.
- 보안 기능 : IPv6는 IPsec(인터넷 프로토콜 보안)을 기본적으로 지원한다. 이는 데이터 전송 중 보안을 강화하며, 데이터를 암호화하여 보호한다.
- 다중 인터페이스 : IPv6는 하나의 호스트에서 여러 개의 네트워크 인터페이스를 지원한다. 이는 호스트의 다중 환경에서 유용하다.
- 유연한 확장성 : IPv6는 기존의 IPv4와 호환되도록 설계되어 있다. 이는 기존의 IPv4 장비를 업그레이드하면서 IPv6로 이전할 수 있도록 유연성을 제공한다.

기적의 TIP

IPv4와 IPv6 비교

구분	IPv4	IPv6
주소 길이	32Bit	128Bit
주소 할당	클래스 단위로 비순차적 할당(비효율적)	네트워크, 단말 순서로 순차적 할당(효율적)
보안 기능	IPsec 별도 설치	확장 기능에서 기본 제공
주소 규칙	유니캐스트, 브로드캐스트, 멀티캐스트(옵션)	유니캐스트, 멀티캐스트, 애니캐스트
헤더 크기	가변(약 20byte)	고정(40byte)
헤더 체크섬	있음	없음

377 **192.168.1.0/24 네트워크를 FLSM 방식을 이용하여 6개의 subnet으로 나누고 ip subnet-zero를 적용했다. 이때 subnetting된 네트워크 중 5번째 네트워크의 2번째 사용 가능한 IP 주소를 작성하시오.**

• **답** :

정답 & 해설

192.168.1.130

92.168.1.0/24는 앞자리 24개의 비트를 1로 서브넷을 구성한다는 의미이다. 즉 서브넷 마스크은 255.255.255.0이 된다. 이러한 네트워크를 6개로 분할하여야 하는데 6개로 분할하려면 3개의 비트(총 8개)를 사용하여 나누어야 한다.

공통 부분	분할	네트워크 주소	사용 가능 범위
255. 255. 255.	1	**000** 0 0000	192.168.1.0~192.168.1.31
	2	**001** 0 0000	192.168.1.32~192.168.1.63
	3	**010** 0 0000	192.168.1.64~192.168.1.95
	4	**011** 0 0000	192.168.1.96~192.168.1.127
	5	**100** 0 0000	192.168.1.128~192.168.1.159
	6	**101** 0 0000	192.168.1.160~192.168.1.191
	7	**110** 0 0000	192.168.1.192~192.168.1.223
	8	**111** 0 0000	192.168.1.224~192.168.1.255

사용 가능한 범위의 첫 자리(네트워크 주소)와 마지막 자리(브로드캐스트 주소)는 사용할 수 없는 IP 주소이다.

378 Youngjin 회사에서 211.168.83.0(클래스 C)의 네트워크를 사용하고 있다. 내부적으로 5개의 서브넷을 사용하기 위해 서브넷마스크를 255.255.255.224로 설정하였다. 이때 211.168.83.97가 속한 서브넷의 브로드캐스트 주소를 작성하시오.

• 답 :

정답 & 해설

211.168.83.127

클래스 C의 네트워크를 사용하고 있기 때문에 기본 서브넷마스크는 255.255.255.0이다.

1111 1111.	1111 1111.	1111 1111.	0000 0000
네트워크 식별자			호스트 식별자

이때 5개의 네트워크로 분할하기 위해 호스트 식별자의 상위 3개 비트를 서브넷 식별자로 한다.

1111 1111.	1111 1111.	1111 1111.	000	0 0000
네트워크 식별자			서브넷 식별자	호스트 식별자

3개의 비트를 서브넷 식별자로 하게 되면 8개의 네트워크로 분할된다.

공통 부분	분할	네트워크 주소	사용 가능 범위
211. 168. 83.	1	**000** 0 0000	211.168.83.0~192.168.1.31
	2	**001** 0 0000	211.168.83.32~211.168.83.63
	3	**010** 0 0000	211.168.83.64~211.168.83.95
	4	**011** 0 0000	211.168.83.96~211.168.83.127
	5	**100** 0 0000	211.168.83.128~211.168.83.159
	6	**101** 0 0000	211.168.83.160~211.168.83.191
	7	**110** 0 0000	211.168.83.192~211.168.83.223
	8	**111** 0 0000	211.168.83.224~211.168.83.255

379 다음이 설명하는 (1), (2)의 LAN Topology는 무엇인지 작성하시오.

(1)	• 모든 장치가 중앙의 허브 또는 스위치에 연결되는 구조이다. • 장비 추가 및 이동이 용이하고, 장애 발생 시 다른 장비에 영향을 미치지 않는 장점이 있다. • 중앙 장치의 고장이 전체 네트워크를 마비시키는 단점이 있다.
(2)	• 모든 장치가 한 개의 케이블에 직렬로 연결되는 구조이다. • 케이블의 끝에는 터미네이터가 필요하다. • 설치 및 유지보수가 용이하나, 케이블 오류 발생 시 전체 네트워크에 영향을 미치는 단점이 있다.

• **답** :

정답 & 해설

(1) 성형 토폴로지(Star Topology)
(2) 버스형 토폴로지(Bus Topology)

LAN 토폴로지(Topology)

성형(Star Topology)		• 모든 장치가 중앙의 허브 또는 스위치에 연결되는 구조이다. • 장비 추가 및 이동이 용이하고, 장애 발생 시 다른 장비에 영향을 미치지 않는다. • 중앙 장치의 고장이 전체 네트워크를 마비시킨다.
버스형(Bus Topology)		• 모든 장치가 한 개의 케이블에 직렬로 연결되는 구조이다. • 케이블의 끝에는 터미네이터가 필요하다. • 설치 및 유지보수가 용이하나, 케이블 오류 발생 시 전체 네트워크에 영향을 미친다.
링형(Ring Topology)		• 모든 장치가 순환 구조의 케이블에 연결되는 구조이다. • 각 장치는 전송된 데이터를 받아들이고, 다음 장치로 전달한다.
망형(Mesh Topology)		• 모든 장치가 네트워크의 다른 모든 장치와 직접 연결된 형태이다. • 장치 또는 케이블의 고장이 전체 네트워크에 직접적인 영향을 주지 않으므로 신뢰성이 높은 형태의 구조이다.

380 다음이 설명하는 (1), (2)의 IEEE 802 표준 규격이 무엇인지 작성하시오.

(1)	무선 LAN에서 사용되는 규격으로, 컴퓨터와 스마트폰 등 무선 장치 간 데이터 전송을 담당한다. 다양한 전송 속도와 주파수 대역을 지원하며, 대부분의 무선 장비가 이 규격을 지원한다.
(2)	무선 기기 간 짧은 거리의 데이터 통신을 위한 규격으로, 주로 개인 및 가정에서 네트워크를 구성할 때 사용된다. 블루투스의 데이터 통신에 사용되는 규격이며, 다양한 무선 주파수 및 전송 속도를 지원한다.

• 답 :

정답 & 해설

(1) IEEE 802.11

(2) IEEE 802.15

IEEE 802 표균 규격

IEEE 802.1	상위 계층 인터페이스 및 MAC 브릿지
IEEE 802.2	LLC(Logic Link Control)
IEEE 802.3	이더넷(CSMA/CD)에 관한 규격
IEEE 802.4	Token Bus
IEEE 802.5	Token Ring
IEEE 802.6	도시형 네트워크(MAN)를 정의한 규격
IEEE 802.9	IS LAN
IEEE 802.10	네트워크 본안의 규격 제정에 관계되어 있음
IEEE 802.11	무선 LAN(CSMA/CA)
IEEE 802.12	디멘드, 프라이빗(100VG-AnyLAN)
IEEE 802.14	Cable Modem
IEEE 802.15.1	블루투스
IEEE 802.15.4	ZigBee
IEEE 802.16	Wibro(와이브로) & WiMAX

381 다음이 설명하는 (1), (2)의 IEEE 802.11 규격의 종류를 작성하시오.

(1)	2.4GHz 및 5GHz 대역을 이용하는 규격으로, 전송 속도는 최대 600Mbps이다. MIMO(Multiple Input Multiple Output) 기술을 사용하여 더 높은 속도와 안정성을 제공한다.
(2)	2.4GHz 대역을 이용하는 규격으로, CSMA/CA 기술을 사용하며 전송 속도는 최대 11Mbps이다. 가정용 네트워크에서 가장 많이 사용되는 규격이다.

• 답 :

정답 & 해설

(1) IEEE 802.11n

(2) IEEE 802.11b

IEEE 802.11 표준 규격

IEEE 802.11a	5GHz 대역의 OFDM 기술을 사용해 54Mbps의 전송 지원
IEEE 802.11ah	와이파이 헤일로(Wi-Fi HaLow)
IEEE 802.11b	CSMA/CA 기술을 사용하여 최대 11Mbps의 전송 지원
IEEE 802.11g	2.4GHz 대역에서 54Mbps의 전송 지원
IEEE 802.11n	여러 안테나를 사용하는 다중입력/다중출력(MIMO) 기술과 대역폭 손실을 최소화하여 상용화된 전송 규격으로 2.4GHz와 5GHz를 모두 사용

382 **다음이 설명하는 네트워크 장치를 작성하시오.**

- 네트워크 계층(OSI 3계층) 간을 연결하는 장치로, 패킷의 전송 경로를 설정한다.
- 동일한 프로토콜을 사용하는 네트워크를 연결해서 다양한 데이터 전송 경로 중 가장 효율적인 경로를 선택하여 패킷을 전송한다.
- 네트워크 확장이 용이하며, 트래픽 분산이 가능하다.

• **답** :

정답 & 해설

라우터(Router)

네트워크 장치의 종류 및 특징

라우터(Router)	• 네트워크에서 패킷을 전달하는 장비로, 두 개 이상의 네트워크를 연결한다. • IP 주소를 기반으로 패킷을 전달하며, 네트워크 간에 통신을 더 안정적이고 효율적으로 전달한다. • 보안 기능을 가지고 있어, 패킷 필터링 등의 기능으로 네트워크 보안을 강화할 수 있다.
리피터(Repeater)	• 물리적으로 멀리 떨어져 있는 두 개 이상의 네트워크를 연결하는 데 사용되는 장비이다. • 신호를 증폭하고 늘려주는 기능을 가지고 있어, 장비 간의 신호를 전달할 때 신호가 약해지는 문제를 해결할 수 있다.
허브(Hub)	• 리피터(Repeater)에서 진화된 장비로써 OSI 1계층에서 제어된다. • 여러 대의 컴퓨터를 연결하여 로컬 네트워크를 구성하는 데 사용되는 장비로 전기적 신호를 다른 장비에 전달한다.
브릿지(Bridge)	• 두 개 이상의 LAN을 연결하는 데 사용되는 장비이다. • LAN을 연결하여 하나의 네트워크로 만들고, 패킷을 필터링하여 브로드캐스트를 제한하고, 네트워크를 분할하여 네트워크 트래픽을 제한할 수 있다.
게이트웨이(Gateway)	• 서로 다른 두 개 이상의 네트워크 간 통신을 가능하게 해주는 장비이다. • 두 개 이상의 네트워크 간에 통신을 가능하게 하기 위해 프로토콜을 변환하거나, 패킷을 필터링하고, 보안 기능을 제공한다. • 일반적으로 인터넷과 내부 네트워크를 연결하는 데 사용된다.

388 **OSI 7계층 중 응용 프로세스 간에 데이터 표현상의 차이에 상관없이 통신이 가능하도록 독립성을 제공(코드 변환, 데이터 압축 등)하는 계층을 작성하시오.**

- **답** :

정답 & 해설

표현 계층(Presentation Layer)

표현 계층(Presentation Layer)

- 응용 계층으로부터 전달받은 데이터를 읽을 수 있는 형식으로 변환하는데 표현 계층은 응용 계층의 부담을 덜어주는 역할이 되기도 한다.
- 응용 계층으로부터 전송받거나 응용 계층으로 전달해야 할 데이터의 인코딩과 디코딩이 표현 계층에서 이루어진다.
- 데이터를 안전하게 사용하기 위해서 암호화와 복호화를 하는 작업도 표현 계층에서 이루어진다.

389 **네트워크 계층 프로토콜 중 하나로 TCP/IP 기반의 인터넷 통신 서비스에서 인터넷 프로토콜(IP)과 조합하여 통신 중에 발생하는 오류의 처리와 전송 경로의 변경 등을 위한 제어 메시지를 취급하는 무연결 전송(Connectionless Transmission)용의 프로토콜의 명칭을 영문 약어로 작성하시오.**

• **답** :

정답 & 해설

ICMP

ICMP(Internet Control Message Protocol)

- 인터넷 프로토콜(IP)에서 오류 메시지를 보내기 위한 프로토콜로 IP 패킷 전송 도중 발생한 오류를 알리기 위해 사용된다.
- 오류 유형을 나타내는 메시지를 전송할 수 있는데 예를 들어 ICMP는 목적지를 찾을 수 없는 경우, 라우팅 문제, 네트워크 혼잡, TTL(Time To Live) 시간 초과 등의 오류를 보고할 수 있다.
- ICMP 메시지는 IP 패킷으로 전송되며, 대상 호스트에 도달하면 해당 호스트는 메시지를 처리하고 보내는 호스트에게 응답한다.
- ICMP의 주요 기능
  - 네트워크 상태 모니터링 : ICMP는 네트워크 상태를 모니터링하고, 발생한 문제에 대한 경고 메시지를 보내기 위해 사용된다.
  - 오류 보고 : ICMP는 IP 패킷이 발생시킨 오류에 대한 보고 메시지를 전송한다. 이러한 오류 보고는 라우터나 대상 호스트에서 문제를 해결하는 데 도움이 된다.
  - 테스트 및 진단 : ICMP는 네트워크 성능 테스트와 진단에 사용된다. 예를 들어 핑(Ping) 테스트는 ICMP를 사용하여 호스트가 온라인인지 여부를 확인할 수 있다.

CHAPTER 12

제품 소프트웨어 패키징

SECTION 01

제품 소프트웨어 패키징하기

390 디지털 콘텐츠를 생성, 배포, 소비, 관리하는 모든 단계에서 디지털 콘텐츠의 저작권을 보호하고 허가된 사용자만 접근할 수 있도록 제한하는 기술을 무엇이라 하는지 영문 약어로 작성하시오.

- **답 :**

정답 & 해설

DRM

DRM(Digital Rights Management)

- 디지털 콘텐츠를 생성, 배포, 소비, 관리하는 모든 단계에서 디지털 콘텐츠의 저작권을 보호하고, 콘텐츠 소비자의 저작권 사용 권한을 제한하는 기술이다.
- DRM의 기능
  - 저작권 보호 : 디지털 콘텐츠를 불법 복사, 배포 및 사용으로부터 보호한다. 콘텐츠 제작자는 콘텐츠에 대한 액세스를 통제하고, 적법한 사용자만 콘텐츠를 이용할 수 있도록 할 수 있다.
  - 디지털 콘텐츠 관리 : 디지털 콘텐츠를 생성, 배포, 소비, 관리하는 모든 단계에서 사용된다. 콘텐츠 제작자는 콘텐츠를 다양한 방식으로 제어하고 관리할 수 있다.
  - 콘텐츠 사용 권한 제한 : 콘텐츠 소비자의 저작권 사용 권한을 제한한다. 적법한 사용자에게 콘텐츠를 제공하면서도, 콘텐츠의 사용 권한을 제한하거나, 시간 제한, 사용 제한 등의 제한을 설정할 수 있다.

391 **소프트웨어 제품 또는 서비스의 새로운 버전이 출시될 때, 변경 사항과 버그 수정 등의 정보를 담은 문서인 릴리즈 노트(Release Note)의 구성요소 중 문서 이름(예 릴리즈 노트), 제품 이름, 릴리즈 번호, 출시일, 노트 날짜, 노트 버전 등의 내용을 작성하는 부분을 무엇이라 하는지 작성하시오.**

• **답** :

정답 & 해설

머리말

릴리즈 노트(Release Note)의 구성요소

머리말	문서 이름(예 릴리즈 노트), 제품 이름, 릴리즈 번호, 출시일, 노트 날짜, 노트 버전 등
개요	제품과 변경 사항에 대한 간략한 개요
목적	오류 수정과 새로운 기능을 포함한 이 릴리즈의 새로운 사항과 릴리즈 노트의 목적에 대한 간략한 개요
문제 요약	릴리즈의 오류나 개선사항에 대한 짧은 설명
재현 단계	오류 발생을 재현하기 위한 절차
해결책	오류 수정을 위한 수정 및 개선 사항의 짧은 설명
최종 사용자 영향	응용 프로그램의 최종 사용자에게 필요한 조치
지원 현황	소프트웨어 관리의 일일 프로세스에 필요한 변경 사항
참고	소프트웨어나 하드웨어의 설치, 업그레이드, 제품 문서화에 관한 참고 사항(문서화 업데이트 포함)
면책	회사와 표준 제품 관련 메시지(예 프리웨어, 불법 복제 금지 등)
연락처	사용자 지원 연락처 정보

392 **DRM(Digital Rights Management)의 구성요소 중 다양한 디지털 콘텐츠 제작자, 배급사, 서비스 제공자 등이 DRM을 사용하여 보호된 콘텐츠를 서로 교환하고 공유할 수 있는 중개자 역할을 수행하는 요소를 무엇이라 하는지 작성하시오.**

• **답** :

정답 & 해설

클리어링 하우스(Clearing House)

클리어링 하우스(Clearing House)

- 디지털 저작권 라이선싱을 중개하고 라이선스 발급을 수행하는 정산소이다.
- 라이선서(Licensor)와 라이선시(Licensee)가 아닌 제3의 운영 주체가 운영한다.
- 저작재산권이 양도되는 경로에 대한 관련 정보를 생성하고 관리하며, 디지털 저작물 이용 내역을 근거로 신뢰할 수 있는 저작권료 정산 및 분배가 이루어지도록 한다.

393 CMMI(Capability Maturity Model Integration)의 성숙도 모델에서 표준화된 프로젝트 프로세스가 존재하나 프로젝트 목표 및 활동이 정량적으로 측정되지 못하는 단계를 무엇이라 하는지 작성하시오.

• **답** :

정답 & 해설

정의(Defined) 단계

CMMI(Capability Maturity Model Integration) 5단계

초기 단계(Initial)	• 프로세스가 불안정하고 예측 불가능하다. • 프로젝트에서는 일관성 없는 방식으로 수행되며, 목표를 달성하기 위한 일관된 프로세스나 절차가 없다.
관리 단계(Managed)	• 프로세스가 일관성 있게 수행되고 관리된다. • 프로세스는 정의되어 있으며, 목표를 달성하기 위한 절차와 프로세스를 따른다.
정의 단계(Defined)	• 프로세스가 표준화되어 있다. • 프로세스가 기술적으로 정의되어 있으며, 프로젝트에서 일관성 있게 수행된다. • 프로세스를 지속적으로 평가하고 개선할 계획이 있다.
측정 단계(Quantitatively Managed)	• 프로세스의 성능이 측정되고 분석된다. • 프로세스의 성능 측정 지표를 사용하여 프로젝트의 성과를 측정하고, 문제가 발생하면 빠르게 개선할 수 있다.
최적화 단계(Optimizing)	• 프로세스 개선을 지속적으로 추진한다. • 프로세스 성능 지표를 사용하여 프로세스를 개선하고, 혁신적인 개선 방법을 도입하여 프로세스를 최적화한다.

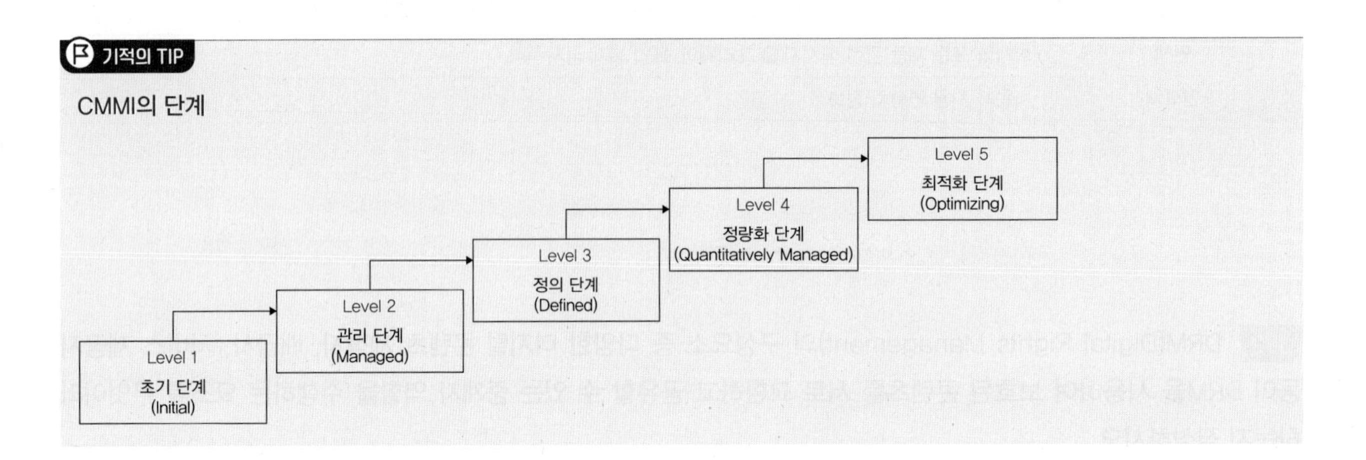

SECTION 02

제품 소프트웨어 매뉴얼 작성하기

394 소프트웨어 품질 목표 중 신뢰성(Reliability)에 대해서 간략하게 서술하시오.

• 답 :

정답 & 해설

정확하고 일관된 결과를 얻기 위해 요구된 기능을 오류 없이 수행할 수 있는 정도를 의미한다.

소프트웨어 품질 목표 항목

정확성(Correctness)	• 소프트웨어는 정확하게 동작해야 한다. • 사용자의 요구사항과 명세를 정확히 이해하고, 이를 충족시키는 결과물을 제공해야 한다.
신뢰성(Reliability)	• 소프트웨어는 안정적으로 동작해야 한다. • 사용자가 예측할 수 없는 상황에서도 예기치 않게 중단되지 않고, 일관성 있게 동작해야 한다.
효율성(Efficiency)	• 소프트웨어는 높은 성능을 제공해야 한다. • 기능을 사용할 때 빠르게 동작하고, 자원을 효율적으로 사용해야 한다.
사용성(Usability)	• 소프트웨어는 사용자가 쉽게 이해하고 사용할 수 있어야 한다. • 인터페이스는 직관적이고 일관성 있게 디자인되어야 한다.
유지보수성(Maintainability)	• 소프트웨어는 쉽게 수정하고 보완할 수 있어야 한다. • 새로운 요구사항이나 버그 수정 등이 필요할 때, 이를 쉽게 처리할 수 있도록 설계되어야 한다.
이식성(Portability)	• 소프트웨어는 다양한 환경에서 동작할 수 있어야 한다. • 특정 플랫폼에 종속되지 않고, 다양한 운영체제나 하드웨어에서 동작할 수 있어야 한다.
보안성(Security)	• 소프트웨어는 보안 위협으로부터 안전해야 한다. • 취약점이나 보안 취약성이 없도록 설계되어야 하며, 사용자 데이터와 개인정보를 안전하게 보호해야 한다.

395 **국제 표준화 기구(ISO)에서 개발한 품질 관리 시스템 표준으로 제품 및 서비스에 이르는 전 생산 과정에 걸친 품질보증 체계를 의미하는 품질 보증 체계를 무엇이라 하는지 작성하시오.**

• **답** :

정답 & 해설

ISO 9001

ISO 9001

- 국제 표준화 기구(ISO, International Organization for Standardization)에서 개발한 품질 관리 시스템(QMS, Quality Management System)의 국제 표준이다.
- 조직의 제품 또는 서비스가 고객 및 이해당사자의 요구사항을 만족시키고, 규제 준수를 위한 프로세스와 연속적인 개선을 관리하는 데 도움을 주는 지침을 제공한다.

SECTION 03

소프트웨어 버전관리

396 **시스템 또는 프로젝트의 설계, 개발 및 운영 과정에서 발생하는 변경 사항을 체계적으로 추적하고, 관리하고, 통제하는 프로세스로 제품이나 시스템의 일관성과 품질을 유지하고, 변경 사항에 대한 효율적인 통제를 목적으로 하는 활동을 무엇이라 하는지 작성하시오.**

• **답** :

정답 & 해설

형상관리

형상관리(CM, Configuration Management)

- 제품, 시스템 또는 프로젝트의 설계, 개발 및 운영 과정에서 발생하는 변경 사항을 체계적으로 추적하고, 관리하고, 통제하는 프로세스이다.
- 형상관리의 주요 목적은 제품이나 시스템의 일관성과 품질을 유지하고, 변경 사항에 대한 효율적인 통제를 통해 프로젝트의 성공을 보장하는 것이라고 할 수 있다.

397 **다음의 형상관리 절차를 보고 순서대로 바르게 나열하시오.**

형상 통제, 형상 식별, 형상 감사, 형상 상태 보고

• **답** : → → →

정답 & 해설

형상 식별 → 형상 통제 → 형상 상태 보고 → 형상 감사

형상관리 절차

- 형상 식별(Configuration Identification) : 제품이나 시스템의 모든 구성요소(소프트웨어, 하드웨어, 문서 등)를 식별하고, 각각에 고유한 식별자를 부여한다.
- 형상 통제(Configuration Control) : 변경 요청을 수용하고, 평가하며, 승인하거나 거부하는 프로세스를 수행한다. 이 과정에서 변경 사항의 영향을 분석하고, 필요한 경우 관련 구성요소를 업데이트한다.
- 형상 상태 보고(Configuration Status Accounting) : 구성요소의 현재 상태와 변경 이력을 기록하고 추적한다. 이 정보는 프로젝트 팀이 각 구성요소의 최신 상태를 파악하고, 변경 사항에 따른 영향을 관리할 수 있도록 돕는다.
- 형상 감사(Configuration Audit) : 제품이나 시스템의 구성요소가 형상 관리 계획에 따라 정확하게 관리되고 있는지 확인하는 검토 과정이다. 형상 감사는 변경 사항이 올바르게 반영되었는지, 문서와 기록이 정확한지 등을 검증한다.

398 형상 관리에서 특정 시점에 프로젝트의 구성요소들이 가지고 있는 공식적으로 승인된 버전을 의미하는 용어를 영문으로 작성하시오.

• 답 :

정답 & 해설

Baseline

베이스라인(Baseline)

- 형상 관리에서 특정 시점에 프로젝트의 구성요소들이 가지고 있는 공식적으로 승인된 버전을 의미한다.
- 베이스라인은 프로젝트의 진행 상황을 기록하고 추적하는 데 사용되며, 변경 사항의 관리와 프로젝트의 안정성을 유지하는 데 중요한 역할을 한다.

399 린우스 토르발스(Linus Torvalds)가 리눅스 커널 개발을 위해 만든 분산 버전 관리 시스템(Distributed Version Control System, DVCS) 중 하나로, 소프트웨어 개발 및 프로젝트 관리에서 소스코드의 버전을 관리하기 위해 사용되는 오픈소스 도구를 무엇이라 하는지 작성하시오.

• 답 :

정답 & 해설

Git

깃(Git)

- 분산 버전 관리 시스템(DVCS, Distributed Version Control System) 중 하나로, 소프트웨어 개발 및 프로젝트 관리에서 소스코드의 버전을 관리하기 위해 사용되는 오픈소스 도구이다.
- 린우스 토르발스(Linus Torvalds)가 리눅스 커널 개발을 위해 만든 것으로, 현재 전 세계의 개발자들이 널리 사용하고 있다.

400 **다음의 소프트웨어 변경 제어 절차를 순서대로 나열하시오.**

a. 요청서 분석
b. 변경 요청
c. 변경 구현 및 테스트
d. 형상관리위원회
e. 시스템 설치

• **답** : – – –

정답 & 해설

b–a–d–c–e

소프트웨어 형상관리와 변경제어 절차

소프트웨어 형상관리는 개발 및 유지 보수 과정에서 변화되어 가는 소프트웨어 짜임새를 질서 있게 통제하고 변경요구를 제도적으로 수렴하려는 방법으로, 변경 제어 절차는 다음과 같다.

변경 요청 → 요청서 분석 → 형상관리위원회(기각 또는 채택) → 변경 구현 및 테스트 → 시스템 설치

PART 02

기출문제

회차 안내

수험자 유의사항

1. 시험 문제지를 받는 즉시 응시하고자 하는 종목의 문제지가 맞는지를 확인하여야 합니다.
2. 시험 문제지 총면수 · 문제번호 순서 · 인쇄상태 등을 확인하고, 수험번호 및 성명을 답안지에 기재하여야 합니다.
3. 문제 및 답안(지), 채점 기준은 일절 공개하지 않으며, 자신이 작성한 답안, 문제 내용 등을 수험표 등에 이기(옮겨 적는 행위) 등은 관련 법 등에 의거 불이익 조치 될 수 있으니 유의하시기 바랍니다.
4. 수험자 인적사항 및 답안 작성(계산식 포함)은 흑색 필기구만 사용하되, 연필류를 사용하였을 경우 그 문항은 0점 처리됩니다.
5. 답란(답안 기재란)에는 문제와 관련 없는 불필요한 낙서나 특이한 기록사항 등을 기재하여서는 안 되며 부정의 목적으로 특이한 표식을 하였다고 판단될 경우에는 모든 문항이 0점 처리됩니다.
6. 답안을 정정할 때에는 반드시 정정 부분을 두 줄(=)로 그어 표시하여야 하며, 두 줄로 긋지 않은 답안은 정정하지 않은 것으로 간주합니다. (수정테이프 사용가능, 수정액 사용불가)
7. 답안의 한글 또는 영문의 오탈자는 오답으로 처리됩니다. 단, 답안에서 영문의 대 · 소문자 구분, 띄어쓰기는 여부에 관계없이 채점합니다.
8. 계산 또는 디버깅 등 계산 연습이 필요한 경우는 〈문제〉 아래의 연습란을 사용하시기 바라며, 연습란은 채점대상이 아닙니다.
9. 문제에서 요구한 가지 수(항수) 이상을 답란에 표기한 경우에는 답란기재 순으로 요구한 가지 수(항수)만 채점하고 한 항에 여러 가지를 기재하더라도 한 가지로 보며 그 중 정답과 오답이 함께 기재되어 있을 경우 오답으로 처리됩니다.
10. 한 문제에서 소문제로 파생되는 문제나, 가짓수를 요구하는 문제는 대부분의 경우 부분 배점을 적용합니다. 그러나 소문제로 파생되는 문제 내에서의 부분 배점은 적용하지 않습니다.
11. 답안은 문제의 마지막에 있는 답란에 작성하여야 합니다.
12. 부정 또는 불공정한 방법(시험문제 내용과 관련된 메모지 사용 등)으로 시험을 치른 자는 부정 행위자로 처리되어 당해 시험을 중지 또는 무효로 하고, 3년간 국가기술자격검정의 응시 자격이 정지됩니다.
13. 시험위원이 시험 중 신분확인을 위하여 신분증과 수험표를 요구할 경우 반드시 제시하여야 합니다.
14. 시험 중에는 통신기기 및 전자기기(휴대용 전화기 등)를 지참하거나 사용할 수 없습니다.
15. 국가기술자격 시험문제는 일부 또는 전부가 저작권법상 보호되는 저작물이고, 저작권자는 한국산업인력공단입니다. 문제의 일부 또는 전부를 무단 복제, 배포, 출판, 전자 출판하는 등 저작권을 침해하는 일체의 행위를 금합니다.

* 수험자 유의사항 미준수로 인한 채점 상의 불이익은 수험자 본인에게 전적으로 책임이 있음

정보처리기사 실기시험 2023 기출문제 03회

종　목	시험시간	배 점	문제수	형 별
정보처리기사	2시간 30분	100	20	A

풀이 시간 : ______________ **채점 점수 :** ______________

01 다음 Java 프로그램의 실행 결과를 작성하시오.

```
1:  class sup {
2:        public void paint() {
3:           System.out.print("A");
4:           draw();
5:        }
6:        public void draw() {
7:           System.out.print("B");
8:           draw();
9:        }
10: }
11: class sub extends sup {
12:       public void paint() {
13:          super.draw();
14:          System.out.print("C");
15:          this.draw();
16:       }
17:       public void draw() {
18:          System.out.print("D");
19:       }
20: }
21: public class Youngjin {
22:     public static void main(String[] args) throws Exception {
23:         sup youngjin = new sub();
24:         youngjin.paint();
25:         youngjin.draw();
26:     }
27: }
```

• 답 :

02 인터넷 사용자들이 비밀번호를 제공하지 않고 다른 웹 사이트 상의 자신들의 정보에 대해 웹 사이트나 애플리케이션의 접근 권한을 부여할 수 있는 공통적인 수단으로서 사용되는, 접근 위임을 위한 개방형 표준을 무엇이라 하는지 〈보기〉에서 알맞은 용어를 찾아 작성하시오.

〈보기〉

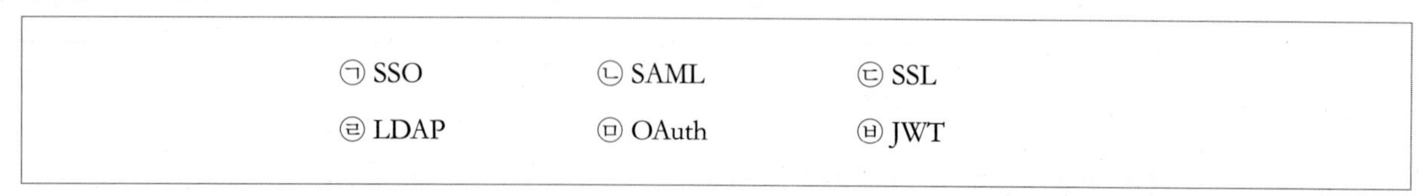
㉠ SSO ㉡ SAML ㉢ SSL
㉣ LDAP ㉤ OAuth ㉥ JWT

• 답 :

03 다음 C언어 프로그램의 출력 결과를 작성하시오.

```
1:  #include <stdio.h>
2:  int main() {
3:     char* p = "YOUNGJIN";
4:     printf("%s\n", p);
5:     printf("%s\n", p + 1);
6:     printf("%c\n", *p);
7:     printf("%c\n", *(p + 3));
8:     printf("%c", *p + 1);
9:     return 0;
10: }
```

• 답 :

04 다음 C언어 프로그램에서 구조체 변수를 출력하기 위하여 빈칸에 공통으로 들어갈 기호를 작성하시오.

```
1:  #include <stdio.h>
2:  int main(void) {
3:     struct emp {
4:        char name[10];
5:        int age;
6:     }
7:     a[] = { "kihyun", 26, "woojae", 28, "subin", 32, "miyoung", 25 };
8:     struct emp *p;
9:     p = a;
10:    p++;
11:    printf("%s\n", p ( 빈칸 ) name);
12:    printf("%d\n", p ( 빈칸 ) age);
13:    return 0;
14: }
```

• 답 :

05 리눅스 또는 유닉스에서 youngjin.txt 파일에 대한 권한 부여를 〈보기〉와 같이 할 수 있는 명령문을 (1), (2)를 작성하여 완성하시오.

〈보기〉

- 기타 사용자에게 실행의 권한을 부여한다.
- 그룹 사용자에게는 읽기, 실행의 권한을 부여한다.
- 파일 소유자에게는 읽기, 쓰기, 실행의 권한을 부여한다.
- 한 줄로 작성하고 8진수를 이용하여 작성한다.

〈명령문〉

```
( 1 )( 2 ) youngjin.txt
```

• 답 :

06 객체 등과 같은 여러 요소들을 그룹화한 다이어그램으로, 그림의 다이어그램은 어떠한 다이어그램인지 작성하시오.

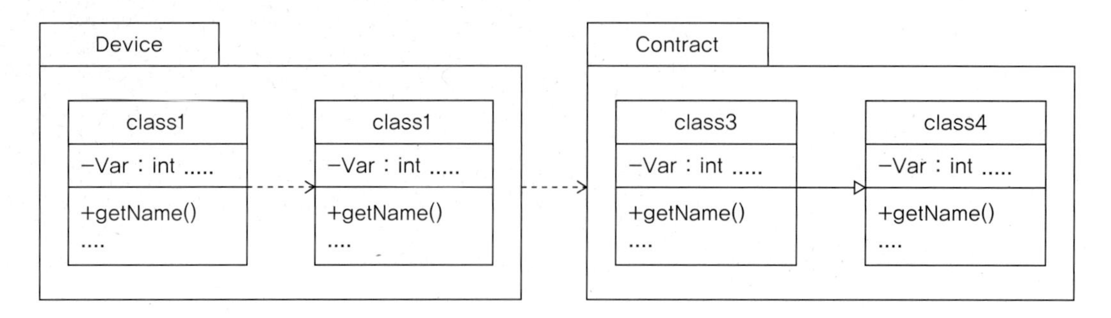

• 답 :

07 다음 〈등급 평가표〉에 대하여 〈테스트 케이스〉를 작성하여 테스트를 진행하였다. 컴포넌트나 시스템의 동작이 같을 것이라고 추정되는 입력 또는 출력 도메인의 부분을 선택하여 선택된 값들 간의 논리적 관계를 고려하여 테스트 케이스를 선정하는 기법을 무엇이라 하는지 〈보기〉를 참고하여 작성하시오.

〈등급 평가표〉

점수 구간	등급
90 ~ 100	수
80 ~ 89	우
70 ~ 79	미
60 ~ 69	양

〈테스트 케이스〉

구분	1	2	3	4	5
점수 구간	90~100	80~89	70~79	60~69	~59
입력값	95	83	78	63	45
예상 결과값	수	우	미	양	가
실제 결과값	수	우	미	양	가

〈보기〉

㉠ Equivalence Partitioning
㉡ Boundary Value Analysis
㉡ SAML
㉣ Comparison
㉢ Cause−Effect Graphing
㉥ Decision Table
㉤ OAuth
㉤ Error Guessing
㉦ State Transition Diagram

• 답 :

08 다음의 <SQL>을 모두 실행하였을 때 검색 결과를 작성하시오.

<SQL>

```
CREATE TABLE Table_A(COL1 INTEGER, COL2 INTEGER);
CREATE TABLE Table_B(COL1 INTEGER, COL2 INTEGER);

INSERT INTO Table_A(COL1, COL2) VALUES(1, 2);
INSERT INTO Table_A(COL1, COL2) VALUES(1, 2);
INSERT INTO Table_A(COL1, COL2) VALUES(1, 3);

INSERT INTO Table_B(COL1, COL2) VALUES(1, 2);
INSERT INTO Table_B(COL1, COL2) VALUES(1, 4);
INSERT INTO Table_B(COL1, COL2) VALUES(1, 5);

SELECT DISTINCT COL1, COL2 FROM Table_A
UNION
SELECT COL1, COL2 FROM Table_B ORDER BY COL2 DESC;
```

• 답 :

09 다음 C언어 프로그램의 입력값이 1과 100인 경우 출력 결과를 작성하시오.

```
1:  #include <stdio.h>
2:
3:  int isPerfect(int n) {
4:     int sum = 0;
5:     for (int j = 1; j <= n / 2; j++) {
6:        if (n % j == 0) {
7:           sum = sum + j;
8:        }
9:     }
10:    return (sum == n);
11: }
12:
13: int main() {
14:    int startRange, endRange, i, sum = 0;
15:
16:    printf("Enter the starting range: ");
17:    scanf("%d", &startRange);
18:    printf("Enter the ending range: ");
19:    scanf("%d", &endRange);
20:
21:    for (i = startRange; i <= endRange; i++) {
22:       if (isPerfect(i)) {
23:          sum+=i;
24:       }
25:    }
26:
27:    printf("%d ", sum);
28:    return 0;
29: }
```

• 답 :

10 **다음 설명이 의미하는 네트워크 장치는 무엇인지 영문 약어로 작성하시오.**

- 한글로 번역하면 '네트워크 주소 변환'이라고도 할 수 있다.
- 외부 네트워크에 알려진 것과 다른 사설 IP 주소를 사용하는 내부 네트워크에서 IP 주소를 변환하는 것이다. 즉, 사설 IP 주소를 공용 IP 주소로 변환하거나 들어오는 패킷들을 공용 IP 주소에서 다시 사설 IP 주소로 변환하는 역할을 한다.
- 인터넷의 공용 IP 주소를 절약할 수 있으며, 인터넷이란 공공망과 연결되는 사용자들의 고유한 사설망을 침입자들로부터 보호할 수 있다.

• 답 :

11 **이것은 고성능의 전송 기술 중 하나로, 비동기적인 데이터 전송을 지원하는 패킷 교환 기술로 주로 고대역폭 네트워크에서 사용되며, 특히 오디오, 비디오, 데이터 등 다양한 종류의 트래픽을 효율적으로 처리할 수 있도록 설계되어 있다. 고정 크기의 패킷인 53 바이트의 "셀(Cell)"(셀은 총 53 바이트이며 5 바이트의 헤더와 48 바이트의 패이로드로 구성)을 사용하는 기술을 무엇이라 하는지 영문 약어로 작성하시오.**

• 답 :

12 **다음 Java 프로그램의 오류가 발생하는 line과 이유를 작성하시오.**

```
1:  class Individual {
2:     public String fullName;
3:     public Individual(String value) {
4:        fullName = value;
5:     }
6:     public static String getFullName() {
7:        return fullName;
8:     }
9:     public void displayFullName() {
10:       System.out.println(fullName);
11:    }
12: }
13: public class Main {
14:    public static void main(String[] args) {
15:       Individual personObject = new Individual("Lee");
16:       personObject.displayFullName();
17:    }
18: }
```

• 답 :

13 다음이 설명하는 접근 통제 방식을 무엇이라 하는지 (1), (2), (3)을 영문 약어로 작성하시오.

(1)	각 객체와 주체에 대한 라벨링(Labelling)을 통해 접근 권한을 제어하는 접근 제어 방식이다.
(2)	사용자가 자원에 대한 접근 권한을 부여하는 방식이다.
(3)	사용자가 수행하는 역할(Role)을 기반으로 접근 권한을 결정하는 방식이다.

• **답 :**

14 다음의 Java 프로그램의 실행 결과를 작성하시오.

```
1:  class Mother {
2:     int calculate(int number) {
3:        if (number <= 1)
4:           return number;
5:        return calculate(number - 1) + calculate(number - 2);
6:     }
7:  }
8:
9:  class Daughter extends Mother {
10:    int calculate(int number) {
11:       if (number <= 1)
12:          return number;
13:       return calculate(number - 1) + calculate(number - 3);
14:    }
15: }
16:
17: public class Main {
18:    public static void main(String args[]) {
19:       Mother parentObject = new Daughter();
20:       System.out.print(parentObject.calculate(7));
21:    }
22: }
```

• **답 :**

15 다음의 Java 프로그램의 실행 결과를 작성하시오.

```
1:  #include <stdio.h>
2:
3:  int func(int n) {
4:     if(n <= 1) return 1;
5:     else return n * func(n - 1);
6:  }
7:  int main() {
8:     printf("%d", func(7));
9:  }
```

• 답 :

16 다음 파이썬 프로그램을 〈실행결과〉와 같은 출력이 나오도록 빈칸에 들어갈 함수를 작성하시오. (반드시 하나의 함수만 작성할 것)

```
1:  sentence = "Hello World! YoungJin is awesome."
2:  words = sentence.(빈칸)
3:
4:  print("Splitted Words:", words)
```

〈실행결과〉

```
Splitted Words: ['Hello', 'World!', 'YoungJin', 'is', 'awesome.']
```

• 답 :

17 다음이 설명하는 클라우드 서비스 모델의 영문 약어를 (1), (2), (3)에 작성하시오.

(1)	소프트웨어 서비스를 의미하며, 사용자가 애플리케이션을 웹 브라우저를 통해 사용할 수 있도록 하는 서비스 모델 예 Google Workspace, Microsoft 365 등
(2)	애플리케이션을 개발, 테스트, 배포할 수 있는 플랫폼을 제공하는 서비스 모델 예 Heroku, AWS Elastic Beanstalk 등
(3)	가상화된 컴퓨팅 리소스를 제공하여 사용자가 필요에 따라 인프라를 확장하거나 축소할 수 있도록 하는 서비스 모델 예 AWS EC2, Microsoft Azure VM 등

• 답 :

18 라우팅 테이블에 동일 네트워크에 포함된 각 라우터에 도달하기 위해 거쳐야 하는 라우터들의 최대수와 각 라우터에 도달하기 위해 이동해야 하는 다음 라우터 정보를 관리하고, 정기적으로 라우팅 테이블 정보를 인접 라우터와 교환하여 자신의 라우팅 테이블을 갱신하는 방법을 무엇이라 하는지 영문 약어로 작성하시오.

• 답 :

19 다음 관계 대수에 대한 기호를 (1), (2), (3), (4)에 작성하시오.

검색(Select)	(1)
프로젝션(Projection)	(2)
조인(Join)	(3)
디비전(Division)	(4)

• 답 :

20 다음이 설명하는 데이터베이스 무결성에 대한 내용에서 빈칸에 들어갈 알맞은 용어를 작성하시오.

(빈칸) 무결성이란 외래키는 NULL이거나 참조되는 릴레이션에 있는 기본키와 같아야 한다는 것이다. 이때 외래키가 NULL이라는 것은 아직까지 참조할 튜플을 결정하지 못했다는 의미이다.
즉, 릴레이션은 참조할 수 없는 외래키 값을 가질 수 없는 무결성 제약조건으로 외래키는 반드시 참조되는 릴레이션에 기본키로 존재하는 값이거나 NULL이어야 한다.

• 답 :

정보처리기사 실기시험 2023 기출문제 02회

종 목	시험시간	배 점	문제수	형 별
정보처리기사	2시간 30분	100	20	A

풀이 시간 : ______________ 채점 점수 : ______________

01 **다음 C언어 프로그램을 보기와 같은 입력과 출력이 되도록 빈칸에 들어갈 알맞은 코드를 작성하시오.**

```
1:  int main() {
2:      int array[5];
3:      for (int i = 0; i < 5; i++) {
4:          printf("숫자를 입력해주세요 : ");
5:          scanf("%d", &array[i]);
6:      }
7:      for (int k = 0; k < 5; k++) {
8:          printf("%d", (  빈칸  ));
9:      }
10:     return 0;
11: }
```

입력	출력
숫자를 입력해주세요 : 1 숫자를 입력해주세요 : 2 숫자를 입력해주세요 : 3 숫자를 입력해주세요 : 4 숫자를 입력해주세요 : 5	23451
숫자를 입력해주세요 : 4 숫자를 입력해주세요 : 2 숫자를 입력해주세요 : 5 숫자를 입력해주세요 : 3 숫자를 입력해주세요 : 1	25314

• **답 :**

02 **다음 Java 프로그램은 4620원을 1000원, 500원, 100원, 10원 지폐와 동전으로 나누는 프로그램이다. (1), (2), (3), (4)에 들어갈 코드를 〈보기〉를 참고하여 작성하시오. (반드시 〈보기〉의 내용만 사용할 것)**

```
1:  public class YoungJin {
2:     public static void main(String[] args) throws Exception {
3:        int m = 4620;
4:
5:        int a = (   1   );
6:        int b = (   2   );
7:        int c = (   3   );
8:        int d = (   4   );
9:
10:       System.out.println(a);  // 천원짜리    4장 출력
11:       System.out.println(b);  // 오백원짜리  1개 출력
12:       System.out.println(c);  // 백원짜리    1개 출력
13:       System.out.println(d);  // 십원짜리    2개 출력
14:    }
15: }
```

〈보기〉

변수 : m
연산자 : % /
괄호 : ( )

• **답** :

03 **다음 C언어 프로그램의 입력값이 홍길동, 김영진, 이기적의 순서일 때, 출력되는 값을 작성하시오.**

```
1:  #include<stdio.h>
2:  #include<stdlib.h>
3:  char n[30];
4:  char *test() {
5:     printf("이름을 입력하세요:");
6:     gets(n);
7:     return n;
8:  }
9:
10: int main(){
11:    char* test1;
12:    char* test2;
13:    char* test3;
14:
15:    test1 = test();
16:    test2 = test();
17:    test3 = test();
18:
19:    printf("%s\n",test1);
20:    printf("%s\n",test2);
21:    printf("%s",test3);
22: }
```

• **답 :**

04 **다음의 입력 필드와 값을 보고 [STUDENT] 테이블에 데이터를 삽입하기 위한 INSERT문을 작성하시오.**

학번 (int)	이름 (char(10))	학년 (int)	전공 (char(20))	전화번호 (char(13))
123456	이영진	4	컴퓨터	010-1234-5678

• **답 :**

05 다음 C언어 프로그램의 출력 결과를 작성하시오.

```
1:  #include <stdio.h>
2:  int main(void){
3:     int array[3] = {70, 85, 98};
4:     int sum = 0;
5:
6:     for(int i=0; i<3; i++){
7:        sum += array[i];
8:     }
9:
10:    switch(sum / 30){
11:       case 10:
12:       case 9: printf("A");
13:       case 8: printf("B");
14:       case 7:
15:       case 6: printf("C");
16:       default: printf("D");
17:    }
18: }
```

• 답 :

06 다음의 테스트 커버리지를 무엇이라 하는지 〈보기〉를 참고하여 작성하시오.

• 전체 조건식의 결과와 관계없이 각 개별 조건식이 참 한 번, 거짓 한 번을 모두 갖도록 조합하는 것
• 결정 커버리지보다 강력한 형태의 커버리지

〈보기〉

Statement Coverage, Decision Coverage, Condition Coverage, Condition/Decision Coverage, Modify Condition/Decision Coverage, Multiple Condition Coverage

• 답 :

07 다음 C언어 프로그램의 출력 결과를 작성하시오.

```
1:  #include <stdio.h>
2:  int main(){
3:     int s = 0;
4:     for(int i = 1; i <= 2023; i++) {
5:        if(i % 4 == 0) s++;
6:     }
7:     printf("%d", s);
8:  }
```

• 답 :

08 다음이 설명하는 용어를 작성하시오.

소프트웨어 또는 하드웨어를 외부에서의 공격이나 변경으로부터 보호하는 보안 기술 중 하나로 시스템이나 애플리케이션의 무결성을 유지하고, 외부 공격자로부터 시스템을 안전하게 보호하는 목적으로 사용된다. 특히, 보안에 중요한 역할을 하는 특정 부분이나 기능이 공격자에 의해 변경되거나 손상되는 것을 방지한다.

• 답 :

09 **다음 C언어 프로그램의 출력 결과를 작성하시오.**

```
1:  #include <stdio.h>
2:  #define MAX_SIZE 10
3:
4:  void into(int num);
5:  int take();
6:  int isEmpty();
7:  int isFull();
8:
9:  int isWhat[MAX_SIZE];
10  int point= -1;
11:
12: void into(int num) {
13:     if (isFull() == 1) {
14:         printf("Full");
15:     } else {
16:         isWhat[++point] = num;
17:     }
18: }
19:
20: int take() {
21:     if (isEmpty() == 1) {
22:         printf("Empty");
23:         return -1;
24:     }
25:     return isWhat[point--];
26: }
27:
28: int isEmpty() {
29:     if (point == -1) {
30:         return 1;
31:     }
32:     return 0;
33: }
34:
35: int isFull() {
36:     if (point == MAX_SIZE - 1) {
37:         return 1;
38:     }
39:     return 0;
```

```
40: }
41:
42: int main(){
43:     int e;
44:     into(5);
45:         into(2);
46:     while(!isEmpty()){
47:         printf("%d", take());
48:         into(4);
49:             into(1);
50:             printf("%d", take());
51:         into(3);
52:             printf("%d", take());
53:             printf("%d", take());
54:         into(6);
55:             printf("%d", take());
56:             printf("%d", take());
57:     }
58:     return 0;
59: }
```

• **답 :**

10 데이터베이스 설계 순서를 〈보기〉를 참고하여 나열하시오.

〈보기〉

구현, 요구조건 분석, 개념적 설계, 물리적 설계, 논리적 설계

• **답 :**

11 다음 설명을 보고 (1), (2)에 들어갈 알맞은 디자인 패턴을 〈보기〉를 참고하여 작성하시오.

(1)	어떤 클래스가 최대 하나의 인스턴스만을 갖도록 보장하며, 이 인스턴스에 대한 전역적인 접근점을 제공한다. 즉, 어플리케이션 내에서 해당 클래스의 인스턴스가 오직 하나만 존재하도록 하고, 이에 대한 전역적인 접근이 가능하게 한다. 이 패턴은 전역 변수를 통한 객체 공유로 인한 문제를 방지하고, 객체의 유일성을 보장하여 일관된 상태를 유지할 수 있다.
(2)	객체 구조를 변경하지 않고 새로운 동작을 추가하고자 할 때 사용된다. 이 패턴은 특정 객체 구조에 대해 각각의 구조에 대해 새로운 동작을 적용한다. 따라서 기존 객체 구조를 수정하지 않고 새로운 기능을 추가할 수 있다.

〈보기〉

Factory Method, Visitor, Interpreter, Singleton, Proxy, Prototype, Observer, Memento, Bridge

• 답 :

12 다음이 설명하는 오류 수정 방법을 〈보기〉를 참고하여 각각 작성하시오.

(1)	오류 검출 및 수정을 위한 블록 코드 중 하나로, 특히 단일 비트 오류에 대한 강력한 검출 능력을 가지고 있다. 데이터에 부가적인 비트를 추가하여 오류를 검출하고 수정할 수 있는 방식으로 동작한다.
(2)	데이터 전송 중 발생할 수 있는 오류를 감지하고 수정하기 위한 기술로, 송신측에서 추가적인 정보를 전송하여 수신측에서 오류를 복구할 수 있도록 한다.
(3)	전송된 데이터에 오류가 발생된 경우, 송신측에 오류 사실을 알려서 재전송으로 복원하는 방식이다.
(4)	오류 검출 기술 중 하나로, 1개의 비트를 추가하여 1의 개수가 짝수/홀수인지 판단하여 오류를 검출한다.
(5)	다항식 연산을 기반으로 하며, 송신자는 데이터에 대한 다항식 연산을 수행하여 나온 나머지를 추가적으로 전송한다. 수신자는 전송된 데이터와 다항식 연산을 수행하여 나온 나머지를 비교하여 오류를 감지할 수 있다.

〈보기〉

EAC, FEC, hamming, CRC, PDS, parity, BEC, ARQ, Sliding Window

• 답 :

13 다음의 HDLC 프로토콜에 대한 설명에서 (1), (2), (3), (4), (5)에 들어갈 용어를 〈보기〉를 참고하여 작성하시오.

- HDLC 프로토콜에서 각기 다른 목적으로 사용되는 (1) 프레임, (2) 프레임, (3) 프레임의 유형이 있다.
  - (1) 프레임은 실제 데이터를 전송하기 위해 사용된다. 이 프레임에는 헤더, 정보 필드, FCS 등이 포함된다.

Flag	주소	제어필드	정보 데이터	CRC	Flag

  - (2) 프레임은 흐름 제어와 오류 제어를 위해 사용된다. 이 프레임은 데이터의 흐름을 관리하거나 오류 상태를 확인하는 데에 활용된다.

Flag	주소	제어필드	CRC	Flag

  - (3) 프레임은 특별한 통신 제어를 위해 사용된다. 주로 연결 설정 및 해제, 프로토콜 타입 등을 다루기 위해 사용된다.

Flag	주소	제어필드	관리 정보 데이터	CRC	Flag

- 또한 HDLC는 3가지 데이터 전송 모드가 있다.
  - 정상 응답 모드는 기본 서버는 보조 서버로 데이터 전송을 시작할 수 있지만 보조 서버는 기본 서버의 명령에 대한 응답으로만 데이터를 전송할 수 있다.
  - (4) 모드는 각 국이 주국이자 종국으로 서로 대등하게 균형적으로 명령과 응답하며 동작하므로 허가를 받지 않고 송신을 개시할 수 있다.
  - (5) 모드는 종국은 주국의 허가(Poll) 없이도 송신이 가능하지만, 링크 설정이나 오류 복구 등의 제어 기능은 주국만 할 수 있는 모드이다.

〈보기〉

ㄱ. 연결제어	ㄴ. 감독	ㄷ. 정보	ㄹ. 양방향응답	ㅁ. 익명
ㅂ. 비번호	ㅅ. 릴레이	ㅇ. 동기균형	ㅈ. 동기응답	ㅊ. 비동기균형
ㅋ. 비동기응답				

- 답 :

14 다음의 Java 프로그램의 실행 결과를 작성하시오.

```
1:  public class YoungJin {
2:     public static void main(String[] args) throws Exception {
3:        String str1 = "Programming";
4:        String str2 = "Programming";
5:        String str3 = new String("Programming");
6:
7:        System.out.println(str1==str2);
8:        System.out.println(str1==str3);
9:        System.out.println(str1.equals(str3));
10:       System.out.println(str2.equals(str3));
11:    }
```

- 답 :

15 다음 〈보기〉를 보고 대칭키와 비대칭키를 구분하여 작성하시오.

〈보기〉

DES, 3-DES, RSA, SEED, ARIA, DSA, RC-4

• 대칭키 :

• 비대칭키 :

16 다음 설명을 보고 빈칸에 들어갈 알맞은 용어를 작성하시오.

- (빈칸)(이)란 데이터를 저장할 때, 데이터의 키 값을 (빈칸) 함수를 사용해 (빈칸) 주소로 변환하고, 해당 주소에 데이터를 저장하는 방식이다.
- 데이터를 찾으려면 키 값으로 (빈칸) 함수를 호출하여 (빈칸) 주소를 얻은 후, 해당 주소에 있는 데이터에 접근한다.
- 검색 속도가 매우 빠르며, 데이터의 추가, 삭제, 검색에 용이하다.

• 답 :

17 다음을 보고 빈칸을 작성하여 쿼리를 완성하시오.

- 학과 테이블에서 전화번호 속성을 삭제한다. 이때 참조하고 있는 테이블이 있다면 연쇄 삭제되도록 설정한다.

〈쿼리〉

```
ALTER TABLE 학과
DROP COLUMN 전화번호 ( 빈칸 );
```

• 답 :

18 **다음은 C언어로 선택 정렬을 구현한 것이다. 빈칸에 들어갈 알맞은 연산자를 작성하시오.**

```
1:  #include <stdio.h>
2:  void swap(int *xp, int *yp) {
3:      int temp = *xp;
4:      *xp = *yp;
5:      *yp = temp;
6:  }
7:
8:  void selectionSort(int arr[], int n) {
9:      int i, j, min_idx;
10:     for (i = 0; i < n - 1; i++) {
11:         min_idx = i;
12:         for (j = i + 1; j < n; j++) {
13:             if (arr[j] ( 빈칸 ) arr[min_idx])
14:                 min_idx = j;
15:         }
16:         swap(&arr[min_idx], &arr[i]);
17:     }
18: }
19:
20: void printArray(int arr[], int size) {
21:     int i;
22:     for (i = 0; i < size; i++)
23:         printf("%d ", arr[i]);
24:     printf("\n");
25: }
26:
27: int main() {
28:     int arr[] = {64, 25, 12, 22, 11};
29:     int n = sizeof(arr) / sizeof(arr[0]);
30:
31:     selectionSort(arr, n);
32:
33:     printf("정렬 후 배열: \n");
34:     printArray(arr, n);
35:
36:     return 0;
37: }
```

• **답 :**

19 다음의 파이썬 프로그램의 출력 결과를 작성하시오.

```
1:  str = "Young Jin engineer information processing"
2:  str_1 = str[:3]
3:  str_2 = str[4:6]
4:  str_3 = str[28:]
5:  str_f=str_1 + str_2 + str_3
6:  print(str_f)
```

• 답 :

20 다음이 설명하는 통합 테스트 도구를 작성하시오.

(1)	테스트 대상 하위 모듈을 호출하고, 파라미터를 전달하며, 모듈 테스트 수행 후의 결과를 도출하는 등 상향식 테스트에 필요
(2)	제어 모듈이 호출하는 타 모듈의 기능을 단순히 수행하는 도구로, 하향식 테스트에 필요

• 답 :

정보처리기사 실기시험 2023 기출문제 01회

종 목	시험시간	배 점	문제수	형 별
정보처리기사	2시간 30분	100	20	A

풀이 시간 : ______________ **채점 점수 :** ______________

01 다음 Java 프로그램의 실행 결과를 작성하시오.

```
1:  class Static{
2:     public int a = 20;
3:     static int b = 0;
4:  }
5:
6:  public class Main{
7:     public static void main(String[] args) {
8:        int a;
9:        a = 10;
10:       Static.b = a;
11:       Static st = new Static();
12:
13:       System.out.println(Static.b++);
14:       System.out.println(st.b);
15:       System.out.println(a);
16:       System.out.print(st.a);
17:    }
18: }
```

• **답 :**

02 다음 C 프로그램의 실행 결과를 작성하시오.

```
1:  #include <stdio.h>
2:
3:  int main(){
4:      char a[] = "YoungJin";
5:      char* p = NULL;
6:      p = a;
7:
8:      printf("%s\n", a);
9:      printf("%c\n", *p);
10:     printf("%c\n", *a);
11:     printf("%s\n", p);
12:
13:     for(int i = 0; a[i] != '\0'; i++){
14:         printf("%c", a[i]);
15:     }
16: }
```

• 답 :

03 다음 C 프로그램의 실행 결과를 작성하시오.

```
1:  #include <stdio.h>
2:   int main(){
3:      char* a = "Korea";
4:      char* b = "America";
5:      for(int i = 0; a[i] != '\0' ; i++){
6:          for(int j = 0; b[j] != '\0'; j++){
7:              if(a[i] == b[j]) printf("%c", a[i]);
8:          }
9:      }
10: }
```

• 답 :

04 다음 설명의 괄호에 들어갈 알맞은 용어를 영문 약어나 풀네임(Full Name)으로 작성하시오.

(　　)(은)는 비동기적인 웹 애플리케이션의 제작을 위해 JavaScript와 XML을 이용한 비동기적 정보 교환 기법이다.
(　　)(은)는 웹 페이지 내에서 자바스크립트(JavaScript)와 종속 스타일 시트(CSS), 확장성 하이퍼텍스트 마크업 언어(XHTML) 등을 이용하여 XML로 데이터를 교환하고 제어함으로써 사용자들이 웹 페이지를 '새로 고침'하지 않고도 대화형의 웹 페이지 기능을 이용할 수 있게 하는 기술을 말한다.

• 답 :

05 다음의 패킷 교환(Packet Switching) 방식에 대한 설명의 빈칸 (1), (2)에 들어갈 알맞은 방식을 작성하시오.

① (1) 방식 : 단말기 상호 간에 논리적인 가상 통신회선을 미리 설정하여 송수신지 사이의 연결을 확립한 후에 설정된 경로를 따라 패킷들을 순서적으로 운반하는 방식이다.
② (2) 방식 : 연결 경로를 설정하지 않고 인접한 노드들의 트래픽(전송량) 상황을 감안하여 각각의 패킷들을 순서에 상관없이 독립적으로 운반하는 방식이다.

• 답 :

06 다음이 설명하는 것을 영문 약어로 작성하시오.

네트워크 통신에서 사용되는 프로토콜로 데이터를 안전하게 전송하기 위해 터널링을 사용하는 프로토콜이며 주로 가상 사설망(VPN) 연결에 활용된다.
PPTP(Point-to-Point Tunneling Protocol)와 L2F(Layer 2 Forwarding)를 기반으로 개발되어 주로 인터넷을 통한 안전한 접속을 제공하기 위해 사용되며, 다양한 네트워크에서 안전한 데이터 전송을 가능케 한다.
주요 기능으로는 터널링(Tunneling), 인증 및 암호화, 멀티프로토콜 지원, 중립성이 있다.

• 답 :

07 다음이 설명하는 것을 영문 약어로 작성하시오.

- 네트워크 상에서 안전하게 통신하기 위한 프로토콜 및 이를 구현한 프로그램의 총칭
- 원격으로 다른 컴퓨터에 로그인하거나 파일을 전송하기 위해 사용하는 응용 프로그램 또는 그 프로토콜
- 기본적으로 안전한 통신을 지원하며, 데이터 전송이나 명령어 실행 과정에서 암호화를 사용
- 보안 접속을 통한 rsh, rcp, rlogin, rexec, telnet, ftp 등을 제공하며, IP spoofing을 방지하기 위한 기능 제공

• 답 :

08 다음 보안 위협에 대한 설명 중 빈칸 (1), (2), (3)에 들어갈 가장 알맞은 용어를 예시를 보고 작성하시오.

(1)	자체적으로 복제하여 네트워크를 통해 자동으로 전파되는 악성 소프트웨어이다.
(2)	정상적인 기능을 가장하고 사용자를 속여 악의적인 행위를 수행하는 악성 소프트웨어이다.
(3)	제3자의 정보를 자신의 정보인 것처럼 위장하여 대상 시스템을 공격한다.

〈예시〉

XSS, Spyware, Key Logger, Distribute Denial of Service, Trojan Horse, Hijacking, Sniffing, Spoofing, Worm Virus

• 답 :

09 다음 C 프로그램에서 2진수를 입력받아 10진수로 변환되어 출력되도록 (1), (2)에 들어갈 알맞은 연산자와 변수를 작성하시오.

```
1:  #include <stdio.h>
2:  int main() {
3:     int input;
4:     int d = 1, sum = 0;
5:
6:     printf("이진수를 입력하세요: ");
7:     scanf("%d", &input);
8:
9:     while (true) {
10:       if (input == 0) break;
11:       else {
12:         sum = sum + (input (  1  ) (  2  )) * d;
13:           d = d * 2;
14:           input = input / 10;
15:       }
16:    }
17:    printf("%d", sum);
18:    return 0;
19: }
```

• 답 :

10 네트워크 계층 프로토콜 중 하나로 TCP/IP 기반의 인터넷 통신 서비스에서 인터넷 프로토콜(IP)과 조합하여 통신 중에 발생하는 오류의 처리와 전송 경로의 변경 등을 위한 제어 메시지를 취급하는 무연결 전송(Connectionless Transmission)용의 프로토콜의 명칭을 영문 약어로 작성하시오.

• 답 :

11 다음이 설명하는 디자인 패턴을 〈보기〉를 보고 작성하시오.

> 객체 지향 디자인 패턴 중 하나로, 다른 객체에 대한 대리자 또는 대변자 역할을 하는 객체를 제공하는 패턴이다. 이 패턴은 실제 객체에 대한 접근을 제어하거나, 객체에 대한 부가적인 기능을 제공하거나, 객체의 생성 및 소멸을 관리하는 등 다양한 목적으로 사용될 수 있다.
> 즉, 이 패턴을 사용하면 클라이언트는 실제 객체에 직접 접근하지 않고 프록시를 통해 간접적으로 접근함으로써, 실제 객체에 대한 제어나 부가적인 작업을 쉽게 추가할 수 있으므로 코드 재사용성과 유지보수성을 향상시킬 수 있다.

〈보기〉

Factory Method, Composite, Interpreter, Singleton, Proxy, Prototype, Observer, Memento, Bridge

• 답 :

12 다음의 관계 데이터베이스 설명에서 (1), (2), (3)에 들어갈 알맞은 용어를 작성하시오.

(1)	관계형 데이터베이스에서 릴레이션(테이블)의 각 행을 나타내는 속성(열)의 모임으로 이루어져 있으며, 각 속성에는 해당 행에 대한 값이 저장된다. 예를 들어, 학생 테이블에서 한 학생의 정보가 하나의 이것으로 표현될 수 있다.
(2)	릴레이션의 현재 상태를 나타낸다. 즉, 특정 시점에서 릴레이션에 저장된 데이터의 모든 행과 열의 집합을 나타낸다.
(3)	릴레이션에서 튜플의 수를 나타낸다.

• 답 :

13 [STUDENT] 테이블에서 depart 필드값이 '영어과'인 레코드를 삭제하는 쿼리를 작성하시오.

• 답 :

14 **다음은 버블 정렬을 하기 위한 Java 프로그램이다. (1), (2)에 들어갈 알맞은 코드를 작성하시오.**

```
1:  public class BubbleSort {
2:     public static void main(String[] args) {
3:        int[] array = {64, 34, 25, 12, 22, 11, 90};
4:        bubbleSort(___1___);
5:        printArray(array);
6:     }
7:
8:     public static void bubbleSort(int[] array) {
9:        int n = array.length;
10:
11:       for (int i = 0; i < n - 1; i++) {
12:          for (int j = 0; j < n - i - 1; j++) {
13:             if (array[j] > array[j + 1]) {
14:                int temp = array[j];
15:                array[j] = array[___2___];
16:                array[___2___] = temp;
17:             }
18:          }
19:       }
20:    }
21:
22:    public static void printArray(int[] array) {
23:       for (int value : array) {
24:          System.out.print(value + " ");
25:       }
26:       System.out.println();
27:    }
28: }
```

• **답 :**

15 다음 파이썬의 실행 결과를 작성하시오. (반드시 집합(Set)의 형식으로 작성할 것)

```
1: a = {'사과', '바나나', '딸기'}
2: a.add('파인애플')
3: a.add('바나나')
4: a.remove('딸기')
5: a.update({'망고', '사과', '키위'})
6: print(a)
```

• 답 :

16 다음의 [성적] 테이블에서 〈처리조건〉대로 〈실행결과〉를 출력하는 SQL 쿼리를 작성하시오.

[성적]

학번	이름	학과	학년	점수
2022512	김연진	컴퓨터공학	3	90
2120326	문동은	전자공학	3	80
2204534	차호윤	컴퓨터공학	2	95
2309876	성우람	전자공학	1	85
1923094	홍찬중	건축학	4	95
2102934	이사랑	건축학	2	100

〈실행결과〉

학과	최대점수	최소점수
컴퓨터공학	95	90
건축학	100	A95

〈처리조건〉

- [성적] 테이블에서 학과별 점수의 평균이 90 이상인 학과를 대상으로 출력하시오.
- 〈실행결과〉를 참고하여 학과, 최대점수, 최소점수를 검색하시오.
- 최대점수와 최소점수는 별칭을 사용하여 〈실행결과〉와 동일한 형식으로 출력되도록 하여야 한다.
- 각 속성의 자료형은 이름, 학과는 char(10)이고, 학번, 학년, 점수는 int이다.
- 쿼리는 대/소문자를 구분하지 않으며 세미콜론(;)은 생략 가능하다.

• 답 :

17 다음 Java 프로그램의 실행 결과를 작성하시오.

```
1:  abstract class Transport {
2:     String modelName;
3:     abstract public String getModelName(String val);
4:     public String getModelName() {
5:        return "Model name: " + modelName;
6:     }
7:  }
8:
9:  class Bicycle extends Transport {
10:    public Bicycle(String val) {
11:       modelName = super.modelName = val;
12:    }
13:    public String getModelName(String val) {
14:       return "Bicycle model: " + val;
15:    }
16:    public String getModelName(byte val[]) {
17:       return "Bicycle model: " + val;
18:    }
19: }
20:
21: public class Youngjin {
22:    public static void main(String[] args) {
23:       Transport obj = new Bicycle("Mountain Bike");
24:       System.out.println(obj.getModelName());
25:    }
26: }
```

• 답 :

18 다음의 스키마 관련 설명을 보고 (1), (2), (3)에 들어갈 알맞은 스키마를 작성하시오.

(1)	데이터베이스의 물리적 저장 구조를 정의한다. 디스크에 데이터가 어떻게 저장되는지, 데이터의 블록 크기, 인덱스의 유무, 어떤 알고리즘을 사용해 데이터를 접근하는지 등의 정보를 포함한다.
(2)	데이터베이스의 논리적 구조를 정의한다. 데이터베이스에 저장된 데이터와 데이터 간의 관계, 제약 조건, 무결성 규칙 등을 기술한다.
(3)	데이터베이스에 접근하는 응용 프로그램이 볼 수 있는 논리적 구조를 정의한다. 따라서 데이터베이스에서 필요한 일부 데이터와 그 구조를 정의한다.

- 답 :

19 다음 제어 흐름도에 대하여 분기 커버리지(Branch Coverage)를 수행하는 경우, 테스트 케이스 순서를 6단계와 7단계로 나누어 작성하시오.

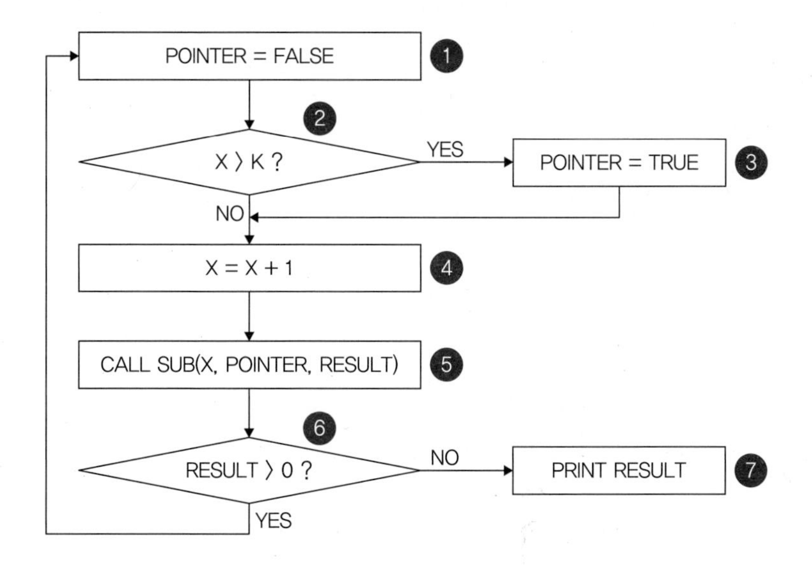

- 6단계 : (　) → (　) → (　) → (　) → (　) → (　)
- 7단계 : (　) → (　) → (　) → (　) → (　) → (　) → (　)

20 다음의 Java 프로그램의 실행 결과를 작성하시오.

```
1:  class Mother {
2:     int y = 1;
3:     Mother() {
4:        this(2);
5:     }
6:     Mother(int y) {
7:        this.y = y;
8:     }
9:     int getY() {
10:       return y;
11:    }
12: }
13:
14: class Daughter extends Mother {
15:    int y = 3;
16:    Daughter() {
17:       this(4);
18:    }
19:    Daughter(int y) {
20:       this.y = y;
21:    }
22: }
23:
24: public class YoungJin {
25:    public static void main(String[] args) {
26:       Daughter daughterObj = new Daughter();
27:       System.out.println(daughterObj.getY());
28:    }
29: }
```

• 답 :

정보처리기사 실기시험 2022 기출문제 03회

종 목	시험시간	배 점	문제수	형 별
정보처리기사	2시간 30분	100	20	A

풀이 시간 : ____________ **채점 점수 :** ____________

01 다음 C언어 프로그램의 출력 결과를 2차원 배열의 형태로 〈답란〉에 작성하시오.

```
1:  int check();
2:  int main(){
3:     int mines[4][4]={{0,1,0,1},{0,0,0,1},{1,1,1,0},{0,1,1,1}};
4:     int field[4][4]={{0,0,0,0},{0,0,0,0},{0,0,0,0},{0,0,0,0}};
5:     int w=4, h=4, y, x, i, j;
6:     for(y=0; y<h; y++){
7:        for(x=0; x<w; x++){
8:           if(mines[y][x]==0) continue;
9:           for(i=y-1; i<=y+1; i++) {
10:             for(j=x-1; j<=x+1; j++) {
11:                if(check(w,h,j,i) == 1) {
12:                   field[i][j] += 1;
13:                }
14:             }
15:          }
16:       }
17:    }
18:    for(y=0; y<h; y++){
19:       for(x=0; x<w; x++)
20:          printf("%d", field[y][x]);
21:       printf("\n");
22:    }
23: }
24: int check(int w, int h, int j, int i) {
25:    if (i >= 0 && i < h && j >= 0 && j < w) return 1;
26:    return 0;
27: }
```

〈답란〉

〈예〉

1	2	3	4
1	1	1	1
0	1	2	1
1	2	0	1

02 다음의 관계대수 연산자 이름에 대한 연산자 기호 (1)~(5)를 작성하시오.

연산자 이름	연산자 기호
합집합	(1)
차집합	(2)
카티션 프로덕트	(3)
프로젝트	(4)
조인	(5)

• 답 :

03 다음 (1), (2)에 해당하는 디자인 패턴을 영문으로 작성하시오.

• (1) Pattern
기능과 구현을 분리하여 독립적으로 변형과 확장이 가능하도록 결합도를 낮춘 패턴으로, 인터페이스와 구현 사이의 계층을 만들어 둘을 분리시킴으로써 서로의 변경에 독립적으로 대처한다.

• (2) Pattern
한 객체의 상태 변화를 감지하여 다른 객체의 상태도 연동되도록 일대다 객체에 의존 관계를 구성하는 패턴으로, 객체의 상태가 업데이트되면 객체에 의존하는 다른 객체에 알리고 자동으로 내용을 갱신한다.

• 답 :

04 다음 C언어 프로그램의 실행 결과를 작성하시오.

```
1:  public class Main {
2:     public static void main(String[] args) throws Exception {
3:        int[] rank = new int[5];
4:        int[] array = {77,32,10,99,50};
5:        for(int x = 0; x < 5; x++) {
6:           rank[x] = 1;
7:           for(int y = 0; y < 5; y++) {
8:              if(array[x] < array[y]) rank[x]++;
9:           }
10:       }
11:       for(int x = 0; x < 5; x++) {
12:          System.out.print(rank[x]);
13:       }
14:    }
15: }
```

• 답 :

05 192.168.1.0/24 네트워크를 FLSM 방식을 사용하여 3개의 Subnet으로 나누고 IP Subnet-Zero를 적용하였을 경우 2번째 네트워크의 Broadcast 주소를 작성하시오.

• 답 :

06 다음의 테스트 방식에 대한 테스트 명칭을 〈보기〉를 참조하여 작성하시오.

학점관리 시스템 테스트

• A학점 : 100~90점, B학점 : 89~80점, C학점 : 79~70점, D : 69~60점, F학점 : 59~0점의 점수를 입력했을 때, 학점이 정확히 출력되는지 테스트 케이스를 작성하여 검증한다.

[학생]

구간	평가
100~90	A
89~80	B
79~70	C
69~60	D
59~0	F

[테스트 케이스]

처리 내용	입력 데이터	예상 결과
A 출력하도록 입력	100, 99, 91, 90	A
B 출력하도록 입력	89, 81, 80	B
C 출력하도록 입력	79, 71, 70	C
D 출력하도록 입력	69, 61, 60	D
F 출력하도록 입력	59, 1, 0	F
오류 메시지 출력하도록 입력	101, -1	오류 메시지

〈보기〉

Equivalence Partitioning, Classification Tree Method, Boundary Value Analysis, State Transition Testing, Decision Table Testing, Cause-effect Graphing, Combinatorial Test Techniques, Scenario Testing, Use Case Testing

• 답 :

07 다음 <테이블 생성 및 튜플 추가>로 테이블을 생성하였다. 생성된 테이블에 대하여 <SQL문> (1), (2)의 실행 결과를 작성하시오. (컬럼명은 제외한 결과만 작성하시오.)

```
1:  CREATE TABLE 부서
2:  (
3:     부서코드 int,
4:     부서명 VARCHAR(10),
5:     PRIMARY KEY (부서코드)
6:  );
7:
8:  CREATE TABLE 직원
9:  (
10:    직원번호 INT,
11:    직원이름 VARCHAR(10),
12:    부서코드 INT,
13:    PRIMARY KEY (직원번호),
14:    FOREIGN KEY (부서코드) REFERENCES 부서(부서코드) ON DELETE CASCADE
15: );
16:
17: INSERT INTO 부서 (부서코드, 부서명) VALUES (1, '기획부');
18: INSERT INTO 부서 (부서코드, 부서명) VALUES (2, '인사부');
19: INSERT INTO 부서 (부서코드, 부서명) VALUES (3, '홍보부');
20:
21: INSERT INTO 직원 (직원번호, 직원이름, 부서코드) VALUES (1001, '이영진', 1);
22: INSERT INTO 직원 (직원번호, 직원이름, 부서코드) VALUES (1002, '김영진', 2);
23: INSERT INTO 직원 (직원번호, 직원이름, 부서코드) VALUES (1003, '성영진', 3);
24: INSERT INTO 직원 (직원번호, 직원이름, 부서코드) VALUES (1004, '최영진', 2);
25: INSERT INTO 직원 (직원번호, 직원이름, 부서코드) VALUES (1005, '구영진', 2);
26: INSERT INTO 직원 (직원번호, 직원이름, 부서코드) VALUES (1006, '우영진', 1);
27: INSERT INTO 직원 (직원번호, 직원이름, 부서코드) VALUES (1007, '황영진', 3);
```

```
(1) SELECT DISTINCT COUNT(직원번호) FROM 직원 WHERE 부서코드 = 2;
(2) DELETE FROM 부서 WHERE 부서코드 = 2;
    SELECT DISTINCT COUNT(직원번호) FROM 직원;
```

• **답** :

08 다음의 (1)과 (2)가 설명하는 용어를 작성하시오.

(1) 사람들의 신뢰나 무지를 이용하여 정보를 획득하거나 시스템에 침입하는 공격 기법을 말한다. 일반적으로 기술적인 취약점을 이용하는 해킹과 달리, 사람의 심리적인 취약점을 이용하여 공격을 시도한다.
(2) 정보를 수집한 후, 저장만 하고 분석에 활용하고 있지 않는 다량의 데이터를 말한다. 처리되지 않은 채 미래에 사용할 가능성이 있다는 이유로 삭제되지 않고 방치되어 있어, 저장 공간만 차지하고 보안 위험을 초래할 수 있다.

• 답 :

09 다음 Python 프로그램의 실행 결과를 작성하시오.

```
1:   a = [1,2,3,4,5]
2:   a = list(map(lambda num : num + 100, a))
3:   print(a)
```

• 답 :

10 다음 설명이 의미하는 용어를 영문 약어로 작성하시오.

- 다양한 보안 장비와 서버, 네트워크 장비 등으로부터 보안 로그와 이벤트 정보를 수집한 후 정보들 간의 연관성을 분석하여 위협 상황을 인지하고, 침해사고에 신속하게 대응하는 보안 관제 솔루션(Solution)이다.
- 방화벽, 안티바이러스 솔루션, 서버, 네트워크 장비 등으로부터 수집한 다양한 로그와 보안 이벤트 데이터를 빅데이터 기반으로 분석한다.
- 보안 위협 징후를 판단할 수 있는 데이터(통계정보)를 생성하고 이 데이터로 보안 사고를 분석하고 예방/대응한다. 또한 로그 관리를 통합적으로 수행하며 네트워크 포렌식(Forensic)과 보안 관련 준수성(Compliance)에 중요한 역할을 담당한다.

• 답 :

11 다음의 (1), (2), (3)에서 설명하는 형상 관리 도구를 〈보기〉를 참조하여 작성하시오.

- 최근 오픈소스 형상 관리 도구로는 (1), (2), (3) 등의 공개 소프트웨어를 많이 사용한다.
- (1)(은)는 클라이언트/서버 구조로 서버는 소스코드 및 기타 문서 파일의 현재 버전과 변경 상태를 저장하고, 클라이언트는 서버에 접속하여 소스코드를 복사한다. 초창기 형상 관리 도구로 서버는 단순한 명령 구조를 가진 장점이 있지만, 텍스트 기반의 코드만 지원하는 단점이 있다.
- (2)(은)는 (1)의 장점은 승계하고 단점을 개선한 GNU의 버전 관리 도구로 다양한 GUI 도구가 존재하고 gzip 압축을 통해 서버의 공간을 절약하는 장점을 가지고 있지만, trunk, branch, tag가 모두 저장 위치를 점유하는 단점을 가지고 있다.
- (3)(은)는 앞서 나온 (1)(와)과 (2)의 단점을 모두 보완한 장점이 있으나, 속도 향상에 중점을 둔 분산형 버전 관리 시스템이므로 중앙집중형인 (1)(와)과 (2)(와)과는 개념이 달라 개발자에게 학습할 시간이 필요하다.
- (2)(와)과 (3) 형상 관리 기능 이외에도 다른 기능의 서드 파트 GUI 환경을 지원한다. 예를 들어 개발자 게시판의 테스트 수행 시 업무 담당자와 개발자 간의 대화 채널을 관리하는 도구까지 제공하고 있으니 형상 관리 도구를 선정하기 전에 서드 파트 지원 도구도 파악하고 설치하는 것이 필요하다.

〈보기〉

RCS, SVN, Bitkeeper, Git, SCCS, CVS

- **답 :**

12 [학생] 테이블에서 컴퓨터공학과 학생 50명, 건축학과 학생 100명, 화학과 학생 50명의 튜플이 있는 경우 (1), (2), (3)에 해당하는 SQL 쿼리 실행 결과의 튜플수를 각각 작성하시오. (단, 학과 속성명은 'DEPT'이다.)

```
(1) SELECT DEPT FROM 학생;
(2) SELECT DISTINCT DEPT FROM 학생;
(3) SELECT COUNT(DISTINCT DEPT) FROM 학생 WHERE DEPT = '건축학과';
```

- **답 :**

13 다음 C언어 프로그램의 실행 결과를 작성하시오.

```
1:  int main(){
2:     int num1, num2, num3, p_num = 0;
3:     for(num1=6; num1<=30; num1++){
4:        num2=num1/2;
5:        num3=0;
6:        for(int i=1; i<=num2; i++){
7:           if(num1%i==0){
8:              num3=num3+i;
9:           }
10:       }
11:       if(num1==num3){
12:          p_num++;
13:       }
14:    }
15:    printf("%d", p_num);
16:    return 0;
17: }
```

• 답 :

14 다음이 설명하는 (1)과 (2)에 해당하는 알맞은 용어를 〈보기〉를 참조하여 작성하시오.

(1)(은)는 ARM 아키텍처에서 사용되는 하드웨어 보안 기술로 하드웨어적으로 안전한 실행 영역인 (1)(와)과 일반적인 실행 영역인 Non (1)(을)를 구분한다. (1)에서는 시스템 보안 관련 작업을 처리하고, Non (1)에서는 일반적인 애플리케이션 작업을 처리하여 보안 위협으로부터 시스템을 보호할 수 있다.

(2)(은)는 인터넷 사용자들이 일반적으로 많이 방문하는 웹 사이트의 이름을 의도적으로 잘못 입력하여 유저들을 다른 사이트로 유인하려는 행위이다. 예를 들어, "googgle.com" 또는 "facebok.com"과 같이 기존의 인기있는 도메인 이름을 의도적으로 잘못 입력하여 사용자들이 해당 사이트로 이동하면, 이러한 사이트에서는 사용자들의 정보를 수집하거나, 피싱 사이트로 이용될 수 있다. 이러한 행위는 인터넷 사용자들에게 많은 위협을 가하므로, 유저들은 항상 URL을 정확하게 확인하는 습관을 가지는 것이 중요하다.

〈보기〉

Secure Enclave, Trust zone, Virtual Secure Mode, Hyper-v, Brandjacking, Typosquatting, Phishing, Cybersquatting

• 답 :

15 다음이 설명하는 용어를 영문 약어로 작성하시오.

단 한 번의 로그인만으로 기업의 각종 시스템이나 인터넷 서비스에 접속하게 해주는 보안 응용 솔루션이다. 각각의 시스템마다 인증 절차를 밟지 않고도 1개의 계정만으로 다양한 시스템에 접근할 수 있어 ID, 비밀번호에 대한 보안 위험 예방과 사용자 편의 증진, 인증 관리비용의 절감 효과가 있다. 클라이언트 SSL(Secure Sockets Layer) 인증서와 S/MIME(Security Services for Multipurpose Internet Mail Extension) 인증서가 포함된 (   ) 솔루션으로 개인 키 데이터베이스에 있는 하나의 키로 로그인하고, 다른 비밀번호 없이 SSL 사용 서버에 접근할 수 있다.

• 답 :

16 다음은 프로세스 스케줄링 기법에 대한 설명이다. (1), (2), (3)에 들어갈 알맞은 스케줄링 명칭을 작성하시오.

(1) 스케줄링	• 대기하는 작업 중 CPU Burst Time이 가장 작은 작업에 CPU를 할당하는 기법이다. • 주어진 프로세스들의 긴 집합에 대해 최소의 평균 대기시간을 가진다는 장점이 있으나 각 프로세스의 CPU 사용시간을 예측해야 하기 때문에 현실적이지 못하다.
(2) 스케줄링	• FCFS에 의해서 프로세스들이 내보내지며 각 프로세스는 같은 크기의 CPU 시간(Time Quantum)을 할당 받아 처리된다. • 프로세스가 주어진 CPU 할당 시간 동안 처리를 완료하지 못하면 그 중앙처리장치는 대기 중인 다음 프로세스로 넘어가며(preemptive), 실행 중이던 프로세스는 준비 완료 리스트의 가장 뒤로 보내지는 방식으로 스케줄링된다.
(3) 스케줄링	• 새로 도착한 프로세스를 포함하여 가장 짧은 시간이 소요된다고 판단되는 프로세스를 먼저 수행한다. • 현재 실행 중인 프로세스라도, 남은 처리 시간이 더 짧다고 판단되는 프로세스가 생기면 언제라도 실행 중인 프로세스가 선점당하기 때문에 기아 상태가 발생할 수 있다.

• 답 :

17 다음 UML에 대한 설명 중 (1), (2), (3)에 들어갈 알맞은 말을 작성하시오.

UML은 모델의 기본 요소인 사물과 사물 간의 관계를 나타내는 관계, 사물들 간의 관계를 도식화한 다이어그램 등으로 구성된다.

> 사물 : 모델 구성의 기본 요소로 추상적인 개념이다. 시스템의 구조와 행위 등을 표현하고 개념들을 그룹화하기 위한 것들로 구성되어 있다.
> (1) : 사물 간의 연결을 추상화하여 표현한다.
> 다이어그램 : 사물들 간의 관계를 도형으로 표현한 것으로, 여러 관점에서 시스템을 가시화한 뷰(View)를 제공함으로써 의사소통에 도움을 준다.

UML은 정적 다이어그램과 동적 다이어그램으로 분류할 수 있다. 정적 다이어그램의 종류에는 (2) 다이어그램, 객체 다이어그램, 컴포넌트 다이어그램 등이 있다.

> (2) 다이어그램은 시스템을 구성하는 (2)(와)과 (3) 사이의 정적인 관계를 나타내고, 객체 다이어그램은 (2) 다이어그램에 포함된 사물들의 인스턴스(Instance)를 특정 시점의 객체와 객체 사이의 관계로 표현한다. 그리고 컴포넌트 다이어그램은 실제 구현 모듈인 컴포넌트 간의 관계를 표현한다.

• 답 :

18 **다음 〈E-R 다이어그램〉의 ㉠~㉤을 보고 〈표〉의 (1)~(5)와 연결하시오.**

〈E-R 다이어그램〉

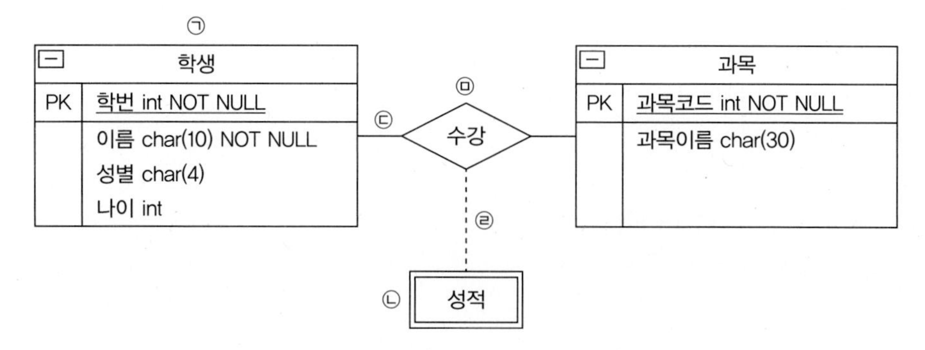

〈표〉

(1)	관계 집합을 표시한다.
(2)	외래키들을 기본키로 사용하지 않고 일반 속성으로 취급하는 비식별 관계를 연결한다.
(3)	개체 집합을 표시한다. 개체 집합의 속성으로 기본키를 명세할 수 있다.
(4)	자신의 개체 속성으로 기본키를 명세 할 수 없는 개체 타입이다.
(5)	식별 관계로 개체 집합의 속성과 관계 집합을 연결한다.

- (1) –
- (2) –
- (3) –
- (4) –
- (5) –

19 **다음 Java 프로그램의 실행 결과를 작성하시오.**

```
1:  public class Main {
2:     static int size = 4;
3:     public static void main(String[] args) throws Exception {
4:        int[] arr = new int[size];
5:        Array(arr);
6:        for(int i = 0; i < size; i++){
7:           System.out.print(arr[i] + " ");
8:        }
9:     }
10:    public static void Array(int[] arr){
11:       for(int i = 0; i < size; i++){
12:          arr[i] = i;
13:       }
14:    }
15: }
```

• 답 :

20 **다음 Java 프로그램의 실행 결과를 작성하시오.**

```
1:  public class Main {
2:     public static void main(String[] args) throws Exception {
3:        int a = 0;
4:        for(int i = 1; i < 999; i++){
5:           if(i % 3 == 0 && i % 2 != 0)
6:           a = i;
7:        }
8:        System.out.print(a);
9:     }
10: }
```

• 답 :

정보처리기사 실기시험 2022 기출문제 02회

종　목	시험시간	배 점	문제수	형 별
정보처리기사	2시간 30분	100	20	A

풀이 시간 : ______________ 채점 점수 : ______________

01 다음이 설명하고 있는 관계 데이터 연산을 표현하는 방법의 빈칸에 들어갈 알맞은 용어를 작성하시오.

- (　　)은/는 수학의 Predicate Calculus에 기반을 두고 있으며, 관계 데이터 모델의 제안자인 Codd가 수학적인 기반을 두고 특별히 관계 데이터베이스를 위해 제안하였다.
- 관계 데이터베이스 관리에서 관계를 조작하기 위한 비절차적인 방법의 하나이다.
- (　　)에는 도메인 (　　)(와)과 튜플 (　　)(이)가 있다.

• 답 :

02 다음 (1)과 (2)에서 설명하는 암호화 기술을 〈보기〉를 참조하여 작성하시오.

(1) : 1991년에 개발된 블록 암호화 알고리즘으로, 블록 크기는 64비트이며, 128비트 대칭키를 사용한다. Feistel 구조를 사용하고 있으며, 라운드 함수를 8회 반복 적용하여 암호화를 수행한다. 하지만, 특허권 문제로 인해 많은 제약이 따르기 때문에 최근에는 대체재로 AES(Advanced Encryption Standard)가 널리 사용되고 있다.
(2) : 미국 국립안보국(NSA)에서 개발된 블록 암호화 알고리즘으로, 64비트 블록 크기와 80비트 대칭키를 사용한다. 대칭키 암호화 알고리즘에 해당하므로 암호화와 복호화에 동일한 키를 사용한다. 일반적으로 Clipper 칩에 내장되어 기밀성을 보호하였으나, Clipper 칩의 사용이 논란이 되면서 널리 사용되지 않게 되었다.

〈보기〉

DES, AES, SKIPJACK, RSA, DSA, IDEA, SEED

• 답 :

03 다음 [상품] 테이블을 대상으로 하는 〈SQL문〉은 '제조사'가 'H'인 상품의 '단가'보다 큰 제품을 검색하는 쿼리이다. 빈칸에 들어갈 알맞은 명령을 작성하시오.

[상품]

제품명	단가	제조사
라면	1500	A
커피	2300	H
사탕	1000	A
과자	3000	C
커피	2500	C
라면	1800	H

〈SQL문〉

```
SELECT 제품명, 단가, 제조사
FROM 상품
WHERE 단가 > (      ) (SELECT 단가 FROM 제품 WHERE 제조사 = 'H');
```

• 답 :

04 다음의 [Test] 테이블에 대하여 〈SQL문〉을 수행했을 때의 결과를 작성하시오.

[Test]

col1	col2	col3
1	2	null
2	3	6
3	5	5
4	6	3
5	null	3

〈SQL문〉

```
SELECT COUNT(col3)
FROM Test
WHERE col2 IN(2, 3) OR col3 IN(3, 5)
```

• 답 :

05 다음 설명이 의미하는 것이 무엇인지 영문 약어로 작성하시오.

- 인터넷을 통해 디바이스 간에 사설 네트워크 연결을 생성한다.
- 퍼블릭 네트워크를 통해 데이터를 안전하게 익명으로 전송하는 데 사용된다.
- 사용자 IP 주소를 마스킹하고 데이터를 암호화하여 수신 권한이 없는 사람이 읽을 수 없도록 한다.

• 답 :

06 객체 지향 프로그래밍에서의 설계 원칙인 SOLID 원칙 중 클라이언트는 자신이 사용하지 않는 메서드에 의존성을 가져서는 안 되고, 인터페이스는 클라이언트의 요구에 따라 분리되어야 한다는 원칙을 〈보기〉를 참조하여 작성하시오.

〈보기〉

SRP(Single Responsibility Principle), OCP(Open/Closed Principle), LSP(Liskov Substitution Principle), ISP(Interface Segregation Principle), DIP(Dependency Inversion Principle)

• 답 :

07 **다음 Java 프로그램의 실행 결과를 작성하시오.**

```
1:  public class Main {
2:     public static void main(String[] args) throws Exception {
3:        int a = 3; int b = 1;
4:        switch(a) {
5:           case 1:
6:              b += 1;
7:           case 2:
8:              b++;
9:           case 3:
10:             b = 0;
11:          case 4:
12:             b += 3;
13:          case 5:
14:             b -= 10;
15:          default:
16:             b--;
17:       }
18:       System.out.print(b);
19:    }
20: }
```

• 답 :

08 다음 C언어 프로그램의 실행 결과를 작성하시오.

```
1:  struct nums {
2:     int n;
3:     int g;
4:  };
5:  int main() {
6:     struct nums a[2];
7:     for(int i = 0 ; i < 2 ; i++) {
8:        a[i].n = i;
9:        a[i].g = i + 1;
10:    }
11:    printf("%d", a[0].n + a[1].g);
12:    return 0;
13: }
```

• 답 :

09 다음의 IP 주소와 서브넷 마스크(Subnet Mask)를 참조하여 빈 칸 (1), (2)에 들어갈 알맞은 값을 작성하시오.

IP 주소	서브넷 마스크(Subnet Mask)
192.127.19.132	255.255.255.192

IP 주소의 네트워크 주소	호스트 주소의 개수 (네트워크 주소와 브로드캐스트 주소 제외)
192.127.19.(1)	(2)

• 답 :

10 다음이 설명하고 있는 테스트의 종류는 무엇인지 빈칸 (1), (2)에 알맞은 말을 작성하시오.

(1) 테스트와 (2) 테스트는 소프트웨어 개발 주기의 단계로서, 제품이 출시되기 전에 제품을 테스트하고 개선하기 위해 수행한다.

(1) 테스트는 제품의 초기 버전을 테스트하는 단계이다. 이 단계에서는 개발자나 내부 테스터가 제품을 테스트하며, 버그나 결함 등을 찾고 수정한다. 이 과정은 보통 개발 초기에 이루어지며, 제품의 안정성을 검증하고 기능을 완성하기 위해 사용된다.

(2) 테스트는 (1) 테스트 이후, 일반 사용자가 제품을 사용하고 피드백을 제공하는 단계이다. 이 단계에서는 제품의 완성도를 높이기 위해 최종 버그 및 결함을 찾고 수정한다. (2) 테스트를 통해 사용자들의 의견을 반영하며, 제품을 개선하고 안정성을 높이기 위해 노력한다.

(1) 테스트와 (2) 테스트는 제품 출시 전 중요한 단계로서, 제품의 품질과 안정성을 높이기 위해 필수적이다. 이를 통해 제품 출시 후에 발생할 수 있는 문제들을 사전에 방지할 수 있으며, 사용자들의 만족도를 높이기 위한 노력으로 이어진다.

• 답 :

11 변경 또는 수정된 코드에 대하여 새로운 결함 발견 여부를 평가하는 테스트를 의미하는 용어를 〈보기〉에서 찾아 작성하시오.

〈보기〉

Recovery, Stress, Performance, Structure, Regression, Paralle, Security

• 답 :

12 다음의 [직원] 테이블에서 〈관계대수〉를 수행하였을 때의 결과 (1), (2), (3), (4), (5)를 작성하시오.

[직원]

사번	이름	직급	부서
101	김수일	과장	경리부
103	오지영	대리	총무부
106	이지영	부장	기획부
108	홍기훈	사원	인사부

〈관계대수〉

$\pi_{직급}(직원)$

〈실행 결과〉

(1)
(2)
(3)
(4)
(5)

• 답 :

13 다음 Python 프로그램의 실행 결과를 작성하시오.

```
1:  s = "REMEMBER NOVEMBER"
2:  a = s[:3] + s[12:16]
3:  b = "R AND %s" % "STR"
4:  print(a + b)
```

• 답 :

14 다음은 라우팅 프로토콜에 대한 설명이다. 빈칸에 들어갈 알맞은 프로토콜을 〈보기〉를 참조하여 작성하시오.

(1)(은)는 하나의 자율 시스템(AS) 내에서 라우터 간 라우팅 정보를 교환하기 위한 라우팅 프로토콜로 라우팅 테이블을 유지하여 데이터 패킷을 효율적으로 전달하며, 종류에는 RIP, (2) 등이 있다. 그 중 (2)(은)는 하나의 자율 시스템 내에서 라우터 간 라우팅 정보를 교환하기 위한 (1) 프로토콜 중 하나이다. 대규모 기업 네트워크를 지원하도록 설계된 오픈 스탠다드 프로토콜로 최단 경로 우선 알고리즘을 사용하여 데이터 전달에 최적화된 경로를 계산한다.

(3)(은)는 서로 다른 자율 시스템 간에 라우팅 정보를 교환하기 위한 라우팅 프로토콜로 인터넷을 구성하기 위해 여러 개의 네트워크를 연결하는 데 사용된다. (4)(이)가 가장 흔히 사용되는 (3)(이)다. (4)(은)는 서로 다른 자율 시스템 간에 라우팅 정보를 교환하기 위한 (3) 프로토콜로 거리 벡터 라우팅 알고리즘을 사용한다. (4)(은)는 높은 확장성과 자율 시스템 간 트래픽 라우팅에 대한 다양한 정책을 지원하도록 설계되어 있다.

〈보기〉

BGP, OSPF, IGP, EGP

• 답 :

15 다음 C언어 프로그램의 실행 결과를 작성하시오.

```
1:  int len(char*p);
2:  int main(){
3:     char* ps1 = "1234";
4:     char* ps2 = "123456";
5:     int a1 = ps1;
6:     int a2 = ps2;
7:     printf("%d", len(a1) + len(a2));
8:     return 0;
9:  }
10: int len(char* p){
11:    int r = 0;
12:    while(*p != '₩0'){
13:       p++;
14:       r++;
15:    }
16:    return r;
17: }
```

• 답 :

16 다음 C언어 프로그램의 실행 결과를 작성하시오.

```
1:  int main(){
2:      int arr1[4] = {0, 2, 4, 8};
3:      int arr2[3] = {};
4:      int *p, i, sum = 0;
5:      for (i = 1; i < 4; i++) {
6:          p = arr1 + i;
7:          arr2[i-1] = *p - arr1[i-1];
8:          sum = sum + arr2[i-1] + arr1[i];
9:      }
10:     printf("%d", sum);
11:     return 0;
12: }
```

• 답 :

17 다음 Java 프로그램의 실행 결과를 작성하시오.

```
1:  class comp {
2:      int a;
3:      comp(int a) {
4:          this.a = a;
5:      }
6:      int func() {
7:          int b = 1;
8:          for (int i = 1 ; i < a ; i++) {
9:              b = a * i + b;
10:         }
11:         return a + b;
12:     }
13: }
14: public class Main {
15:     public static void main(String[] args) throws Exception {
16:         comp obj = new comp(3);
17:         obj.a = 5;
18:         int b = obj.func();
19:         System.out.print(obj.a + b);
20:     }
21: }
```

• 답 :

18 다음은 함수적 종속(Functional Dependency)에 대한 설명이다. 빈칸에 들어갈 알맞은 용어를 〈보기〉를 참조하여 작성하시오.

데이터베이스에서 함수적 종속(Functional Dependency)은 어떤 속성(attribute)이 다른 속성에 종속되어 있을 때, 이를 나타내는 개념이다.
어떤 릴레이션 R이 있을 때 X와 Y를 각각 속성의 부분 집합이라고 가정한다. 여기서 X의 값을 알면 Y의 값을 바로 식별할 수 있고, X의 값에 Y의 값이 달라질 때, Y는 X에 함수적 종속이라고 한다. 이 경우 X를 결정자, Y를 종속자라고 하고, 이를 기호로 표현하면 X→Y로 표현할 수 있다.

다음과 같은 [학생] 테이블이 있다.

[학생]

이름	학과	학년	지도교수	지도교수실
이영진	컴퓨터	1	지창숙	D301
김영진	정보보호	2	오진수	D305
이기적	소프트웨어	3	이준형	D204
이혜영	컴퓨터	2	지창숙	D301
김지영	소프트웨어	4	이준형	D204

[학생] 테이블에는 다음과 같은 함수적 종속 관계가 성립한다.

(이름, 학과) → 학년
학과 → 지도교수
지도교수 → 지도교수실

[학생] 테이블에서 각 튜플을 유일하게 구분할 수 있는 최소한의 속성 집합이 (이름, 학과)이므로 기본키가 된다. 따라서 '(이름, 학과) → 학년'의 함수적 종속성은 기본키에 대하여 '학과'가 (1) Functional Dependency 된다고 볼 수 있다. 하지만 '학과 → 지도교수'의 함수적 종속은 기본키의 일부 속성으로 함수적 종속을 갖으므로 기본키에 대하여 (2) Functional Dependency된다고 할 수 있다.

또한, 학과 → 지도교수의 함수적 종속과 지도교수 → 지도교수실과 같은 함수적 종속을 갖는 경우 학과 → 지도교수실도 종속이 성립되게 된다. 이와 같이 릴레이션에서 X, Y, Z라는 세 개의 속성이 있을 때 X→Y, Y→Z의 함수적 종속 관계가 있을 경우, X→Z가 성립되게 된다. 이러한 함수적 종속을 (3) Functional Dependency한다.

〈보기〉

Union, Transitive, Non Fully, Multi-Valued, Partial, Full, Normalization, Integrity

• 답 :

19 다음 (1), (2), (3)이 설명하는 용어를 〈보기〉를 참조하여 작성하시오.

(1) 인터넷 상에서 데이터를 주고받기 위한 통신 규약 중 하나로 클라이언트와 서버 간의 요청(Request)과 응답(Response)을 주고받는 프로토콜이다. 이를 통해 웹 브라우저에서 웹 페이지를 요청하고, 서버에서는 해당 웹 페이지를 응답으로 전송하는 과정이 이루어진다.

(2) 문서를 서로 연결하여 하이퍼링크를 만들어 연결하는 기술로 이를 통해 웹 페이지는 다양한 문서나 링크를 포함하여 보다 다양한 정보를 제공할 수 있다.

(3) 웹 개발의 기본이 되는 언어 중 하나로 하이퍼링크를 구성하는 태그와 같은 방법으로 웹 페이지를 작성하는 마크업 언어이다. 웹 페이지를 구성하는 다양한 요소들을 정의하고, 서로 연결하는 등의 기능을 제공한다. 또한, CSS(Cascading Style Sheets)와 함께 사용되어 웹 페이지의 디자인과 레이아웃을 구성할 수 있다.

〈보기〉

jQuery, VBScript, Hypertext, HTML, Ajax, Spring, HTTP, SQL

• 답 :

20 다음의 모듈의 구조도에서 F의 Fan-in과 Fan-out를 작성하시오.

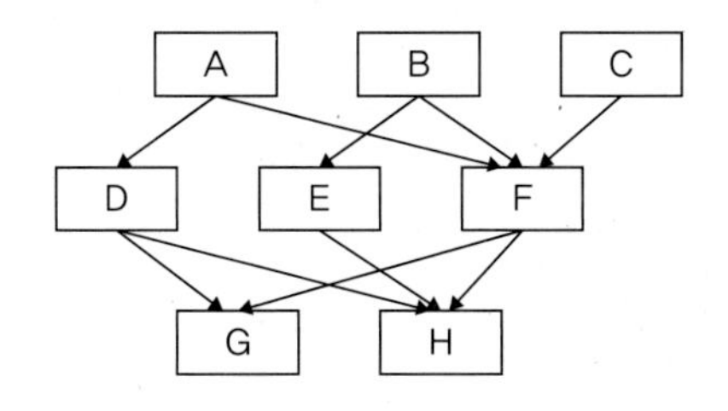

• Fan-in :
• Fan-out :

정보처리기사 실기시험 2022 기출문제 01회

종 목	시험시간	배 점	문제수	형 별
정보처리기사	2시간 30분	100	20	A

풀이 시간 : ______________ 채점 점수 : ______________

01 여러 개의 하드 디스크를 결합하여 하나의 논리적인 디스크로 사용하는 기술 중 하나로 데이터를 여러 디스크에 분산 저장하여 I/O 작업의 속도를 높여 데이터의 처리 속도가 증가하고 대용량 데이터의 처리를 가능하게 하는 방식의 RAID Level을 작성하시오.

• 답 :

02 다음 설명이 의미하는 데이터베이스 용어를 〈보기〉에서 찾아 작성하시오.

(1) 트랜잭션을 수행하는 동안에 주기억장치 또는 처리 장치 등의 고장 때문에 계속 수행할 수 없을 때, 이 고장을 회복한 다음 로그에 있는 기록을 이용하여 앞서 수행한 연산들을 다시 수행하여 고장나기 직전까지의 상태로 회복시키는 과정
(2) 데이터베이스 내용 자체에 손상이 되지는 않았지만 변경 중이거나 변경된 내용에 대한 신뢰성을 잃어버린 경우에 로그를 이용하여 모든 변경을 취소하는 것

〈보기〉

Rollback, Recovery, Redo, Commit, Locking, Revoke, Constraint, Undo, Anomaly

• 답 :

03 다음은 〈SQL문〉을 수행하여 '점수'의 내림차순으로 정렬되어 출력한 〈수행 결과〉이다. 빈칸 (1), (2), (3)을 작성하여 완성하시오.

〈SQL문〉

```
SELECT 학번, 이름, 점수 FROM 성적 ( 1 ) BY ( 2 ) ( 3 );
```

〈수행 결과〉

학번	이름	점수
1002	우진표	100
1001	김호식	95
1006	이소영	85
1003	구민정	70

• 답 :

04 **다음 Java 프로그램의 실행 결과를 작성하시오.**

```
1:  class A {
2:     int a;
3:     int b;
4:  }
5:  public class Main {
6:     static void func1(A m){
7:        m.a *= 10;
8:     }
9:     static void func2(A m){
10:       m.a += m.b;
11:    }
12:    public static void main(String[] args) throws Exception {
13:       A m = new A();
14:       m.a = 100;
15:       func1(m);
16:       m.b = m.a;
17:       func2(m);
18:       System.out.printf("%d", m.a);
19:    }
20: }
```

• **답 :**

05 **데이터베이스의 이상(Anomaly) 현상 중 삭제 이상에 대하여 간략하게 서술하시오.**

• **답 :**

06 **다음 Python 프로그램의 실행 결과를 작성하시오.**

```
1:  def exam(num1, num2 = 2):
2:     print('a =', num1, 'b =', num2)
3:  exam(20)
```

• **답 :**

07 Python 언어는 여러 개의 아이템들을 담을 수 있는 가변(mutable) 객체인 리스트 타입이 있다. 리스트 타입의 객체에서 제공하는 메소드의 설명을 보고 알맞은 메소드 이름을 〈보기〉를 보고 작성하시오.

- (1): 리스트에 iterable 객체의 모든 항목을 추가하는 메소드이다.
- (2): 리스트의 i 번째 위치에 있는 항목을 제거하고 반환한다. 인덱스가 생략되면 리스트의 마지막 항목을 제거하고 반환한다.
- (3): 리스트의 항목들을 역순으로 뒤집는다.

〈보기〉

append(), extend(), insert(), remove(), pop(), clear(), sort(), reverse()

- 답 :

08 무선 LAN(WLAN)에서 데이터의 기밀성(Confidentiality)과 무결성(Integrity)을 보장하기 위한 암호화 및 인증 프로토콜 중 하나인 '임시 키 무결성 프로토콜'을 의미하는 영문 약어를 작성하시오.

- 답 :

09 키보드나 마우스와 같은 장치 없이 말이나 행동 그리고 감정과 같은 인간의 자연스러운 표현으로 컴퓨터나 장치를 제어할 수 있는 환경을 무엇이라 하는지 영문 약어로 작성하시오.

- 답 :

10 다음은 소스코드 품질 분석 도구에 대한 설명이다. 빈칸 (1), (2)에 들어갈 알맞은 말을 〈보기〉를 보고 작성하시오.

(1) Analysis : 소스코드나 바이너리 코드를 실행하지 않고, 코드를 분석하여 잠재적인 오류나 취약점을 탐지하는 방법이다. 보통 컴파일러나 분석 도구를 사용하여 코드의 구조, 문법, 변수 사용 등을 분석하고, 코드 경로를 추적하여 잠재적인 오류나 취약점을 식별한다.

(2) Analysis : 실행 시간에 소프트웨어를 분석하여 오류나 취약점을 탐지하는 방법이다. 소프트웨어를 실행하고, 실행 도중에 발생하는 동작, 상태 등을 분석하여 잠재적인 오류나 취약점을 식별한다.

〈보기〉

Infomation, Conceptual, Dynamic, Requirements, Formal, Static

- 답 :

11 다음 Java 프로그램의 실행 결과를 보고 빈칸에 들어갈 알맞은 코드를 작성하시오.

```
1:  class Car implements Runnable {
2:      int a;
3:      public void run() {
4:          System.out.println("lamborghini");
5:      }
6:  }
7:  public class Main {
8:      public static void main(String[] args) throws Exception {
9:          Thread car1 = new Thread(new (  빈칸  ) ());
10:         car1.start();
11:     }
12: }
```

〈출력〉

```
lamborghini
```

• 답 :

12 다음이 설명하는 인터페이스 검증 도구는 무엇인지 영문으로 작성하시오.

- 자바 프로그래밍 언어를 기반으로 하는 단위 테스트 프레임워크로 단위 테스트는 소프트웨어 개발 과정에서 개별 컴포넌트, 함수, 메소드 또는 클래스와 같은 소프트웨어 단위를 분리하여 테스트하는 프로세스이다.
- 단위 테스트를 자동화하고 단위 테스트 케이스를 작성하고 실행하는 데 도움을 주는 도구이다.

• 답 :

13 다음 중 블랙박스 테스트에 해당하는 것을 모두 고르시오.

ㄱ. Cause–Decision Graph	ㄴ. Statement Coverage
ㄷ. Boundary Value Analysis	ㄹ. Equivalence Partitioning
ㅁ. Decision Coverage	ㅂ. Cause–Effect Graphing Testing
ㅅ. Base Path Coverage	ㅇ. Boundary Division Analysis
ㅈ. Base Path Testing	

• 답 :

14 다음 C언어 프로그램의 실행 결과를 작성하시오.

```
1:  int func(int a) {
2:      if (a <= 1) return 1;
3:      return a * func(a - 1);
4:  }
5:  int main() {
6:      int a;
7:      scanf("%d", &a);     // 5를 입력
8:      printf("%d", func(a));
9:  }
```

• 답 :

15 다음 C언어 프로그램은 변수 number의 값 1234를 역순으로 출력하는 프로그램이다. (1), (2), (3)에 들어갈 알맞은 연산자를 작성하시오.

```
1:  int main() {
2:      int number = 1234;
3:      int divider = 10;
4:      int result = 0;
5:      while (number ( 1 ) 0) {
6:          result = result * divider;
7:          result = result + number ( 2 ) divider;
8:          number = number ( 3 ) divider;
9:      }
10:     printf("%d", result);
11: }
```

• 답 :

16 다음이 설명하는 용어를 영문 약어로 작성하시오.

- 정보 보안 관리 체계를 나타내는 용어로, 조직 내부에서 정보 보안을 효과적으로 관리하고 보호하기 위한 체계적이고 체계적인 접근 방법을 제공하는 프레임워크 또는 시스템이다.
- 정보 보안을 계획, 구현, 모니터링 및 지속적으로 개선하기 위한 일련의 프로세스, 정책, 절차, 기술 및 사람에 대한 통합된 접근 방식을 제공한다.
- 조직의 정보 자산을 보호하고 정보 보안 위협으로부터 조직을 보호하기 위한 중요한 수단으로 사용되며, 정보 보안을 관리하고 개선하는 데 필요한 프로세스, 정책 및 실천 방법을 제공한다.

• 답 :

17 다음 키(key)에 대한 설명을 보고 (1), (2)에 들어갈 알맞은 특성을 작성하시오.

슈퍼키(Superkey)는 관계형 데이터베이스에서 튜플(레코드)을 고유하게 식별하는 데 사용될 수 있는 하나 이상의 속성(열) 집합이다. 즉, 슈퍼키는 중복된 값을 가지지 않고, 각 튜플을 고유하게 식별할 수 있는 키이다. 따라서, 슈퍼키는 (1)의 특성을 갖게 된다.
반면 후보키(Candidate Key)는 (1)의 특성을 만족하는 슈퍼키 중에서도 (2)(을)를 만족하는 키이다. 즉, 튜플을 고유하게 식별할 수 있는 최소한의 속성만을 포함하는 키이다.

• 답 :

18 다음이 설명하는 보안 위협은 무엇인지 〈보기〉를 보고 작성하시오.

- 사이버 공격자가 특정 그룹이나 조직을 타겟으로 선택하여 해당 그룹이 빈번하게 방문하는 웹 사이트나 온라인 환경을 감시하고 공격 대상 그룹을 유인하기 위해 해당 웹 사이트를 감염시키는 공격 기술이다.
- 공격자는 이를 통해 정보 수집, 악성 코드 배포, 레버리지된 악의적 활동을 수행한다.

〈보기〉

ㄱ. Pharming	ㄴ. Spear Phising	ㄷ. Watering Hole
ㄹ. DNS Spoofing	ㅁ. Nimda	ㅂ. Zero Day Attack
ㅅ. Worm Virus	ㅇ. Trap Door	ㅈ. Cyber Kill Chain
ㅊ. Ransomware		

• 답 :

19 **다음 C언어 프로그램의 실행 결과를 작성하시오.**

```
1:  int isPrime(int number) {
2:      int i;
3:      for(i = 2 ; i < number ; i++) {
4:          if (number % i == 0)
5:              return 0;
6:      }
7:      return 1;
8:  }
9:  int main(void) {
10:     int number = 13195, max_div=0, i;
11:     for(i = 2 ; i < number ; i++)
12:         if (isPrime(i) == 1 && number % i == 0)
13:             max_div = i;
14:     printf("%d", max_div);
15:     return 0;
16: }
```

• **답 :**

20 **다음은 소프트웨어 생명주기 모델 중 V-모델의 절차를 도식화 한 것이다. 빈칸에 들어갈 알맞은 테스트 기법을 나열하시오.**

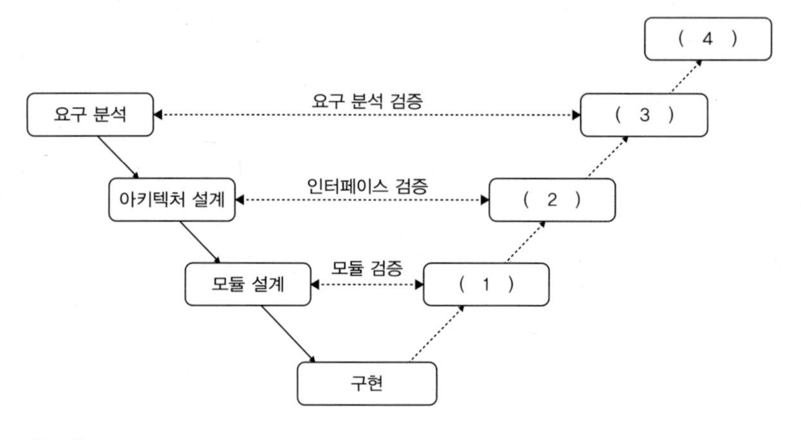

〈보기〉

인수 테스트, 단위 테스트, 시스템 테스트, 통합 테스트

• **답 :**

정보처리기사 실기시험 2021 기출문제 03회

종 목	시험시간	배 점	문제수	형 별
정보처리기사	2시간 30분	100	20	A

풀이 시간 : ________________ **채점 점수 :** ________________

01 다음 Java 프로그램의 실행 결과를 작성하시오.

```
1:  class Singleton{
2:     private static Singleton inst = null;
3:     private int count = 0;
4:     static public Singleton get(){
5:        if(inst == null){
6:           inst = new Singleton();
7:           return inst;
8:        }
9:        return inst;
10:    }
11:    public void count(){
12:       count++;
13:    }
14:    public int getCount(){
15:       return count;
16:    }
17: }
18: public class Main{
19:    public static void main(String[] args) throws Exception {
20:       Singleton conn1 = Singleton.get();
21:       conn1.count();
22:       Singleton conn2 = Singleton.get();
23:       conn2.count();
24:       Singleton conn3 = Singleton.get();
25:       conn3.count();
26:       System.out.print(conn1.getCount());
27:    }
28: }
```

• **답 :**

02 다음은 정보보호 기술의 AAA에 대한 설명이다. 〈보기〉를 보고 빈칸에 들어갈 알맞은 답을 작성하시오.

(1) (①) : 사용자가 네트워크 접속을 하기하기 전에 사용자의 신원 확인
(2) (②) : 네트워크 접속이 허가된 사용자에게 사용 가능한 접근 권한 정의
(3) (③) : 사용자의 자원 사용에 대한 정보를 수집하여 과금, 감사, 보고서 기능을 제공

〈보기〉

Application, Authentication, Architecture, Accounting, Authorization, Analisys, Availability, Accessibility

• 답 :

03 데이터 제어어 중 하나인 GRANT의 기능에 대해서 간략히 서술하시오.

• 답 :

04 다음 빈칸에 들어갈 알맞은 프로토콜을 작성하시오.

( ) 스푸핑이란 ( ) 메시지를 변조시켜 공격하고자 하는 특정 IP 주소를 해커 자신의 매체 접근 주소(MAC, Media Access Control)로 연결시켜 해당 IP로 전달되는 개인정보 등의 데이터를 중간에서 가로채기하는 공격을 말한다.

• 답 :

05 단순히 처리를 해야 할 대상인 값만 전달되는 것이 아니라 어떻게 처리를 해야 한다는 제어 요소(DCD, Flag 등)가 전달되는 경우로 어떤 모듈이 다른 모듈의 내부 논리 조직을 제어하기 위한 목적으로 제어 신호를 이용하여 통신하는 경우이며, 하위 모듈에서 상위 모듈로 제어 신호가 이동하여 상위 모듈에게 처리 명령을 부여하는 권리 전도 현상이 발생하게 되는 결합도(Coupling)를 무엇이라 하는지 영문으로 작성하시오.

• 답 :

06 다음 OSI 7 Layer의 설명 중 (1), (2), (3)이 설명하고 있는 계층을 순서대로 작성하시오.

(1) 인접한 노드(node) 간의 정보 전송, 동기 제어, 오류 제어, 흐름 제어를 지원한다.
(2) 경로 설정, 데이터 교환 및 중계 기능, 패킷 관리, 트래픽 제어를 비롯한 네트워크 연결의 설정, 유지, 해제를 지원한다.
(3) 정보의 형식(포맷) 변환, 코드 변환, 암호화, 압축, 구문 변환을 담당한다.

• 답 :

07 다음은 데이터 모델링에서 사용되는 추상화에 대한 설명이다. 빈칸 (1), (2)에 들어갈 알맞은 추상화 개념을 〈보기〉에서 골라 작성하시오.

현실 세계에 존재하는 개체(Entity)들의 특징을 Classification, (1), (2)하여 추상적 개념으로 표현하는 과정을 추상화라 한다.

- Classification : 동일한 특성을 하나의 유형(Type)로 분류하여 속성으로 정의
  [예시] 인사담당자, 영업담당자, 구매담당자를 담당자구분으로 유형화
- (1) : 연관된 속성을 하나의 집단으로 분류하여 새로운 속성으로 정의
  [예시] 담당자구분, 부서, 이름, 전화번호를 담당자로 (1)
- (2) : 공통 속성을 파악하여 전체집합과 부분집합으로 분류
  [예시] 이름, 전화번호를 사람으로 (2)

〈보기〉

Association, Dependency, Aggregation, Composition, Inheritance, Generalization

- 답 :

08 다음 테스트 케이스를 참조하여 빈칸 (1), (2), (3)에 들어갈 알맞은 테스트 케이스 구성요소를 〈보기〉를 보고 작성하시오.

식별자	테스트 항목	(1)	(2)	(3)	결과
test001	유효한 계정으로 로그인	1. 사이트 접속 2. ID 입력 3. Password 입력 4. 로그인 클릭	ID: admin Password:1234	로그인 완료	로그인 완료
test002	유효하지 않은 계정으로 로그인	1. 사이트 접속 2. ID 입력 3. Password 입력 4. 로그인 클릭	ID:ABCD Password:9876	로그인 실패 메시지 팝업	로그인 실패 메시지 팝업

〈보기〉

의존성 기술, 외부 환경 요소, 테스트 단계, 요구사항 분석, 예상 결과, 테스트 데이터, HW/SW 환경, 특수 절차

- 답 :

09 다음은 블랙박스 테스트 주요 방법 중 하나에 대한 설명이다. 다음이 설명하고 있는 테스트 방법을 〈보기〉에서 골라 작성하시오.

- 입력 데이터 간의 관계와 입력을 원인으로 출력을 효과로 보아 입력이 출력에 영향을 미치는 상황을 체계적으로 분석함으로써 효과가 높은 테스트 케이스를 선정하여 테스트하는 방법이다.
- 동등 분할과 경계값 분석 방법이 입력 환경의 복잡성을 충분히 반영하지 못하는 문제점을 보완한 테스트 방법이다.

〈보기〉

syntax, equivalence partitioning, boundary value analysis, cause–effect graphing, decision table, state–transition diagram

• 답 :

10 다음이 설명하고 있는 암호화 알고리즘이 무엇인지 작성하시오.

- 블록 암호의 일종으로, 미국 정부의 상무부 표준국(NBS, 현재는 NIST로 개편됨)이 1977년에 IBM사의 제안을 바탕으로 제정한 비대칭키 암호화 알고리즘이다.
- 비밀키 방식의 일종으로 56비트의 키를 사용하여 64비트 평문을 64비트 암호문으로 암호화하는 방식이다.
- 현재는 안전성 문제로 인해 사용이 권고되고 있지 않으며 AES로 대체되었다.

• 답 :

11 다음 Java 프로그램의 실행 결과를 작성하시오.

```
1:  public class Main {
2:     public static void main(String[] args) throws Exception {
3:        int a = 3, b = 4, c = 3, d = 5;
4:        if((a == 2 | a == c) & !(c > d) & (1 == b ^ c != d)) {
5:           a = b + c;
6:           if(7 == b ^ c != a) {
7:              System.out.println(a);
8:           }
9:           else{
10:             System.out.println(b);
11:          }
12:       }
13:       else {
14:          a = c + d;
15:          if(7 == c ^ d != a) {
16:             System.out.println(a);
17:          }
18:          else {
19:             System.out.println(d);
20:          }
21:       }
22:    }
23: }
```

• 답 :

12 다음 C언어 프로그램의 실행 결과를 작성하시오.

```
1:  int main(void){
2:     int *ar[3];
3:     int a = 12, b = 24, c = 36;
4:     ar[0] = &a;
5:     ar[1] = &b;
6:     ar[2] = &c;
7:     printf("%d\n", *ar[1] + **ar + 1);
8:     return 0;
9:  }
```

• 답 :

13 다음의 [T1] 테이블과 [T2] 테이블에 대해 〈SQL문〉을 수행했을 때의 결과를 작성하시오.

[T1]

NO	Name
50123	SMITH
40543	ALLEN
30456	SCOTT

[T2]

RULE
S%
%T%

〈SQL문〉

```
SELECT COUNT(*) AS COUNT
FROM T1 CROSS JOIN T2
WHERE T1.Name LIKE T2.RULE
```

• 답 :

14 다음 Python 프로그램의 실행 결과를 작성하시오.

```
1:   a,b = 100, 200
2:   print(a==b)
```

• 답 :

15 다음은 UML의 다이어그램에 대한 설명이다. 빈칸에 들어갈 알맞은 다이어그램 명칭을 작성하시오.

(빈칸) 다이어그램은 시스템을 구성하는 (빈칸)(와)과 인터페이스 사이의 정적인 관계를 나타낸 다이어그램이다. (빈칸) 다이어그램을 통해 주요 시스템 구조를 파악하고 구조상의 문제점을 도출할 수 있다.

• 답 :

16 다음 빈칸에 들어갈 알맞은 것을 〈보기〉에서 골라 작성하시오.

(빈칸)(은)는 객체 생성을 위한 디자인 패턴 중 하나이다. 이 패턴은 객체 생성을 하위 클래스에서 처리하도록 하는 것으로, 객체 생성 과정을 캡슐화하여 유연성을 높이고, 코드의 재사용성을 높이는 것을 목적으로 한다.
(빈칸) 패턴에서는 객체를 생성하는 메소드를 만들어 이 메소드를 하위 클래스에서 구현한다. 이 메소드는 일반적으로 추상 메소드로 선언되며, 이를 구현하는 하위 클래스에서 실제 객체 생성을 수행한다.
이를 통해 객체 생성에 대한 결정을 하위 클래스에 위임하고, 상위 클래스에서는 인터페이스에만 의존하도록 함으로써, 유연성과 확장성을 높일 수 있다. 또한 클라이언트 코드에서는 구체적인 객체 생성 과정을 알 필요가 없으므로, 코드의 복잡도를 낮출 수 있다.

〈보기〉

Abstract Factory, Singleton, Factory Method, Facade, Adapter, Strategy

• 답 :

17 다음 C언어 프로그램의 실행 결과를 작성하시오.

```
1:  struct std{
2:     char name[12];
3:     int pro, db, sum1, sum2;
4:  };
5:  int main(){
6:     struct std st[3] = {{"영수", 95, 88},{"철수", 84, 91},{"앨리스", 86, 75}};
7:     struct std* p;
8:     p = &st[0];
9:     (p + 1) -> sum1 = (p + 1) -> pro + (p + 2) -> db;
10:    (p + 1) -> sum2 = (p + 1) -> sum1 + p -> pro + p -> db;
11:    printf("%d\n", (p + 1) -> sum1 + (p + 1) -> sum2);
12:    return 0;
13: }
```

• 답 :

18 다음의 파일 구조 설명에서 빈칸에 들어갈 알맞은 데이터 접근 방법을 작성하시오.

파일 구조는 데이터를 저장하는 방법을 의미한다. 파일에 저장된 데이터에 접근하려면 어떤 방식을 사용해야 하는지에 따라 다양한 파일 구조가 있다. 이 중에서 가장 일반적인 파일 구조에는 순차 접근, (빈칸) 접근, 직접 접근, 해싱이 있다.
(빈칸)(은)는 데이터의 위치를 기록한 (빈칸)(을)를 사용해 데이터에 접근하는 방식이다. 데이터를 찾으려면 (빈칸)(을)를 먼저 검색한 후, 해당 데이터의 위치를 찾아 접근한다. 이 방식은 검색 속도가 빠르지만, (빈칸)(을)를 만들어야 하므로 데이터 추가, 삭제 시에는 불리하다. 대표적으로 데이터베이스에서 (빈칸)(을)를 사용해 데이터를 검색한다.

• 답 :

19 다음이 설명하는 알맞은 용어를 영문 약어로 작성하시오.

• 사용자가 컴퓨터와 상호작용할 수 있는 그래픽 환경을 의미한다.
• 이전에 사용되던 CLI(Command Line Interface)와는 달리, 텍스트 명령어를 입력하는 대신에 그래픽 요소를 통해 사용자와 컴퓨터 사이의 상호작용을 편리하게 할 수 있도록 한다.

• 답 :

20 다음은 소프트웨어 통합에 대한 설명이다. 빈칸 (1), (2)에 들어갈 알맞은 용어를 작성하시오.

•(1) 통합
애플리케이션 구조에서 최하위 레벨의 모듈 또는 컴포넌트로부터 위쪽 방향으로 제어의 경로를 따라 이동하면서 구축과 테스트를 시작한다.

•(1) 통합 수행 단계
① 최하위 레벨의 모듈 또는 컴포넌트들이 하위 모듈의 기능을 수행하는 클러스터(Cluster)로 결합된다.
② 상위의 모듈에서 데이터의 입력과 출력을 확인하기 위한 더미 모듈인 (2)(을)를 작성한다.
③ 각 통합된 클러스터 단위를 테스트한다.
④ 테스트가 완료되면 각 클러스터들은 프로그램의 위쪽으로 결합되며, (2)(은)는 실제 모듈 또는 컴포넌트로 대체된다.

• 답 :

정보처리기사 실기시험 2021 기출문제 02회

종 목	시험시간	배 점	문제수	형 별
정보처리기사	2시간 30분	100	20	A

풀이 시간 : ____________ **채점 점수 :** ____________

01 다음이 설명하는 네트워크 관련 용어를 영문으로 작성하시오.

노드(node)들에 의해 자율적으로 구성되는 기반 구조가 없는 네트워크로 별도의 장치를 필요로 하지 않고 네트워크 토폴로지가 동적으로 변화되는 특징이 있으며 응용 분야로는 긴급 구조, 긴급 회의, 군사 네트워크에 활용된다.

• **답 :**

02 다음의 인터페이스 관련 설명 대하여 빈칸에 알맞은 용어를 영문 약어로 작성하시오.

(1) (①) : 넓은 의미에서 사용자와 시스템 사이에서 의사소통을 할 수 있도록 고안된 물리적, 가상의 매개체(Medium)를 뜻한다. 좁은 의미로는 정보 기기나 소프트웨어의 화면 등에서 사람이 접하게 되는 화면을 뜻한다고 할 수 있다. 기존 인터페이스의 종류를 살펴보면 명령어를 텍스트로 입력하여 조작하는 CLI(Command Line Interface), 그래픽 환경을 기반으로 한 마우스나 전자펜을 이용하는 GUI(Graphical User Interface), 사람의 말과 행동으로 기기를 조작하는 NUI(Natural User Interface)까지 발전하고 있다. 최근에는 사물 인터넷(Internet of Things), 가상현실(Virtual Reality), 증강현실(Augmented Reality), 혼합현실(Mixed Reality) 등의 발전과 함께 하드웨어 분야를 중심으로 OUI(Organic User Interface)가 대두되고 있다.

(2) (②) : 사용자가 어떤 시스템, 제품, 서비스를 직간접적으로 이용하면서 느끼고 생각하게 되는 총체적 경험을 뜻한다. 산업 디자인, 소프트웨어 공학, 심리학, 마케팅, 경영학 등의 관점에서 고객을 매료시키고 가치를 높이기 위한 총체적인 접근을 뜻하기도 한다. ISO 정의(ISO 9241)에 따르면 사용자가 제품, 시스템, 서비스의 사용, 또는 기대되는 사용 결과에서 오는 인식과 반응을 의미한다.

• **답 :**

03 트랜잭션의 특성 ACID 중 원자성(Atomicity)에 대해서 간단하게 서술하시오.

• **답 :**

04 다음은 데이터베이스 정규화의 과정의 일부분을 설명한 것이다. 빈칸에 들어갈 정규형을 작성하시오.

[학생]

학번	과목명	강의실	학점
101	프로그래밍	301	A
102	이산수학	302	A
103	프로그래밍	301	B
101	인공지능	303	C
102	프로그래밍	301	B

어떤 릴레이션 R이 있을 때 X와 Y를 각각 속성의 부분집합이라고 가정한다. 여기서 X의 값을 알면 Y의 값을 바로 식별할 수 있고, X의 값에 Y의 값이 달라질 때, Y는 X에 함수적 종속이라고 하며 이 경우 X를 결정자, Y를 종속자라고 한다. 이를 기호로 표현하면 X→Y이다.
[학생] 테이블의 대표적인 종속성을 표현하면 다음과 같다.

(학번, 과목명) → 강의실
(학번, 과목명) → 학점
과목명 → 강의실

따라서 [학생] 테이블은 '(학번, 과목명) → 강의실'과 '과목명 → 강의실'의 함수적 종속이 존재하여 부분함수 종속에 있다고 할 수 있다. 이러한 부분함수 종속을 제거하면 제(빈칸) 정규형이 되며 다음과 같이 테이블이 나누어진다.

[학생]

학번	과목명	학점
101	프로그래밍	A
102	이산수학	A
103	프로그래밍	B
101	인공지능	C
102	프로그래밍	B

[학생]

과목명	강의실
프로그래밍	301
이산수학	302
인공지능	303

• **답 :**

05 다음의 [학생] 테이블에서 이름이 '이하린'인 학생의 '점수'를 95점으로 변경하는 SQL문에 들어갈 (1)과 (2)를 완성하시오.

[학생]

학번	이름	학년	나이	점수
2012345	우진영	3	24	77
2185732	김지영	3	22	86
2258362	이하린	2	21	90
1927462	최진용	4	26	91

〈SQL문〉

```
( 1 ) 학생 ( 2 ) 점수 = 95 WHERE 이름 = '이하린';
```

• 답 :

06 다음 [직원]과 [전화번호] 테이블을 결합하여 'EMP_NAME'과 'EMP_NUMBER'를 출력하도록 SQL문 (1), (2)를 완성하시오.

[직원]

EMP_NO	EMP_NAME	EMP_DEPT	EMP_SAL
100	김성모	총무	2500
200	이재후	총무	3100
300	이준형	인사	2900
400	성우람	인사	2700
500	홍찬중	기획	2800

[전화번호]

EMP_DEPT	EMP_NUMBER
총무	820-1234
인사	890-4321
기획	820-9876

〈SQL문〉

```
SELECT EMP_NAME, EMP_NUMBER
FROM 직원 A JOIN 전화번호 B
( 1 ) A.EMP_DEPT = B.( 2 )
```

• 답 :

07 **다음 Python 프로그램의 실행 결과를 작성하시오.**

```
1:  a = 100
2:  result = 0
3:  for i in range(1,3):
4:    result = a >> i
5:    result = result + 1
6:  print(result)
```

• 답 :

08 **DES 암호화 알고리즘을 대체하는 미국 표준 대칭키 알고리즘으로 블록 크기는 128비트이고 키의 길이는 128, 192, 256bit의 가변 크기를 갖는 SPN 구조의 비밀키 암호화 기법을 무엇이라 하는지 영문 약어로 작성하시오.**

• 답 :

09 **다음은 테스트 수준을 결정하기 위한 대표적인 코드 커버리지(Code Coverage)에 대한 설명이다. 빈칸에 들어갈 알맞은 커버리지를 순서대로 작성하시오.**

소프트웨어의 테스트를 논할 때 얼마나 테스트가 충분한가를 나타내는 지표 중의 하나이다. 말 그대로 코드가 얼마나 커버되었느냐, 즉 소프트웨어 테스트를 진행했을 때 코드 자체가 얼마나 실행되었냐는 것이다.

1. 테스트 대상인 프로그램의 코드의 구조
테스트 대상의 코드 구조는 (①), (②), (③)이다. 이러한 구조를 얼마나 커버했느냐에 따라 코드 커버리지의 측정 기준은 나뉘게 된다.
(1) (①) 커버리지는 실행 코드 라인이 한 번 이상 실행되면 충족된다.
(2) (②) 커버리지는 각 내부 조건이 참 또는 거짓을 가지면 충족된다.
(3) (③) 커버리지는 각 분기의 내부 조건 자체가 아닌 이러한 조건으로 인해 전체 결과가 참 또는 거짓이면 충족된다.

2. 테스트 수준의 커버리지를 측정하는 방법
사람이 로그를 찍어 가거나 디버거를 이용하여 볼 수는 있으나 매우 힘든 과정이다. 시중에는 많은 코드 커버리지 측정 도구가 나와 있으며, 대표적인 도구로 LDRA, VectorCAST 등의 도구가 있다.

• 답 :

10 다음의 [학생] 테이블에서 성이 '이'인 학생들의 '이름', '나이', '학과'를 '나이'의 내림차순으로 정렬하여 출력하는 SQL문을 완성하시오.

[학생]

학번	이름	나이	학과
1001	천은지	21	컴퓨터
1002	김영진	26	인공지능
1003	이신우	23	사회복지
1004	오재신	27	국문
1005	안상훈	20	경영

〈SQL문〉

```
SELECT 이름, 나이, 학과 FROM 학생
WHERE 이름 LIKE (   1   ) ORDER BY 나이 (   2   );
```

• 답 :

11 다음이 설명하는 응집도에 대하여 빈칸에 들어갈 알맞은 응집도 수준을 〈보기〉를 보고 작성하시오.

- (①) 응집도는 모듈이 다수의 관련 기능을 가질 때 모듈 안의 구성요소들이 그 기능을 순차적으로 수행할 경우이다.
- (②) 응집도는 동일한 입력과 출력을 사용하여 다른 기능을 수행하는 활동들이 모여있을 경우이다.
- (③) 응집도는 모듈 내부의 모든 기능이 단일한 목적을 위해 수행되는 경우이다. 구조도 최하위 모듈에서 많이 발견된다.

〈보기〉

기능적, 순차적, 통신적, 절차적, 시간적, 논리적, 우연적

• 답 :

12 다음의 패킷 교환(Packet Switching) 방식에 대한 설명의 빈칸 (1), (2)에 들어갈 알맞은 방식을 작성하시오.

①(1) 방식 : 단말기 상호 간에 논리적인 가상 통신회선을 미리 설정하여 송수신지 사이의 연결을 확립한 후에 설정된 경로를 따라 패킷들을 순서적으로 운반하는 방식이다.

②(2) 방식 : 연결 경로를 설정하지 않고 인접한 노드들의 트래픽(전송량) 상황을 감안하여 각각의 패킷들을 순서에 상관없이 독립적으로 운반하는 방식이다.

• 답 :

13 다음의 디자인 패턴에 대한 설명에 대하여 빈칸에 들어갈 알맞은 용어를 작성하시오.

디자인 패턴은 객체지향 프로그래밍 시 발생하는 여러 가지 문제에 대한 설계 사례를 분석하여 공통적으로 발생하는 문제를 해결하기 위한 방법론으로, 여러 설계들로 분류하고 각 문제 유형별로 가장 적합한 설계를 일반화한 패턴이다.
GoF 디자인 패턴은 1995년 Erich Gamma, Richard Helm, Ralph Johnson, John Vissides가 처음으로 디자인 패턴을 구체화하여 소프트웨어 공학에서 가장 많이 사용되는 디자인 패턴이 되었다. 이는 구현 방식에 따라 생성, (　　　), 행위 3가지로 분류한다.
(　　　) 클래스 패턴은 상속을 통해 클래스나 인터페이스를 합성하고, (　　　) 객체 패턴은 객체를 합성하는 방법을 정의한다.
(　　　) 패턴의 종류에는 Adaptor, Bridge, Composite, Decorator, Facade, Flyweight, Proxy 등이 있다.

• 답 :

14 트랜잭션들이 데이터를 액세스하기 전에 데이터 접근을 요청해서 허락되어야만 데이터에 액세스할 수 있도록 하는 병행 제어 기법을 무엇이라 하는지 작성하시오.

• 답 :

15 다음은 소프트웨어 시스템의 3가지 관점에 대한 설명이다. 〈보기〉를 보고 빈칸 (1), (2), (3)을 작성하시오.

(1) Space : 주어진 입력에 대하여 어떤 결과가 나오는가를 보여주는 관점이며 연산과 제약 조건을 자료흐름도에 의하여 도식적으로 나타난다.
(2) Space : 시간의 변화에 따른 시스템의 동작과 제어에 초점을 맞추어 시스템의 상태와 상태를 변하게 하는 원인을 묘사하는 것으로 상태변화도(STD)를 사용하여 표현한다.
(3) Space : 시스템의 정적인 정보 구조를 포착하는 데 사용되므로 데이터베이스를 분석하는 데 많이 사용되며 ER 모델 또는 EER 모델이 대표적인 도구이다.

〈보기〉

Logocal, Physical, Dynamic, Object, Comunication, Function, Information, Validation

• 답 :

16 다음 C언어 프로그램의 실행 결과를 작성하시오.

```
1:  int mp(int base, int exp){
2:     int res = 1;
3:     for(int i = 0 ; i < exp ; i++){
4:        res = res * base;
5:     }
6:     return res;
7:  }
8:  int main(void){
9:     int res;
10:    res = mp(2, 10);
11:    printf("%d", res);
12:    return 0;
13: }
```

• 답 :

17 다음 Java 프로그램이 정상 동작하여 〈실행 결과〉가 출력될 수 있도록 빈칸에 알맞은 예약어를 작성하시오.

```
1:  public class Main {
2:     public static void main(String[] args) throws Exception {
3:        System.out.println(test(1));
4:     }
5:     (  빈칸  ) String test(int num){
6:        return (num >= 0) ? "positive" : "negative";
7:     }
8:  }
```

〈실행 결과〉

```
positive
```

• 답 :

18 다음 C언어 프로그램의 실행 결과를 작성하시오.

```
1:  int main(void){
2:     int arr[3];
3:     int sum = 0;
4:     *(arr + 0) = 1;
5:     arr[1] = *(arr + 0) + 2;
6:     arr[2] = *arr + 3;
7:     for(int i = 0 ; i < 3 ; i++)
8:        sum = sum + arr[i];
9:     printf("%d", sum);
10: }
```

• 답 :

19 다음 Java 프로그램의 실행 결과를 작성하시오.

```
1:  class par{
2:     int comp(int x, int y){
3:        return x + y;
4:     }
5:  }
6:  class sub extends par{
7:     int comp(int x, int y){
8:        return x - y + super.comp(x, y);
9:     }
10: }
11: public class Main {
12:    public static void main(String[] args) throws Exception {
13:       par aa = new par();
14:       par bb = new sub();
15:       System.out.println(aa.comp(3, 2) + bb.comp(3, 2));
16:    }
17: }
```

• 답 :

20 제어 모듈이 호출하는 타 모듈의 기능을 단순히 수행하는 도구로 하향식 테스트에 필요한 테스트 장치(Test Harness)가 무엇인지 작성하시오.

• 답 :

정보처리기사 실기시험 2021 기출문제 01회

종 목	시험시간	배 점	문제수	형 별
정보처리기사	2시간 30분	100	20	A

풀이 시간 : ______________ **채점 점수 :** ______________

01 다음이 설명하는 프로토콜의 명칭을 영문 약어로 작성하시오.

인터넷 환경에서의 호스트 상호 간 통신에서 상대방 호스트의 데이터링크 주소로부터 IP 주소를 필요에 따라 역동적으로 얻기 위한 절차를 제공하는 프로토콜(IETF RFC 903)이다.

- **답 :**

02 다음은 데이터베이스 설계 과정을 순서에 관계 없이 나열하고 설명한 것이다. 빈칸에 들어갈 알맞은 말을 순서대로 작성하시오.

(1) 요구조건 분석 : 데이터베이스의 사용자, 사용 목적, 사용 범위, 제약 조건 등에 대한 내용을 정리하고 명세서를 작성한다.
(2) (①) : 자료를 컴퓨터가 이해할 수 있도록 특정 DBMS의 논리적 자료 구조로 변환하는 과정이다. 관계형 데이터베이스인 경우 이 단계에서 테이블을 설계하고, 정규화 과정을 거치게 된다.
(3) (②) : 정보를 구조화 하기 위해 추상적 개념으로 표현하는 과정으로 개체-관계(Entity-Relationship) 다이어그램을 이용하여 설계한다.
(4) (③) : 데이터를 실제 저장 장치에 저장하기 위한 구조로 데이터를 변환하는 단계이며, 데이터베이스 파일의 저장 구조 및 액세스 경로, 인덱스의 구조와 저장 레코드의 크기, 순서, 접근 경로 등을 결정하고, 반응 시간, 공간 활용도, 트랜잭션 처리량을 고려하여 설계를 하여야 한다.
(5) 구현 : 데이터베이스 스키마를 실제로 생성하는 단계이다. 스키마 생성 후 초기 데이터를 입력하게 된다.

- **답 :**

03 웹 서비스(Web Service) 기본 구조 및 구성요소 중 웹 서비스명, 웹 서비스 제공 위치, 웹 서비스 메시지 포맷(Format), 프로토콜(Protocol) 정보 등 웹 서비스에 대한 상세 정보를 기술한 파일로 XML 형식으로 구현한 웹 서비스 명은 무엇인지 영문 약어로 작성하시오.

- **답 :**

04 다음 설명은 요구사항 분류에 관한 지식 관련 내용이다. 빈칸에 들어갈 알맞은 용어를 작성하시오.

요구사항 분석 단계에서는 사용자의 요구사항을 검토하고 이 요구사항의 해결 방안을 찾기 위하여 시스템이 수행해야 할 기능을 정의해야 하는데, 이를 (1)(이)라고 한다.
또한 시스템과 관련되는 여러 가지 제약 사항과 시스템 운영 시의 성능에 대한 요구사항을 정의해야 하는데, 이를 (2)(이)라고 한다.
시스템 기초 조사에서 획득한 정보를 기초로 현업의 요구사항을 결정하고 정의하며, 이 요구사항을 어떤 시스템에서 처리할 것인지를 분석한다. 그리고 요구사항을 해결하기 위하여 다양한 대안을 제시하고 최선의 방안을 수립해서 시스템 설계에 반영한다.

• 답 :

05 다음 Python 프로그램의 실행 결과를 작성하시오.

```
1:  class city:
2:     a=["Seoul", "Masan", "Pusan", "Inchon", "Daegu"]
3:  my = city()
4:  fchar = ""
5:  for i in my.a:
6:     fchar = fchar+i[0]
7:  print(fchar)
```

• 답 :

06 다음 [직원] 테이블에서 〈SQL 쿼리〉를 실행했을 때의 결과를 작성하시오.

[직원]

EMP_NO	EMP_NAME	EMP_DEPT	EMP_SAL
100	김성모	총무	2500
200	이재후	총무	3100
300	이준형	인사	2900
400	성우람	인사	2700
500	홍찬중	기획	2800

〈SQL 쿼리〉

```
SELECT COUNT(*) FROM 직원
WHERE EMP_NO > 100 AND EMP_SAL >= 3000 OR EMP_NO = 200;
```

• 답 :

07 다음 Java 프로그램의 실행 결과를 작성하시오.

```
1:  public class Main {
2:     public static void main(String[] args) throws Exception {
3:        int array[][] = {{15, 17, 19}, {25}};
4:        System.out.println(array[0].length);
5:        System.out.println(array[1].length);
6:        System.out.println(array[0][0]);
7:        System.out.println(array[0][1]);
8:        System.out.println(array[1][0]);
9:     }
10: }
```

• 답 :

08 데이터베이스의 정규화에 충실하여 모델링을 수행하면 종속성, 활용성은 향상되나 수행 속도가 느려지는 경우가 발생하여 이를 극복하기 위해 성능에 중점을 두어 정규화하는 방법을 무엇이라 하는지 작성하시오.

• 답 :

09 다음은 블랙박스 검사 기법의 종류에 대한 설명이다. 빈칸에 들어갈 검사 방법을 순서대로 작성하시오.

블랙박스 검사의 기법 중 (1)(은)는 입력 조건 경계에서 오류가 발생할 확률이 크다는 것을 이용하여 검사하는 방법이다. 예를 들어 입력 유효값 X가 0 <= X <= 100이라면 -1, 0, 1, 99, 100, 101과 같은 입력으로 테스트하는 방법이다.
그리고 (2)(은)는 입력 자료에 초점을 맞춰 테스트 케이스를 만들고 검사하는 방법으로, 입력 조건에 타당한 입력 자료와 그렇지 않은 자료의 개수를 균등하게 분할해 테스트 케이스를 정하는 방법이다.

• 답 :

10 다음은 테스트 유형에 대한 설명이다. 빈칸에 들어갈 알맞은 테스트 유형을 〈보기〉에서 골라 순서대로 작성하시오.

(1)(은)는 모듈 혹은 네트워크 단일 노드 내 기능이 요구사항에 부합되는지를 테스트하기 위한 것이다. 코딩 단계와 병행해서 수행되며, 모듈은 독자적으로 운용되는 프로그램이 아닌 시스템의 일부이기 때문에 모듈을 가동하는 가동기(Driver)와 타 모듈들을 흉내 내는 가짜 모듈들(Stub)이 필요하다.
(2)(은)는 소프트웨어 각 모듈 간의 인터페이스 관련 오류 및 결함을 찾아내기 위한 체계적인 테스트 기법이다. (1)(이)가 끝난 모듈 또는 컴포넌트의 프로그램이 설계 단계에서 제시한 애플리케이션과 동일한 구조와 기능으로 구현된 것인지를 확인하는 것이다.

〈보기〉

시스템 테스트, 통합 테스트, 단위 테스트, 인수 테스트

• 답 :

11 다음 IP의 설명 중 빈칸에 들어갈 알맞은 숫자를 순서대로 작성하시오.

- IPv6는 IPv4의 한계인 주소 표현의 제약으로 인한 주소 고갈, 멀티미디어 서비스 대응 미약 등의 문제점을 해결하기 위하여 IETF에서 표준화시킨 인터넷 프로토콜이다. IPv6는 16bit 단위로 8부분으로 표시하며 총 (1)bit 주소 공간을 제공하며, 다수의 사용자들에게 전송할 수 있는 멀티캐스트 기능, 기본 헤더의 단순화와 유연함, 인증, 암호화, 무결성 기능 제공, 서비스 품질(QoS)의 보장 등의 다양한 이점을 갖는다.
- 반면, IPv4는 32bit를 (2)bit로 나누어 4개의 부분으로 구성된다.

• 답 :

12 다음이 설명하는 용어를 작성하시오.

- 모듈 간 통신 방식을 구현하기 위해 사용되는 대표적인 프로그래밍 인터페이스 집합으로, 복수의 프로세스를 수행하여 이뤄지는 프로세스 간 통신까지 구현이 가능하다.
- 대표 메소드에는 Shared Memory, Socket, Semaphores, Pipes & names Pipes, Message Queuing이 있다.

• 답 :

13 기업, 기관, 단체 등에서 사용하는 모든 애플리케이션을 상호 연계하여 통합하는 것으로 여러 애플리케이션을 1:1로 직접 연결하는 Point-to-Point 방식과 중간에 단일 접점인 허브를 두고 1:N 구조로 연결하는 Hub and Spoke 방식 등이 있는 애플리케이션 연계 방법을 무엇이라 하는지 영문 약어로 작성하시오.

• 답 :

14 다음 [학생] 테이블의 카디널리티(Cardinality)와 디그리(Degree)를 작성하시오.

[학생]

학번	이름	학년	학과
1234	이준모	1	경영
1357	김성혁	2	컴퓨터
4321	이호진	3	국문
8543	신정욱	4	영문
7542	고아림	2	간호

- **카디널리티(Cardinality) :**
- **디그리(Degree) :**

15 다음 C언어 프로그램의 실행 결과를 작성하시오.

```
1:  #include <stdio.h>
2:  int main(void) {
3:     struct emp {
4:        char name[10];
5:        int age;
6:     }
7:     a[] = { "kihyun", 26, "woojae", 28, "subin", 32, "miyoung", 25 };
8:     struct emp *p;
9:     p = a;
10:    p++;
11:    printf("%s\n", p->name);
12:    printf("%d\n", p->age);
13:    return 0;
14: }
```

- **답 :**

16 다음은 데이터 모델에 표시하여야 할 요소에 대한 설명으로 빈칸에 들어갈 알맞은 말을 작성하시오.

- (1) : 논리적으로 표현된 개체 타입들 간의 관계로서 데이터 구조 및 정적 성질을 표현한다.
- (2) : 데이터베이스에 저장된 실제 데이터를 처리하는 작업에 대한 명세로서 데이터베이스를 조작하는 기본 도구이다.
- 제약 조건(Constraint) : 데이터베이스에 저장될 수 있는 실제 데이터의 논리적인 제약 조건이다.

- **답 :**

17 객체에 접근하고자 하는 주체(또는 주체가 속한 그룹)의 접근 권한에 따라 접근을 통제하는 접근 통제 정책을 무엇이라 하는지 영문 약어로 작성하시오.

• 답 :

18 다음 Java 프로그램의 실행 결과를 작성하시오.

```
1:  public class Main {
2:     public static void main(String[] args) throws Exception {
3:        int sum, cnt;
4:        for(cnt = 0, sum = 0 ; cnt <= 5 ; cnt++ ){
5:           sum += cnt;
6:           System.out.print(cnt);
7:           if(cnt == 5){
8:              System.out.print("=");
9:              System.out.print(sum);
10:          }
11:          else{
12:             System.out.print("+");
13:          }
14:       }
15:    }
16: }
```

• 답 :

19 다음은 모듈화 중 결합도와 관련된 설명이다. 빈칸에 들어갈 결합도 수준을 〈보기〉에서 골라 작성하시오.

- (1) 결합도는 다른 모듈 내부에 있는 변수나 기능을 다른 모듈에서 사용하는 경우이다.
- (2) 결합도는 모듈 간의 인터페이스로 배열이나 오브젝트(Object), 스트럭처(Structure) 등이 전달되는 경우이다.
- (3) 결합도는 파라미터가 아닌 모듈 밖에 선언되어 있는 전역 변수를 참조하고 전역 변수를 갱신하는 식으로 상호 작용하는 경우이다. 예 전역 변수

〈보기〉

자료, 스탬프, 제어, 외부, 공통, 내용

- **답 :**

20 시스템에 접근할 적법한 사용자 아이디와 패스워드를 모를 경우 공격 대상이 이미 시스템에 접속되어 세션이 연결되어 있는 상태를 가로채는 공격을 칭하는 용어를 작성하시오.

- **답 :**

정보처리기사 실기시험 2020 기출문제 04회

종 목	시험시간	배 점	문제수	형 별
정보처리기사	2시간 30분	100	20	A

풀이 시간 : ______________ **채점 점수 :** ______________

01 다음이 설명하고 있는 용어를 영문 약어로 작성하시오.

- 기존 32비트의 IPv4 주소가 고갈되는 문제를 해결하기 위하여 개발된 새로운 128비트 체계의 무제한 인터넷 프로토콜 주소를 말한다.
- 16bit씩 8부분으로 나누어 16진수로 표기한다.
- IPv4와 비교하여 헤더의 크기는 40byte로 고정되었고 헤더 체크섬은 없어졌다.
- 유니캐스트, 멀티캐스트, 애니캐스트의 주소 규칙을 갖는다.

• **답 :**

02 다음의 디자인 패턴에 대한 설명에 대하여 빈칸에 들어갈 알맞은 용어를 작성하시오.

디자인 패턴은 객체지향 프로그래밍 시 발생하는 여러 가지 문제에 대한 설계 사례를 분석하여 공통적으로 발생하는 문제를 해결하기 위한 방법론으로, 여러 설계들로 분류하고, 각 문제 유형별로 가장 적합한 설계를 일반화한 패턴이다.
GoF 디자인 패턴은 1995년 Erich Gamma, Richard Helm, Ralph Johnson, John Vissides가 처음으로 디자인 패턴을 구체화하여 소프트웨어 공학에서 가장 많이 사용되는 디자인 패턴이 되었다. 이는 구현 방식에 따라 생성, 구조, (   ) 3가지로 분류한다.
(   ) 패턴은 클래스나 객체들이 서로 상호작용하는 방법이나 어떤 태스크, 어떤 알고리즘을 어떤 객체에 할당하는 것이 좋을지를 정의하는 패턴이다. 즉, 객체나 클래스의 교류 방법에 대해 정의하는 것이다. (   ) 패턴은 하나의 객체로 수행할 수 없는 작업을 여러 객체로 분배하면서 그들 간의 결합도를 최소화 할 수 있도록 도와준다.

• **답 :**

03 다음 그림의 UML을 이용한 다이어그램은 어떠한 다이어그램인지 작성하시오.

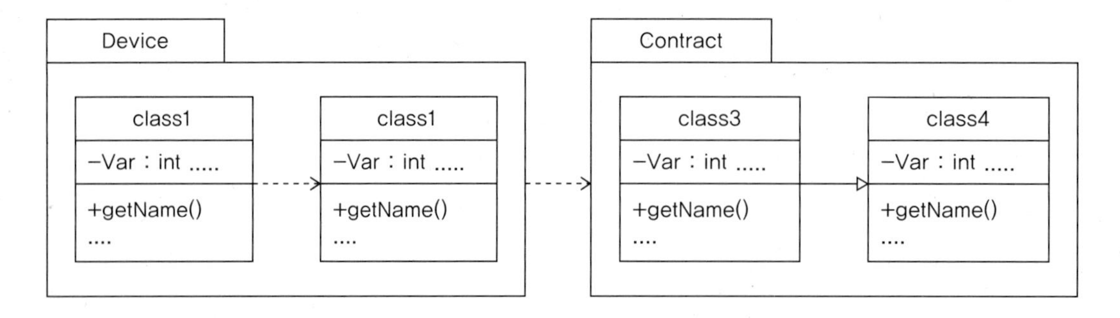

• **답 :**

04 다음 설명의 빈칸에 들어갈 알맞은 용어를 순서대로 작성하시오.

데이터 회복 기법은 시스템 붕괴나 트랜잭션에 대한 장애가 발생했을 때 데이터베이스를 장애 발생 이전의 일관된 상태로 복원하는 작업을 의미한다.
(   )(은)는 트랜잭션 실행 중에 발생하는 변경 내용을 데이터베이스에 즉시 반영하는 방법이다. 때문에 시스템 붕괴나 트랜잭션에 대한 장애 발생 시 트랜잭션이 실행되기 이전 상태의 데이터 값으로 디스크의 데이터를 복원한다.
반면 (   )(은)는 트랜잭션이 부분 완료될 때까지 모든 output 연산을 지연시킴과 동시에 데이터베이스에 대한 변경을 로그에 전부 기록한다. 따라서 트랜잭션 실행 중 시스템이 붕괴되거나 트랜잭션이 철회되면 로그에 있는 정보는 그냥 버리고 무시하면 된다.

• **답 :**

05 다음 Java 프로그램은 십진수 10을 2진수로 변경하는 프로그램이다. 프로그램이 정상 동작하도록 빈칸에 들어갈 소스코드를 순서대로 작성하시오.

```
1:  public class Main {
2:     public static void main(String[] args) throws Exception {
3:       int array[] = new int[8];
4:       int i = 0, n = 10;
5:       while ( (1) ){
6:          array[i++] = (2) ;
7:          n /= 2;
8:       }
9:       for(i = 7; i >= 0 ; i--)
10:         System.out.print(array[i]);
11:    }
12: }
```

• **답 :**

06 **다음 Java 프로그램과 실행 결과를 보고 빈칸 ①, ②에 들어갈 알맞은 배열 크기를 순서대로 작성하시오.**

```
1:  public class Main {
2:     public static void main(String[] args) throws Exception {
3:        int [][] array = new int [①][②];
4:        int n = 1;
5:        for(int i = 0 ; i < 3 ; i++){
6:           for(int j = 0 ; j < 5 ; j++){
7:              array[i][j] = j * 3 + (i + 1);
8:              System.out.print(array[i][j]+" ");
9:           }
10:          System.out.println();
11:       }
12:    }
13: }
```

〈실행 결과〉

```
1 4 7 10 13
2 5 8 11 14
3 6 9 12 15
```

• **답 :**

07 **해킹 기법 중 하나인 스니핑(Sniffing)에 대해서 간단하게 서술하시오.**

• **답 :**

08 **다음 Java 프로그램의 실행 결과를 작성하시오.**

• 한글로 번역하면 '네트워크 주소 변환'이라고도 할 수 있다.
• 외부 네트워크에 알려진 것과 다른 사설 IP 주소를 사용하는 내부 네트워크에서 IP 주소를 변환하는 것이다. 즉, 사설 IP 주소를 공용 IP 주소로 변환하거나 들어오는 패킷들을 공용 IP 주소에서 다시 사설 IP 주소로 변환하는 역할을 한다.
• 인터넷의 공용 IP 주소를 절약할 수 있으며, 인터넷이란 공공망과 연결되는 사용자들의 고유한 사설망을 침입자들로부터 보호할 수 있다.

• **답 :**

09 다음 Python 프로그램의 실행 결과를 출력 형식을 준수하여 작성하시오.

```
1:  arr = [[1,2,3],[4,5],[6,7,8,9]]
2:  print(arr[0])
3:  print(arr[2][1])
4:  for sub in arr:
5:     for item in sub:
6:        print(item, end=" ")
7:     print()
```

• 답 :

10 거래 정보를 특정 위치에 저장하지 않고 네트워크에 분산 저장하여 참여자 공동으로 기록하고 관리하는 분산 원장 기술을 무엇이라 하는지 작성하시오.

• 답 :

11 다음의 설명에 해당하는 분산 컴퓨팅 용어를 작성하시오.

- PC급 컴퓨터들로 가상화된 대형 스토리지를 형성하고 그 안에 보관된 거대한 데이터 세트를 병렬로 처리할 수 있도록 개발된 공개 소스 프레임워크로, 2005년 더그 커팅(Doug Cutting)과 마이크 케퍼렐라(Mike Cafarella)가 오픈 소스 검색 엔진인 아파치 너치(Apache Nutch)를 분산 처리하기 위하여 개발하였다.
- 오픈 소스 기반 분산 컴퓨팅 플랫폼으로, 라이선스 비용이 불필요하고, 초기에 작은 클러스터를 구성하여 운영 가능하다.
- 핵심 구성요소에는 HDFS와 Map Reduce등이 있다. HDFS는 대용량의 데이터를 분산시키고 저장·관리하는 시스템이고, Map Reduce는 대용량 데이터의 처리를 위한 분산 프로그래밍 모델로 흩어져 있는 데이터들을 연관성 있는 데이터로 분류하는 맵(Map)과 분류한 데이터에서 중복된 데이터를 제거하고 원하는 데이터를 추출하는 리듀스(Reduce)라는 두 개의 메소드로 구성된다.

• 답 :

12 데이터베이스에서 발생하는 이상(Anomaly) 현상 3가지를 작성하시오.

• 답 :

13 다음 그림은 프로세스 상태 전이도이다. (1)~(3)에 알맞은 상태를 작성하시오.

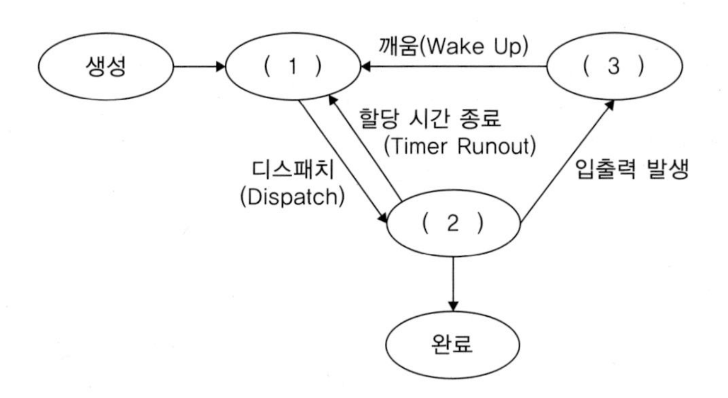

• 답 :

14 테스트 오라클의 종류 중 특정한 몇 개의 입력 값에 대해서만 기대하는 결과를 제공해 주는 오라클을 무엇이라 하는지 작성하시오.

• 답 :

15 다음 〈등급 평가표〉에 대하여 〈테스트 테이스〉를 작성하여 테스트를 진행하였다. 컴포넌트나 시스템의 동작이 같을 것이라고 추정되는 입력 또는 출력 도메인의 부분을 선택하여 선택된 값들 간의 논리적 관계를 고려하여 테스트 케이스를 선정하는 기법을 무엇이라 하는지 작성하시오.

〈등급 평가표〉

점수 구간	등급
90 ~ 100	수
80 ~ 89	우
70 ~ 79	미
60 ~ 69	양
~ 59	가

〈테스트 케이스〉

구분	1	2	3	4	5
점수 구간	90~100	80~89	70~79	60~69	~59
입력값	95	83	78	63	45
예상 결과값	수	우	미	양	가
실제 결과값	수	우	미	양	가

• 답 :

16 **[학생] 테이블에서 〈요구사항〉을 참고하여 〈결과〉와 동일하게 검색하는 SQL 쿼리를 작성하시오.**

[학생]

학번	이름	학과	학년	점수
2022512	김성모	컴퓨터공학	3	90
2120326	이재후	전자공학	3	80
2204534	이준형	컴퓨터공학	2	95
2309876	성우람	전자공학	1	85
1923094	홍찬중	건축학	4	95

〈결과〉

학과	학과인원
건축학	1
전자공학	2
컴퓨터공학	2

〈요구사항〉

- 쿼리 작성 시 WHERE절은 사용하지 않고, GROUP BY절을 사용한다.
- 학과 인원은 별칭(AS)을 사용하여 표시하고 집계 함수를 사용한다.
- 각 속성의 자료형은 이름, 학과는 char(10)이고, 학번, 학년, 점수는 int이다.
- 쿼리는 대/소문자를 구분하지 않으며 세미콜론(;)은 생략 가능하다.

• 답 :

17 **미국 벨(Bell) 연구소가 프로그래밍 연구와 개발을 촉진시킬 환경 조성을 목적으로 개발한 다수 사용자를 위한 운영체제로 구조는 간단하여 이해하기 쉽고 범용성과 확장성이 뛰어나기 때문에 현재 개인용 컴퓨터(PC)나 소형 컴퓨터에서 주로 사용된다. 읽고, 이해하고, 변경하기 쉬운 고급언어인 C언어로 작성되어 시스템 간의 이식(Porting) 과정을 단순화 한 운영체제가 무엇인지 작성하시오.**

• 답 :

18 **UI의 설계 원칙 중 직관성에 대하여 간략하게 서술하시오.**

• 답 :

19 다음 C언어 프로그램의 실행 결과를 작성하시오.

```
1:  int main() {
2:      char *p = "KOREA";
3:      printf("%s\n", p);
4:      printf("%s\n", p+3);
5:      printf("%c\n", *p);
6:      printf("%c\n", *(p+3));
7:      printf("%c", *p+2);
8:  }
```

• 답 :

20 다음 Java 프로그램의 실행 결과를 작성하시오.

```
1:  class Parent {
2:          int compute(int num) {
3:          if(num <= 1) return num;
4:          return compute(num-1) + compute(num-2);
5:      }
6:  }
7:  class Child extends Parent {
8:          int compute(int num) {
9:          if(num <= 1) return num;
10:         return compute(num-1) + compute(num-3);
11:     }
12: }
13: public class Main {
14:     public static void main(String[] args) throws Exception {
15:         Parent obj = new Child();
16:         System.out.print(obj.compute(4));
17:     }
18: }
```

• 답 :

정답 & 해설

기출문제 2023년 03회

381p

<table>
<tr><td>01</td><td>BDCDD</td></tr>
<tr><td>02</td><td>OAuth</td></tr>
<tr><td>03</td><td>YOUNGJIN
OUNGJIN
Y
N
Z</td></tr>
<tr><td>04</td><td>-></td></tr>
<tr><td>05</td><td>(1) chmod
(2) 751</td></tr>
<tr><td>06</td><td>패키지 다이어그램</td></tr>
<tr><td>07</td><td>Equivalent Partitioning(동등 분할)</td></tr>
<tr><td>08</td><td><table><tr><th>COL1</th><th>COL2</th></tr><tr><td>1</td><td>5</td></tr><tr><td>1</td><td>4</td></tr><tr><td>1</td><td>3</td></tr><tr><td>1</td><td>2</td></tr></table></td></tr>
<tr><td>09</td><td>34</td></tr>
<tr><td>10</td><td>NAT</td></tr>
</table>

<table>
<tr><td>11</td><td>ATM</td></tr>
<tr><td>12</td><td>7, static으로 정의된 메서드에서 인스턴스 변수(일반 변수)를 사용하였다. static으로 정의된 메서드에서는 static 변수만 사용하여야 한다.</td></tr>
<tr><td>13</td><td>(1) MAC
(2) DAC
(3) RBAC</td></tr>
<tr><td>14</td><td>2</td></tr>
<tr><td>15</td><td>5040</td></tr>
<tr><td>16</td><td>split()</td></tr>
<tr><td>17</td><td>(1) SaaS
(2) PaaS
(3) IaaS</td></tr>
<tr><td>18</td><td>RIP</td></tr>
<tr><td>19</td><td>(1) σ
(2) π
(3) ⋈
(4) ÷</td></tr>
<tr><td>20</td><td>참조</td></tr>
</table>

01번 해설

상향식 통합(Bottom Up Integration Test)	• paint() 메서드는 "A"를 출력한 다음 draw() 메서드를 호출한다. • draw() 메서드는 "B"를 출력한 다음 자체를 재귀적으로 호출한다.
하향식 통합(Top Down Integration Test)	• paint() 메서드를 상위 클래스(sup)에서 오버라이딩되어 있는 메서드이다. 먼저 super.draw()를 호출하여 상위 클래스(sup)의 draw() 메서드를 호출한다. • 그 후 "C"를 출력하고, 자신의 draw() 메서드를 호출한다. • draw() 메서드는 "D"를 출력한다.
클래스 Youngjin (main 메서드를 포함)	• 하위 클래스 sub의 객체를 생성하지만, 상위 클래스 sup의 맴버를 참조한다. • paint() 메서드와 draw() 메서드는 모두 오버라이딩되어 있으므로 하위 클래스(sub)의 메서드가 수행된다.

02번 해설

OAuth(Open Authorization)

- 자신이 소유한 리소스에 소프트웨어 애플리케이션이 접근할 수 있도록 허용해 줌으로써 접근 권한을 위임해주는 개방형 표준 프로토콜이다.
- 애플리케이션이 리소스 소유자에게 리소스에 대한 접근 권한을 허용하고, 요청 결과로 전달받은 토큰을 이용해 애플리케이션이 해당 리소스에 접근하는 프로토콜이다.

기적의 TIP

- **JWT(Json Web Token)** : 토큰 기반 인증의 표준이며, Json 형태로 인증 정보를 담고 있습니다.
- **SSO(Single Sign On)** : 한 번(Single)의 로그인 인증(Sign-on)으로 여러 서비스를 추가적인 인증 없이 사용할 수 있는 기술입니다.
- **LDAP(Lightweigh Directory Access Protocol)** : 사용자의 정보(ID, Password 등)를 중앙집권적으로 관리하는 일종의 주소록 서버입니다.
- **IdP(Identity Provider, ID 공급자)** : Google이나 Apple 등과 같은 간편 로그인 서비스를 제공하는 회사나 인증 서버를 뜻하며, 로그인하려는 서비스에게 인증 정보를 알려주는 역할을 합니다.
- **SAML, OAuth, OIDC** : SSO를 위한 표준입니다.

03번 해설

printf("%s\n", p);	문자열을 모두 출력한다.	출력 결과 : "YOUNGJIN"
printf("%s\n", p + 1);	문자열의 두 번째 문자부터 끝까지 출력한다.	출력 결과 : "OUNGJIN"
printf("%c\n", *p);	포인터 p가 가리키는 문자를 출력한다.	출력 결과 : 'Y'
printf("%c\n", *(p + 3));	포인터 p에서 세 칸 뒤에 있는 문자를 출력한다.	출력 결과 : 'N'
printf("%c", *p + 1);	포인터 p가 가리키는 문자의 ASCII 코드 값에 1을 더한 값을 출력한다. 'Y'의 ASCII 코드 값은 89이므로, 89 + 1 = 90이고, ASCII 코드에서 90은 대문자 'Z'를 의미한다.	출력 결과 : 'Z'

04번 해설

구조체 배열의 배열명을 구조체 포인터에 배정하게 되면 다음과 같이 두 가지 방법으로 구조체에 접근할 수 있다.

구조체 포인터 p로 출력	구조체 배열로 출력	결과
p->name	a[1].name	woojae
p->age	a[1].age	28

05번 해설

- chmod는 리눅스에서 파일이나 디렉토리의 권한을 변경하는 명령어이다.
- 이후 751은 각각 세 개의 숫자는 파일에 대한 권한을 지정한다. 각 숫자는 권한의 종류(읽기, 쓰기, 실행)를 나타내며, 7은 소유자, 5는 그룹, 1은 기타 사용자(다른 사용자)에 대한 권한을 지정한다.
  - 7(rwx-111) : 소유자에게 모든 권한(읽기, 쓰기, 실행)을 부여한다.
  - 5(rwx-101) : 그룹에게 읽기와 실행 권한을 부여한다.
  - 1(rwx-001) : 다른 사용자에게 실행 권한만 부여한다.

06번 해설

패키지(Package) 다이어그램

- 관련된 클래스를 묶어 패키지로 만들어서 관리하는 다이어그램이다.
- 패키지 내부의 클래스와의 관계, 패키지 간의 관계를 표현할 수 있다.

07번 해설

블랙박스(Black Box) 테스트

구문(Syntax)	• 입력 데이터가 사전에 정의해 놓은 데이터 유형에 부합하는지(valid), 부합하지 않는지(invalid)를 분류한 뒤 예상되는 결과를 테스트하는 방법 • 블랙박스 테스트 방법 중에서 가장 간단한 테스트 방법
동등 분할(Equivalence Partitioning, 동치 분할)	• 입력 데이터를 중심으로 테스트 케이스를 만들어 테스트하는 방법 • 입력 조건에 부합하는 데이터와 부합하지 않는 데이터의 개수를 균등하게 설정하여 테스트 케이스를 작성
경계값 분석(Boundary Value Analysis)	• 입력 조건의 중앙 부근의 값보다는 경계 지점의 값에서 오류 발생의 확률이 높은 점을 감안하여 입력 조건의 경계값을 테스트 케이스에 반영하여 테스트하는 방법 • 범위 바깥의 값과 경계값으로 테스트를 수행 • 동치 분할 방법이 입력 데이터에 초점을 맞춤으로 인해 분석에 일부 단점이 있는 것을 보완하기 위한 방법
원인-효과 그래프(Cause-Effect Graphing)	• 입력 데이터 간의 관계와 입력을 원인으로 출력을 효과로 보아 입력이 출력에 영향을 미치는 상황을 체계적으로 분석함으로써 효과가 높은 테스트 케이스를 선정하여 테스트하는 방법 • 동등 분할과 경계값 분석 방법이 입력 환경의 복잡성을 충분히 반영하지 못하는 문제점을 보완한 테스트 방법
비교(Comparison)	• 프로그램의 형상 통제를 통해 축적한 여러 버전의 프로그램에 동일한 검사 데이터를 통해 점검하여 동일한 결과를 얻을 수 있는지 비교하는 식으로 테스트하는 방법
오류 예측(Error Guessing)	• 과거에 축적한 경험 데이터나 테스트 수행자의 전문성을 보완하여 테스트에 반영하는 방법 • 테스트 방법이 누락하기 쉬운 오류를 경험과 감각으로 찾아내는 방법
의사 결정 테이블(Decision Table)	• 입력 데이터 및 출력 데이터의 값이 참(true)과 거짓(false)으로 결정되는 경우 모든 경우의 수를 확인하는 방법 • 입력 데이터값이 적은 수의 조건일 경우에 유효
상태 천이도(State Transition Diagram)	• 테스트 상황에 따라 유효한 상태 천이와 유효하지 않은 상태 천이를 수행하도록 테스트 케이스를 설계하는 방법

08번 해설

Table A에서 DISTINCT한 COL1과 COL2 값(DISTINCT로 중복 튜플 제거)을 가져와서 UNION 연산자를 이용하여 Table B에서 COL1과 COL2 값을 가져온 레코드와 결합한다. UNION 연산자는 중복 값을 제거하고 결합하게 된다. 그리고 그 결과를 COL2에 대해 내림차순(DESC) 정렬한다.

[Table_A]

COL1	COL2
1	2
1	3

UNION

[Table_B]

COL1	COL2
1	2
1	4
1	5

=

[결과]

COL1	COL2
1	5
1	4
1	3
1	2

09번 해설

- 입력한 1과 100은 시작 범위 startRange 변수와 끝 범위 endRange 변수에 저장된다.
- for 루프를 사용하여 시작 범위부터 끝 범위까지의 각 숫자에 대해 isPerfect 함수를 호출하고, 만약 현재 숫자가 완전수이면 1을 리턴하여 i를 sum에 더한다.
- 따라서 출력 결과는 1부터 100까지의 범위에서 완전수를 찾아 그 합을 계산한 결과가 출력된다.
- 문제에서 주어진 것과 같이 입력값으로 1과 100을 사용했을 때, 프로그램은 1부터 100까지의 범위에서 완전수를 찾아 그 합을 계산하고, 최종적으로 그 합을 출력한다. 이때의 출력값은 완전수의 합으로, 1부터 100까지의 범위에서 완전수의 합이 출력된다.
- 1부터 100사이의 완전수는 6과 28이 있다. 따라서 34가 출력된다.

기적의 TIP

완전수(perfect number)

자신을 제외한 약수들의 합이 자기 자신이 되는 수를 말합니다.

10번 해설

NAT(Network Address Translation)의 기능

기능	설명
IP 주소 변환	• 사설 네트워크 내의 장치들이 공인 IP 주소를 사용하지 않고, 사설 IP 주소를 사용하도록 허용한다. • 사설 IP 주소는 일반적으로 인터넷에서 직접 접근할 수 없으며, NAT 장치를 통해 공인 IP 주소로 변환된다.
주소 매핑 (Address Mapping)	• 부 네트워크의 각 장치에 대한 주소 매핑 테이블을 유지한다. • 이 테이블은 내부 IP 주소와 해당하는 공인 IP 주소 간의 매핑 정보를 포함한다.
포트 번호 변환	• PAT(Port Address Translation)라고도 불리는 NAT의 한 형태에서는 내부 네트워크의 여러 장치가 동일한 공인 IP 주소를 공유하며, 각 장치는 고유한 포트 번호를 사용한다. • 이를 통해 여러 장치가 동일한 IP 주소를 사용하면서도 충돌을 방지할 수 있다.
보안 향상	• 내부 네트워크의 구조를 외부로부터 감추는 효과가 있다. • 내부 장치들은 외부에서 직접적으로 접근할 수 없고, NAT 장치를 통해 통신하게 되므로 일종의 방화벽 역할을 하며, 네트워크 보안을 향상시킬 수 있다.
주소 공간 절약	• 사설 주소 공간을 활용하여 더 많은 장치를 내부 네트워크에서 사용할 수 있다. • 한정된 공인 IP 주소를 효율적으로 활용하여 여러 장치에 서비스를 제공할 수 있다.

11번 해설

ATM(Asynchronous Transfer Mode)
- 비동기 전송 모드라고 하는 광대역 전송에 쓰이는 스위칭 기법이다.
- 53바이트 셀 단위로 전달, 비동기식 시분할 다중화 방식의 패킷형 전송 기술이다.

12번 해설

static 메서드

- Java에서 static 키워드는 클래스 수준에 속하는 멤버(메서드 또는 변수)를 나타낸다.
- 특정 인스턴스에 속하는 것이 아니라 클래스에 속하며, 클래스의 모든 인스턴스에서 동일한 메서드를 공유한다.
- static 메서드의 특징

인스턴스 생성 없이 호출 가능	특정 인스턴스를 생성하지 않고도 클래스 이름을 사용하여 직접 호출할 수 있다.
인스턴스 변수에 직접 접근 불가	클래스 수준에 속하므로, 해당 클래스의 인스턴스 변수(일반 변수)에 직접 접근할 수 없다. this 키워드를 사용하여 현재 인스턴스를 참조하는 것도 불가능하다.
다른 static 멤버에 직접 접근 가능	static 메서드 내에서는 다른 static 메서드나 static 변수에 직접 접근할 수 있다.
클래스 로딩 시점에 메모리에 적재	클래스가 로딩될 때 메모리에 적재되며, 클래스의 인스턴스 생성과는 무관하다.

13번 해설

접근 통제 방식

방식	설명
MAC (Mandatory Access Control)	• 각 객체와 주체에 대한 라벨링(Labelling)을 통해 접근 권한을 제어하는 접근 제어 방식이다. • 라벨링은 일반적으로 보안 등급(Security Level)으로 설정하며, 보안 등급이 높은 객체에 대한 접근 권한은 보안 등급이 낮은 주체로부터 차단된다. • 일반적으로 정부와 군사 등 보안 수준이 높은 조직에서 사용된다.
DAC (Discretionary Access Control)	• 사용자가 자원에 대한 접근 권한을 부여하는 방식이다. • 자원 소유자가 해당 자원에 대한 접근 권한을 부여할 수 있으며, 이를 기반으로 자원에 대한 접근 권한이 결정된다. • 일반적으로 기업 내부나 개인 사용자에게 적합한 방식이다.
RBAC (Role-Based Access Control)	• 사용자가 수행하는 역할(Role)을 기반으로 접근 권한을 결정하는 방식이다. • 사용자가 수행하는 역할에 따라 그룹을 지정하고, 각 그룹에 대한 접근 권한을 설정한다. • 대규모 기업에서 사용되는 방식으로, 업무 담당자들의 역할과 권한을 효율적으로 관리할 수 있도록 도와준다.

14번 해설

- 문제의 프로그램에서 Mother 클래스의 calculate 메서드는 피보나치 수열을 계산하며, Daughter 클래스는 Mother 클래스를 상속받아서 calculate 메서드를 오버라이딩한다. 이때 Daughter 클래스에서는 calculate(number – 1) + calculate(number – 3)을 반환하게 된다.
- Main 클래스에서 Mother 클래스의 객체를 생성하고 이를 Daughter 클래스 타입의 변수에 할당하였으므로 Mother 클래스의 calculate 메서드가 호출되지만, 실제로 실행되는 것은 Daughter 클래스의 오버라이딩된 calculate 메서드이다.
- 피보나치 수열은 calculate 메서드가 재귀적으로 호출되면서 계산되는데, Daughter 클래스의 경우에는 calculate(number – 1) + calculate(number – 3)으로 계산되기 때문에, 특정 조건에서 계산이 중단될 수 있다.
- 만약 number가 1 이하일 때는 그대로 number를 반환하도록 설정되어 있다. 따라서 Daughter 클래스의 calculate 메서드는 다음과 같은 계산을 수행한다.

```
calculate(7): calculate(6) + calculate(4)
calculate(6): calculate(5) + calculate(3)
calculate(5): calculate(4) + calculate(2)
calculate(4): calculate(3) + calculate(1)
calculate(3): calculate(2) + calculate(0)
calculate(2): calculate(1) + calculate(−1)
```

의 순서로 재귀된다. 이 순서를 역으로 풀어보면,

```
calculate(1): 1
calculate(−1): −1
calculate(0): 0
```

이므로

```
calculate(2): calculate(1) + calculate(−1) = 0
calculate(3): calculate(2) + calculate(0) = 0
calculate(4): calculate(3) + calculate(1) = 1
calculate(5): calculate(4) + calculate(2) = 1
calculate(6): calculate(5) + calculate(3) = 1
calculate(7): calculate(6) + calculate(4) = 2
```

가 되어 최종 2가 출력된다.

15번 해설

func 함수 (재귀 함수)	• func 함수는 주어진 숫자 n의 팩토리얼을 계산한다. • 만약 n이 1 이하이면 1을 반환하고, 그렇지 않으면 n과 func(n-1)의 곱을 반환한다. • 재귀 호출을 통해 func(n-1)을 계속 호출하여 팩토리얼을 계산하게 된다.
main 함수	• main 함수에서는 func(7)의 결과를 계산하고, 이를 printf 함수를 통해 출력한다. • func(7)은 7의 팩토리얼을 계산하는데, 7 * 6 * 5 * 4 * 3 * 2 * 1을 수행하게 된다. • 따라서 printf 함수를 통해 결괏값인 5040이 출력된다.

16번 해설

- "Hello World! YoungJin is awesome."을 공백을 기준으로 분리한 실행 결과이므로 split 함수를 사용한다.
- split 함수는 문자열을 특정 구분자를 기준으로 분리하는 데 사용된다.

17번 해설

클라우드 서비스 모델

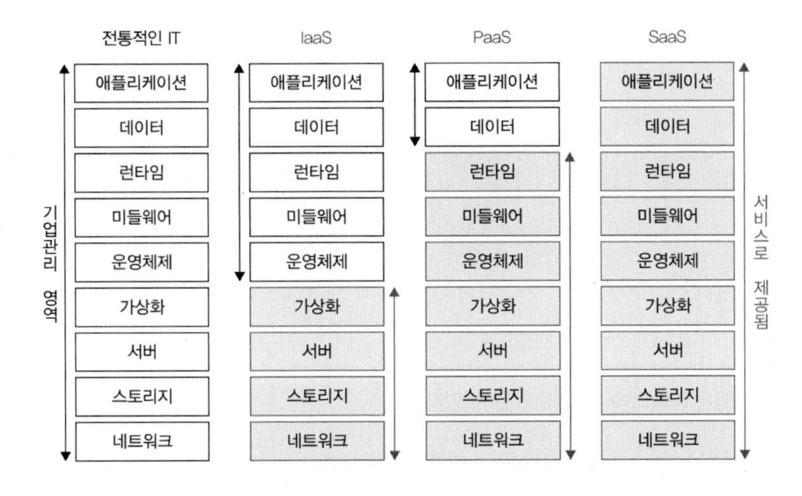

18번 해설

동적 라우팅 프로토콜(OSPF, Open Shortest Path First)의 종류

RIP (Routing Information Protocol)	라우팅 테이블에 동일 네트워크에 포함된 각 라우터에 도달하기 위해 거쳐야 하는 라우터들의 최대 수와 각 라우터에 도달하기 위해 이동해야 하는 다음 라우터 정보를 관리하고, 정기적으로 라우팅 테이블 정보를 인접 라우터와 교환하여 자신의 라우팅 테이블을 갱신하는 방법이다.
OSPF (Open Shortest Path First)	라우터의 연결 상태가 변경된 경우 동일 네트워크에 포함된 모든 라우터에 자신의 변경 정보를 전달하고, 정보를 수신한 라우터들이 각 라우터에 접근하기 위한 최적의 네트워크 경로를 갱신하는 방법이다.

19번 해설

관계 대수(Relation Algebra)

- 릴레이션을 처리하기 위한 연산의 집합으로, 피연산자와 결과가 모두 릴레이션이다.
- 원하는 정보와 그 정보를 어떻게 유도하는가를 기술하는 절차적인 방법이다.
- 관계 대수는 연산으로, 관계 해석은 정의로 릴레이션을 얻는다.

<table>
<tr><td rowspan="4">관계 대수
(절차형)
What, How</td><td rowspan="2">순수 관계
연산자</td><td>선정
(Select)</td><td>프로젝션
(Projection)</td><td>조인
(Join)</td><td>디비젼
(Division)</td></tr>
<tr><td>σ</td><td>π</td><td>⋈</td><td>÷</td></tr>
<tr><td rowspan="2">일반 집합
연산자</td><td>합집합
(Union)</td><td>교집합
(Intersection)</td><td>차집합
(difference)</td><td>카티션
프로덕트</td></tr>
<tr><td>∪</td><td>∩</td><td>—</td><td>×</td></tr>
</table>

20번 해설

무결성 제약(Integrity Constrain)

개체 무결성 (Entity Integrity)	기본키의 속성값은 중복되거나 널(NULL)일 수 없다.
참조 무결성 (Referential Integrity)	외래키 값은 NULL이거나 참조 릴레이션의 기본키 값과 동일해야 한다. 즉, 릴레이션은 참조할 수 없는 외래키 값을 가질 수 없다. 외래키와 참조 테이블의 기본키는 속성명은 달라도 무방하나, 속성 개수와 도메인이 동일해야 한다.
도메인 무결성 (Domain Integrity)	특정 속성의 값이 그 속성이 정의된 도메인에 속한 값이어야 한다.

기출문제 2023년 02회

391p

01	array[(k+1) % 5]
02	(1) m / 1000; (2) m % 1000 / 500; (3) m % 500 / 100; (4) m % 100 /10;
03	이기적 이기적 이기적
04	INSTER INTO STUDENT(학번, 이름, 학년, 전공, 전화번호) VALUES(123456, '이영진', 4, '컴퓨터', '010-1234-5678');
05	BCD
06	Condition Coverage
07	505
08	템퍼프루핑(Tamperproofing)
09	213465
10	요구조건 분석, 개념적 설계, 논리적 설계, 물리적 설계, 구현
11	(1) Singleton (2) Visitor
12	(1) hamming (2) FEC (3) BEC (4) parity (5) CRC
13	(1) 정보 (2) 감독 (3) 비번호 (4) 비동기균형 (5) 비동기응답
14	true false true true
15	• 대칭키 : DES, 3-DES, SEED, ARIA, RC-4 • 비대칭키 : RSA, DSA
16	해시 또는 해싱
17	CASCADE
18	〈
19	Youg on processing
20	(1) 테스트 드라이버(Test Driver) (2) 테스트 스텁(Test Stub)

01번 해설

- 이 C 프로그램은 사용자로부터 5개의 숫자를 입력받고, 입력된 순서를 한 칸씩 왼쪽으로 옮겨 출력하는 프로그램이다.
- 빈칸에는 인덱스 k에서 1을 더하고, 배열의 길이인 5로 나눈 나머지를 계산하도록 하여야 한다. 이를 통해 배열을 한 칸씩 원형으로 옮겨가며 출력할 수 있다. 따라서 빈칸의 코드는 (k+1) % 5이 되어야 한다.
- 예를 들어, k가 0부터 4까지 변할 때, (k+1) % 5는 각각 1, 2, 3, 4, 0이 되어 배열의 다음 요소를 순서대로 출력하게 되는 원리이다.

02번 해설

1000원의 개수	m을 1000으로 나눈 몫만 취한다.	4620 / 1000 = 4
500원의 개수	m을 1000으로 나눈 나머지를 500으로 나눈 몫만 취한다.	4620 % 1000 / 500 = 1
100원의 개수	m을 500으로 나눈 나머지를 100으로 나눈 몫만 취한다.	4620 % 500 / 100 = 1
10원의 개수	m을 100으로 나눈 나머지를 10으로 나눈 몫만 취한다.	4620 % 100 / 10 = 2

03번 해설

- test 함수는 사용자로부터 이름을 입력받아 n 배열에 저장하고, 이 배열의 포인터를 반환한다.
- main 함수에서 test 함수를 세 번 호출하여 각각의 이름을 입력받고 반환된 포인터를 test1, test2, test3에 저장하지만 char n[30];은 전역 변수이므로 마지막에 저장된 이기적만 출력된다.

04번 해설

INSTER INTO STUDENT(학번, 이름, 학년, 전공, 전화번호)

① [STUDENT] 테이블의 학번, 이름, 학년, 전공, 전화번호 컬럼의 순서대로

VALUES(123456, '이영진', 4, '컴퓨터', '010-1234-5678');

② 123456, '이영진', 4, '컴퓨터', '010-1234-5678'의 데이터를 추가한다.

- 데이터를 추가할 때 컬럼의 데이터 형식을 확인하여야 한다.
- 데이터 형식이 int인 경우 숫자 데이터이므로 숫자만 작성하지만, char()의 형식인 경우 문자열 데이터이므로 작은 따옴표('')를 반드시 추가하여야 한다.

05번 해설

- 6~8줄 : 배열 array의 원소를 모두 더하면 253이다.
- 10~17줄 : 253을 30으로 나눈 몫은 8이므로 case 8: 이후 모든 case문과 default문이 수행된다.

06번 해설

테스트 커버리지(Test Coverage)

구문 커버리지 (Statement Coverage)	• 테스트 스위트에 의해 실행된 구문이 몇 퍼센트인지 측정하는 것 • 다른 커버리지에 비해 가장 약함
결정 커버리지 (Decision Coverage)	• Branch Coverage라고도 부름 • 결정 포인트 내의 전체 조건식이 최소한 참 한 번, 거짓 한 번을 갖는지 측정하는 것 • 개별 조건식의 개수와 상관없이 테스트 케이스의 최소 개수는 2개 • 조건, 조건/결정 커버리지에 비해 약함
조건 커버리지 (Condition Coverage)	• 전체 조건식의 결과와 관계없이 각 개별 조건식이 참 한 번, 거짓 한 번을 모두 갖도록 조합하는 것 • 결정 커버리지보다 강력한 형태의 커버리지
조건/결정 커버리지 (Condition/Decision Coverage)	• 전체 조건식의 결과가 참 한 번, 거짓 한 번을 갖도록 각 개별 조건식을 조합하는데 이때 각 개별 조건식도 참 한 번, 거짓 한 번을 모두 갖도록 개별 조건식을 조합하는 것 • 결정 커버리지와 조건 커버리지를 포함하는 커버리지
변경 조건/결정 커버리지 (Modify Condition/Decision Coverage)	• 각 개별 조건식이 다른 개별 조건식에 무관하게 전체 조건식의 결과에 독립적으로 영향을 주도록 함 • 결정 커버리지, 조건/결정 커버리지보다 강력
다중 조건 커버리지 (Multiple Condition Coverage)	• 결정 포인트 내에 있는 모든 개별 조건식의 모든 가능한 논리적 조합 고려 • 가장 강력한, 논리적 수준의 100% 커버리지를 보장

07번 해설

- s 변수는 4의 배수의 개수를 저장하기 위한 변수이고 초기값은 0이다.
- for 루프를 사용하여 1부터 2023까지의 숫자를 반복하는데 이때 각 숫자가 4의 배수인지 확인하기 위해 if (i % 4 == 0) 조건을 사용한다. 그리고 4의 배수를 발견할 때마다 s 변수를 1 증가시킨다. 반복문이 끝나면 4의 배수의 개수가 저장된 s 값을 출력하므로 505가 출력된다.

08번 해설

템퍼프루핑(Tamperproofing)

- 소프트웨어에서는 소프트웨어 코드나 데이터에 대한 외부 조작을 방지하기 위한 기술을 의미하며, 코드 변조를 탐지하고 방어하기 위한 다양한 방법과 알고리즘이 사용된다.
- 하드웨어에서는 칩이나 장치가 물리적인 공격이나 조작으로부터 안전하게 보호되도록 하는 기술을 포함한다.
- 데이터의 무결성을 지키기 위해 데이터가 전송되거나 저장될 때 외부에서의 변경을 감지하고 방어하며 디지털 서명, 해시 함수, 암호화 등의 기술이 사용될 수 있다.

09번 해설

into 함수	• 매개변수로 전달된 값을 스택에 넣는다. • isFull 함수를 호출하여 스택이 가득 차있는지 확인하고, 가득 차있으면 "Full"을 출력한다. • 스택이 가득 차있지 않다면 point를 증가시키고 해당 위치에 값을 저장한다.
take 함수	• 스택에서 값을 빼고 반환한다. • isEmpty 함수를 호출하여 스택이 비어있는지 확인하고, 비어있으면 "Empty"를 출력하고 -1을 반환한다. • 스택이 비어있지 않다면 point 위치의 값을 반환하고 point를 감소시킨다.
isEmpty 함수	• 스택이 비어있는지 여부를 확인한다. • point가 -1이면 비어있음을 나타내므로, 비어있으면 1을 반환하고 아니면 0을 반환한다.
isFull 함수	• 스택이 가득 차있는지 여부를 확인한다. • point가 MAX_SIZE - 1이면 스택이 가득 차있음을 나타내므로, 가득 차있으면 1을 반환하고 아니면 0을 반환한다.
main 함수	• into 함수를 호출하여 5와 2를 스택에 넣는다. • while 루프에서 isEmpty 함수를 호출하여 스택이 비어있는지 확인하고, 비어있지 않으면 값을 빼고 출력한다. • 각각 4, 1, 3, 6의 값을 스택에 넣고 빼면서 출력하게 된다.

10번 해설

데이터베이스 설계 순서

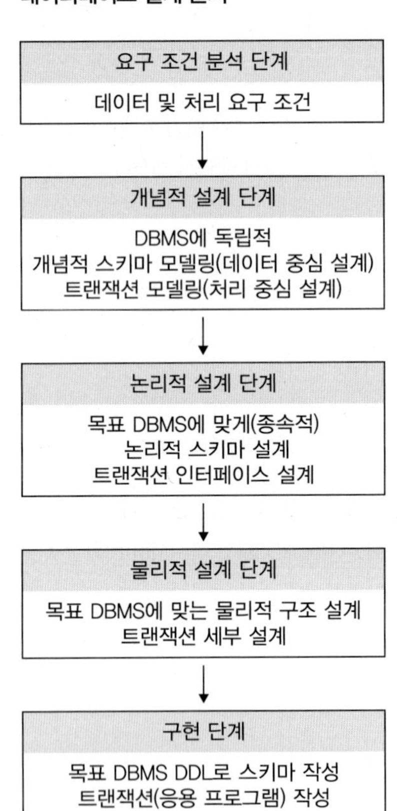

11번 해설

디자인 패턴의 분류와 종류

객체 생성을 위한 패턴	Factory Method	대행 함수(위임)를 통한 객체 생성, 인스턴스 생성 결정은 서브 클래스
	Abstract Factory	제품군(product family)별 객체 생성
	Singleton	클래스 인스턴스가 하나만 만들어지고 그 인스턴스의 전역 접근
	Prototype	복제를 통한 객체 생성
	Builder	부분 생성을 통한 전체 객체 생성
구조 개선을 위한 패턴	Adapter	클라이언트가 기대하는 다른 인터페이스로 전환
	Facade	서브 시스템에 대한 통합된 인터페이스를 제공
	Bridge	인터페이스와 구현의 명확한 분리
	Composite	객체 간의 부분 · 전체 관계 형성 및 관리, 재귀적 합성 이용
	Decorator	상속없이 객체의 기능을 동적으로 추가, 삭제(Overloading)
	Flyweight	작은 객체들의 공유
	Proxy	대체(대리자) 객체를 통한 작업 수행
행위 개선을 위한 패턴	Interpreter	간단한 문법에 기반한 검증작업 및 작업처리
	Template Method	상위 클래스에서 기본 골격을 결정, 하위 클래스에서 구체적 내용 정의(Overriding)
	Command	요청을 객체로 캡슐화, 수행할 작업의 일반화를 통한 조작
	Iterator	동일 자료형의 여러 객체 순차 접근
	Mediator	객체들 간의 상호작용을 객체로 캡슐화, 다대다 객체 관계를 다대일로 단순화
	Memento	객체의 이전 상태 복원 또는 보관
	Observer	일대다의 객체 의존관계를 정의
	State	객체 상태 추가 시 행위 수행의 원활한 변경
	Strategy	동일 목적의 여러 알고리즘 중 선택해서 적용
	Visitor	오퍼레이션이 처리할 요소의 클래스를 변경하지 않고도 새로운 오퍼레이션을 정의
	Chain of Responsibility	수행 가능 객체군까지 요청 전파

12번 해설

hamming	오류 검출 및 수정을 위한 블록 코드 중 하나로, 특히 단일 비트 오류에 대한 강력한 검출 능력을 가지고 있다. 데이터에 부가적인 비트를 추가하여 오류를 검출하고 수정할 수 있는 방식으로 동작한다.
FEC	데이터 전송 중 발생할 수 있는 오류를 감지하고 수정하기 위한 기술로, 송신측에서 추가적인 정보를 전송하여 수신측에서 오류를 복구할 수 있도록 한다.
BEC	전송된 데이터에 오류가 발생된 경우, 송신측에 오류 사실을 알려서 재전송으로 복원하는 방식이다.
parity	오류 검출 기술 중 하나로, 1개의 비트를 추가하여 1의 개수가 짝수/홀수인지 판단하여 오류를 검출한다.
CRC	다항식 연산을 기반으로 하며, 송신자는 데이터에 대한 다항식 연산을 수행하여 나온 나머지를 추가적으로 전송한다. 수신자는 전송된 데이터와 다항식 연산을 수행하여 나온 나머지를 비교하여 오류를 감지할 수 있다.

13번 해설

HDLC(High-Level Data Link Control)

- 프레임의 종류

정보 프레임 (Information Frame)	실제 데이터를 전송하기 위한 프레임으로, 데이터의 송수신을 담당한다.
감독 프레임 (Supervisory Frame)	흐름 제어와 오류 제어를 위한 프레임으로, 데이터의 흐름을 관리하거나 오류 상태를 확인하는 데에 사용된다.
비번호 프레임 (Unnumbered Frame)	특별한 통신 제어를 위해 사용되는 프레임으로, 주로 연결 설정 및 해제, 프로토콜 타입 등을 다루기 위해 사용된다.

- 데이터 전송 모드

정상 응답 모드 (Normal Response Mode)	전송측과 수신측 간에 통신 흐름을 유지하는 모드이며, 전송측이 정보 프레임을 송신하면 수신측은 감독 프레임을 사용하여 응답한다.
비동기 균형 모드 (Asynchronous Balanced Mode)	전송측과 수신측이 동등한 권한을 가지며 통신하는 모드이며, 정보 프레임과 감독 프레임을 사용하여 양방향 통신을 지원한다.
비동기 응답 모드 (Asynchronous Re-sponse Mode)	전송측과 수신측 간에 통신 흐름을 유지하지 않고 일회성 통신을 위한 모드이며, 비번호 프레임을 사용하여 일회성 요청과 응답을 처리한다.

14번 해설

- 3줄 : 문자열 "Programming"을 나타내는 str1 변수를 선언하고 초기화한다. Java에서는 문자열 리터럴이 같은 경우 같은 문자열 객체를 참조하게 되므로, str1과 str2는 동일한 문자열 리터럴을 참조하게 된다.
- 4줄 : str1과 동일한 문자열 리터럴 "Programming"을 참조하는 str2 변수를 선언하고 초기화한다.
- 5줄 : 새로운 문자열 객체를 생성하여 그 안에 "Programming" 문자열을 담고, 이를 참조하는 str3 변수를 선언하고 초기화한다. 이 경우에는 새로운 문자열 객체가 생성되므로 str1, str2와 str3는 서로 다른 객체를 참조하게 된다.
- 7줄 : str1과 str2가 같은 문자열 리터럴을 참조하므로, 결과로 true가 출력된다.
- 8줄 : str1과 str3는 서로 다른 문자열 객체를 참조하므로, 결과로 false가 출력된다.
- 9~10줄 : equals 메서드를 사용하여 두 문자열의 내용이 동일한지 확인한다. 내용이 동일하므로 결과로 모두 true가 출력된다.

15번 해설

대칭키 암호화 알고리즘과 비대칭키 암호화 알고리즘

구분	대칭키(비밀키) 방식	비대칭키(공개키) 방식
개념도	동일한 키 사용 (대칭키, 비밀키 방식) 평문 → 암호화 → 암호문 → 복호화 → 평문	다른 키 사용 (비대칭키, 공개키+개인키) 평문 → 암호화 → 암호문 → 복호화 → 평문
키관계	암호키와 복호키가 같음	암호키와 복호키가 다름
암호키	비밀키	공개키
복호키	비밀키	개인키
키 전송 여부	필요	불필요
키관리	복잡	단순
인증	고속	저속
부인방지	불가능	가능
구현방지	블록, 스트림	소인수분해, 이산대수
알고리즘	DES, 3-DES, SEED, ARIA, RC-4 등	RSA, DSA 등
장점	구현이 용이, 변형 가능	암호 해독이 어려움, 전자서명
단점	쉽게 해독 가능, 키 관리 어려움	해독 시간이 오래 걸림

16번 해설

해싱(Hashing)

- 데이터를 저장할 때, 데이터의 키 값을 해시 함수를 사용해 해시 주소로 변환하고, 해당 주소에 데이터를 저장하는 방식이다.
- 데이터를 찾으려면 키 값으로 해시 함수를 호출하여 해시 주소를 얻은 후, 해당 주소에 있는 데이터에 접근한다.
- 검색 속도가 매우 빠르며, 데이터의 추가, 삭제, 검색에 용이하다.
- 대표적으로 해시 테이블이나 디렉터리에서 사용된다.

17번 해설

외래키 지정 시 옵션

NO ACTION	참조되는 테이블의 변경을 반영하지 않고 기본 테이블의 속성 값을 그대로 둔다.
CASCADE	참조 테이블이 속성 값이 변경되면 기본 테이블의 속성 값도 함께 변경된다.
SET NULL	참조되는 테이블에 변경이 발생하면 기본 테이블의 속성 값을 NULL로 변경한다.
SET DEFAULT	참조되는 테이블에 변경이 발생하면 기본 테이블의 속성 값을 기본 값으로 변경한다.
CRC	다항식 연산을 기반으로 하며, 송신자는 데이터에 대한 다항식 연산을 수행하여 나온 나머지를 추가적으로 전송한다. 수신자는 전송된 데이터와 다항식 연산을 수행하여 나온 나머지를 비교하여 오류를 감지할 수 있다.

18번 해설

선택 정렬(Selection Sort) 알고리즘에서는 빈칸의 연산자는 배열을 순회하며 가장 작은 값을 찾아 그 인덱스를 min_idx에 배정하여야 한다. 따라서 빈칸 아래의 min_idx = j의 문장으로 보아 arr[j]가 arr[min_idx]보다 작을 경우 min_idx에 j가 배정되어야 한다. 즉, 현재까지 찾은 최소값 인덱스를 저장하기 위해 < 연산자를 사용한다.

19번 해설

- 1줄 : 변수 str에 주어진 문자열을 할당한다.
- 2줄 : 문자열 슬라이싱을 사용하여 str의 처음부터 3번째 인덱스 이전까지의 부분 문자열을 얻어온다. 따라서 str_1에는 "You"가 저장된다.
- 3줄 : 문자열 슬라이싱을 사용하여 str의 4번째부터 6번째 인덱스 이전까지의 부분 문자열을 얻어온다. 따라서 str_2에는 "g "가 저장된다(공백 포함).
- 4줄 : 문자열 슬라이싱을 사용하여 str의 28번째 인덱스부터 끝까지의 부분 문자열을 얻어온다. 따라서 str_3에는 "on processing"이 저장된다.
- 5~6줄 : 세 개의 부분 문자열을 합쳐서 새로운 문자열 str_f를 생성한다. 따라서 str_f에는 "Youg on processing"이 저장되어 출력된다.

20번 해설

구분	내용
상향식 통합(Bottom Up Integration Test)	• 하위 모듈 → 상위 모듈 방향으로 진행 • 스텁(Stub)이 필요 없고 클러스터가 필요함 • 절차 – 하위 모듈을 클러스터(Cluster)로 결합 – 드라이버(Driver) 작성 – 클러스터 검사 – 드라이버 제거, 클러스터는 상위로 이동 후 결합
하향식 통합(Top Down Integration Test)	• 상위 모듈 → 하위 모듈 방향으로 진행 • 우선 통합법, 깊이 우선 통합법, 넓이 우선 통합법 등이 있음 • 절차 – 주요 제어 모듈은 드라이버(Driver), 종속 모듈은 스텁(Stub)으로 대체 – 종속 스텁들을 실제 모듈로 교체 – 모듈이 통합될 때마다 검사 – 회귀 검사 진행

기출문제 2023년 01회

403p

번호	정답
01	10 11 10 20
02	YoungJin Y Y YoungJin YoungJin
03	rea
04	AJAX 또는 Asynchronous Java Script and XML
05	(1) 가상회선 (2) 데이터그램
06	L2TP
07	SSH
08	(1) Worm Virus (2) Trojan Horse (3) Spoofing
09	(1) & (2) 1 또는 (1) % (2) 10 또는 5 또는 2
10	ICMP
11	Proxy
12	(1) 튜플 (2) 릴레이션 인스턴스 (3) 카디널리티
13	DELETE FROM STUDENT WHERE depart='영어과';
14	(1) array (2) j + 1
15	{'사과', '파인애플', '망고', '키위', '바나나'} (순서 무관)
16	SELECT 학과, MAX(점수) AS 최대점수, MIN(점수) AS 최소점수 FROM 성적 GROUP BY 학과 HAVING AVG(점수) 〉=90;
17	Model name: Mountain Bike
18	(1) 내부 스키마 (2) 개념 스키마 (3) 외부 스키마
19	• 6단계 : 1 → 2 → 4 → 5 → 6 → 1 • 7단계 : 1 → 2 → 3 → 4 → 5 → 6 → 7
20	2

01번 해설

- 1~4줄 : Static 클래스는 하나의 인스턴스(Instance) 변수 a와 하나의 정적(Static) 변수 b를 가지고 있다. a는 객체를 생성할 때마다 해당 객체의 속성으로 사용되지만, b는 정적 변수로서 클래스의 모든 객체 간에 공유되며 클래스명을 통해 직접 접근할 수 있다.
- 8~9줄 : int a;를 통해 지역 변수 a를 선언하고 10으로 초기화한다.
- 10줄 : Static.b = a;를 통해 Static 클래스의 정적 변수 b에 a의 값을 할당한다.
- 11줄 : Static st = new Static();를 통해 Static 클래스의 객체를 생성한다.
- 13줄 : Static.b++에서 b의 현재 값을 출력하고 나서 1을 증가시킨다. 따라서 첫 번째 출력은 현재 b의 값이 10이 출력되고, 그 후에 b의 값이 1 증가한다.
- 14줄 : st.b는 Static.b와 같은 값을 갖기 때문에 두 번째 출력은 11이다.
- 15줄 : a는 지역 변수로서 10으로 초기화되었기 때문에 세 번째 출력은 10이다.
- 16줄 : st.a는 Static 클래스의 인스턴스 변수 a의 값이기 때문에 마지막 출력은 20이다.

02번 해설

- 4줄 : a는 문자 배열로서 문자열 "YoungJin"을 저장하고 있다.
- 5~6줄 : p는 문자를 가리키는 포인터로 선언되었고, 초기에는 NULL로 설정되었다. 그 후에 p에 a의 주소를 할당하여 p가 a 배열을 가리키게 한다.
- 8줄 : 배열 a를 %s 형식 지정자를 사용하여 문자열을 출력한다. 따라서 "YoungJin"이 출력된다.
- 9줄 : %c 형식 지정자를 사용하여 포인터 p가 가리키는 첫 번째 문자를 출력하므로 "Y"가 출력된다.
- 10줄 : %c 형식 지정자를 사용하여 배열 a의 첫 번째 문자를 출력하므로 "Y"가 출력된다.
- 11줄 : %s 형식 지정자를 사용하여 포인터 p가 가리키는 문자열을 출력한다. 따라서 "YoungJin"이 출력된다.
- 13~15줄 : for 반복문을 사용하여 배열 a의 각 문자를 출력한다. 반복은 널 종료 문자('\0')를 만날 때까지 계속되므로 "Young-Jin"이 출력된다.

03번 해설

- 3~4줄 : 두 개의 문자열 포인터 a와 b가 선언되어 각각 "Korea"와 "America"를 가리키는 포인터가 된다.
- 5~9줄 : 외부의 첫 번째 반복문은 문자열 a를 처음부터 끝까지 탐색하고, 내부의 두 번째 반복문은 문자열 b를 처음부터 끝까지 탐색한다. 이때 if(a[i] == b[j])를 통해 두 문자열 간에 현재 검사 중인 문자가 일치하는지 확인하고, 일치하는 문자가 발견되면 printf("%c", a[i]);를 통해 해당 문자를 출력하게 된다.
- 따라서, 이 C 프로그램은 두 문자열 간에 중복된 문자를 찾아서 출력하는 프로그램이다.

04번 해설

AJAX(Asynchronous JavaScript and XML)

- 웹 페이지의 전체 새로고침 없이 부분적인 업데이트가 가능해 사용자 경험을 향상시킬 수 있다.
- 서버로부터 받은 데이터를 가공하여 동적인 UI를 제공할 수 있다.
- 클라이언트에서 처리하기 때문에 서버에서 처리하는 것보다 보안성이 떨어질 수 있다.
- 다양한 브라우저에서 AJAX를 지원하지 않을 수 있기 때문에 브라우저 호환성 문제가 발생할 수 있다.
- 비동기적인 방식으로 통신하므로 사용자가 다른 작업을 동시에 수행할 수 있다.

05번 해설

패킷 교환(Packet Switching) 방식

가상 회선 방식	• 단말기 상호 간에 논리적인 가상 통신회선을 미리 설정하여 송수신지 사이의 연결을 확립한 후에 설정된 경로를 따라 패킷들을 순서적으로 운반하는 방식이다. • 정보 전송 전에 제어 패킷에 의해 경로가 설정된다. • 통신이 이루어지는 컴퓨터 사이에 데이터 전송의 안정성과 신뢰성이 보장된다. • 모든 패킷은 같은 경로로 발생 순서대로 전송된다. 즉 패킷의 송수신 순서가 같다.
데이터그램 방식	• 연결 경로를 설정하지 않고 인접한 노드들의 트래픽(전송량) 상황을 감안하여 각각의 패킷들을 순서에 상관없이 독립적으로 운반하는 방식이다. • 패킷마다 전송 경로가 다르므로, 패킷은 목적지의 완전한 주소를 가져야 한다. • 네트워크의 상황에 따라 적절한 경로로 패킷을 전송하기 때문에 융통성이 좋다. • 순서에 상관없이 여러 경로를 통해 도착한 패킷들은 수신측에서 순서를 재정리한다. • 소수의 패킷으로 구성된 짧은 데이터 전송에 적합하다.

06번 해설

L2TP(Layer 2 Tunneling Protocol)

• 네트워크 통신에서 사용되는 프로토콜로 데이터를 안전하게 전송하기 위해 터널링을 사용하는 프로토콜이며 주로 가상 사설망(VPN) 연결에 활용된다.
• PPTP(Point-to-Point Tunneling Protocol)와 L2F(Layer 2 Forwarding)를 기반으로 개발되어 주로 인터넷을 통한 안전한 접속을 제공하기 위해 사용되며, 다양한 네트워크에서 안전한 데이터 전송을 가능하게 한다.
• L2TP의 특징

터널링(Tunneling)	데이터를 암호화하고 안전한 통로를 생성하여 데이터를 안전하게 전송할 수 있게 한다.
인증 및 암호화	PPP(Point-to-Point Protocol) 프레임워크를 기반으로 하며 이를 통해 사용자 인증 및 데이터 암호화를 수행한다.
멀티프로토콜 지원	여러 가지 프로토콜을 지원하므로 다양한 네트워크에서 사용할 수 있으며 IP, IPX, NetBEUI 등 다양한 프로토콜을 지원한다.
중립성	다양한 네트워크 및 프로토콜에서 동작할 수 있도록 설계되어 있으므로 상호 연동성을 제공한다.

07번 해설

SSH(Secure SHell)의 특징과 구성요소

암호화	통신하는 데이터를 암호화하여 전송하여 중간에 누군가가 데이터를 가로채어도 이를 해독하기 어렵게 만든다.
원격 로그인 및	원격으로 다른 컴퓨터에 로그인하고 명령어를 실행할 수 있으며, 특히 터미널을 통해 원격 시스템을 제어할 수 있어 서버 관리 및 원격 작업에 매우 유용하다.
명령어 실행	로컬 컴퓨터와 원격 서버 간에 특정 포트의 트래픽을 안전하게 전달할 수 있도록 한다.
포트 포워딩	패스워드뿐만 아니라 키 기반의 안전한 인증 방식도 지원하며, 이를 통해 보안을 높이고 키를 통한 자동 로그인 등의 편의성을 제공한다.
키 기반 인증	파일 전송을 위한 SCP(Secure Copy), SFTP(Secure File Transfer Protocol)와 같은 응용 프로그램을 지원한다.
다양한 응용	네트워크상에서 IP가 정상적으로 패킷을 전송할 때 IP 단편화(Fragmentation)가 발생하게 된다. 이러한 단편화는 수신자에서 재조립을 통해 데이터를 복구하게 된다. 이때 재조립 시에 정확한 조립을 위해 오프셋(Offset)이란 값을 더하게 되어 있는데, 이 오프셋 값을 단편화 간에 중복되도록 고의적으로 수정하거나 정상적인 오프셋 값보다 더 큰 값을 더해 그 범위를 넘어서는 오버플로를 일으켜 시스템의 기능을 마비시키는 공격 기법이다.

08번 해설

XSS(Cross Site Scripting)	게시판이나 메일 등에 삽입된 악의적인 스크립트에 의해 페이지가 깨지거나 다른 사용자의 사용을 방해하는 방법으로, 쿠키 및 기타 개인정보를 특정 사이트로 전송시킨다.
스파이웨어(Spyware)	사용자의 동의 없이 설치되어 컴퓨터의 정보를 수집하고 전송하는 악성 소프트웨어를 총칭한다.
키 로거(Key Logger)	사용자가 키보드로 PC에 입력하는 내용을 몰래 가로채어 기록한다.
DDoS(Distribute Denial of Service)	분산 서비스 거부(Distribute Denial of Service)는 수십 대에서 수백만 대의 PC를 원격 조종해 특정 웹 사이트에 동시에 접속시킴으로써 단시간 내에 과부하를 일으킨다.
트로이 목마(Trojan Horse)	자료 삭제나 정보 탈취 등 사이버테러를 목적으로 사용되는 악성 코드이며, 해킹 기능을 가지고 있어 인터넷을 통해 감염된 컴퓨터의 정보를 외부로 유출시킨다.
하이재킹(Hijacking)	다른 사람의 세션 상태를 훔치거나 도용하여 액세스하는 가로채기 기법이다.
스니핑(Sniffing)	네트워크상에서 자신이 아닌 다른 상대방들의 패킷 교환을 엿듣는다.
스푸핑(Spoofing)	제3자의 정보를 자신의 정보인 것처럼 위장하여 대상 시스템을 공격한다.
웜(Worm Virus)	자체적으로 복제하여 네트워크를 통해 자동으로 전파되는 악성 소프트웨어이다.

09번 해설

- 3~4줄 : 사용자로부터 입력받을 정수형 변수 input과 변환된 10진수를 저장할 변수 sum, 2의 거듭제곱을 나타내는 변수 d를 초기화한다.
- 6~7줄 : 사용자에게 이진수를 입력하라는 메시지를 출력하고 정수를 입력받아 input 변수에 저장한다.
- 9줄 : 무한 루프를 시작한다.
- 10줄 : input가 0이면 루프를 탈출하여 프로그램을 종료한다.
- 12줄 : 현재 이진수의 가장 낮은 자리 비트를 추출하여 이를 10진수로 변환하여 sum에 더한다. 이때 & 1은 이진수를 비트 단위로 AND 연산하여 가장 낮은 자리 비트 값을 얻는 것을 의미하므로 (input & 1)는 이진수의 가장 낮은 자리 비트를 추출한다. 그리고 d를 곱하여 이진수의 해당 자리의 10진수 값으로 변환한 후 sum에 누적한다.
- 13줄 : 다음 자리의 10진수 값으로 이동하기 위해 d를 2배로 증가시킨다.
- 14줄 : 다음 자리의 이진수를 확인하기 위해 입력받은 이진수를 2로 나눈다.
- 17줄 : 반복이 종료되면 변환된 10진수 sum을 출력한다.

10번 해설

ICMP(Internet Control Message Protocol)

- 인터넷 프로토콜(IP)에서 오류 메시지를 보내기 위한 프로토콜로, IP 패킷 전송 도중 발생한 오류를 알리기 위해 사용된다.
- 오류 유형을 나타내는 메시지를 전송할 수 있는데 예를 들어 ICMP는 목적지를 찾을 수 없는 경우, 라우팅 문제, 네트워크 혼잡, TTL(Time To Live) 시간 초과 등의 오류를 보고할 수 있다.
- ICMP 메시지는 IP 패킷으로 전송되며, 대상 호스트에 도달하면 해당 호스트는 메시지를 처리하고 보내는 호스트에게 응답한다.
- ICMP의 주요 기능

네트워크 상태 모니터링	네트워크 상태를 모니터링하고, 발생한 문제에 대한 경고 메시지를 보내기 위해 사용된다.
오류 보고	IP 패킷이 발생시킨 오류에 대한 보고 메시지를 전송한다. 이러한 오류 보고는 라우터나 대상 호스트에서 문제를 해결하는 데 도움이 된다.
테스트 및 진단	네트워크 성능 테스트와 진단에 사용된다. 예를 들어 핑(Ping) 테스트는 ICMP를 사용하여 호스트가 온라인인지 여부를 확인할 수 있다.

11번 해설

디자인 패턴의 분류와 종류

객체 생성을 위한 패턴	Factory Method	대행 함수(위임)를 통한 객체 생성, 인스턴스 생성 결정은 서브 클래스
	Abstract Factory	제품군(product family)별 객체 생성
	Singleton	클래스 인스턴스가 하나만 만들어지고 그 인스턴스의 전역 접근
	Prototype	복제를 통한 객체 생성
	Builder	부분 생성을 통한 전체 객체 생성
구조 개선을 위한 패턴	Adapter	클라이언트가 기대하는 다른 인터페이스로 전환
	Facade	서브 시스템에 대한 통합된 인터페이스를 제공
	Bridge	인터페이스와 구현의 명확한 분리
	Composite	객체 간의 부분 · 전체 관계 형성 및 관리, 재귀적 합성 이용
	Decorator	상속없이 객체의 기능을 동적으로 추가, 삭제(Overloading)
	Flyweight	작은 객체들의 공유
	Proxy	대체(대리자) 객체를 통한 작업 수행
행위 개선을 위한 패턴	Interpreter	간단한 문법에 기반한 검증작업 및 작업처리
	Template Method	상위 클래스에서 기본 골격을 결정, 하위 클래스에서 구체적 내용 정의(Overriding)
	Command	요청을 객체로 캡슐화, 수행할 작업의 일반화를 통한 조작
	Iterator	동일 자료형의 여러 객체 순차 접근
	Mediator	객체들 간의 상호작용을 객체로 캡슐화, 다대다 객체 관계를 다대일로 단순화
	Memento	객체의 이전 상태 복원 또는 보관
	Observer	일대다의 객체 의존관계를 정의
	State	객체 상태 추가 시 행위 수행의 원활한 변경
	Strategy	동일 목적의 여러 알고리즘 중 선택해서 적용
	Visitor	오퍼레이션이 처리할 요소의 클래스를 변경하지 않고도 새로운 오퍼레이션을 정의
	Chain of Responsibility	수행 가능 객체군까지 요청 전파

12번 해설

릴레이션의 구성

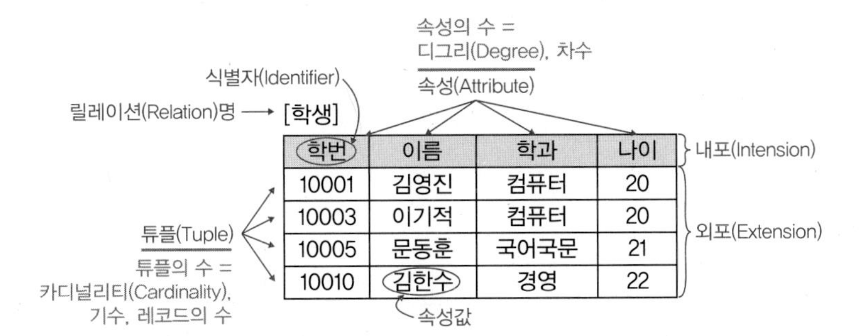

13번 해설

DELETE

③ 삭제하시오.

FROM STUDENT

① [STUDENT] 테이블에서

WHERE depart='영어과';

② depart 필드값이 '영어과'인 레코드를

14번 해설

- (1)에서는 bubbleSort 메서드를 호출하고, 배열 array를 인자로 전달해야 한다. 이렇게 하면 배열이 버블 정렬되어 정렬된 배열로 변경된다.
- (2)에서는 현재 요소와 다음 요소의 위치를 서로 교환하는 부분이다. array[j]와 array[j + 1]의 값을 임시 변수 temp를 사용하여 서로 교환한다. 이렇게 함으로써 현재 요소와 다음 요소의 위치가 바뀌게 되고, 이 과정을 통해 배열이 정렬된다.

15번 해설

- 1줄 : a는 초기에 '사과', '바나나', '딸기'라는 세 가지 과일로 이루어진 집합(Set)이다.
- 2~3줄 : add 메서드를 사용하여 '파인애플'과 '바나나'를 추가하는데, 집합은 중복된 요소를 허용하지 않으므로 '바나나'는 더 이상 추가되지 않는다.
- 4줄 : remove 메서드를 사용하여 '딸기'를 집합에서 제거한다.
- 5줄 : update 메서드를 사용하여 여러 개의 과일('망고', '사과', '키위')을 한 번에 추가한다. 이미 존재하는 '사과'는 중복으로 추가되지 않는다.
- 6줄 : print(a)를 통해 최종적으로 변경된 집합을 출력한다.

16번 해설

SELECT 학과, MAX(점수) AS 최대점수, MIN(점수) AS 최소점수

④ '학과', MAX(점수)를 별칭 '최대점수', MIN(점수)를 '최소점수'로 검색하여라.

FROM 성적

① [성적] 테이블에서

GROUP BY 학과 HAVING AVG(점수)>=90;

② '학과'로 그룹화하여 ③ '점수'의 평균이 90 이상인 학과를 대상으로

17번 해설

OSI 7 Layer

Transport 추상 클래스	• modelName 필드와 이를 반환하는 메서드, 그리고 추상 메서드를 포함한다. • getModelName(String val)은 추상 메서드로, 하위 클래스에서 반드시 구현해야 한다. • getModelName()은 modelName을 사용하여 "Model name: " 문자열과 함께 반환한다.
Bicycle 클래스	• Bicycle 클래스는 Transport 클래스를 상속한다. • 생성자에서 modelName을 초기화하고, 상위 클래스의 modelName에도 같은 값을 할당한다. • getModelName(String val) 메서드를 구현하여 문자열을 조합하여 반환한다. • getModelName(byte val[]) 메서드를 구현하여 바이트 배열을 문자열과 조합하여 반환한다.
Youngjin 클래스	• main 메서드에서 Bicycle 클래스를 생성하고, 이를 Transport 타입의 변수 obj에 할당한다. • 다형성을 이용하여 obj의 getModelName() 메서드를 호출하면, 부모 클래스를 상속받은 Bicycle 클래스의 메서드가 오버라이딩되어 호출된다. • 따라서 결과적으로 "Bicycle model: Mountain Bike"가 출력된다.

18번 해설

데이터베이스의 스키마 계층도

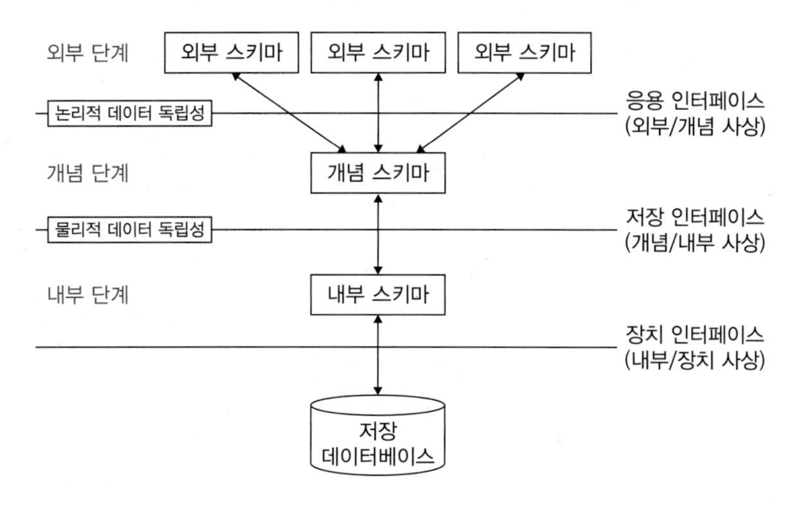

19번 해설

분기 커버리지(Dicision Coverage 또는 Branch Coverage)	• 발생할 수 있는 모든 경우의 수를 테스트한다. • 개발소스의 각 분기문이 수행되었는지를 확인하는 측정 지표이다. 만약 소스 내에 if문에 대한 true/false 조건이 있다면, 두 가지 경우가 모두 테스트되어야 100%로 측정된다.
분기 커버리지 적용	• 마름모로 표시된 모든 선택 분기점을 파악한다. • 그림의 X 값이 K보다 큰 수인지 판단하는 분기점과 RESULT 값이 양수인지 비교하는 분기점 두 개가 있다. • 두 개의 분기점들의 참과 거짓 또는 거짓과 참 조건을 모두 테스트할 수 있는 테스트 케이스는 두 개이다.

20번 해설

Mother 클래스	• y라는 인스턴스 변수를 가지고 있으며, 초기값은 10이다. • 매개변수 없는 생성자(Mother())가 있으며, 이 생성자는 this(2)를 호출하여 매개변수가 있는 다른 생성자를 호출하게 된다. • 매개변수가 있는 생성자(Mother(int y))는 매개변수로 전달된 값을 사용하여 y를 초기화한다. • getY() 메서드는 현재의 y 값을 반환한다.
Daughter 클래스	• Daughter 클래스는 Mother 클래스를 상속한다. • y라는 인스턴스 변수를 가지고 있고, 클래스 내에서 y는 3으로 초기화되어 있다. • 매개변수 없는 생성자(Daughter())가 있으며, 이 생성자는 this(4)를 호출하여 매개변수가 있는 다른 생성자를 호출한다. • 매개변수가 있는 생성자(Daughter(int y))는 매개변수로 전달된 값을 사용하여 y를 초기화한다.
Youngjin 클래스	• main 메서드에서 Daughter 클래스를 인스턴스화하고(Daughter daughterObj = new Daughter();), getY() 메서드를 호출하여 y의 값을 출력하면, Daughter 클래스 내부에 getY() 메서드가 존재하지 않으므로 부모 클래스의 getY() 메서드가 호출된다. • 따라서 Mother 클래스의 y가 출력되므로 2가 출력된다.

기출문제 2022년 03회

413p

<table>
<tr><td>01</td><td><table><tr><td>1</td><td>1</td><td>3</td><td>2</td></tr><tr><td>3</td><td>4</td><td>5</td><td>3</td></tr><tr><td>3</td><td>5</td><td>6</td><td>4</td></tr><tr><td>3</td><td>5</td><td>5</td><td>3</td></tr></table></td></tr>
<tr><td>02</td><td>(1) $\cup$
(2) $-$
(3) $\times$
(4) π
(5) $\bowtie$</td></tr>
<tr><td>03</td><td>(1) Bridge
(2) Observer</td></tr>
<tr><td>04</td><td>24513</td></tr>
<tr><td>05</td><td>192.168.1.127</td></tr>
<tr><td>06</td><td>Boundary Value Analysis</td></tr>
<tr><td>07</td><td>(1) 3
(2) 4</td></tr>
<tr><td>08</td><td>(1) 사회공학
(2) 다크 데이터</td></tr>
<tr><td>09</td><td>[101, 102, 103, 104, 105]</td></tr>
<tr><td>10</td><td>SIEM</td></tr>
<tr><td>11</td><td>(1) CVS
(2) SVN
(3) Git</td></tr>
<tr><td>12</td><td>(1) 200
(2) 3
(3) 1</td></tr>
<tr><td>13</td><td>2</td></tr>
<tr><td>14</td><td>(1) Trust zone
(2) Typosquatting</td></tr>
<tr><td>15</td><td>SSO</td></tr>
<tr><td>16</td><td>(1) SJF
(2) RR
(3) SRT</td></tr>
<tr><td>17</td><td>(1) 관계
(2) 클래스
(3) 인터페이스</td></tr>
<tr><td>18</td><td>(1) – ㉤
(2) – ㉣
(3) – ㉠
(4) – ㉡
(5) – ㉢</td></tr>
<tr><td>19</td><td>0 1 2 3</td></tr>
<tr><td>20</td><td>993</td></tr>
</table>

01번 해설

- 이 프로그램은 4x4 크기의 지뢰찾기 게임을 구현하는 데 사용된다.
- 3줄 : 정수형 2차원 배열 mines[4][4]를 생성하고 {{0,1,0,1},{0,0,0,1},{1,1,1,0},{0,1,1,1}}로 초기화 한다.
- 4줄 : 정수형 2차원 배열 field[4][4]를 생성하고 {{0,0,0,0},{0,0,0,0},{0,0,0,0},{0,0,0,0}}으로 초기화 한다.
- 5줄 : 정수형 변수를 w=4, h=4, y, x, i, j과 같이 생성하고 초기화 한다.
- 6~7줄 : 중첩된 반복문을 사용하여 변수 y가 0, 1, 2, 3으로 증가하면서 변수 y 각각의 값에 대하여 변수 x가 0, 1, 2, 3으로 증가하며 8~15를 반복한다.
- 8줄 : 6~7에서 변화하는 변수 y, x를 행과 열의 인덱스로한 배열 mines[y][x]의 값이 0과 같다면 continue문을 수행하여 7로 분기하고 다음 반복을 진행한다. 만약 0과 같지 않다면 9~17을 수행하게 된다.
- 9~10줄 : 중첩된 반복문을 사용하여 변수 i가 y-1부터 y+1까지 1씩 증가하면서 변수 i값 각각의 값에 대하여 변수 j의 값을 x-1부터 x+1까지 1씩 증가하며 11~15를 반복한다.
- 11줄 : 함수 check(w,h,j,i)를 호출하여 반환하는 값이 1이면 12를 수행하고 0이면 12를 수행하지 않는다. 24~27의 함수 check()는 i 〉= 0, i 〈 h, j 〉= 0, j 〈 w 이 모두 True인 경우에만 1을 반환하고 False이면 0을 반환한다. 즉, i와 j의 값이 0 이상이고 4미만인지 판단하게 된다.
- 12줄 : field[i][j]의 값을 1 증가시킨다.
- 6~17까지 반복을 하는 과정을 나타내면 다음과 같다.

배열 mines[4][4]

mines[0][0] 0	mines[0][1] 1	mines[0][2] 0	mines[0][3] 1
mines[1][0] 0	mines[1][1] 0	mines[1][2] 0	mines[1][3] 1
mines[2][0] 1	mines[2][1] 1	mines[2][2] 1	mines[2][3] 0
mines[3][0] 0	mines[3][1] 1	mines[3][2] 1	mines[3][3] 0

배열 field[4][4]

field[0][0] 0	field[0][1] 0	field[0][2] 0	field[0][3] 0
field[1][0] 0	field[1][1] 0	field[1][2] 0	field[1][3] 0
field[2][0] 0	field[2][1] 0	field[2][2] 0	field[2][3] 0
field[3][0] 0	field[3][1] 0	field[3][2] 0	field[3][3] 0

<table>
<tr><th>y
(행)</th><th>x
(열)</th><th>mines[x][y]</th><th>배열 field의 변화</th></tr>
<tr><td>0</td><td>0</td><td>mines[0][0]==0이
False이므로
0이므로 continue</td><td>변화 없음</td></tr>
<tr><td>0</td><td>1</td><td>mines[0][1]==0이
True이므로 9~15 수행</td><td><table>
<tr><td>field[0][0]
1</td><td>field[0][1]
1</td><td>field[0][2]
1</td><td>field[0][3]
0</td></tr>
<tr><td>field[1][0]
1</td><td>field[1][1]
1</td><td>field[1][2]
1</td><td>field[1][3]
0</td></tr>
<tr><td>field[2][0]
0</td><td>field[2][1]
0</td><td>field[2][2]
0</td><td>field[2][3]
0</td></tr>
<tr><td>field[3][0]
0</td><td>field[3][1]
0</td><td>field[3][2]
0</td><td>field[3][3]
0</td></tr>
</table>field[0][1]과 field[0][1]에 근접한 배열의 원소값을 1 증가</td></tr>
<tr><td>0</td><td>2</td><td>mines[0][2]==0이
False이므로
0이므로 continue</td><td>변화 없음</td></tr>
<tr><td>0</td><td>3</td><td>mines[0][3]==0이
True이므로 9~15 수행</td><td><table>
<tr><td>field[0][0]
1</td><td>field[0][1]
1</td><td>field[0][2]
2</td><td>field[0][3]
1</td></tr>
<tr><td>field[1][0]
1</td><td>field[1][1]
1</td><td>field[1][2]
2</td><td>field[1][3]
1</td></tr>
<tr><td>field[2][0]
0</td><td>field[2][1]
0</td><td>field[2][2]
0</td><td>field[2][3]
0</td></tr>
<tr><td>field[3][0]
0</td><td>field[3][1]
0</td><td>field[3][2]
0</td><td>field[3][3]
0</td></tr>
</table>field[0][3]과 field[0][3]에 근접한 배열의 원소값을 1 증가</td></tr>
<tr><td>:</td><td>:</td><td>:</td><td>:</td></tr>
</table>

- 이와 같은 방식으로 배열을 모두 순회하면 배열 field[4][4]는 다음과 같다.

field[0][0] 1	field[0][1] 1	field[0][2] 3	field[0][3] 2
field[1][0] 3	field[1][1] 4	field[1][2] 5	field[1][3] 3
field[2][0] 3	field[2][1] 5	field[2][2] 6	field[2][3] 4
field[3][0] 3	field[3][1] 5	field[3][2] 5	field[3][3] 3

- 18~22줄 : 배열 field를 중첩된 반복문을 사용하여 순회하며 모든 배열 원소를 출력한다.

02번 해설

순수 관계 연산자	선정 (Select)	프로젝션 (Projection)	조인 (Join)	디비젼 (Division)
	σ	π	⋈	÷
일반 집합 연산자	합집합 (Union)	교집합 (Intersection)	차집합 (difference)	카티션 프로덕트
	∪	∩	−	×

03번 해설

디자인 패턴의 분류와 종류

객체 생성을 위한 패턴	Factory Method	대행 함수(위임)를 통한 객체 생성, 인스턴스 생성 결정은 서브 클래스
	Abstract Factory	제품군(Product Family)별 객체 생성
	Singleton	클래스 인스턴스가 하나만 만들어지고 그 인스턴스의 전역 접근
	Prototype	복제를 통한 객체 생성
	Builder	부분 생성을 통한 전체 객체 생성
구조 개선을 위한 패턴	Adapter	클라이언트가 기대하는 다른 인터페이스로 전환
	Facade	서브 시스템에 대한 통합된 인터페이스를 제공
	Bridge	인터페이스와 구현의 명확한 분리
	Composite	객체 간의 부분 · 전체 관계 형성 및 관리, 재귀적 합성 이용
	Decorator	상속없이 객체의 기능을 동적으로 추가, 삭제(Overloading)
	Flyweight	작은 객체들의 공유
	Proxy	대체(대리자) 객체를 통한 작업 수행
행위 개선을 위한 패턴	Interpreter	간단한 문법에 기반한 검증작업 및 작업처리
	Template Method	상위 클래스에서 기본 골격을 결정, 하위 클래스에서 구체적 내용 정의(Overriding)
	Command	요청을 객체로 캡슐화, 수행할 작업의 일반화를 통한 조작
	Iterator	동일 자료형의 여러 객체 순차 접근
	Mediator	객체들 간의 상호작용을 객체로 캡슐화, 다대다 객체 관계를 다대일로 단순화
	Memento	객체의 이전 상태 복원 또는 보관
	Observer	일대다의 객체 의존관계를 정의
	State	객체 상태 추가 시 행위 수행의 원활한 변경
	Strategy	동일 목적의 여러 알고리즘 중 선택해서 적용
	Visitor	오퍼레이션이 처리할 요소의 클래스를 변경하지 않고도 새로운 오퍼레이션을 정의
	Chain of Responsibility	수행 가능 객체군까지 요청 전파

04번 해설

- 3줄 : 정수형 배열 rank를 5개의 원소로 생성한다.
- 4줄 : 정수형 배열 array를 생성하고 {77,32,10,99,50}으로 초기화 한다.
- 5줄 : 정수형 변수 x가 0부터 4까지 1씩 증가하며 반복하고 5가 되면 반복을 중단한다.
- 6줄 : 배열 rank[x]에 1을 할당한다.
- 7줄 : 정수형 변수 y가 0부터 4까지 1씩 증가하며 반복하고 5가 되면 반복을 중단한다.
- 8줄 : array[x] 〈 array[y]가 True인 경우 rank[x]를 1 증가시킨다.
- 따라서 중첩된 반복문의 실행에 따른 배열 rank[]의 변화는 다음과 같다.

x	y	array[x] 〈 array[y]	rank[x]
0	0	False	1 (rank[0])
0	1	False	1 (rank[0])
0	2	False	1 (rank[0])
0	3	True	2 (rank[0])
0	4	False	2 (rank[0])
1	0	True	2 (rank[1])
1	1	False	2 (rank[1])
1	2	False	2 (rank[1])
1	3	True	3 (rank[1])
1	4	True	4 (rank[1])
2	0	True	2 (rank[2])
2	1	True	3 (rank[2])
2	2	False	3 (rank[2])
2	3	True	4 (rank[2])
2	4	True	5 (rank[2])
3	0	False	1 (rank[3])
:	:	:	:

- 11~13줄 : 배열 rank를 출력하면 24513이 출력된다.

05번 해설

- 192.168.1.0/24의 의미는 IP주소 192.168.1.0을 2진수로 변경하였을 경우 앞에서부터 24자리까지 네트워크 식별자로 사용하고, 나머지 8자리를 호스트 식별자로 사용한다는 의미이다.

11000000.	10101000.	00000001.	00000000
네트워크 식별자			호스트 식별자

- 문제에서 3개의 Subnet으로 나누어야 하기 때문에 2 비트의 서브넷 식별자가 필요하다.
- 먼저 서브넷 마스크를 결정해야 하므로 192.168.1.0/24 대신 192.168.1.0/26으로 서브넷 마스크를 구하면 255.255.255.192가 된다.
- 따라서 서브넷에 할당된 IP 범위는 다음과 같다.
  - Subnet 1 : 192.168.1.0 – 192.168.1.63

- (62개의 호스트, 192.168.1.0은 네트워크 주소, 192.168.1.63은 브로드캐스트 주소)
  - Subnet 2 : 192.168.1.64 – 192.168.1.127
- (62개의 호스트, 192.168.1.64는 네트워크 주소, 192.168.1.127은 브로드캐스트 주소)
  - Subnet 3 : 192.168.1.128 – 192.168.1.191
- (62개의 호스트, 192.168.1.128은 네트워크 주소, 192.168.1.191은 브로드캐스트 주소)
- 2번째 서브넷의 브로드캐스트 주소는 192.168.1.127이다.

06번 해설

경계값 분석(Boundary Value Analysis)

- 소프트웨어 테스트 기법 중 하나로, 입력 데이터의 경계값에 대해 테스트를 수행하는 방법으로 입력 값이 유효하지 않은 경우에 발생하는 오류를 감지하는 데 효과적이다.
- 경계값 분석은 일반적으로 입력 값의 최소값, 최대값과 같은 경계값을 선택하여 테스트를 수행한다. 예를 들어, 입력 값이 0에서 100 사이의 값으로 제한되어 있다면, 경계값 분석을 수행할 때는 0, 1, 99, 100과 같은 경계값을 사용하여 테스트를 수행한다.
- 이는 오류의 대부분은 입력값의 최소값과 최대값의 경계에서 높은 확률로 발생하는 문제를 발견한다.

07번 해설

- 1~6줄 : '부서코드' int와 '부서명' VARCHAR(10)의 컬럼을 갖는 [부서] 테이블을 만들고 기본키는 '부서코드'로 한다.
- 8~15줄 : '직원번호' INT, '직원이름' VARCHAR(10), '부서코드' INT의 컬럼을 갖는 [직원] 테이블을 만들고 기본키는 '직원번호'로 한다. 또한 '부서코드'는 [부서] 테이블의 '부서코드'의 외래키로 설정하고 부서(부서코드)가 삭제되면 연쇄 삭제(ON DELETE CASCADE)되도록 설정한다.
- 17~27줄 : [부서], [직원] 테이블에 튜플을 삽입한다.

(1)	SELECT DISTINCT COUNT(직원번호) ③ '직원번호'의 개수를 중복 없이 출력하시오. FROM 직원 ① [직원] 테이블에서 WHERE 부서코드 = 2; ② '부서코드'가 2인 튜플의
(2)	DELETE FROM 부서 ② [부서] 테이블에서 삭제하시오. WHERE 부서코드 = 2; ① '부서코드'가 2인 튜플을
	SELECT DISTINCT COUNT(직원번호) ② '직원번호'의 개수를 중복 없이 출력하시오. FROM 직원 ① [직원] 테이블에서

08번 해설

① 사회공학

- 사람들의 신뢰나 무지를 이용하여 정보를 획득하거나 시스템에 침입하는 공격 기법을 말한다.
- 일반적으로 기술적인 취약점을 이용하는 해킹과 달리, 사회공학은 사람의 심리적인 취약점을 이용하여 공격을 시도한다.
- 예를 들어, 사회공학자는 전화, 이메일, 문자 등을 통해 대상자의 신뢰를 얻고, 비밀번호나 계정 정보를 요청하거나 악성 코드를 설치하도록 유도할 수 있다.

② 다크 데이터

- 조직에서 생성되는 모든 데이터 중에서 활용되지 않는 데이터를 말한다.
- 일반적으로 기술적인 문제나 비용, 인식 부족 등의 이유로 무시되거나 놓치게 되어 데이터를 버리거나 무시하는 경우가 많다.
- 다크 데이터는 조직에게 유용한 정보를 제공할 수 있는 가능성이 있으므로 식별하고 분석하여 유용한 정보를 추출하는 것이 중요하다.

09번 해설

이 프로그램은 lambda 함수를 이용하여 리스트의 각 요소에 100을 더한 새로운 리스트를 만드는 프로그램이다.

- 1줄 : 리스트 a를 정의하고 [1,2,3,4,5]로 초기화 한다.
- 2줄 : map() 함수를 사용하여 a 리스트의 각 요소에 대해 lambda 함수를 적용한다. lambda 함수는 num에 대해 num + 100을 반환하는 함수이다. map() 함수는 새로운 리스트를 반환하므로, 이를 다시 a 변수에 할당하여 리스트 a를 업데이트한다.
- 3줄 : print() 함수를 사용하여 리스트 a를 출력하면 [101, 102, 103, 104, 105]가 된다. 이는 원래 리스트 a의 각 요소에 100을 더한 새로운 리스트이다.

10번 해설

SIEM(Security Information and Event Management)

- 보안 정보 및 이벤트 관리를 의미의 갖으며 조직에서 발생하는 보안 이벤트를 수집, 분석, 보고하는 솔루션이다.
- SIEM 시스템은 기존의 보안 인프라와 통합하여 이벤트 및 로그 데이터를 수집하고 분석하며, 보안 위협을 식별하고 대응하는 데 사용되며 기업, 정부 기관, 은행 및 금융 기관, 건강 관리 조직 등에서 보안 위협을 탐지하고 대응하는 데 사용된다.
- SIEM 시스템의 일반적인 기능

기능	설명
로그 수집	• 조직 내에서 발생하는 로그 데이터를 수집한다. • 이러한 로그 데이터는 보안 이벤트를 포함하고 있으며, 기본적인 로그 데이터 외에도 보안 관련 이벤트 데이터를 포함한다.
이벤트 분석	• 수집한 로그 데이터를 분석하여 보안 위협을 탐지한다. • 이벤트 분석 기술을 사용하여 로그 데이터에서 비정상적인 활동을 탐지하고, 보안 위협으로 분류될 가능성이 있는지 확인한다.
보안 상황 대응	• 이벤트 분석 결과를 기반으로 보안 상황에 대한 경고를 한다. • 이를 토대로 보안 전문가 또는 보안 운영 센터(SOC)에서 검토하고 대응할 수 있다.
보안 정책 준수	• 조직의 보안 정책 준수를 강화하기 위해 사용될 수 있다. • 보안 정책을 검토하고 위반 사항을 탐지하여 관리자가 조치를 취할 수 있도록 도와준다.

11번 해설

소스코드 관리 도구 유형

로컬 전용 방식	RCS (Revision Control System)	• 소스파일을 한 명만 수정할 수 있도록 제한하여 다수가 소스파일을 동시에 수정할 수 없도록 파일을 잠금으로써 버전을 관리하는 도구
	SCCS (Source code Control System)	• 소프트웨어 개발단계나 완료 시 소스코드나 기타 문서 파일의 변경사항을 추적하기 위해 설계된 버전 관리 도구
클라이언트/서버 방식	CVS (Concurrent Version System)	• 클라이언트/서버 구조 • 서버는 소스코드 및 기타 문서 파일의 현재 버전과 변경 상태를 저장 • 클라이언트는 서버에 접속하여 소스코드를 복사 • Checking-out, Commit 명령어
	SVN (Subversion)	• CVS의 장점은 승계하고 단점을 개선한 GNU의 버전 관리 도구 • 가지치기(Braching)나 태그 넣기(Tagging) 기능 지원
분산 저장소 방식	Bitkeeper	• 대규모 프로젝트에서 빠른 속도를 제공하기 위해 개발된 버전 관리 도구 • 2005년 상용 버전으로 전환하였으나 2016년에 오픈 소스 라이선스로 변경
	Git	• 속도 향상에 중점을 둔 분산형 버전 관리 시스템으로 Bitkeeper를 대체하기 위함 • 로컬 저장소에서 작업이 이루어지고 Push 명령어를 통해 원격 저장소에 반영하는 방식

12번 해설

(1)	SELECT DERP ② DEPT를 모두 출력하여라. FROM 학생; ① [학생] 테이블에서
(2)	SELECT DISTINCT DEPT ② DEPT를 중복 제거하여 출력하여라. FROM 학생; ① [학생] 테이블에서
(3)	SELECT COUNT(DISTINCT DEPT) ③ 중복 제거하여 개수를 출력하여라. FROM 학생; ① [학생] 테이블에서 WHERE DEPT = '건축학과'; ② DEPT가 '건축학과'인 튜플을

13번 해설

• 이 프로그램은 6부터 30까지의 자연수 중에서 자기 자신을 제외한 약수의 합이 자기 자신과 같은 완전수의 개수를 계산하는 프로그램이다.
• 프로그램의 변수들은 다음과 같이 정의된다.
  – num1 : 현재 검사 중인 자연수
  – num2 : 자연수 num1의 중간값(num1/2)
  – num3 : 자연수 num1의 약수의 합
  – p_num : 완전수의 개수
• 프로그램의 메인 함수인 main 함수는 다음과 같은 단계를 거쳐 실행된다.
  – 6부터 30까지의 자연수를 하나씩 검사한다.
  – 현재 검사 중인 자연수 num1의 약수를 찾아서 그 합을 num3에 저장한다.
  – num1과 num3이 같으면, num1은 완전수이므로 완전수의 개수 p_num을 1 증가시킨다.
  – 모든 자연수에 대한 검사가 끝나면 완전수의 개수를 출력하는데, 6과 28과 같이 두 개의 완전수가 있으므로 출력 결과는 2가 된다.

14번 해설

① Trust zone

ARM 아키텍처에서 사용되는 하드웨어 보안 기술로, 하드웨어적으로 안전한 실행 영역인 Trust zone과 일반적인 실행 영역인 Non Trust zone을 구분한다. Trust zone에서는 시스템 보안 관련 작업을 처리하고, Non Trust zone에서는 일반적인 애플리케이션 작업을 처리하여 보안 위협으로부터 시스템을 보호할 수 있다.

② Typosquatting

인터넷 사용자들이 일반적으로 많이 방문하는 웹 사이트의 이름을 의도적으로 잘못 입력하여 유저들을 다른 사이트로 유인하려는 행위이다. 예를 들어, "googgle.com" 또는 "facebok.com"과 같이 기존의 인기있는 도메인 이름을 의도적으로 잘못 입력하여 사용자들이 해당 사이트로 이동하면, 이러한 사이트에서는 사용자들의 정보를 수집하거나, 피싱 사이트로 이용될 수 있다. 이러한 행위는 인터넷 사용자들에게 많은 위협을 가하며, 유저들은 항상 URL을 정확하게 확인하는 습관을 가지는 것이 중요하다.

15번 해설

SSO(Single Sign-On)

• 한 번의 인증으로 여러 개의 서비스를 이용할 수 있도록 해주는 인증 방식이다.
• 일반적으로, 다양한 웹 사이트나 애플리케이션에서 로그인을 하기 위해서는 각각의 계정을 생성하고, 로그인 정보를 입력해야 하므로 사용자가 많은 계정 정보를 기억하고 관리하는 데 어려움을 느낄 수 있다. SSO는 이러한 문제를 해결하기 위해, 사용자가 하나의 인증 정보를 입력하면 여러 개의 서비스에서 자동으로 로그인이 되도록 하는 방식이다. 예를 들어, Google 계정으로 SSO를 제공하는 서비스를 이용할 경우, 사용자는 Google에 로그인만 하면 다양한 서비스에서 로그인 정보를 입력하지 않고도 이용할 수 있다.
• SSO는 사용자의 편의성을 높이고 보안도 강화할 수 있지만, SSO를 이용하는 경우 한 번의 인증으로 모든 서비스에 접근할 수 있기 때문에 해당 인증 정보가 유출될 경우 보안에 큰 위협이 될 수 있다. 따라서, SSO를 이용하는 서비스는 보안에 대한 강력한 대책을 마련해야 한다.

16번 해설

프로세스 스케줄링 기법

FCFS 스케줄링	• FCFS(First Come First Service) 스케줄링은 가장 간단한 기법으로서 프로세스들은 대기 큐에 도착한 순서에 따라 CPU를 할당받는다. • 일단 프로세스가 CPU를 차지하면 실행을 완료하든지 입출력 처리를 요구하든지 하여 CPU를 방출할 때까지 CPU를 점유한다.
RR 스케줄링	• 라운드 로빈(Round Robin) 스케줄링은 FCFS에 의해서 프로세스들이 내보내지며 각 프로세스는 같은 크기의 CPU 시간(Time Quantum)을 할당받는다. • 프로세스가 주어진 CPU 할당 시간 동안 처리를 완료하지 못하면 그 중앙처리장치는 대기 중인 다음 프로세스로 넘어가며(preemptive), 실행 중이던 프로세스는 준비 완료 리스트의 가장 뒤로 보내진다. • 다중 프로그래밍 시스템이나 시분할 시스템에 효과적이다.
SJF 스케줄링	• SJF(Shortest Job First) 스케줄링은 기다리고 있는 작업 중에서 수행 시간이 가장 짧다고 판정된 프로세스를 먼저 수행하는 것으로, 기아상태가 발생할 수 있다. • 주어진 프로세스들의 긴 집합에 대해 최소의 평균 대기시간을 가진다는 장점이 있으나 각 프로세스의 CPU 사용시간을 예측해야 하기 때문에 현실적이지 못하다.
SRT 스케줄링	• SRT(Shortest Remaining Time) 스케줄링은 SJF와 마찬가지로 새로 도착한 프로세스를 포함하여 처리가 완료되는데, 가장 짧은 시간이 소요된다고 판단되는 프로세스를 먼저 수행한다. • 현재 실행 중인 프로세스라도, 남은 처리 시간이 더 짧다고 판단되는 프로세스가 생기면 언제라도 실행 중인 프로세스가 선점 당하기 때문에 기아 상태가 발생할 수 있다.
HRN 스케줄링	• HRN(Highest Response ratio Next) 스케줄링은 SJF 스케줄링의 긴 작업과 짧은 작업 간의 지나친 불평등을 보완한 기법이다. • 에이징(Aging) 기법으로, 프로세서를 많이 기다린 프로세스에게 상대적으로 높은 우선순위를 주는 동적 우선순위 기법이다. • 우선순위 = $\frac{\text{대기시간+서비스를 받을 시간}}{\text{서비스를 받을 시간}}$
다단계 큐 스케줄링	• 다단계 큐(MLQ, Multi Level Queue) 스케줄링은 작업들을 여러 종류의 그룹으로 나누어 여러 개의 큐를 이용하는 기법이다. • 그룹화 된 작업들을 각각의 준비 큐에 넣고 각 큐의 독자적인 스케줄링 알고리즘에 따라서 CPU를 할당받는 방법이다.
다단계 피드백 큐 스케줄링	• 프로세스가 큐들 사이를 이동하는 기법이다. • 새로운 프로그램이 들어오면 높은 우선순위를 할당해 주어 단계 1에서 즉시 수행해 주고, 점차 낮은 우선순위를 부여하며 단계 n쯤 되는 나중에는 그 작업이 완료될 때까지 라운드 로빈으로 순환한다.

17번 해설

① 정적(구조) 다이어그램

시스템의 정적인 부분을 가시화하기 위하여 다이어그램을 이용하여 표현한 것이다.

클래스 다이어그램 (Class Diagram)	시스템을 구성하는 클래스와 인터페이스 사이의 정적인 관계를 나타낸 다이어그램으로 클래스 다이어그램을 통해 주요 시스템 구조를 파악하고 구조상의 문제점을 도출할 수 있다.
객체 다이어그램 (Object Diagram)	클래스 다이어그램에 포함된 사물들의 인스턴스(Instance)를 특정 시점의 객체와 객체 사이의 관계로 표현한 다이어그램이다.
컴포넌트 다이어그램 (Component Diagram)	실제 구현 모듈인 컴포넌트 간의 관계를 표현하는 다이어그램이다.
배치 다이어그램 (Deployment Diagram)	노드와 노드 사이에 존재하는 컴포넌트들의 물리적인 구성을 표현한다.

② 동적 다이어그램

시스템의 동적인 부분을 가시화하기 위해 다이어그램을 이용하여 표현한 것이다.

유스케이스 다이어그램 (Use Case Diagram)	시스템의 요구사항 중 기능적인 요구사항을 유스케이스 단위로 표현하고 액터(Actor)와 이들 간의 관계를 다이어그램으로 표현한다.
순차 다이어그램 (Sequence Diagram)	시스템의 내부적인 로직 흐름을 동적으로 표현한 다이어그램으로 객체와 객체 사이의 관계와 객체들끼리 상호 교환하는 메시지의 순서를 강조하여 표현한다.
상태 다이어그램 (State Diagram)	시스템의 동적인 상태를 나타내는 다이어그램으로 이벤트에 따라 순차적으로 발생하는 객체의 상태 변화를 표현한다.
활동 다이어그램 (Activity Diagram)	시스템의 내부 활동에 대한 흐름을 행위에 따라 변화하는 객체의 상태를 표현하는 다이어그램이다.

18번 해설

E-R 다이어그램의 기호

◇	관계 집합을 표시한다.
-----------	외래키들을 기본키로 사용하지 않고 일반 속성으로 취급하는 비식별 관계를 연결한다.
□	개체 집합을 표시한다. 개체 집합의 속성으로 기본키를 명세할 수 있다.
▣	자신의 개체 속성으로 기본키를 명세 할 수 없는 개체 타입이다.
———	식별 관계로 개체 집합의 속성과 관계 집합을 연결한다.

19번 해설

이 프로그램은 크기가 4인 정수형 배열을 만들고, 배열의 각 요소에 인덱스 값을 할당한 후에 배열의 요소들을 출력한다.

- 2줄 : 정수형 변수 size 변수를 4로 초기화 한다.
- 4줄 : 크기가 size인 배열을 생성한다.
- 5줄 : Array 메소드를 호출하여 배열을 초기화 한다.
- 10~14줄 : 변수 i의 초기값이 0이고 변수 size보다 작을 동안 반복하므로 배열에는 0, 1, 2, 3이 배정된다.
- 6~8줄 : for 반복문을 사용하여 배열의 요소들을 출력하면 0 1 2 3이 출력된다.

20번 해설

- 3줄 : 정수형 변수 a를 생성하고 0으로 초기화한다.
- 4줄 : 변수 i를 1부터 1씩 증가하면서 999보다 작을동안 반복한다.
- 5줄 : 변수 i를 3으로 나눈 값이 0이고 변수 i를 2로 나눈 값이 0이 아니라면 변수 a에 변수 i의 값을 배정한다. 즉, i가 3의 배수이면서 2의 배수가 아닌 경우 변수 a에 배정하므로 마지막에는 3의 배수이면서 2의 배수가 아닌 수 중 가장 큰 수가 저장되게 된다.
- 8줄 : 반복이 종료되면 변수 a를 출력하므로 993이 출력된다.

기출문제 2022년 02회

423p

01	관계 해석
02	(1) IDEA (2) SKIPJACK
03	ALL
04	COUNT(col3) 4
05	VPN
06	ISP(Interface Segregation Principle)
07	−8
08	2
09	(1) 128 (2) 62
10	(1) 알파 (2) 베타
11	Regression
12	(1) 직급 (2) 과장 (3) 대리 (4) 부장 (5) 사원
13	REMEMBER AND STR
14	(1) IGP (2) OSPF (3) EGP (4) BGP
15	10
16	22
17	61
18	(1) Full (2) Partial (3) Transitive
19	(1) HTTP (2) Hypertext (3) HTML
20	Fan−in : 3 Fan−out : 2

01번 해설

관계 대수	• 관계형 데이터베이스에서 원하는 정보를 검색하기 위해 어떻게 유도하는가(How)를 기술하는 절차적인 언어이다. • 관계 대수는 릴레이션을 처리하기 위해 연산자와 연산 규칙을 제공하는 언어로, 피연산자가 릴레이션이고 결과 또한 릴레이션이다. • 질의에 대한 해를 구하기 위해 수행해야 할 연산의 순서를 명시한다. • 대표적으로 순수 관계 연산자와 일반 집합 연산자가 있다.
관계 해석	• 원하는 정보가 무엇(What)이라는 것만 정의하는 비절차적인 언어이다. • 수학의 Predicate Calculus에 기반을 두고 있으며, 질의어로 표현한다. • 튜플 관계 해석과 도메인 관계 해석이 있다. • 기본적으로 관계 해석과 관계 대수는 관계 데이터베이스를 처리하는 기능과 능력면에서 동등하다. 즉, 관계 대수로 표현한 식은 관계 해석으로도 표현할 수 있다.

02번 해설

대칭키 암호화 알고리즘과 비대칭키 암호화 알고리즘

구분	대칭키(비밀키) 방식	비대칭키(공개키) 방식
개념도	동일한 키 사용 (대칭키, 비밀키 방식) 평문 → 암호화 → 암호문 → 복호화 → 평문	다른 키 사용 (비대칭키, 공개키+개인키) 평문 → 암호화 → 암호문 → 복호화 → 평문
키관계	암호키와 복호키가 같음	암호키와 복호키가 다름
암호키	비밀키	공개키
복호키	비밀키	개인키
키 전송 여부	필요	불필요
키관리	복잡	단순
인증	고속	저속
부인방지	불가능	가능
구현방지	블록, 스트림	소인수분해, 이산대수
알고리즘	DES, 3-DES, SEED, ARIA, RC-4 등	RSA, DSA 등
장점	구현이 용이, 변형 가능	암호 해독이 어려움, 전자서명
단점	쉽게 해독 가능, 키 관리 어려움	해독 시간이 오래 걸림

03번 해설

- 〈SQL문〉의 부속질의를 먼저 해석한다. SELECT 단가 FROM 제품 WHERE 제조사 = 'H'는 [제품] 테이블에서 '제조사'가 'H'인 튜플의 단가를 검색하는 명령이다. 따라서 결과는 다음과 같다.

단가
2300
1800

- 부속질의의 결과에서 단가가 2개 검색되었다. 부속질의의 결과에 모두 만족하는 튜플을 검색하기 위해서는 ALL 예약어를 사용한다.

기적의 TIP

ALL과 SOME(ANY) 예약어

- 부속질의의 결과가 한 개 이상의 값(튜플)으로 구성되는 경우 사용할 수 있는 예약어입니다. ALL과 SOME(ANY) 연산자는 비교 연산자와 함께 사용됩니다. ALL은 모든, SOME은 어떠한(최소 하나 이상)이라는 의미입니다. SOME과 ANY는 동일하지만 SOME이 ISO 표준입니다.
- 예를 들어 '금액 〉 SOME (SELECT 단가 FROM 상품)'이라고 하면 금액이 [상품] 테이블에 있는 어떠한 단가보다 큰 경우 참이 되어 해당 행의 데이터를 출력하므로 금액이 단가의 최소값보다 크면 검색됩니다.
- 반대로 '금액 〉 ALL (SELECT 단가 FROM 상품)'이라고 하면 [상품] 테이블에 있는 모든 단가보다 큰 경우 참이 되어 해당 행의 데이터를 출력하므로 금액이 단가의 최대값보다 크면 검색됩니다.

04번 해설

SELECT COUNT(col3)

③ 개수를 검색하시오.

FROM Test

① [Test] 테이블에서

WHERE col2 IN(2, 3) OR col3 IN(3, 5)

② col2의 속성값이 2 또는 3이거나 col3의 속성값일 3 또는 5인 튜플의

기적의 TIP

SQL의 기타 예약어(연산자)

IN	• 비교 대상이 여러 개이고 비연속적일 때 많이 사용 • 하나의 컬럼과 다수 개의 데이터를 비교하여 그중 어느 하나라도 일치하면 전체 결과가 참(TRUE)이 됨 • = ANY, = SOME으로 치환될 수 있음(OR 연산자로 치환 가능)
SOME(ANY)	• 주어진 데이터 중 어느 하나와 일치하면 전체 결과가 참으로 반환 • IN과 함께 다중 행 연산자로 역할 수행하지만 IN은 동등성만 평가, ANY(SOME)은 나머지 대소 관계도 평가 • IN 연산자 또는 OR 연산자로 대치 가능
ALL	• 주어진 데이터 모두와 일치해야 전체 결과가 참이 되는 연산자 • IN과 함께 다중 행 연산자로 역할 수행 • AND 연산자로 대치 가능
LIKE	• 패턴을 비교하는 연산자 • 패턴을 구성하는 패턴 구성 문자(와일드 카드) '%', '_'가 사용 • 문자열 비교 연산자(숫자 및 날짜 비교에 사용하지 말 것) • 자주 사용하면 성능 저하의 원인
BETWEEN	• 범위를 지정할 때 사용 • 논리 연산자 AND로 치환 가능 • 모든 데이터 타입 사용 가능

05번 해설

가상 사설망(VPN, Virtual Private Network)

- 인터넷을 통해 데이터를 안전하게 전송하기 위해 사용되는 기술로 인터넷을 통해 데이터를 전송할 때 발생할 수 있는 보안 및 개인 정보 보호 문제를 해결하기 위해 개발되었다.
- 사용자의 인터넷 연결을 암호화하고, 다른 위치에 있는 서버를 통해 인터넷에 연결하는 방식으로 작동한다. 이를 통해 인터넷 사용자는 원래의 IP 주소를 숨기고, 다른 위치에 있는 서버의 IP 주소를 사용하여 인터넷에 연결할 수 있다. 또한 사용자의 인터넷 활동을 추적하는 것을 방지하기 때문에 개인 정보 보호와 안전성을 보장한다.
- 보통 기업에서 원격으로 작업하는 직원이나, 공공 와이파이에서 보안 연결을 필요로 하는 사용자, 인터넷 검열이 있는 국가에서 인터넷 검열을 우회하기 위해 사용된다. VPN 서비스는 유료와 무료로 제공되며, 사용자의 요구에 따라 다양한 기능을 제공한다.

06번 해설

SOLID 원칙

객체 지향 프로그래밍에서 설계 원칙을 의미한다. SOLID는 다음과 같은 다섯 가지 원칙으로 구성된다.

SRP(Single Responsibility Principle)	각 클래스는 하나의 책임만을 가지며, 하나의 변경으로 인해 다른 책임이 영향을 받지 않아야 한다.
OCP(Open/Closed Principle)	소프트웨어 개체(클래스, 모듈, 함수 등)는 확장에는 열려 있으나 변경에는 닫혀 있어야 한다. 즉, 새로운 기능이 추가될 때 기존 코드를 변경하지 않아야 한다.
LSP(Liskov Substitution Principle)	서브 타입은 언제나 기반 타입으로 교체 가능해야 한다. 즉, 기존의 코드에서 파생된 클래스를 사용하더라도 동작에 문제가 없어야 한다.
ISP(Interface Segregation Principle)	클라이언트는 자신이 사용하지 않는 메서드에 의존성을 가져서는 안 된다. 즉, 인터페이스는 클라이언트의 요구에 따라 분리되어야 한다.
DIP(Dependency Inversion Principle)	고수준 모듈은 저수준 모듈에 의존하면 안 된다. 또한, 추상화는 구체화에 의존하면 안 된다. 즉, 인터페이스나 추상 클래스를 사용하여 의존성을 분리해야 한다.

07번 해설

- 3줄 : 정수형 변수 a, b를 생성하고 3과 1로 초기화 한다.
- 4줄 : 변수 a의 값이 3이므로 switch(a)에 의해서 case1, 2는 수행하지 않고 9의 case 3으로 분기한다.
- 9~17줄 : case 3의 명령인 b = 0을 수행하여 변수 b의 값이 0이 된다. 이후 case 4, 5, default까지 순차적으로 수행된다. 따라서 변수 b의 값은 –8이 된다.
- 18줄 : 변수 b를 출력하면 –8이 출력된다.

08번 해설

- 1~4줄 : 구조체 nums를 정의한다. nums는 정수형 변수 n과 g로 구성되어 있다.
- 6줄 : 구조체 nums으로 구조체 배열 a[2]를 생성한다.
- 7줄 : 정수형 변수 i를 0을 초기값으로 하여 1씩 증가하며 2보다 작을 경우 8~9를 반복한다. 즉, 변수 i가 0, 1인 경우 반복을 수행하고 2가 되면 반복이 종료된다.
- 8~9줄 : 변수 i를 인덱스로 하는 구조체 배열 a[i].n에 i의 값을 배정하고 구조체 배열 a[i].g에는 i에 1을 더한 값을 배정한다. 따라서 다음 그림과 같이 값이 배정된다.

	a[0]		a[1]
a[0].n	0	a[1].n	1
a[0].g	1	a[1].g	2

- 11줄 : a[0].n + a[1].g의 결과를 출력하면 2가 출력된다.

09번 해설

- IP 주소가 192.127.19.132이므로 C 클래스 주소를 사용하고 있고, 기본 서브넷 마스크는 255.255.255.0이다.
- 서브넷 마스크가 255.255.255.192이므로 2진수로 변환하면 11111111.11111111.11111111.11000000이다.
- IP 주소가 갖는 기본 서브넷 마스크와 이 네트워크에서 설정된 서브넷 마스크로 유추하여 서브넷 마스크의 네트워크 ID, 서브넷 ID, 호스트 ID를 다음과 같이 분류할 수 있다.

11111111.11111111.11111111.	11	000000
네트워크 ID	서브넷 ID	호스트 ID

- 서브넷 아이디의 bit를 n이라 하고 호스트 ID의 bit를 m이라 할 때, 하나의 큰 네트워크를 2^n개의 작은 네트워크로 분할한 것이고, 분할된 네트워크에는 네트워크 주소와 브로드캐스트 주소 제외한 2^m-2개의 호스트를 갖게 된다.
- 따라서 서브넷 ID가 11로 2진수 두 자리이므로 하나의 네트워크를 2^2, 즉 4개의 작은 네트워크로 분할한 것이다. 분할한 네트워크의 정보는 다음과 같다. (네트워크 주소는 해당 네트워크의 첫 번째 주소이고, 브로드캐스트 주소는 해당 네트워크의 마지막 주소이다.)

분할	네트워크 주소	브로드캐스트 주소
1	192.127.19.0	192.127.19.63
2	192.127.19.64	192.127.19.127
3	192.127.19.128	192.127.19.195
4	192.127.19.196	192.127.19.255

- 또한 192.127.19.132가 속한 네트워크는 3번째 네트워크로 네트워크 주소는 192.127.19.128이 된다.

기적의 TIP

추가로 IP 주소와 서브넷 마스크만으로 네트워크 주소를 구할 수 있습니다. IP 주소와 서브넷 마스크를 2진수로 변환하여 Mask(AND) 연산하면 네트워크 주소가 됩니다.

	10진 표현	2진 표현
IP 주소	192.127.19.132	11000000.01111111.00010011.10000100
서브넷 마스크	255.255.255.192	11111111.11111111.11111111.11000000

```
             11000000.01111111.00010011.10000100
Mask
(AND)        11111111.11111111.11111111.11000000
------------------------------------------------
             11000000.01111111.00010011.10000000   → 192.127.19.128
                                                     (네트워크 주소)
```

기적의 TIP

① 서브넷팅(Subnetting)

- 하나의 네트워크를 작은 네트워크로 분할하는 것을 의미합니다.
- 큰 네트워크를 관리하기 쉬운 작은 네트워크로 나누어서 보안성을 높이거나, 네트워크 성능을 최적화하거나, IP 주소를 효율적으로 할당하기 위해 사용됩니다.
- 서브넷(Subnet)은 네트워크를 서브넷팅에 의해 분할한 작은 네트워크를 말합니다.

② 서브넷 마스크(Subnet Mask)

- IP 주소를 서브넷화하기 위해 사용되는 32비트의 수입니다.
- IP 주소의 네트워크 부분과 호스트 부분을 구분하는 데 사용됩니다.
- 255.255.255.0과 같은 형태로 표기되는데 이 수를 2진수로 변경하였을 때 IP 주소의 네트워크 부분이 모두 1로, 호스트 부분이 모두 0으로 표현됩니다.

③ 네트워크 주소(Network Address)

- 하나의 네트워크를 구분하기 위해 사용되는 고유한 IP 주소입니다.
- 서브넷 마스크와 함께 사용되며, 서브넷 마스크와 같이 네트워크 부분과 호스트 부분으로 구분됩니다.
- IP 주소와 서브넷 마스크를 2진수로 변환하여 Mask(AND) 연산하면 네트워크 주소가 됩니다.

10번 해설

알파 테스트	사용자 테스트가 수행되나 개발자 환경에서 통제된 상태로 수행
베타 테스트	개발자가 참여하지 않는 테스트로 일정 수의 시범 사용자들에 의해 수행

11번 해설

테스트 목적에 따른 분류

회복(Recovery) 테스트	시스템에 고의로 실패를 유도하고 시스템이 정상적으로 복귀하는지 테스트
안전(Security) 테스트	불법적인 소프트웨어가 접근하여 시스템을 파괴하지 못하도록 소스코드 내의 보안적인 결함을 미리 점검하는 테스트
강도(Stress) 테스트	시스템에 과다 정보량을 부과하여 과부하 시에도 시스템이 정상적으로 작동되는지를 검증하는 테스트
성능(Performance) 테스트	사용자의 이벤트에 시스템이 응답하는 시간, 특정 시간 내에 처리하는 업무량, 사용자 요구에 시스템이 반응하는 속도 등을 테스트
구조(Structure) 테스트	시스템의 내부 논리 경로, 소스코드의 복잡도를 평가하는 테스트
회귀(Regression) 테스트	변경 또는 수정된 코드에 대하여 새로운 결함 발견 여부를 평가하는 테스트
병행(Parallel) 테스트	변경된 시스템과 기존 시스템에 동일한 데이터를 입력 후 결과를 비교하는 테스트

12번 해설

관계 연산자

셀렉트(SELECT, σ)	• 조건에 맞는 튜플만 선택하여 반환하는 연산자로 수평적 부분집합(Horizontal Subset), 행(Row)의 집합이다. • SELECT 결과로 나온 튜플의 수는 피연산자 튜플의 수보다 작거나 같게 된다.
프로젝트(PROJECT, π)	• 특정 컬럼만 선택하여 반환하는 연산자로 수직적 부분 집합(Vertical Subset), 열(Column)의 집합이다. • PROJECT 결과의 차수(Degree)는 원래 릴레이션보다 작거나 같다.
조인(JOIN, ⋈)	• Cartesian Product와 Selection을 하나로 결합한 이항 연산자로, 일반적으로 조인이라 하면 자연조인을 말한다. • Cartesian Product 연산의 결과에서 조건에 맞는 튜플의 집합을 구하기 위한 연산자이다. • 두 개 이상의 릴레이션 사이에서 적용하는 연산으로, 릴레이션이 가지고 있는 도메인이 같은 애트리뷰트를 서로 결합하여 한 개의 새로운 릴레이션을 생성하는 연산이다.
디비전(DIVISION, ÷)	• 동시에 포함되는 속성을 찾는다. • 두 개의 속성으로 된 릴레이션과 한 개의 속성으로 된 릴레이션 간의 연산에 의해 새로운 릴레이션을 만들어 내는 연산자이다.

13번 해설

• 1줄 : 문자열 변수 s에 "REMEMBER NOVEMBER" 값을 배정한다.

	0	1	2	3	4	5	6	7	8	9	10	11	12	13	14	15	16
S =	R	E	M	E	M	B	E	R		N	O	V	E	M	B	E	R

• 2줄 : 문자열 슬라이싱을 사용하여 s의 첫 세 글자와 인덱스 12부터 15까지 글자를 선택하여, 이를 변수 a에 배정한다. 따라서 a의 값은 "REMEMBE"가 된다.

	0	1	2	3	4	5	6
S =	R	E	M	E	M	B	E

• 3줄 : 문자열 포맷팅을 사용하여, 문자열 "R AND %s"에서 %s 자리에 "STR" 문자열을 삽입한다. 이를 변수 b에 할당하면 b의 값은 "R AND STR"이 된다.

	0	1	2	3	4	5	6	7	8
S =	R		A	N	D		S	T	R

• 4줄 : 문자열 변수 a와 b를 연결하여, 이를 출력한다. 따라서 출력 결과는 "REMEMBER AND STR"이 된다.

14번 해설

① 내부 라우팅 프로토콜(IGP)

하나의 자율 시스템(AS) 내에서 라우터 간 라우팅 정보를 교환하는 프로토콜이다. 자율 시스템 내에서 라우팅 테이블을 유지하여 데이터 패킷을 효율적으로 전달하며, RIP(라우팅 정보 프로토콜), OSPF(개방형 최단 경로 우선순위 프로토콜), EIGRP(증분형 경로 프로토콜) 등이 내부 라우팅 프로토콜이다.

RIP(routing nformation protocol)	• 초기 IP와 함께 개발된 최초의 라우팅 프로토콜이다. • 거리 벡터 라우팅 알고리즘에 근거한 분산 라우팅 방식이다.
OSPF(Open Shortest Path First)	• 하나의 자율 시스템 내에서 라우터 간 라우팅 정보를 교환하기 위한 IGP 프로토콜이다. • 대규모 기업 네트워크를 지원하도록 설계된 오픈 스탠다드 프로토콜이다. • 최단 경로 우선(SPF, Shortest Path First) 알고리즘을 사용하여 데이터 전달에 최적화된 경로를 계산한다.
EIGRP(Enhanced Interior Gateway Routing Protocol)	• Distance Vector와 Link State 방식이 합쳐진 프로토콜이다. • 라우터 내 대역폭 및 처리 능력의 이용뿐 아니라, 토폴로지(망 구성 방식)가 변경된 뒤에 일어나는 불안정한 라우팅을 최소화하는데 최적화된 고급 거리 벡터 라우팅 프로토콜이다.

② 외부 라우팅 프로토콜(EGP)

서로 다른 자율 시스템(AS) 간에 라우팅 정보를 교환하는 프로토콜이다. 인터넷을 구성하기 위해 여러 개의 네트워크를 연결하는 데 사용된다. Border Gateway Protocol(BGP)이 가장 흔히 사용되는 외부 라우팅 프로토콜이다.

BGP(Border Gateway Protocol)	• 서로 다른 자율 시스템 간에 라우팅 정보를 교환하기 위한 EGP 프로토콜이다. • 인터넷을 이루는 다양한 자율 시스템을 연결하기 위한 프로토콜이다. • BGP는 높은 확장성과 자율 시스템 간 트래픽 라우팅에 대한 다양한 정책을 지원하도록 설계되어 있다.

15번 해설

- 3줄 : char 타입의 포인터 변수 ps1을 선언하고, 문자열 "1234"의 주소를 할당한다.
- 4줄 : char 타입의 포인터 변수 ps2를 선언하고, 문자열 "123456"의 주소를 할당한다.
- 5줄 : int 타입의 변수 a1을 선언하고, ps1의 값을 할당한다. ps1은 문자열 "1234"의 주소값이므로 a1에 이 주소값을 할당한다. 즉, a1 변수는 문자열 "1234"의 시작 주소를 갖게 된다.
- 6줄 : int 타입의 변수 a2를 선언하고, ps2의 값을 할당한다. ps2은 문자열 "123456"의 주소값이므로 a2에 이 주소값을 할당한다. 즉, a2 변수는 문자열 "123456"의 시작 주소를 갖게 된다.

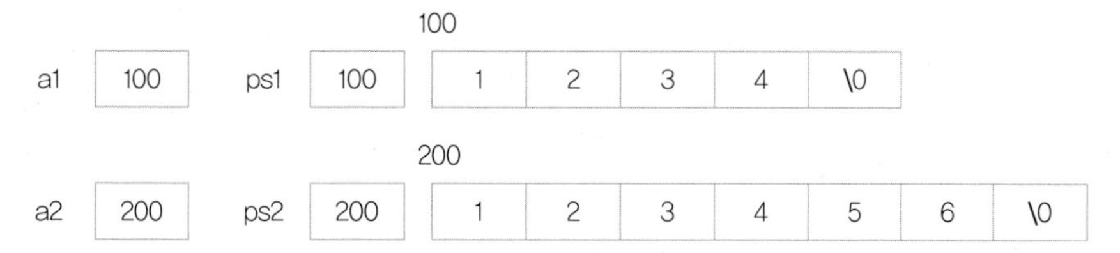

- 7줄 : len(a1) + len(a2)의 합을 출력하므로 len(a1)과 len(a2)로 각각 함수를 호출한다(len(a1)로 호출한 함수가 종료되면 len(a2)가 순차적으로 수행된다.).
- 10줄 : len 함수의 정의를 나타내며, char 타입의 포인터 변수 p를 매개변수로 받는다. 즉, 7에서 전달받은 a1과 a2의 주소를 변수 p에 할당하여 함수를 수행한다.
- 11줄 : int 타입의 변수 r을 선언하고, 0으로 초기화한다.
- 12줄 : p가 가리키는 값이 null 문자가 아닐 때까지 반복한다.
- 13줄 : p 포인터를 1 증가시켜서 다음 문자를 가리키도록 한다.
- 14줄 : r 값을 1 증가시킨다.
- 15줄 : 반복문이 종료되면 r의 값을 반환한다. 위의 반복문에서 \0 문자를 만나기까지 r을 1씩 증가하였으므로 각 문자열의 길이를 반환하게 된다.
- 7줄 : len(a1) + len(a2)의 합을 출력하므로 10이 출력된다.

16번 해설

- 2줄 : 정수형 배열 arr1에 {0, 2, 4, 8}을 할당한다.
- 3줄 : 정수형 배열 arr2를 생성하고 모든 원소를 0으로 초기화한다.
- 4줄 : 정수형 포인터 p, 정수형 변수 i, 정수형 변수 sum을 생성하고 sum은 0으로 초기화 한다.
- 5줄 : 변수 i가 1부터 1씩 증가하면서 4보다 작을 동안 반복한다. 즉, i는 1, 2, 3으로 반복된다.
- 6줄 : arr1 + i에서 arr1은 배열명으로 배열 arr1의 시작 주소이다. 따라서 arr1 + i는 &arr1[i]과 같은 의미이다. 이 주소값을 포인터 p에 할당한다.
- 7줄 : *p − arr1[i−1]은 포인터 p로 역참조한 값과 arr1[i−1]의 차를 구하여 arr2[i−1]에 할당한다.
- 8줄 : 변수 sum과 배열 arr2[i−1], arr1[i]의 합을 sum에 할당한다. 변수 i에 따라 7~8을 반복하는 동안 변수와 배열의 값은 다음과 같이 변화한다.

i	p = arr1 + i; arr2[i−1] = *p − arr1[i−1];	sum = sum + arr2[i−1] + arr1[i];
1	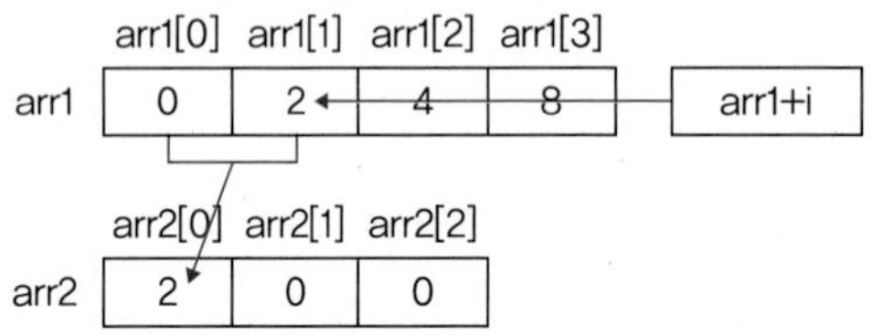 arr1[0] arr1[1] arr1[2] arr1[3] arr1: 0, 2, 4, 8 ← arr1+i arr2[0] arr2[1] arr2[2] arr2: 2, 0, 0	0 + 2 + 2 = 4
2	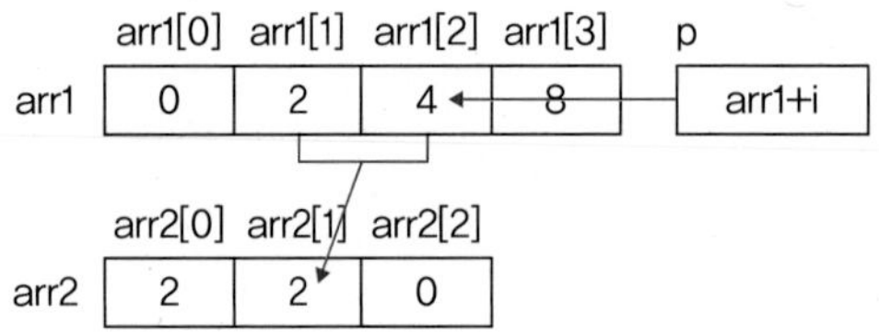 arr1[0] arr1[1] arr1[2] arr1[3] p arr1: 0, 2, 4, 8 ← arr1+i arr2[0] arr2[1] arr2[2] arr2: 2, 2, 0	4 + 2 + 4 = 10
3	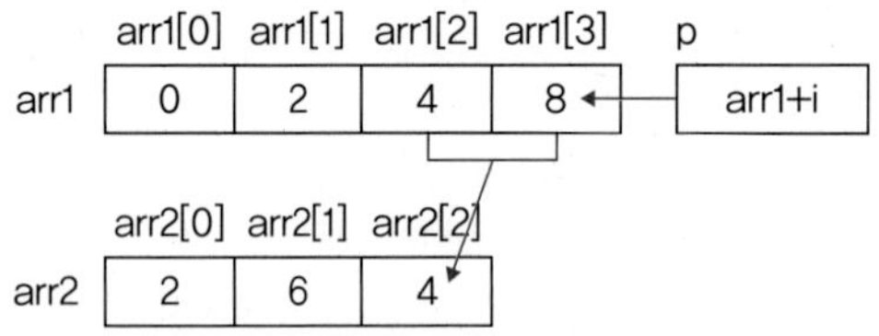 arr1[0] arr1[1] arr1[2] arr1[3] p arr1: 0, 2, 4, 8 ← arr1+i arr2[0] arr2[1] arr2[2] arr2: 2, 6, 4	10 + 4 + 8 = 22

- 10줄 : 변수 sum을 출력하면 22가 출력된다.

17번 해설

- 1~13줄 : 클래스 comp를 정의한다.
- 16줄 : 클래스 comp의 타입을 갖는 객체 obj를 생성한다. 이때 매개변수를 3으로 하여 생성자를 호출한다.
- 3~5줄 : 객체가 생성되면서 생성자를 매개변수 3으로 호출하므로 a에 3을 할당한다. 그 이후 객체 obj가 갖는 맴버 변수 a에 3을 할당한다.
- 17줄 : 객체 obj가 갖는 맴버 변수 a의 값을 3에서 5로 변경한다.
- 18줄 : 객체 obj의 func() 메서드를 호출하고 반환되는 값을 b에 할당한다.
- 6줄 : func() 메서드를 수행한다.
- 7줄 : 정수형 변수 b를 생성하고 1로 초기화 한다.
- 8~10줄 : 반복문에 의해 변수 i를 1부터 1씩 증가하며 a보다 작다면 반복한다. 변수 a의 값은 5이므로 변수 i의 값이 1, 2, 3, 4로 변화하면서 반복된다. 반복하는 동안 b = a * i + b를 수행하게 된다. 변수 i에 따른 변수의 변화는 다음과 같다.

a	i	b	b = a * i + b
5	1	1	6
5	2	6	16
5	3	16	31
5	4	31	51

- 11줄 : a + b의 값을 메서드를 호출한 부분으로 반환하므로 51 + 5 = 56을 반환한다.
- 18줄 : 반환값 56을 변수 b에 할당한다.
- 19줄 : obj.a는 5이고 변수 b는 56이므로 61이 출력된다.

18번 해설

완전 함수 종속 (Full Functional Dependency)	• 어떤 속성 집합 X의 모든 속성이 다른 속성 Y에 함수적으로 종속되는 경우를 말한다. • 예를 들어, 학생 데이터베이스에서 '학생 번호'와 '과목 번호'를 합친 ('학생 번호', '과목 번호') 집합이 '점수'에 대해 완전 함수적 종속이라면, '학생 번호'와 '과목 번호' 두 속성의 조합으로는 하나의 '점수' 값만 결정된다. 이 경우, ('학생 번호', '과목 번호')는 '점수'에 대해 완전 함수적 종속 관계에 있다.
부분 함수 종속 (Partial Functional Dependency)	• 어떤 속성 집합 X의 일부 속성이 다른 속성 Y에 함수적으로 종속되는 경우를 말한다. • 예를 들어, 학생 데이터베이스에서 ('학생 번호', '과목 번호') 집합이 '과목 이름', '교수 이름', '점수'에 대해 부분 함수적 종속이라면, '학생 번호'만 주어져도 '과목 이름', '교수 이름', '점수'를 결정할 수 있으므로, '학생 번호'는 '과목 이름', '교수 이름', '점수'에 대해 부분 함수적 종속 관계에 있다.
이행 함수 종속성 (Transitive Functional Dependency)	• 어떤 속성 집합 X가 다른 속성 Y에 함수적으로 종속되고, Y가 다른 속성 Z에 함수적으로 종속되는 경우 X가 Z에 함수적으로 종속되는 경우를 말한다. • 예를 들어, 학생 데이터베이스에서 '학생 번호'가 '과목 이름'을 결정할 수 있고, '과목 이름'이 '교수 이름'을 결정하는 경우, '학생 번호' 가 '교수 이름'을 종속하는 관계에 있다고 할 수 있다.

19번 해설

HTTP(HyperText Transfer Protocol)	• 인터넷 상에서 데이터를 주고받기 위한 통신 규약 중 하나로 클라이언트와 서버 간의 요청(Request)과 응답(Response)을 주고받는 프로토콜이다. • 이를 통해 웹 브라우저에서 웹 페이지를 요청하고, 서버에서는 해당 웹 페이지를 응답으로 전송하는 과정이 이루어진다.
HyperText	• 문서를 서로 연결하여 하이퍼링크를 만들어 연결하는 기술이다. • 이를 통해 웹 페이지는 다양한 문서나 링크를 포함하여 보다 다양한 정보를 제공할 수 있다.
HTML(HyperText Markup Language)	• 웹 개발의 기본이 되는 언어 중 하나로 하이퍼링크를 구성하는 태그와 같은 방법으로 웹 페이지를 작성하는 마크업 언어이다. • 웹 페이지를 구성하는 다양한 요소들을 정의하고, 서로 연결하는 등의 기능을 제공한다. 또한, CSS(Cascading Style Sheets)와 함께 사용되어 웹 페이지의 디자인과 레이아웃을 구성할 수 있다.

20번 해설

팬 인(Fan-in)	• 어떤 모듈을 제어(호출)하는 모듈의 수로 하나의 모듈이 제어 받는 상위 모듈의 개수 • 모듈로 들어오는 개수
팬 아웃(Fan-out)	• 어떤 모듈에 의해 제어(호출)되는 모듈의 수로 하나의 모듈이 제어하는 하위 모듈의 개수 • 모듈에서 나가는 개수

기출문제 2022년 01회

434p

01	RAID 0
02	(1) Redo (2) Undo
03	(1) ORDER (2) 점수 (3) DESC
04	2000
05	튜플을 삭제할 때 꼭 필요한 데이터까지 같이 삭제되는 현상이다.
06	a = 20 b = 2
07	(1) extend() (2) pop() (3) reverse()
08	TKIP
09	NUI
10	(1) Static (2) Dynamic
11	Car
12	JUnit
13	ㄷ, ㄹ, ㅂ
14	120
15	(1) > 또는 != (2) % (3) /
16	ISMS
17	(1) 유일성 (2) 최소성
18	ㄷ. Watering Hole
19	29
20	(1) 단위 테스트 (2) 통합 테스트 (3) 시스템 테스트 (4) 인수 테스트

01번 해설

RAID Level

RAID 0 (Striping)	• Data를 Parity Bit 없이 구성하여 Disk에 분산 저장한다. • Data의 복구 기능이 없으며, 입출력 장치가 집중적으로 사용되는 응용 프로그램에 적합하다.
RAID 1 (Mirroring)	• 두 개의 Disk에 Data를 동일하게 기록, bit 단위 복제, Data의 복구 능력이 탁월하다. • 스트라이프 기능은 없으며, 각 디스크를 동시에 읽을 수 있으므로 읽기 성능은 향상된다.
RAID 3 (Data Striping with Parity)	• Data를 byte 단위로 분산 저장한다. • 패리티 정보를 저장하기 위해 별도의 디스크 한 개를 쓴다.
RAID 4 (Data Striping with Shared Parity Blocks)	• 별도의 패리티 디스크를 사용한다는 점에서 레벨 3과 유사하다. • 각 디스크에 데이터를 block 단위로 분산 저장시킨다는 점에서 레벨 3과 다르다.
RAID 5 (Data Striping with Distributed Parity Blocks)	• 별도의 패리티 디스크 대신 모든 디스크에 패리티 정보를 나누어 기록하는 방식이다. • 레벨 3과 4의 단점을 개선했다. 즉, 모든 디스크에 읽기/쓰기 동작이 중첩될 수 있다.
RAID 6 (Parity Across Disks)	• RAID 5처럼 데이터의 블록은 모든 디스크에 나뉘어 저장되지만, 항상 균등하진 않고 패리티 정보도 모든 디스크에 2개로 나뉘어 저장된다. • 듀얼(Dual) 패리티 사용은 두 개의 드라이브까지 고장나는 것을 허용하므로, 안정성과 신뢰성이 매우 중요한 시스템인 경우에 적합하다.

02번 해설

Undo	이전 상태로 되돌리는 작업으로 데이터를 수정, 삭제, 삽입한 후에 이 작업을 취소하여 이전 상태로 되돌릴 수 있다. Undo 로그는 이전 작업의 내역을 저장하고 있으며, 이를 통해 Rollback 기능을 구현할 수 있다.
Redo	이전 상태로 돌아간 후에 원래 상태로 복구하는 작업으로 데이터를 수정, 삭제, 삽입한 후에 이전 상태로 Rollback 한 다음, 이전 작업을 다시 수행할 수 있다. Redo 로그는 수정, 삭제, 삽입 등의 작업 내역을 저장하고 있으며, 이를 통해 Recovery 기능을 구현할 수 있다.

03번 해설

ORDER BY

ORDER BY 뒤에 ASC 또는 생략 시 데이터를 오름차순 정렬하고, DESC 작성 시 데이터를 내림차순으로 정렬하여 출력한다.

04번 해설

- 1~4줄 : 클래스 A를 정의한다. 클래스 A는 int형 변수 a와 b를 가지고 있다.
- 5~8줄 : func1 메서드를 정의한다. 이 메서드는 A 클래스 객체를 매개변수로 받아 해당 객체의 a 필드에 10배 증가시킨다.
- 9~11줄 : func2 메서드를 정의한다. 이 메서드는 A 클래스 객체를 매개변수로 받아 해당 객체의 a 필드에 b 필드를 더한다.
- 13줄 : A 클래스 객체 m을 생성한다.
- 14줄 : m 객체의 a 필드에 100을 할당한다.
- 15줄 : func1 메서드에 m 객체를 매개변수로 넘겨 호출한다. 이로 인해 m 객체의 a 필드는 10배 증가하여 1000이 된다.
- 16줄 : m 객체의 b 필드에 a 필드 값을 할당한다. 따라서 b 필드 값은 1000이 된다.
- 17줄 : func2 메서드에 m 객체를 매개변수로 넘겨 호출한다. 이로 인해 m 객체의 a 필드 값은 2000이 된다.
- 18줄 : System.out.printf 메서드를 사용하여 m 객체의 a 필드 값을 출력한다. 따라서 출력 결과는 2000이 된다.

05번 해설

데이터베이스의 이상(Anomaly) 현상

- 삽입 이상 : 데이터를 삽입하기 위해 불필요한 데이터도 삽입해야 하는 현상
- 갱신 이상 : 중복 튜플 중 일부만 변경하여 데이터가 불일치하게 되는 현상
- 삭제 이상 : 튜플을 삭제할 때 꼭 필요한 데이터까지 같이 삭제되는 현상

06번 해설

문제는 함수 호출을 통해 두 개의 인자 값을 전달하는 Python 코드이다.

- 1줄 : 함수 exam은 두 개의 인자를 받는다. 첫 번째 인자 num1은 함수 호출 시 반드시 전달되어야 하는 필수 인자이다. 두 번째 인자 num2는 기본값이 2로 지정된 선택적 인자이다. 함수 호출 시 이 인자 값을 전달하지 않으면 기본값인 2가 사용된다.
- 3줄 : exam(20) 함수 호출은 첫 번째 인자에는 20을 전달하고, 두 번째 인자는 전달되지 않으므로 기본값 2가 사용된다. 함수 내부에서는 두 인자의 값을 출력하는 print 함수를 호출하고 있다. 따라서, 출력 결과는 a = 20 b = 2가 출력된다.

07번 해설

리스트 객체의 메소드(Method)

append(x)	리스트의 끝에 x를 추가한다.
extend(iterable)	iterable의 모든 항목을 리스트에 추가한다.
insert(i, x)	리스트의 i번째 위치에 x를 삽입한다.
remove(x)	리스트에서 값이 x인 첫 번째 항목을 제거한다.
pop([i])	리스트의 i번째 위치에 있는 항목을 제거하고 반환한다. 인덱스 i가 생략되면 리스트의 마지막 항목을 제거하고 반환한다.
clear()	리스트의 모든 항목을 제거한다.
index(x[, start[, end]])	리스트에서 값이 x인 첫 번째 항목의 인덱스를 반환한다. start와 end 인덱스는 선택적으로 지정할 수 있다.
count(x)	리스트에서 값이 x인 항목의 개수를 반환한다.
sort(key=None, reverse=False)	리스트를 정렬한다. key 함수를 통해 정렬 기준을 지정할 수 있으며, reverse 옵션을 True로 설정하면 역순으로 정렬된다.
reverse()	리스트의 항목들을 역순으로 뒤집는다.

08번 해설

TKIP(Temporal Key Integrity Protocol)

- 무선 LAN(WLAN)에서 데이터의 기밀성(Confidentiality)과 무결성(Integrity)을 보장하기 위한 암호화 및 인증 프로토콜 중 하나이다.
- WEP(Wired Equivalent Privacy)의 보안 취약점을 보완하고 더 나은 보안 수준을 제공하기 위해 개발되었다.
- WEP에서 사용하는 RC4 암호화 알고리즘을 기반으로 하지만, RC4의 보안 취약점을 보완하기 위해 임시 키 인덱스(Temporal Key Index, TKI) 사용, 키 무결성 체크(Key Integrity Check, MIC), 다양한 보안 기능 제공 등의 기술적인 개선이 이루어졌다.

09번 해설

NUI(Natural User Interface, 자연어 인터페이스)

- 사용자와 컴퓨터 간의 인터페이스를 자연스러운 방식으로 제공하는 기술이나 방법이다.
- 사용자가 자연스럽게 소통할 수 있는 방법을 제공하여 컴퓨터를 더욱 쉽게 조작할 수 있도록 한다.
- 기존의 입력장치인 키보드, 마우스, 터치스크린 등과는 달리 음성 인식, 제스처 인식, 안면 인식, 자세 인식 등의 다양한 기술을 활용하여 사용자와 컴퓨터 간의 상호작용을 가능하게 한다.
- 현재 스마트폰, 태블릿 PC, 스마트 스피커 등 다양한 디바이스에서 사용되고 있으며, 인공지능 기술과 결합하여 더욱 발전하고 있다.

10번 해설

정적 분석 (Static Analysis)	• 소스코드나 바이너리 코드를 실행하지 않고, 코드를 분석하여 잠재적인 오류나 취약점을 탐지하는 방법이다. • 보통 컴파일러나 분석 도구를 사용하여 코드의 구조, 문법, 변수 사용 등을 분석하고, 코드 경로를 추적하여 잠재적인 오류나 취약점을 식별한다. • 코드 검사가 빠르고 자동화되어 있으며, 오류나 취약점을 미리 탐지할 수 있어 소프트웨어 보안에 매우 유용하다.
동적 분석 (Dynamic Analysis)	• 실행 시간에 소프트웨어를 분석하여 오류나 취약점을 탐지하는 방법이다. • 소프트웨어를 실행하고, 실행 도중에 발생하는 동작, 상태 등을 분석하여 잠재적인 오류나 취약점을 식별한다. • 동적 분석은 정확한 실행 경로를 추적할 수 있어 오류나 취약점을 발견하기 때문에 정적 분석보다 더욱 정확하다. 하지만 실행 시간에 소프트웨어를 분석하므로 소프트웨어 실행에 대한 부담이 크며, 모든 코드 경로를 탐색하기 어렵다는 단점이 있다.

11번 해설

- 빈칸에서 Car 클래스의 객체를 생성하고 해당 객체를 Thread 생성자에 전달해야 한다. 따라서 빈칸에는 Car 클래스의 객체를 생성해야 한다.
- Car 클래스의 객체를 생성한 후, 해당 객체를 Thread 생성자에 전달하여 새 스레드에서 run 메서드를 실행하게 된다.

12번 해설

JUnit의 특징 및 목적

자동화	JUnit을 사용하면 테스트 케이스를 자동으로 실행할 수 있으며, 결과를 쉽게 확인할 수 있으므로 테스트 작업을 반복하고 오류를 찾는 데 유용하다.
단언문(Assertions)	테스트 결과를 평가하기 위한 단언문을 제공하기 때문에 예상 결과와 실제 결과를 비교하여 테스트가 성공인지 실패인지 판단할 수 있다.
테스트 주기 및 픽스처	테스트 주기를 관리하고 테스트 간의 상태를 공유하는 픽스처를 설정할 수 있는 기능을 제공하므로, 테스트를 격리하고 일관된 환경에서 실행할 수 있다.
어노테이션(Annotation)	어노테이션을 사용하여 테스트를 정의하고 관리할 수 있다.
테스트 러너	다양한 테스트 러너를 제공하여 다양한 환경에서 테스트를 실행할 수 있다. 예를 들어, 테스트 스위트, 테스트 병렬 실행 등을 지원한다.

13번 해설

블랙박스(Black Box) 테스트

구문(Syntax)	• 입력 데이터가 사전에 정의해 놓은 데이터 유형에 부합하는지(valid), 부합하지 않는지(invalid)를 분류한 뒤 예상되는 결과를 테스트하는 방법 • 블랙박스 테스트 방법 중에서 가장 간단한 테스트 방법
동등 분할(Equivalence Partitioning, 동치 분할)	• 입력 데이터를 중심으로 테스트 케이스를 만들어 테스트하는 방법 • 입력 조건에 부합하는 데이터와 부합하지 않는 데이터의 개수를 균등하게 설정하여 테스트 케이스를 작성
경계값 분석(Boundary Value Analysis)	• 입력 조건의 중앙 부근의 값보다는 경계 지점의 값에서 오류 발생의 확률이 높은 점을 감안하여 입력 조건의 경계값을 테스트 케이스에 반영하여 테스트하는 방법 • 범위 바깥의 값과 경계값으로 테스트를 수행 • 동치 분할 방법이 입력 데이터에 초점을 맞춤으로 인해 분석에 일부 단점이 있는 것을 보완하기 위한 방법
원인-효과 그래프(Cause-Effect Graphing)	• 입력 데이터 간의 관계와 입력을 원인으로 출력을 효과로 보아 입력이 출력에 영향을 미치는 상황을 체계적으로 분석함으로써 효과가 높은 테스트 케이스를 선정하여 테스트하는 방법 • 동등 분할과 경계값 분석 방법이 입력 환경의 복잡성을 충분히 반영하지 못하는 문제점을 보완한 테스트 방법
비교(Comparison)	• 프로그램의 형상 통제를 통해 축적한 여러 버전의 프로그램에 동일한 검사 데이터를 통해 점검하여 동일한 결과를 얻을 수 있는지 비교하는 식으로 테스트하는 방법
오류 예측(Error Guessing)	• 과거에 축적한 경험 데이터나 테스트 수행자의 전문성을 보완하여 테스트에 반영하는 방법 • 테스트 방법이 누락하기 쉬운 오류를 경험과 감각으로 찾아내는 방법
의사 결정 테이블(Decision Table)	• 입력 데이터 및 출력 데이터의 값이 참(true)과 거짓(false)으로 결정되는 경우 모든 경우의 수를 확인하는 방법 • 입력 데이터값이 적은 수의 조건일 경우에 유효
상태 천이도(State Transition Diagram)	• 테스트 상황에 따라 유효한 상태 천이와 유효하지 않은 상태 천이를 수행하도록 테스트 케이스를 설계하는 방법

14번 해설

주어진 코드는 재귀 함수를 사용하여 팩토리얼(factorial)을 계산하는 C 프로그램이다. 팩토리얼은 양의 정수 n에 대해 n부터 1까지의 모든 정수를 곱한 값을 나타낸다.

- 7줄 : main() 함수에서 사용자로부터 정수를 입력받고, 이 입력된 값은 a에 저장된다. 여기에서 5를 입력한다고 가정한다.
- 8줄 : func(a)를 호출하면서 a에 5가 전달된다.
- 1~4줄 : func() 함수는 5을 받고, if (a <= 1) 조건을 체크한다. 5는 1보다 크기 때문에 이 조건은 거짓이 되며 return a * func(a – 1); 라인을 실행하게 되고, 여기서 재귀 호출이 수행된다. 현재의 a 값은 5이고, func(a – 1)은 func(4)를 호출하게 된다.
- 이런 식으로 재귀 호출이 계속 진행되어 func(2)까지 호출하게 되고, func(2)에서 if (a <= 1) 조건이 참이 되어 1을 반환하게 된다.
- 반환된 값들은 하나씩 올라가며 이전 호출의 a 값과 곱해지게 되고, 결국 5 * 4 * 3 * 2 * 1을 계산하여 5의 팩토리얼 값인 120을 얻게 된다.
- 8줄 : printf("%d", func(a));에서 func() 함수의 반환된 팩토리얼 값 120을 출력한다.

15번 해설

- 2~4줄 : 변수 생성을 위해 number에 1234, divider에 10, result에 0을 배정한다.
- 5줄 : number가 0보다 큰 동안 반복되어야 하므로 '>' 연산자가 적당하다.
- 6줄 : result를 divider를 곱하여 result에 배정한다.
- 7줄 : result에 number를 더하고 divider로 나눈 나머지 값을 result에 배정해야 하므로 '%' 연산자를 사용한다. 즉, result에 number를 더한 값을 10으로 나눈 나머지이므로 1의 자리 숫자를 result에 배정하게 되는 것이다.
- 8줄 : number를 divider로 나눈 몫을 number에 배정해야 하므로 '/' 연산자를 사용한다. 즉, number가 1234라면 10으로 나눈 몫은 123이 된다.
- 6~8의 과정을 반복하면 result에 최종으로 배정되는 값은 number의 역순인 4321이 된다.
- 10줄 : result를 출력하면 4321이 출력된다.

16번 해설

ISMS(Information Security Management System)의 핵심 목표

기밀성, 무결성 및 가용성 보장	정보 시스템 및 데이터의 기밀성(무단 액세스 방지), 무결성(데이터 변경 방지) 및 가용성(항상 접근 가능)을 보장하는 것
위협 대응 및 리스크 관리	정보 보안 위협에 대응하고 관련 리스크를 관리하기 위한 절차 및 방법 제공
법적 요구사항 준수	정보 보안 관련 법적 규정, 규칙 및 규제를 준수하기 위한 프레임워크 제공
조직적 효율성 향상	정보 보안 관리를 통해 조직의 효율성을 향상시키고 비용을 절감하는 것
지속적인 개선	ISMS를 사용하여 정보 보안을 지속적으로 개선하고 조직의 요구 사항과 환경 변화에 대응하는 프로세스 제공

17번 해설

슈퍼키(Superkey)	• 관계형 데이터베이스에서 튜플(레코드)을 고유하게 식별하는 데 사용될 수 있는 하나 이상의 속성(열) 집합이다. • 중복된 값을 가지지 않고, 각 튜플을 고유하게 식별할 수 있는 키이다. • 후보키와 비슷하지만 최소성(최소한의 속성으로)을 만족하지 않을 수 있다. • 예를 들어, 고객 데이터베이스의 슈퍼키로는 "고객 번호"와 "이메일 주소"를 동시에 사용하는 것이 가능하지만 "고객 번호"와 "이메일 주소"가 독립적인 키로 사용되어도 유일성을 갖기 때문에 최소성을 만족하지 않는다.
후보키(Candidate Key)	• 슈퍼키 중에서 최소성을 만족하는 키로, 튜플을 고유하게 식별할 수 있으면서 최소한의 속성만을 포함하는 키이다. • 데이터베이스 설계에서 주요 역할을 하는데, 모든 관계형 데이터베이스 테이블은 적어도 하나 이상의 후보키를 가져야 한다. • 예를 들어, 고객 데이터베이스의 후보키로는 "고객 번호" 또는 "이메일 주소"를 사용할 수 있다. 이 두 속성은 각각 튜플을 고유하게 식별할 수 있으며, 최소한의 속성만을 사용하므로 후보키로 간주된다.

18번 해설

워터링 홀(Watering Hole) 공격

- 초식 동물이 먹는 물 웅덩이에 육식 동물이 숨어있다가 사냥하는 방법을 의미한다.
- 공격자는 목표 조직이 자주 방문하는 웹 사이트를 사전에 감염시켜, 사이트 방문 시 악성 코드에 감염되게 하는 공격이다.
- 특정 대상을 타깃으로 하는 공격으로, 산업스파이처럼 기밀 정보를 빼내기 위해 많이 사용된다.

19번 해설

- 10줄 : number 변수를 13195로 초기화하고, max_div는 0으로 초기화 하며 i 변수를 선언한다.
- 11~13줄 : i를 2부터 number보다 작을 때까지 반복하는 반복문이다.
- 12줄 : if문 안에서 isPrime(i)가 1이고, 동시에 number % i == 0인지 확인한다.
- 1줄 : isPrime 함수는 하나의 정수 number를 인자로 받는다.
- 3줄 : i를 2부터 number보다 작을 때까지 반복하는 반복문이다.
- 4줄 : if문 안에서 현재 number가 i로 나누어 떨어지는지 확인한다. 즉, number % i == 0인지 검사한다. 만약 number가 i로 나누어 떨어지면, isPrime 함수는 0을 반환하고 함수를 종료한다. 이는 number가 소수가 아님을 나타낸다. 하지만 3의 반복을 모두 수행하는 동안 나누어 떨어지는 수가 없다면 1을 반환한다. 이는 number가 소수임을 나타낸다.
- 13줄 : 12줄의 조건이 만족한다면, max_div 변수에 i를 배정한다. 이는 현재까지 찾은 가장 큰 소인수를 나타낸다. 11~13줄을 반복하면서 가장 큰 소인수를 찾게 된다.
- 14줄 : 가장 큰 소수는 max_div에 배정되어 있고 그 값인 29가 출력된다.

20번 해설

V-모델의 테스트 프로세스

단위 테스트 (Unit Testing)	• 소프트웨어 모듈 또는 컴포넌트를 개별적으로 테스트한다. • 각 모듈이 정상 동작하며 요구사항을 충족하는지 확인한다. • 단위 테스트는 검증(Verification)의 단계에 속한다.
통합 테스트 (Integration Testing)	• 단위 테스트 후, 소프트웨어 컴포넌트 및 모듈이 통합되어 시스템 전체의 상호작용을 테스트한다. • 시스템의 다양한 부분 간의 상호작용을 확인하며, 모듈 간의 인터페이스 문제를 탐지한다.
시스템 테스트 (System Testing)	• 통합 테스트 후, 전체 시스템이 요구사항을 충족하고 예상대로 동작하는지 확인하는 테스트를 수행한다. • 시스템 테스트는 유효성 검사(Validation)의 단계에 속하며, 사용자가 예상한 대로 시스템이 작동하는지 확인한다.
인수 테스트 (Acceptance Testing)	• 최종 사용자 또는 고객이 소프트웨어를 평가하는 단계로, 사용자의 요구사항과 목적을 충족하는지 확인한다. • 이 단계에서는 소프트웨어를 최종적으로 승인하고 전달 여부를 결정한다.

기출문제 2021년 03회

441p

번호	정답
01	3
02	① Authentication ② Authorization ③ Accounting
03	사용자에게 권한을 부여하는 명령이다.
04	ARP
05	Control Coupling
06	(1) 데이터링크 (2) 네트워크 (3) 표현
07	(1) Aggregation (2) Generalization
08	(1) 테스트 단계 (2) 테스트 데이터 (3) 예상 결과
09	cause-effect graphing
10	DES
11	7
12	37
13	COUNT(*) 4
14	False
15	클래스
16	Factory Method
17	501
18	인덱스(Index, 색인)
19	GUI
20	(1) 상향식 (2) 드라이버

01번 해설

- 20줄 : conn1 객체를 생성하고 이후 클래스 Singleton의 get() 메서드에서 반환되는 객체를 할당한다.
- 4~5줄 : 처음 get() 메서드를 호출하게 되면 2의 inst = null에 의해 inst가 null이므로 6~7을 수행하게 된다.
- 6~10줄 : inst에 Singleton()을 배정하여 객체화 한 뒤 메서드를 호출한 곳으로 객체를 반환한다.
- 21줄 : conn1 객체로 count() 메서드를 호출한다.
- 11~13줄 : 맴버 변수 count에 1을 증가하므로 1이 된다.
- 22줄 : conn2 객체를 생성하고 이후 클래스 Singleton의 get() 메서드에서 반환되는 객체를 할당한다.
- 4~10줄 : inst = null에 의해 inst가 null이 아니므로 inst를 그대로 반환한다.
- 23줄 : conn2 객체로 count() 메서드를 호출한다.
- 11~13줄 : 맴버 변수 count에 1을 증가하므로 2가 된다.
- 24줄 : conn3 객체를 생성하고 이후 클래스 Singleton의 get() 메서드에서 반환되는 객체를 할당한다.
- 4~10줄 : inst = null에 의해 inst가 null이 아니므로 inst를 그대로 반환한다.
- 25줄 : conn3 객체로 count() 메서드를 호출한다.
- 11~13줄 : 맴버 변수 count에 1을 증가하므로 3이 된다.
- 26줄 : conn1.getCount()를 수행하면 3이 출력된다.
- 이 프로그램은 서로 다른 객체를 3개 생성한 것처럼 보이지만 결국 하나의 객체를 사용한 것이다. conn1의 객체를 생성할 때 객체 하나를 생성하고 conn2와 conn3은 conn1이 생성한 객체를 참조하여 사용한 것이다.

02번 해설

AAA

인증(Authentication)	망, 시스템 접근을 허용하기 전에 사용자의 신원을 검증
권한 부여(Authorization)	검증된 사용자에게 어떤 수준의 권한과 서비스를 허용
계정 관리(Accounting)	사용자의 자원에 대한 사용 정보를 모아서 과금, 감사, 용량 증설, 리포팅 등

03번 해설

- GRANT : 사용자(User)에게 접속 권한, 오브젝트 생성 권한, DBA 권한 등을 부여할 수 있는 명령어
- REVOKE : 부여한 권한을 다시 회수하는 명령어

04번 해설

ARP 스푸핑(ARP Spoofing)

- 근거리 통신망(LAN) 하에서 주소 결정 프로토콜(ARP) 메시지를 이용하여 상대방의 데이터 패킷을 중간에서 가로채는 중간자 공격 기법이다.
- 이 공격은 데이터링크상의 프로토콜인 ARP 프로토콜을 이용하기 때문에 근거리상의 통신에서만 사용할 수 있는 공격이다.

05번 해설

결합도(Coupling)

자료 결합도 (Data Coupling)	모듈 간의 인터페이스로 전달되는 파라미터를 통해서만 모듈 간의 상호 작용이 일어나는 경우 예 제곱근을 계산하는 함수로 하나의 정수를 전달
스탬프 결합도 (Stamp Coupling)	모듈 간의 인터페이스로 배열이나 오브젝트(Object), 스트럭처(Structure) 등이 전달되는 경우
제어 결합도 (Control Coupling)	단순 처리할 대상인 값만 전달되는 게 아니라 어떻게 처리를 해야 한다는 제어 요소가 전달되는 경우
외부 결합도 (External Coupling)	다수의 모듈이 모듈 밖에서 도입된 데이터, 프로토콜, 인터페이스 등을 공유할 때 발생하는 경우
공통 결합도 (Common Coupling)	파라미터가 아닌 모듈 밖에 선언되어 있는 전역 변수를 참조하고 전역 변수를 갱신하는 식으로 상호 작용하는 경우 예 전역 변수
내용 결합도 (Content Coupling)	다른 모듈 내부에 있는 변수나 기능을 다른 모듈에서 사용하는 경우

06번 해설

OSI 7 Layer

구분	계층	기능
7	응용 계층 (Application Layer)	응용 프로세스 간의 정보 교환, 전자 사서함, 파일 전송
6	표현 계층 (Presentation Layer)	정보의 형식(포맷) 변환, 코드 변환, 암호화, 압축, 구문 변환
5	세션 계층 (Session Layer)	대화 구성 및 동기 제어, 데이터 교환
4	전송 계층 (Transport Layer)	종단 간(End-to-End)의 전송 연결 설정, 데이터 전송, 연결 해제, 오류 제어, 흐름 제어, 연결 제어, 다중화
3	네트워크 계층 (Network Layer)	경로 설정, 데이터 교환 및 중계 기능, 패킷 관리, 트래픽 제어, 네트워크 연결의 설정/유지/해제
2	데이터링크 계층 (Data Link Layer)	인접한 노드(node) 간의 정보 전송, 동기 제어, 오류 제어, 흐름 제어
1	물리 계층 (Physical Layer)	전송매체 상에서의 기계적, 전기적, 기능적, 절차적 특성 정의

07번 해설

추상화(Abstraction)

- 어떤 사물이나 사건에서 관계가 적은 특성은 생략하고, 주요 특성을 선택할 때 사용되는 지적인(Intellectual) 과정을 말한다.
- 논리 데이터 모델링에서 사용하는 추상화

구분	설명
유형화(Classification, 분류화)	동일한 특성을 하나의 유형(Type)으로 분류하여 속성으로 정의 예 인사담당자, 영업담당자, 구매담당자를 담당자구분으로 유형화
집단화(Aggregation)	연관된 속성을 하나의 집단으로 분류하여 새로운 유형(Type)으로 정의 예 담당자구분, 부서, 이름, 전화번호를 담당자로 집단화
일반화(Generalization)	공통적인 특성을 파악하는 과정 즉, 둘 또는 그 이상의 유형(실체유형) 요소 간에 서브세트(부분집합)를 정의 예 이름, 전화번호를 사람으로 일반화

08번 해설

테스트 케이스(Test Case)

- 특정한 프로그램 경로를 실행해 보거나, 특정 요구사항에 준수하는지를 확인하기 위해 개발된 입력 값, 실행 조건, 그리고 예상된 결과의 집합이다.
- 테스트하려는 시스템이 수행해야 하는 액션들로 구성되는 일련의 단계를 의미하며 이러한 단계를 테스트 프로시저 또는 테스트 스크립트라고 한다.

09번 해설

블랙박스(Black Box) 테스트

구분	설명
구문(Syntax)	• 입력 데이터가 사전에 정의해 놓은 데이터 유형에 부합하는지(valid), 부합하지 않는지(invalid)를 분류한 뒤 예상되는 결과를 테스트하는 방법 • 블랙박스 테스트 방법 중에서 가장 간단한 테스트 방법
동등 분할(Equivalence Partitioning, 동치 분할)	• 입력 데이터를 중심으로 테스트 케이스를 만들어 테스트하는 방법 • 입력 조건에 부합하는 데이터와 부합하지 않는 데이터의 개수를 균등하게 설정하여 테스트 케이스를 작성
경계값 분석(Boundary Value Analysis)	• 입력 조건의 중앙 부근의 값보다는 경계 지점의 값에서 오류 발생의 확률이 높은 점을 감안하여 입력 조건의 경계값을 테스트 케이스에 반영하여 테스트하는 방법 • 범위 바깥의 값과 경계값으로 테스트를 수행 • 동치 분할 방법이 입력 데이터에 초점을 맞춤으로 인해 분석에 일부 단점이 있는 것을 보완하기 위한 방법
원인-효과 그래프(Cause-Effect Graphing)	• 입력 데이터 간의 관계와 입력을 원인으로 출력을 효과로 보아 입력이 출력에 영향을 미치는 상황을 체계적으로 분석함으로써 효과가 높은 테스트 케이스를 선정하여 테스트하는 방법 • 동등 분할과 경계값 분석 방법이 입력 환경의 복잡성을 충분히 반영하지 못하는 문제점을 보완한 테스트 방법
비교(Comparison)	• 프로그램의 형상 통제를 통해 축적한 여러 버전의 프로그램에 동일한 검사 데이터를 통해 점검하여 동일한 결과를 얻을 수 있는지 비교하는 식으로 테스트하는 방법
오류 예측(Error Guessing)	• 과거에 축적한 경험 데이터나 테스트 수행자의 전문성을 보완하여 테스트에 반영하는 방법 • 테스트 방법이 누락하기 쉬운 오류를 경험과 감각으로 찾아내는 방법
의사 결정 테이블(Decision Table)	• 입력 데이터 및 출력 데이터의 값이 참(true)과 거짓(false)으로 결정되는 경우 모든 경우의 수를 확인하는 방법 • 입력 데이터값이 적은 수의 조건일 경우에 유효
상태 천이도(State Transition Diagram)	• 테스트 상황에 따라 유효한 상태 천이와 유효하지 않은 상태 천이를 수행하도록 테스트 케이스를 설계하는 방법

10번 해설

DES(Data Encryption Standard)

- 1970년대 국방, 정부 이외 금융 등 민간 부문에서 암호의 상업적 요구에 따라, 1977년 미국의 NIST(국가표준국)에서 공모 후 미국 표준으로 제정되었다.
- 비밀키 방식의 일종으로 56비트의 키를 사용하여 64비트 평문을 64비트 암호문으로 암호화하는 방식이다.
- 그 후 약 30년간 전 세계적으로 널리 통용되어 온 실질적인 블록 암호화 방식이었으나 안전성 문제로 AES로 대체되었다.

11번 해설

이 프로그램은 논리 연산과 비트 연산을 조건문(if)에 적용시켜 비트 연산의 결과를 묻는 문제이다. 논리 연산의 결과는 True와 False의 두 가지 결과만 도출되는데 이 결과를 비트 연산하게 되면 정수 0 또는 1의 결과를 얻을 수 있다. 예를 들어 a == 2 | a == c에서 a == 2는 논리 연산으로 결과가 False이고, a == c 역시 논리 연산으로 결과가 True이다. False와 True를 비트 연산 |(OR 연산)을 하게 되면 0 | 1이므로 그 결과가 1이고 True가 된다.

- 3줄 : 정수형 변수 a, b, c, d를 생성하고 각각 3, 4, 3, 5로 초기회 한다.
- 4줄 : 조건문 if의 결과에 따라 True인 경우 5부터 수행하고 False인 경우 13부터 수행한다. 연산자 우선순위를 고려한 조건문 if의 결과는 다음과 같다.

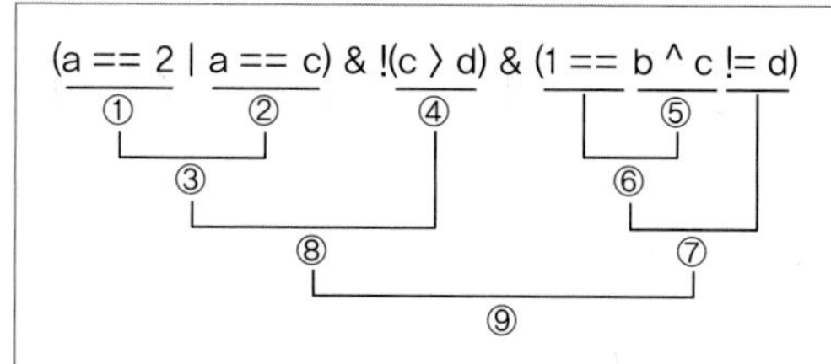

① : 변수 a는 3이므로 False이고 0이다.

② : 변수 a와 c는 3으로 값이 같으므로 True이고 1이다.

③ : ①, ② 결과를 OR연산(비트 연산)하면 1이 된다.

	0000	0000
OR	0000	0001
	0000	0001

④ : 변수 c는 3이고 변수 d는 5이므로 c 〉 d의 결과는 False이다. 이 결과를 !(Not 연산)하였기 때문에 True이고 1이 된다.

⑤ : 변수 b가 4이고 변수 c가 3이므로 XOR 연산을 하면 7이다.

	0000	0100
XOR	0000	0011
	0000	0111

⑥ : 1과 ⑤의 결과가 다르므로 False이다.

⑦ : ⑥의 결과가 False이고 0이므로 변수 d와 다르기 때문에 True이고 1이다.

⑧ : ③의 결과는 1이고, ④의 결과도 1이므로 AND연산(비트 연산)하면 1이 된다.

	0000	0001
AND	0000	0001
	0000	0001

⑨ : ⑧의 결과는 1이고 ⑦의 결과도 1이므로 AND연산(비트 연산)하면 1이 된다.

즉, IF 문의 최종 결과는 1이므로 True이다.

- 5줄 : 변수 b의 값 4와 변수 c의 값 3을 더하여 a에 배정한다. 따라서 a는 7이 된다.
- 6줄 : 조건문 if의 결과에 따라 True인 경우 7을 수행하고 False인 경우 10을 수행한다. 연산자 우선순위를 고려한 조건문 if의 결과는 다음과 같다.

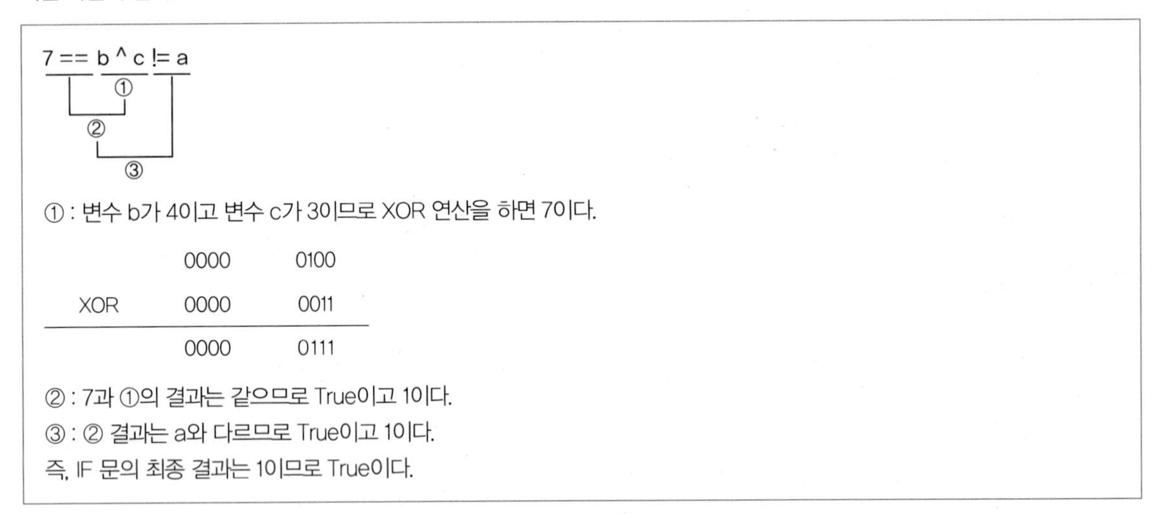

7 == b ^ c != a

①, ②, ③

① : 변수 b가 4이고 변수 c가 3이므로 XOR 연산을 하면 7이다.

	0000	0100
XOR	0000	0011
	0000	0111

② : 7과 ①의 결과는 같으므로 True이고 1이다.

③ : ② 결과는 a와 다르므로 True이고 1이다.

즉, IF 문의 최종 결과는 1이므로 True이다.

- 7줄 : a를 출력하면 7이 출력되고 프로그램이 종료된다.

12번 해설

- 2줄 : 정수형 포인터를 저장할 수 있는 배열을 3개 생성한다.
- 3줄 : 정수형 변수 a, b, c를 생성하고 각각 12, 24, 36으로 초기화 한다.
- 4줄 : a의 주소를 ar[0]에 배정한다.
- 5줄 : b의 주소를 ar[1]에 배정한다.
- 6줄 : c의 주소를 ar[2]에 배정한다.
- 6까지 수행하게 되면 변수와 포인터 간에 다음과 같은 관계가 된다.

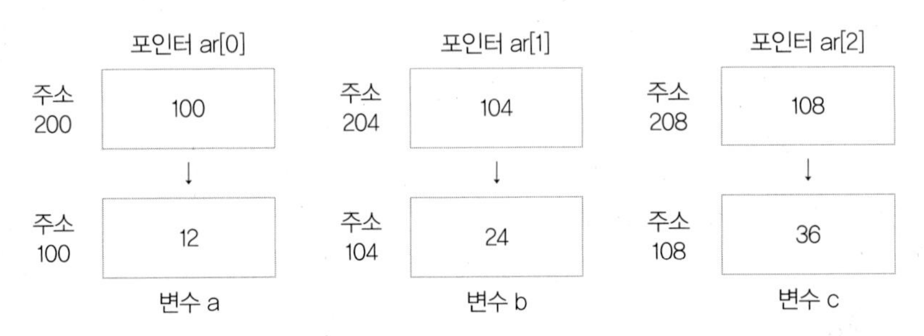

- 7줄 : *ar[1]은 ar[1]을 역참조한 값을 의미하므로 24이다. **ar + 1을 위의 그림을 예로 설명하면 ar은 200을 의미한다(배열명은 배열의 시작 주소). 따라서 **ar은 ar을 역참조한 값으로 다시 한번 역참조한다는 의미로 200 → 100 → 12의 순서로 역참조되어 1을 더하므로 13이 된다. 즉, 24과 13을 더한 37이 최종 출력된다.

13번 해설

- SELECT COUNT(*) AS COUNT : 튜플의 개수를 필드명을 COUNT로 출력한다.
- FROM T1 CROSS JOIN T2 : 테이블 [T1]과 테이블 [T2]를 CROSS JION한다. 결과는 다음과 같다.

No	Name	RULE
50123	SMITH	%T%
50123	SMITH	S%
40534	ALLEN	%T%
40534	ALLEN	S%
30456	SCOTT	%T%
30456	SCOTT	S%

- WHERE T1.Name LIKE T2.RULE : Name와 RULE의 와일드카드 규칙이 일치하는 튜플만 검색한다.

No	Name	RULE
50123	SMITH	%T%
50123	SMITH	S%
30456	SCOTT	%T%
30456	SCOTT	S%

- 튜플의 개수를 출력하면 4가 출력된다.

기적의 TIP

와일드카드 문자는 일부 문자열 검색에 사용되며, 일부 또는 모든 문자를 대체하는 특수한 문자입니다. 다음과 같은 두 가지 종류의 와일드카드 문자가 있습니다.

① % (퍼센트 기호)

- % 기호는 문자열의 어떤 위치에든지 일치하는 모든 문자열을 찾습니다. 예를 들어, LIKE 절을 사용하여 다음과 같이 문자열을 검색할 수 있습니다.

```
SELECT * FROM table_name
WHERE column_name LIKE 'S%';
```

- 'S%'는 S로 시작하는 모든 문자열을 찾습니다. 예를 들어, 'Smith', 'Steven', 'Samantha'와 같은 문자열이 해당됩니다.

② _ (언더바)

- _ 기호는 문자열에서 하나의 문자를 대체하는 와일드카드 문자이다. 예를 들어, 다음과 같은 SQL문을 사용하여 두 개의 문자로 이루어진 문자열을 검색할 수 있습니다.

```
SELECT * FROM table_name
WHERE column_name LIKE 'A__';
```

위의 SQL문에서, '__'는 두 개의 문자로 이루어진 문자열을 검색합니다. 예를 들어, 'ABC', 'ACD', 'A23'과 같은 문자열이 해당됩니다.

14번 해설

- 1줄 : a와 b라는 두 개의 변수를 초기화한다. a에는 100, b에는 200이 할당된다.
- 2줄 : == 연산자를 사용하여 a와 b를 비교한다. 이 연산자는 왼쪽 피연산자와 오른쪽 피연산자의 값이 같은 경우 True를 반환하고, 그렇지 않은 경우 False를 반환한다. a와 b의 값이 다르기 때문에 a==b의 결과는 False가 되며, 이 결과가 출력된다.

15번 해설

① 정적(구조) 다이어그램

시스템의 정적인 부분을 가시화하기 위하여 다이어그램을 이용하여 표현한 것이다.

클래스 다이어그램 (Class Diagram)	시스템을 구성하는 클래스와 인터페이스 사이의 정적인 관계를 나타낸 다이어그램으로, 클래스 다이어그램을 통해 주요 시스템 구조를 파악하고 구조상의 문제점을 도출할 수 있다.
객체 다이어그램 (Object Diagram)	클래스 다이어그램에 포함된 사물들의 인스턴스(Instance)를 특정 시점의 객체와 객체 사이의 관계로 표현한 다이어그램이다.
컴포넌트 다이어그램 (Component Diagram)	실제 구현 모듈인 컴포넌트 간의 관계를 표현하는 다이어그램이다.
배치 다이어그램 (Deployment Diagram)	노드와 노드 사이에 존재하는 컴포넌트들의 물리적인 구성을 표현한다.

② 동적 다이어그램

시스템의 동적인 부분을 가시화하기 위해 다이어그램을 이용하여 표현한 것이다.

유스케이스 다이어그램 (Use Case Diagram)	시스템의 요구사항 중 기능적인 요구사항을 유스케이스 단위로 표현하고 액터(Actor)와 이들 간의 관계를 다이어그램으로 표현한다.
순차 다이어그램 (Sequence Diagram)	시스템의 내부적인 로직 흐름을 동적으로 표현한 다이어그램으로 객체와 객체 사이의 관계와 객체들끼리 상호 교환하는 메시지의 순서를 강조하여 표현한다.
상태 다이어그램 (State Diagram)	시스템의 동적인 상태를 나타내는 다이어그램으로 이벤트에 따라 순차적으로 발생하는 객체의 상태 변화를 표현한다.
활동 다이어그램 (Activity Diagram)	시스템의 내부 활동에 대한 흐름을 행위에 따라 변화하는 객체의 상태를 표현하는 다이어그램이다.

16번 해설

Factory Method 패턴은 어떤 클래스의 인스턴스를 만들지 서브 클래스에서 결정하도록 책임을 위임하는 패턴이다.

17번 해설

- 1~4줄 : 문자형 배열 name[12], 정수형 변수 pro, db, sum1, sum2를 포함하는 구조체 std를 정의한다.
- 6줄 : 구조체 std를 배열의 형태로 3개 생성하고 데이터를 초기화 한다.

	name[12]	pro	db	sum1	sum2
st[0]	영수	95	88	0	0
st[1]	철수	84	91	0	0
st[2]	앨리스	86	75	0	0

- 7줄 : 구조체 std의 형식의 구조체 포인터 p를 생성한다.
- 8줄 : 구조체 배열 st[0]의 주소를 구조체 포이터 p에 배정한다.

구조체 포인터			name[12]	pro	db	sum1	sum2
p	→	st[0]	영수	95	88	0	0
		st[1]	철수	84	91	0	0
		st[2]	앨리스	86	75	0	0

- 9줄 : (p + 1) -> pro는 p에 1을 더하면 st[1]의 주소를 의미하므로 pro의 값은 84이다.
  (p + 2) -> db는 p에 2를 더하면 st[2]의 주소를 의미하므로 db의 값은 75이다.
  (p + 1) -> sum1는 p에 1을 더하면 st[1]의 주소를 의미하므로 st[1]의 sum1에 84와 75를 더한 159를 배정한다.

구조체 포인터			name[12]	pro	db	sum1	sum2
p	→	st[0]	영수	95	88	0	0
		st[1]	철수	84	91	**159**	0
		st[2]	앨리스	86	75	0	0

- 10줄 : (p + 1) -> sum1은 p에 1을 더하면 st[1]의 주소를 의미하므로 sum1의 값은 159이다.
  p -> pro는 p가 st[0]의 주소를 의미하므로 pro의 값은 95이다.
  p -> db는 p가 st[0]의 주소를 의미하므로 db의 값은 88이다.
  (p + 1) -> sum2는 p에 1을 더하면 st[1]의 주소를 의미하므로 st[1]의 sum2에 159, 95, 88을 더한 342를 배정한다.

구조체 포인터			name[12]	pro	db	sum1	sum2
p	→	st[0]	영수	95	88	0	0
		st[1]	철수	84	91	159	**342**
		st[2]	앨리스	86	75	0	0

- 1줄 : (p + 1) -> sum1 + (p + 1) -> sum2는 159 + 342이므로 501이 출력된다.

18번 해설

파일 구조

데이터를 저장하는 방법을 의미한다. 파일에 저장된 데이터에 접근하려면 어떤 방식을 사용해야 하는지에 따라 다양한 파일 구조가 있다.

순차 접근 (Sequential Access)	• 데이터를 처음부터 끝까지 순서대로 읽는 방식이다. • 데이터를 찾으려면 처음부터 순서대로 모든 데이터를 읽어야 한다. • 검색 속도가 느리지만, 데이터를 순서대로 저장하고 차례대로 처리해야 할 때 유용하다. • 대표적으로 텍스트 파일이나 테이프의 형태로 사용된다.
인덱스 접근 (Indexed Access)	• 데이터의 위치를 기록한 인덱스를 사용해 데이터에 접근하는 방식이다. • 데이터를 찾으려면 인덱스를 먼저 검색한 후, 해당 데이터의 위치를 찾아 접근한다. • 검색 속도가 빠르지만, 인덱스를 만들어야 하므로 데이터 추가, 삭제 시에는 불리하다. • 데이터베이스에서 인덱스를 사용해 데이터를 검색하는 방식이 대표적이다.
직접 접근(Direct Access)	• 데이터의 위치를 바로 알고 있어서, 해당 위치로 바로 접근하는 방식이다. • 검색 속도가 매우 빠르며, 데이터를 수정, 삭제할 때도 유리하다. • 데이터의 위치를 일일이 기억해야 하기 때문에, 저장 공간의 낭비가 발생한다. • 하드 디스크나 SSD에서 데이터를 읽고 쓰는 방식이 대표적이다.
해싱(Hashing)	• 데이터를 저장할 때, 데이터의 키 값을 해시 함수를 사용해 해시 주소로 변환하고, 해당 주소에 데이터를 저장하는 방식이다. • 데이터를 찾으려면 키 값으로 해시 함수를 호출하여 해시 주소를 얻은 후, 해당 주소에 있는 데이터에 접근한다. • 검색 속도가 매우 빠르며, 데이터의 추가, 삭제, 검색에 용이하다. • 대표적으로 해시 테이블이나 디렉터리에서 사용된다.

19번 해설

GUI(Graphical User Interface)

- 사용자가 컴퓨터와 상호작용할 수 있는 그래픽 환경을 의미한다.
- GUI는 이전에 사용되던 CLI(Command Line Interface)와는 달리, 텍스트 명령어를 입력하는 대신에 그래픽 요소를 통해 사용자와 컴퓨터 사이의 상호작용을 편리하게 할 수 있도록 한다.
- GUI는 주로 창, 아이콘, 버튼, 메뉴 등의 시각적 요소를 사용하여, 사용자가 작업하는 내용을 시각적으로 표현하고, 사용자가 컴퓨터에서 수행하려는 작업을 단순화한다.
- 대표적인 GUI 운영체제로는 Windows, macOS, Linux 등이 있다.

20번 해설

상향식 통합(Bottom Up Integration Test)	• 하위 모듈 → 상위 모듈 방향으로 진행 • 스텁(Stub)이 필요 없고 클러스터가 필요함 • 절차 – 하위 모듈을 클러스터(Cluster)로 결합 – 드라이버(Driver) 작성 – 클러스터 검사 – 드라이버 제거, 클러스터는 상위로 이동 후 결합
하향식 통합(Top Down Integration Test)	• 상위 모듈 → 하위 모듈 방향으로 진행 • 우선 통합법, 깊이 우선 통합법, 넓이 우선 통합법 등이 있음 • 절차 – 주요 제어 모듈은 드라이버(Driver), 종속 모듈은 스텁(Stub)으로 대체 – 종속 스텁들을 실제 모듈로 교체 – 모듈이 통합될 때마다 검사 – 회귀 검사 진행

기출문제 2021년 02회

449p

01	Ad–hoc Network
02	① UI ② UX
03	트랜잭션의 연산은 모두 완료(Commit) 되어 데이터베이스에 반영되거나 그렇지 않으면 모두 취소되어 원래의 상태로 돌아가야 한다(All or Nothing).
04	2
05	(1) UPDATE (2) SET
06	(1) ON (2) EMP_DEPT
07	26
08	AES
09	① 구문 ② 조건 ③ 결정
10	(1) '이%' (2) DESC
11	① 절차적 ② 통신적 ③ 기능적
12	(1) 가상회선 (2) 데이터그램
13	구조
14	로킹(Locking) 기법
15	(1) Function (2) Dynamic (3) Information
16	1024
17	static
18	8
19	11
20	테스트 스텁(Test Stub) 또는 스텁(Stub)

01번 해설

애드혹 네트워크(Ad–hoc Network)

- 노드(Node)들에 의해 자율적으로 구성되는 기반 구조가 없는 네트워크이다.
- 네트워크의 구성 및 유지를 위해 기지국이나 액세스 포인트와 같은 기반 네트워크 장치를 필요로 하지 않는다. 애드혹(Ad–hoc) 노드들은 무선 인터페이스를 사용하여 서로 통신하고, 멀티 홉 라우팅 기능에 의해 무선 인터페이스가 가지는 통신 거리상의 제약을 극복하며, 노드들의 이동이 자유롭기 때문에 네트워크 토폴로지가 동적으로 변화되는 특징이 있다.
- 애드혹 네트워크는 완전 독립형이 될 수도 있고, 인터넷 게이트웨이를 거쳐 인터넷과 같은 기반 네트워크와 연동될 수도 있다.
- 응용 분야로는 긴급 구조, 긴급 회의, 전쟁터에서의 군사 네트워크 등이 있다.

02번 해설

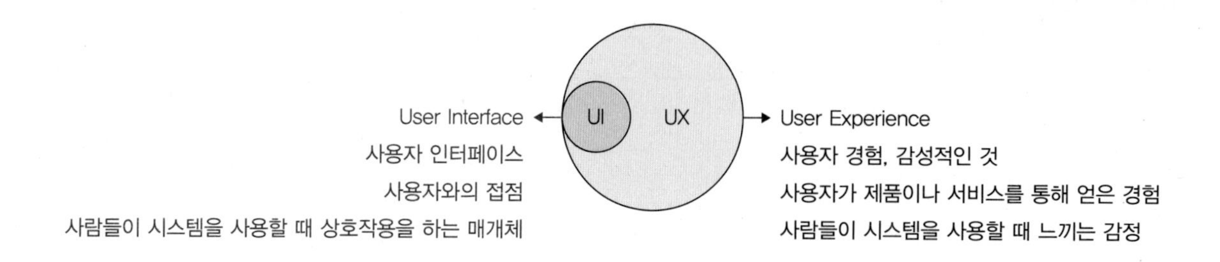

03번 해설

트랜잭션의 ACID

Atomicity(원자성)	데이터베이스에 트랜잭션은 모두 반영되거나 전혀 반영되지 않아야 함
Consistency(일관성)	트랜잭션 시작 시점에 참조한 데이터는 종료까지 일관성을 유지해야 함
Isolation(고립성)	동시에 다수 트랜잭션이 처리되는 경우 서로의 연산에 개입하면 안 됨
Durability(지속성)	트랜잭션이 성공적으로 완료되면 처리 결과는 영속적으로 반영되어야 함

04번 해설

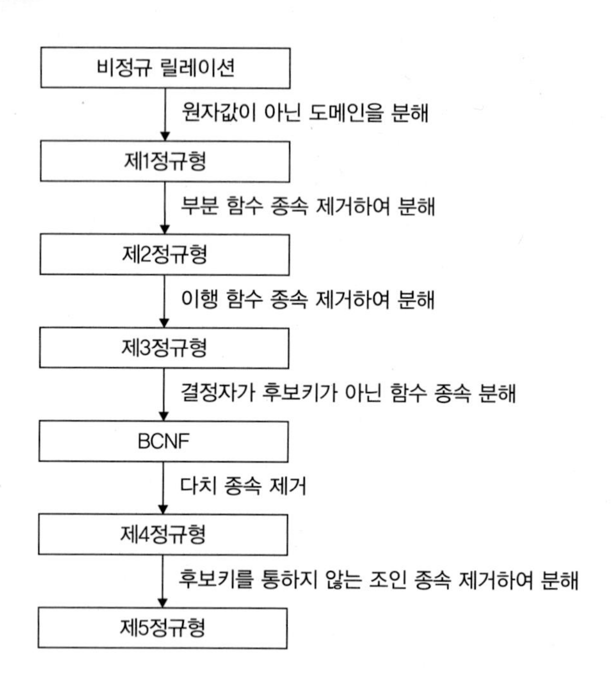

05번 해설

UPDATE문의 형식

```
UPDATE 테이블명
SET 변경 속성명 = 변경값
WHERE 변경 조건
```

06번 해설

SELECT EMP_NAME, EMP_NUMBER

③ 'EMP_NAME'과 'EMP_NUMBER'만 검색한다.

FROM 직원 A JOIN 전화번호 B

① [직원] 테이블의 별칭을 A, [전화번호] 테이블의 별칭을 B로 하고

ON A.EMP_DEPT = B.EMP_DEPT

② A 테이블의 'EMP_DEPT'와 B 테이블의 'EMP_DEPT'가 동일한 튜플을 조인한다.

07번 해설

- 1줄 : 변수 a를 생성하고 100으로 초기화 한다.
- 2줄 : 변수 result를 생성하고 0으로 초기화 한다
- 3줄 : i가 1부터 3보다 작을 때까지 반복문을 수행하게 된다. 따라서 i 가 0일 때와 1일 때 4~5줄을 수행한다. 먼저 i가 1일 때는 다음과 같이 수행된다.
- 4줄 : >> 연산자는 오른쪽 shift 연산자이다. 변수 a의 값 100을 오른쪽으로 1bit shift한 값 50을 변수 result에 배정한다.
- 5줄 : 변수 result에 1을 더하여 변수 result에 51을 배정한다.
- 3줄 : 변수 i가 2일 때 다음과 같이 수행된다.
- 4줄 : 변수 a의 값 100을 오른쪽으로 2bit shift한 값 25을 변수 result에 배정한다.
- 5줄 : 변수 result에 1을 더하여 변수 result에 26을 배정한다.
- 3줄 : 변수 i가 3이 되면 반복이 종료된다.
- 6줄 : 변수 result를 출력하면 26이 출력된다.

기적의 TIP

shift 연산

- shift 연산은 비트 연산자의 하나로 << (left shift)와 >> (right shift)가 있으며, 2진수로 변환하여 각 자리를 이동하면서 결과를 도출할 수 있습니다.
- shift 연산에서 자리수의 이동은 10진수의 곱하기와 나누기 연산으로 그 결과를 알 수 있습니다. 즉, <<(left shift)는 2^n으로 곱하는 방식과 >>(right shift)는 2^n으로 나눈 몫을 취하는 방식으로 결과를 도출할 수 있습니다.
- 예를 들어 100 << 2의 결과는 100 * 2^2이므로 400이 되고 101 >> 1의 결과는 101 / 2^1이므로 50이 됩니다.

08번 해설

AES(Advanced Encryption Standard)

- 미국 국립 표준 기술연구소(NIST)가 데이터 암호화 표준(DES)의 차세대 국제 표준 암호로 대체하는 순서 공개형의 대칭 키 암호 방식이다.
- 블록 길이는 128비트, 키의 길이는 128/192/256 비트 중에서 선택 가능하며 주요 평가 항목은 안정성과 암호화 처리 속도이다.

09번 해설

테스트 커버리지(Test Coverage)

구분	설명
구문 커버리지 (Statement Coverage)	• 테스트 스위트에 의해 실행된 구문이 몇 퍼센트인지 측정하는 것 • 다른 커버리지에 비해 가장 약함
결정 커버리지 (Decision Coverage)	• Branch Coverage라고도 부름 • 결정 포인트 내의 전체 조건식이 최소한 참 한 번, 거짓 한 번을 갖는지 측정하는 것 • 개별 조건식의 개수와 상관없이 테스트 케이스의 최소 개수는 2개 • 조건, 조건/결정 커버리지에 비해 약함
조건 커버리지 (Condition Coverage)	• 전체 조건식의 결과와 관계없이 각 개별 조건식이 참 한 번, 거짓 한 번을 모두 갖도록 조합하는 것 • 결정 커버리지보다 강력한 형태의 커버리지
조건/결정 커버리지 (Condition/Decision Coverage)	• 전체 조건식의 결과가 참 한 번, 거짓 한 번을 갖도록 각 개별 조건식을 조합하는데 이때 각 개별 조건식도 참 한 번, 거짓 한 번을 모두 갖도록 개별 조건식을 조합하는 것 • 결정 커버리지와 조건 커버리지를 포함하는 커버리지
변경 조건/결정 커버리지 (Modify Condition/Decision Coverage)	• 각 개별 조건식이 다른 개별 조건식에 무관하게 전체 조건식의 결과에 독립적으로 영향을 주도록 함 • 결정 커버리지, 조건/결정 커버리지보다 강력
다중 조건 커버리지 (Multiple Condition Coverage)	• 결정 포인트 내에 있는 모든 개별 조건식의 모든 가능한 논리적 조합 고려 • 가장 강력한, 논리적 수준의 100% 커버리지를 보장

10번 해설

SELECT 이름, 나이, 학과

④ '이름', '나이', '학과' 를 검색하라.

FROM 학생

① [학생] 테이블에서

WHERE 이름 LIKE '이%'

② 이름이 '이'로 시작하는 튜플을

ORDER BY 나이 DESC;

③ 나이의 내림차순으로 정렬하여

11번 해설

응집도(Cohesion)

기능적 응집도 (Functional Cohesion)	• 모듈 내부의 모든 기능이 단일한 목적을 위해 수행되는 경우 • 구조도 최하위 모듈에서 많이 발견됨
순차적 응집도 (Sequential Cohesion)	• 모듈 내에서 한 활동으로부터 나온 출력값을 다른 활동의 입력값으로 사용하는 경우 예 행렬 입력 후 그 행렬의 역행렬을 구해서 이를 출력
통신적 응집도 (Communication Cohesion)	• 동일한 입력과 출력을 사용하여 다른 기능을 수행하는 활동들이 모여 있을 경우 예 같은 입력 자료를 사용하여 A를 계산한 후 B를 계산
절차적 응집도 (Procedural Cohesion)	• 모듈이 다수의 관련 기능을 가질 때 모듈 안의 구성요소들이 그 기능을 순차적으로 수행할 경우 예 Restart 루틴 : 총계를 출력하고 화면을 지운 후 메뉴를 표시
시간적 응집도 (Temporal Cohesion)	• 연관된 기능이라기보다는 특정 시간에 처리되어야 하는 활동들을 한 모듈에서 처리하는 경우 예 초기치 설정, 종료 처리 등
논리적 응집도 (Logical Cohesion)	• 유사한 성격을 갖거나 특정 형태로 분류되는 처리 요소들이 한 모듈에서 처리되는 경우 예 오류 처리 : 자판기의 잔액 부족, 음료수 부족 출력 처리 : 직원 인사 정보 출력, 회계 정보 출력
우연적 응집도 (Coincidental Cohesion)	• 모듈 내부의 각 구성요소들이 연관이 없는 경우 • 모듈화의 장점이 없고, 유지보수 작업이 어려움

기적의 TIP

소프트웨어 응집도와 결합도

- 응집도는 모듈 내부에서 구성요소 간에 밀접한 관계를 맺고 있는 정도로 평가되며, 응집도가 높을수록 필요한 요소들로 구성되어 있고 낮을수록 관련이 적은 요소들로 구성되어 있습니다.
- 결합도는 모듈과 모듈 간의 관련성 정도를 나타내며, 관련이 적을수록 모듈의 독립성이 높아져 모듈 간 영향이 줄어들게 됩니다.
- 즉, 소프트웨어 모듈화를 수행할 때 응집도는 높게 하고 결합도는 약하게 하는 것이 유리합니다.

12번 해설

패킷 교환(Packet Switching) 방식

가상회선 방식	• 단말기 상호 간에 논리적인 가상 통신회선을 미리 설정하여 송수신지 사이의 연결을 확립한 후에 설정된 경로를 따라 패킷들을 순서적으로 운반하는 방식이다. • 정보 전송 전에 제어 패킷에 의해 경로가 설정된다. • 통신이 이루어지는 컴퓨터 사이에 데이터 전송의 안정성과 신뢰성이 보장된다. • 모든 패킷은 같은 경로로 발생 순서대로 전송된다. 즉 패킷의 송수신 순서가 같다.
데이터그램 방식	• 연결 경로를 설정하지 않고 인접한 노드들의 트래픽(전송량) 상황을 감안하여 각각의 패킷들을 순서에 상관없이 독립적으로 운반하는 방식이다. • 패킷마다 전송 경로가 다르므로, 패킷은 목적지의 완전한 주소를 가져야 한다. • 네트워크의 상황에 따라 적절한 경로로 패킷을 전송하기 때문에 융통성이 좋다. • 순서에 상관없이 여러 경로를 통해 도착한 패킷들은 수신측에서 순서를 재정리한다. • 소수의 패킷으로 구성된 짧은 데이터 전송에 적합하다.

13번 해설

GoF 디자인 패턴

- GoF 디자인 패턴은 23가지의 디자인 패턴이 정리되어 있고, 구현 방식에 따라 생성(Creational), 구조(Structural), 행위(Behavioral) 3가지로 분류한다.
- GoF 디자인 패턴의 분류

생성 패턴	• 객체의 생성과 관련된 패턴이다. • 객체의 인스턴스 과정을 추상화하는 방법으로, 객체의 생성과 참조 과정을 캡슐화하여 객체가 생성되거나 변경되어도 프로그램 구조에 영향을 받지 않도록 하여 프로그램에 유연성을 더해준다. • 생성 클래스 패턴은 객체를 생성하는 일부를 서브 클래스가 담당하도록 하며, 생성 객체 패턴은 객체 생성을 다른 객체에게 위임한다. • 종류 : Abstract Factory, Builder, Factory Methods, Prototype, Singleton
구조 패턴	• 클래스나 객체들을 조합해 더 큰 구조로 만들 수 있게 해주는 패턴이다. • 구조 클래스 패턴은 상속을 통해 클래스나 인터페이스를 합성하고, 구조 객체 패턴은 객체를 합성하는 방법을 정의한다. • 종류 : Adaptor, Bridge, Composite, Decorator, Facade, Flyweight, Proxy
행위 패턴	• 클래스나 객체들이 서로 상호작용하는 방법이나 어떤 태스크, 어떤 알고리즘을 어떤 객체에 할당하는 것이 좋을지를 정의하는 패턴이다. 즉, 객체나 클래스의 교류 방법에 대해 정의하는 것이다. • 행위 패턴은 하나의 객체로 수행할 수 없는 작업을 여러 객체로 분배하면서 그들 간의 결합도를 최소화 할 수 있도록 도와준다. • 행위 클래스 패턴은 상속을 통해 알고리즘과 제어 흐름을 기술하고, 행위 객체 패턴은 하나의 작업을 수행하기 위해 객체 집합이 어떻게 협력하는지를 기술한다. • 종류 : Chain of Responsibillity, Command, Interpreter, Iterpreter, Mediator, Memonto, Observer, State, Strategy, Template Method, Visitor

14번 해설

로킹(Locking)

- 트랜잭션들이 어떤 로킹 단위를 액세스하기 전에 Lock을 요청해서 Lock이 허락되어야만 그 로킹 단위를 액세스할 수 있도록 하는 기법이다.
- 트랜잭션 실행의 직렬성은 보장하지만 교착 상태는 해결하지 못한다.

로킹 단위가 클 경우	• 로크 수 감소, 제어 기법이 간단해져 로킹 오버헤드 감소 • 데이터베이스 공유도와 병행성 정도 저하
로킹 단위가 작을 경우	• 로크 수 증가, 제어 기법이 복잡해져 로킹 오버헤드 증가 • 데이터베이스 공유도와 동시성 정도 증가

15번 해설

소프트웨어 시스템의 3가지 관점

기능 관점 (Function Space)	• 시스템이 어떠한 기능을 수행하는가의 관점에서 시스템을 기술한다. • 주어진 입력에 대하여 어떤 결과가 나오는가를 보여주는 관점이며 연산과 제약 조건을 묘사한다. • 기능 모델의 일반적인 표현 방법은 버블 도표(Bubble Charts)라고 하는 자료흐름도에 의하여 도식적으로 나타난다. • 자료흐름도의 중요 구성요소는 기능을 수행하는 프로세스와 자료흐름이다. • 구조적 분석은 기능 모델링에 사용되는 대표적인 분석 기법으로 정보의 흐름과 정보의 변환을 나타내는 방법이며 요구사항 분석 도구로 가장 많이 사용된다.
동적 관점 (Dynamic Space)	• 시간의 변화에 따른 시스템의 동작과 제어에 초점을 맞추어 시스템의 상태와 상태를 변하게 하는 원인을 묘사하는 것이다. • 가장 많이 사용되는 동적 모델링 도구에는 상태변화도(STD)와 사건추적도(ETD)가 있다.
정보 관점 (Information Space)	• 시스템에 필요한 정보를 보여줌으로써 시스템의 정적인 정보구조를 포착하는 데 사용한다. • 시스템의 기능이나 동적인 면을 고려하지 않으며 정적인 것에만 초점을 맞춘다. • 정보 모델은 특히 시스템의 데이터베이스를 분석하는 데 많이 사용되며 ER 모델 또는 EER 모델이 대표적인 도구이다.

16번 해설

- 9줄 : 정수형 변수 res를 생성한다.
- 10줄 : mp() 함수를 호출하면서 매개변수 2와 10을 전달한다. mp() 함수가 종료되면서 리턴된 값을 res에 배정한다.
- 1줄 : mp() 함수를 수행한다. 10에서 전달받은 2와 10을 변수 base와 변수 exp에 배정하여 함수를 수행하게 된다.
- 2줄 : 정수형 변수 res를 생성하고 1로 초기화 한다. 여기서의 변수 res는 mp() 함수 내부에서 사용되는 지역변수이므로 9에서 생성한 main() 함수의 변수 res와 다르다.
- 3줄 : 3~5줄이 반복된다. 반복 제어변수 i의 초기값은 0이고, 반복할 때마다 i를 1씩 증가하며 변수 exp보다 작을 동안 반복된다. 즉, i는 0, 1, 2, 3, 4, 5, 6, 7, 8, 9일 때 반복하고 10이 되면 반복을 종료한다.
- 4줄 : 변수 res에 res * base 결과를 배정한다. 따라서 반복이 되는 동안 변수들의 변화는 다음과 같다.

i	i 〈 exp	base	res * base	res
0	True	2	1 * 2	2
1	True	2	2 * 2	4
2	True	2	4 * 2	8
3	True	2	8 * 2	16
4	True	2	16 * 2	32
5	True	2	32 * 2	64
6	True	2	64 * 2	128
7	True	2	128 * 2	256
8	True	2	256 * 2	512
9	True	2	512 * 2	1024
10	False(반복 종료)	2	–	1024

- 6줄 : mp() 함수를 호출한 곳으로 변수 res의 값인 1024를 반환한다.
- 10줄 : mp() 함수에서 반환 받은 1024를 변수 res에 배정한다.
- 11줄 : 변수 res를 출력하면 1024가 출력된다.

17번 해설

객체의 생성 없이 test() 메서드를 사용하였으므로 test() 메서드를 정적 메서드로 처리할 수 있도록 static 키워드를 빈칸에 넣어야 한다.

기적의 TIP

static 메서드

- 메서드를 정의할 때 static 키워드를 붙이게 되면 정적 메서드가 됩니다.
- 정적 메서드는 프로그램이 실행되면서 자동으로 메모리를 할당받으므로 별도의 객체 생성이 없이 사용할 수 있습니다(Java에서 가장 먼저 수행되는 main() 메서드 역시 static 키워드로 정의되어 있음).

18번 해설

- 2줄 : 정수형 배열 arr[3]을 생성하고 별도의 초기화를 하지 않는다. 초기화를 하지 않으면 자동으로 0으로 초기화 된다.
- 3줄 : 정수형 변수 sum을 생성하고 0으로 초기화 한다.
- 4줄 : arr은 배열명으로 인덱스가 없이 단독으로 사용되면 배열의 시작 주소를 의미한다. 따라서 *(arr + 0)은 배열의 시작 주소를 역참조한다는 의미로 arr[0]과 같기 때문에 arr[0]에 1이 배정된다. 배열과 배열명에 연산은 다음 그림과 같다.

배열 인덱스 사용	arr[0]	arr[1]	arr[2]
배열명 사용	*arr *(arr + 0)	*(arr + 1)	*(arr + 2)

- 5줄 : *(arr + 0) + 2의 의미는 arr[0]에 2를 더한다는 의미이다. 4에서 arr[0]에 1을 배정하였으므로 arr[1]에는 1과 2를 더하여 3이 배정된다.
- 6줄 : *arr + 3의 의미는 arr을 역참조하여 3을 더한다는 의미이다. 즉, arr[0]+3의 의미이므로 arr[2]에는 1과 3을 더하여 4가 배정된다. 따라서 배열에는 다음과 같이 값이 저장된다.

배열 인덱스 사용	arr[0]	arr[1]	arr[2]
배열명 사용	*arr *(arr + 0)	*(arr + 1)	*(arr + 2)
배열 arr	1	3	4

- 7~8줄 : for문으로 변수 i를 0부터 1씩 증가하며 3보다 작을 때까지 반복하며 sum = sum + arr[i]를 수행한다. 즉, 배열 arr[0]부터 arr[2]까지의 모든 원소를 sum에 누적한다.
- 9줄 : sum을 출력하면 8이 출력된다.

19번 해설

- 13줄 : 클래스 par를 사용하여 객체를 생성한다.
- 14줄 : 클래스 sub를 사용하여 객체를 생성한다. 클래스 sub는 클래스 par를 상속하는 클래스이므로 클래스 par를 사용한 객체도 동시에 생성된다. 따라서 객체를 사용할 때 클래스 par의 메서드 중에서 클래스 sub에 동일한 매서드가 있다면 오버라이딩되어 실행된다.
- 15줄 aa.comp(3, 2) : aa 객체를 사용하여 comp(3,2)로 메서드를 호출한다. aa 객체는 클래스 par로 생성된 객체이므로 2~3이 수행되어 5를 반환한다.
- 15줄 bb.com(3, 2) : bb 객체를 사용하여 comp(3, 2)로 메서드를 호출한다. bb 객체에서 comp() 메서드를 호출하게 되면 오버라이딩되어 클래스 sub의 comp 메서드가 수행된다. 따라서 x − y + super.comp(x, y)를 반환하게 되는데, super.comp(x, y)는 부모 클래스의 메서드를 의미하므로 클래스 par의 comp 메서드를 수행하여 5를 반환하게 된다. 최종 반환값은 3 − 2 + 5가 되어 6이 반환된다.
- 15줄 : aa.comp(3, 2)의 반환값 5와 bb.comp(3, 2)의 반환값 6이 반환되어 11이 출력된다.

20번 해설

테스트 장치(Test Harness)

테스트 드라이버(Test Driver)	테스트 대상 하위 모듈을 호출하고, 파라미터를 전달하고, 모듈 테스트 수행 후의 결과를 도출하는 등 상향식 테스트에 필요
테스트 스텁(Test Stub)	제어 모듈이 호출하는 타 모듈의 기능을 단순히 수행하는 도구로 하향식 테스트에 필요
테스트 슈트(Test Suites)	테스트 대상 컴포넌트나 모듈, 시스템에 사용되는 테스트 케이스의 집합
테스트 케이스(Test Case)	입력 값, 실행 조건, 기대 결과 등의 집합
테스트 스크립트(Test Script)	자동화 된 테스트 실행 절차에 대한 명세
목 오브젝트(Mock Object)	사용자의 행위를 조건부로 사전에 입력해 두면, 그 상황에 예정된 행위를 수행하는 객체

기출문제 2021년 01회

457p

01	RARP
02	① 논리적 설계 ② 개념적 설계 ③ 물리적 설계
03	WSDL
04	(1) 기능적 요구사항 (2) 비기능적 요구사항
05	SMPID
06	COUNT(*) 1
07	3 1 15 17 25
08	반정규화 또는 역정규화 또는 비정규화
09	(1) 경계값 분석 (2) 동등 분할 검사
10	(1) 단위 테스트 (2) 통합 테스트
11	(1) 128 (2) 8
12	IPC(Inter Process Communication)
13	EAI
14	카디널리티(Cardinality) : 5 디그리(Degree) : 4
15	woojae 28
16	(1) 구조(Structure) (2) 연산(Operation)
17	DAC
18	0+1+2+3+4+5=15
19	(1) 내용 (2) 스탬프 (3) 공통
20	세션 하이재킹(Session Hijacking)

01번 해설

ARP (Address Resolution Protocol, 주소 결정 프로토콜)	• 네트워크상에서 IP 주소를 물리적 네트워크 주소(Mac Address)로 대응시키기 위해 사용되는 프로토콜이다. • ARP 요청은 해당 네트워크상의 모든 호스트와 라우터에게 브로드캐스트 되고 ARP 응답은 ARP 요청을 전송한 요청자에게 유니캐스트 된다. • ARP 캐시를 사용하므로 캐시에서 대상이 되는 IP 주소의 MAC 주소를 발견하면 이 MAC 주소가 통신을 위해 바로 사용된다.
RARP(Reverse ARP)	• ARP와 반대되는 기능을 수행한다. 즉, 물리적인 주소에 해당하는 논리적인 주소(IP)를 찾아준다. • RARP 요청 패킷은 브로드캐스트 되고 RARP 응답 패킷은 유니캐스트 방식으로 전달된다.

02번 해설

데이터베이스 설계 프로세스

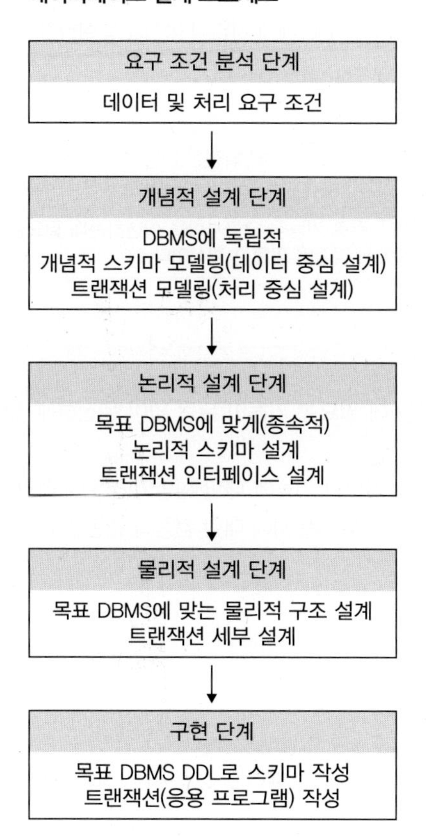

03번 해설

웹 서비스(Web Service)의 기본 구조 및 구성요소

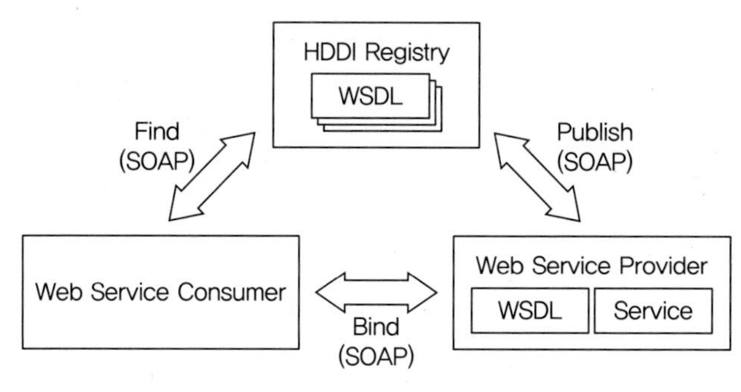

- SOAP(Simple Object Access Protocol) : HTTP, HTTPS, SMTP 등을 사용하여 XML(Extensible Markup Language) 기반의 메시지를 네트워크 상에서 교환하는 프로토콜(Protocol)이다.
- UDDI(Universal Description, Discovery and Integration) : UDDI를 웹 서비스에 대한 정보인 WSDL에 등록하고, 검색하기 위한 저장소로 공개적으로 접근, 검색이 가능한 레지스트리이다.
- WSDL(Web Service Description Language) : 웹 서비스명, 웹 서비스 제공 위치, 웹 서비스 메시지 포맷(Format), 프로토콜(Protocol) 정보 등 웹 서비스에 대한 상세 정보를 기술한 파일로 엑스 엠 엘(XML) 형식으로 구현한다.

04번 해설

요구사항

- IT 테스트 대상 시스템을 주관하는 기관 또는 업체가 용역을 수행하는 기관 또는 업체에게 사업의 목적을 달성하기 위해서 이행을 요구하는 사항과 관련한 지식이다.
- 요구사항의 종류

기능적 요구사항	사용자 또는 시스템 서비스 관점에서 사업의 목적을 달성하기 위해 특정한 기능 측면에서 구현을 요구하는 사항으로 주로 완전성(Completeness)과 일관성(Consistency) 측면의 검증이 필요한 지식이다.
비기능적 요구사항	기능적 요구사항 이외의 모든 요구사항에 해당하며, 주로 기능적 요구사항을 실현하는데 필요한 제약 요건과 연관된 것으로서, 제품, 조직, 외부 등의 관점에서 검증이 필요한 지식이다.

기적의 TIP

- **기능 완전성(Functional Completeness)** : 사업의 목적을 달성하는 데 필요한 기능이 누락 없이 완전하게 설명되거나 구현되어 있는지에 대한 검증과 관련한 지식입니다.
- **기능 일관성(Functional Consistency)** : 사업의 목적을 달성하는 데 필요한 기능에 대한 설명이 경우에 따라 상충하여 모순이 발생하거나 경우에 따라 다른 용도로 사용되어 혼란을 초래하지 않는지에 대한 검증과 관련한 지식입니다.

기적의 TIP

요구사항 개발 프로세스

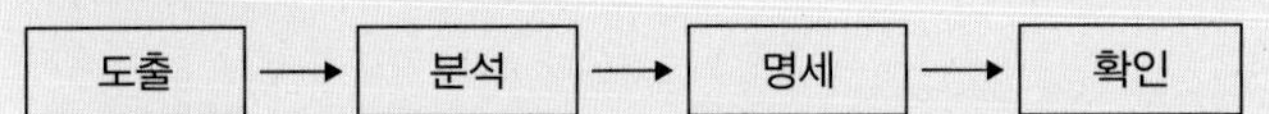

- **요구사항 도출(Requirement Elicitation)** : 소프트웨어가 해결해야 할 문제를 이해하는 첫 번째 단계로서 요구사항이 어디에 있고, 어떻게 수집할 것인가와 관련되어 있습니다.
- **요구사항 분석(Requirement Analysis)** : 요구사항들 간 상충되는 것을 해결하고, 소프트웨어의 범위를 파악하며, 소프트웨어가 환경과 어떻게 상호 작용하는지 이해합니다.
- **요구사항 명세(Requirement Specification)** : 체계적으로 검토, 평가, 승인될 수 있는 문서를 작성하는 것을 의미합니다. 시스템 정의, 시스템 요구사항, 소프트웨어 요구사항을 작성합니다.
- **요구사항 확인(Requirement Validation)** : 분석가가 요구사항을 이해했는지 확인(Validation)이 필요하고, 요구사항 문서가 회사의 표준에 적합하고 이해 가능하며, 일관성이 있고, 완전한지 검증(Verification)하는 것이 중요합니다. 이해관계자들이 문서를 검토해야 하고, 요구사항 정의 문서들에 대해 형상 관리를 해야 하는데, 일반적으로 요구사항 관리 툴을 이용합니다.

05번 해설

- 1~2줄 : 클래스 city에 리스트 a가 정의되어 있다.
- 3줄 : 클래스 city를 사용하여 객체 my를 생성한다. 객체는 리스트 a를 포함하고 있으며 다음과 같이 저장된다.

	my[0][0]	my[0][1]	my[0][2]	my[0][3]	my[0][4]
my.a[0]	S	e	o	u	l

	my[1][0]	my[1][1]	my[1][2]	my[1][3]	my[1][4]
my.a[1]	M	s	d	s	n

	my[2][0]	my[2][1]	my[2][2]	my[2][3]	my[2][4]
my.a[2]	P	u	s	a	n

	my[3][0]	my[3][1]	my[3][2]	my[3][3]	my[3][4]	my[3][5]
my.a[3]	I	n	c	h	o	n

	my[4][0]	my[4][1]	my[4][2]	my[4][3]	my[4][4]
my.a[4]	D	a	e	g	u

- 4줄 : 변수 fchar을 생성한다. 파이썬에서 변수의 형식은 자료 입력하면서 결정되는데 작은 따옴표('')의 형식으로 초기화하였으므로 문자열을 저장하는 변수가 된다.
- 5줄 : 3에서 생성한 리스트 my.a로 반복문을 수행한다. my.a는 5개의 문자열로 구성되어 있으므로 총 5번의 반복이 이루어지게 된다. 첫 번째 반복에서 i에 문자열 my.a[0]를 배정하여 수행하고, 이후 문자열 my.a[5]까지 차례대로 i에 배정하며 반복한다.
- 6줄 : 반복이 수행될 때마다 5에서 배정된 문자열의 첫 번째 문자를 변수 fchar에 누적한다.
- 7줄 : fchar를 출력하면 각 문자열의 첫 번째 글자 SMPID가 출력된다.

06번 해설

SELECT COUNT(*)

④ 개수(COUNT(*))를 검색하여라.

FROM 직원

① [직원] 테이블에서

WHERE EMP_NO 〉 100 AND EMP_SAL 〉= 3000 OR EMP_NO = 200;

② 'EMP_NO'가 100을 초과하고 'EMP_SAL'이 3000 이상이거나 ③ 'EMP_NO'가 200인 튜플의

07번 해설

- 3줄 : 2차원 배열 array를 생성하고 초기화 하면 다음과 같다.

array[0][0] 15	array[0][1] 17	array[0][2] 19
array[1][0] 25		

- 4줄 : array[0].length를 출력한다. 2차원 배열에서 인덱스를 하나만 사용하게 되면 행 번호를 의미한다. 따라서 length를 사용하여 0행의 배열 원소 개수를 출력하면 3이 출력된다.
- 5줄 : array[1].length를 출력하므로 1행의 배열 원소 개수 1이 출력된다.
- 6~8줄 : 2차원 배열에서 두 개의 첨자를 사용하여 출력하였으므로 배열에서 각각의 인덱스에 저장된 데이터를 출력한다. 따라서 15, 17, 25가 출력된다.

기적의 TIP

프로그램 출력 결과를 작성할 때 반드시 출력 형식을 파악해야 하며, 형식에 맞게 출력 결과를 작성해야 합니다.

- Java 프로그램에서는 System.out.println과 System.out.print를 구분하여 System.out.println는 출력 후 줄바꿈을 하여야 하고, System.out.print는 출력 후 줄바꿈을 하지 않도록 합니다.
- C 프로그램에서는 printf() 함수의 내부에 \n의 유무와 위치를 파악하여 \n 이후 반드시 줄바꿈을 하는 방식으로 답안을 작성해야 합니다.

08번 해설

반정규화는 역정규화 또는 비정규화라고도 하며 시스템의 속도를 향상시키기 위해 정규화(Normalization)의 낮은 단계로 거꾸로 되돌리는 것을 말한다. 데이터베이스에서 정규화를 철저히 할수록 데이터의 중복이 없어지고 논리적 완성도가 높아지는 장점이 있으나 테이블이 세분화되어 조인(Join)이 많아지는 단점이 있다. 이를 피하기 위해 약간의 데이터 중복을 허용하는 역정규화를 수행함으로써 조인(Join) 쿼리의 사용을 줄여 전체적인 시스템의 속도를 향상시킬 수 있다.

09번 해설

블랙박스(Black Box) 테스트

구문(Syntax)	• 입력 데이터가 사전에 정의해 놓은 데이터 유형에 부합하는지(valid), 부합하지 않는지(invalid)를 분류한 뒤 예상되는 결과를 테스트하는 방법 • 블랙박스 테스트 방법 중에서 가장 간단한 테스트 방법
동등 분할(Equivalence Partitioning, 동치 분할)	• 입력 데이터를 중심으로 테스트 케이스를 만들어 테스트하는 방법 • 입력 조건에 부합하는 데이터와 부합하지 않는 데이터의 개수를 균등하게 설정하여 테스트 케이스를 작성
경계값 분석(Boundary Value Analysis)	• 입력 조건의 중앙 부근의 값보다는 경계 지점의 값에서 오류 발생의 확률이 높은 점을 감안하여 입력 조건의 경계값을 테스트 케이스에 반영하여 테스트하는 방법 • 범위 바깥의 값과 경계값으로 테스트를 수행 • 동치 분할 방법이 입력 데이터에 초점을 맞춤으로 인해 분석에 일부 단점이 있는 것을 보완하기 위한 방법
원인-효과 그래프(Cause-Effect Graphing)	• 입력 데이터 간의 관계와 입력을 원인으로 출력을 효과로 보아 입력이 출력에 영향을 미치는 상황을 체계적으로 분석함으로써 효과가 높은 테스트 케이스를 선정하여 테스트하는 방법 • 동등 분할과 경계값 분석 방법이 입력 환경의 복잡성을 충분히 반영하지 못하는 문제점을 보완한 테스트 방법
비교(Comparison)	• 프로그램의 형상 통제를 통해 축적한 여러 버전의 프로그램에 동일한 검사 데이터를 통해 점검하여 동일한 결과를 얻을 수 있는지 비교하는 식으로 테스트하는 방법
오류 예측(Error Guessing)	• 과거에 축적한 경험 데이터나 테스트 수행자의 전문성을 보완하여 테스트에 반영하는 방법 • 테스트 방법이 누락하기 쉬운 오류를 경험과 감각으로 찾아내는 방법
의사 결정 테이블(Decision Table)	• 입력 데이터 및 출력 데이터의 값이 참(true)과 거짓(false)으로 결정되는 경우 모든 경우의 수를 확인하는 방법 • 입력 데이터값이 적은 수의 조건일 경우에 유효
상태 천이도(State Transition Diagram)	• 테스트 상황에 따라 유효한 상태 천이와 유효하지 않은 상태 천이를 수행하도록 테스트 케이스를 설계하는 방법

10번 해설

단위 테스트	단위 모듈 혹은 네트워크 단일 노드 내 기능이 요구사항에 부합되는지를 테스트
통합 테스트	단위 테스트 결과를 기반으로 기능 모듈 간 혹은 네트워크 노드 간 연계 기능이 요구사항에 부합되는지를 테스트
시스템 테스트	통합 테스트 결과를 기반으로 애플리케이션의 기능 요구사항이 검증된 상태에서 대상이 되는 인프라에서 실제 애플리케이션이 구동될 때에 대한 기능 검증과 함께 처리 속도 혹은 안정성 등의 비기능 요구사항을 테스트
인수 테스트	단위, 통합 및 시스템 테스트 결과를 기반으로 구현 기능이 최종 사용자의 업무 완결성 관점에서 요구사항에 부합되는지를 테스트(개발자 환경에서 수행되는 알파 테스트와 사용과 환경에서 사용자가 수행하는 베타 테스트가 있음)

기적의 TIP

단위 테스트 → 통합 테스트 → 시스템 테스트 → 인수 테스트

11번 해설

IPv4와 IPv6의 비교

구분	IPv4	IPv6
주소 길이	32bit(8bit×4구역)	128bit(16bit×8구역)
주소 할당	A, B, C, D 등의 클래스 단위로 비순차적 할당(비효율적)	네트워크, 단말 순서로 순차적 할당(효율적)
보안 기능	IPsec 프로토콜 별도 설치	IPsec 프로토콜 자체 지원
서비스 품질	제한적 품질 보장	확장된 품질 보장
주소 규칙	유니캐스트, 브로드캐스트, 멀티캐스트(옵션)	유니캐스트, 멀티캐스트, 애니캐스트
헤더 크기	가변(약 20byte)	고정(40byte)
헤더 체크섬	있음	없음
표시 방법	8bit씩 4부분, 10진수 표기 예 203.252.53.55	16bit씩 8부분, 16진수 표기 예 2002:0221:ABCD:5ABC:::1234:4020

12번 해설

IPC(Inter Process Communication)

- 프로세스 간의 통신 기법을 의미한다.
- 크게 공유 기억 장치 기법과 메시지 시스템 기법으로 나누어진다.

공유 기억 장치 기법	통신하는 프로세스 간에 어떤 변수를 공유하여 이 공유 변수를 이용하여 정보를 교환
메시지 시스템 기법	통신을 제공하는 책임을 운영체제가 가지고 프로세스가 메시지를 교환

13번 해설

EAI(Enterprise Application Integration)

- 전사적 애플리케이션 통합이라고 한다.
- 기업, 기관, 단체 등에서 사용하는 모든 애플리케이션을 상호 연계하여 통합하는 것을 말한다.
- 여러 애플리케이션을 1:1로 직접 연결하는 Point to Point 방식과 중간에 단일 접점인 허브를 두고 1:N 구조로 연결하는 Hub and Spoke 방식이 있다.

14번 해설

- 카디널리티(Cardinality) : 릴레이션의 튜플의 수(=기수)
- 디그리(Degree) : 릴레이션에 포함되어 있는 속성(Attribute)의 수(=차수)

기적의 TIP

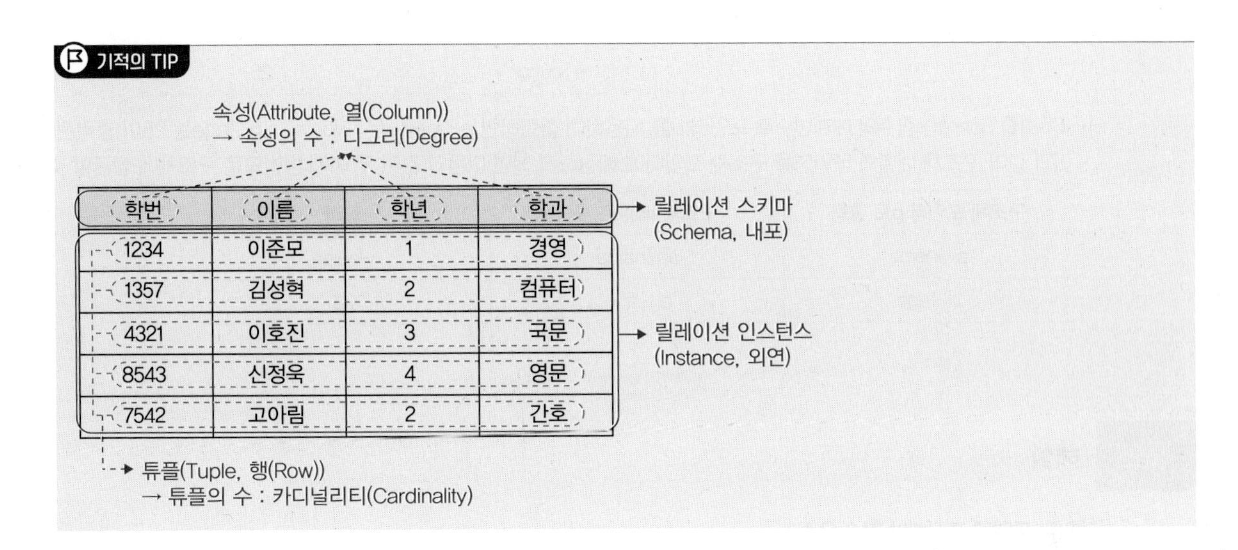

15번 해설

- 2~6줄 : 구조체 emp를 정의하고 생성한다. 구조체 emp에는 문자형 배열 name과 정수형 변수 age가 포함되어 있는 구조이다. 6에서 구조체 정의와 동시에 구조체 배열을 생성하고 있다. 즉, emp 형태를 갖는 구조체를 배열의 형태로 생성한 것이다. 따라서 다음과 같이 구조체가 만들어진다.

배열		name[10]	age
a[0]	→	kihyun	26
a[1]	→	woojae	28
a[2]	→	subin	32
a[3]	→	miyoung	25

- 7줄 : emp로 만들어진 구조체의 주소를 저장할 수 있는 구조체 포인터 p를 생성한다.
- 8줄 : 배열명 a를 p에 배정한다. 배열명 a는 6에서 생성한 구조체 배열의 메모리 시작 주소를 의미한다. 따라서 p = a;에 의해 구조체 배열이 저장되어 있는 주소(a[0]의 주소)를 구조체 포인터 p에 배정하므로 이후 구조체 포인터 p와 ->(Arrow 연산자)를 사용하여 구조체에 접근할 수 있게 된다.

포인터		배열		name[10]	age
p	→	a[0]	→	kihyun	26
		a[1]	→	woojae	28
		a[2]	→	subin	32
		a[3]	→	miyoung	25

• 9줄 : p에 1을 증가시킨다. 따라서 구조체 포인터 p에는 구조체 배열 a[1]의 주소로 변경된다.

포인터		배열		name[10]	age
p	→	a[0]	→	kihyun	26
		a[1]	→	woojae	28
		a[2]	→	subin	32
		a[3]	→	miyoung	25

• 10~11줄 : printf() 함수의 매개변수로 포인터 p를 사용하여 출력하면 p->name은 "woojae", p->age는 28이 출력된다.
• 이와 같이 구조체 배열의 배열명을 구조체 포인터에 배정하게 되면 다음과 같이 두 가지 방법으로 구조체에 접근할 수 있다.

구조체 포인터 p로 출력	구조체 배열로 출력	결과
p->name	a[1].name	woojae
p->age	a[1].age	28

16번 해설

데이터 모델에 표시해야 할 3 요소

구조(Structure)	• 데이터베이스에 표현될 대상으로서의 개체 타입과 개체 타입들 간의 관계 • 데이터 구조 및 정적 성질
연산(Operation)	• 저장된 실제 데이터를 처리하는 방법 • 데이터를 조작하는 기본 도구
제약 조건(Constraint)	• 저장될 수 있는 데이터의 논리적인 제약 조건

17번 해설

임의 접근 통제(DAC, Discretionary Access Control)

• 임의 접근 통제는 사용자의 신원 정보를 통해 권한의 부여 및 회수에 대한 메커니즘을 기반으로 한다. 즉, 권한은 사용자가 특정 객체에 어떠한 행위를 할 수 있도록 객체와 행위에 대해 허용하는 것을 의미한다.
• 임의적 접근 통제에서 객체를 생성한 사용자는 생성된 객체에 적용 가능한 모든 권한을 부여받게 되고, 부여된 권한들을 여타 사용자에게 허가할 수 있는 허가 옵션도 적용받게 된다. 그 외 다른 사용자의 경우 특정 객체에 대해 데이터 조작 행위를 위해서는 데이터베이스 관리시스템으로부터 권한을 부여 받아야 한다.

기적의 TIP

강제 접근 통제(MAC, Mandatory Access Control)

• 주체와 객체를 보안 등급 중 하나로 분류하고, 주체가 사용자보다 보안 등급이 높은 객체에 대한 읽기, 쓰기 등을 방지합니다. 각각의 데이터베이스 객체에는 보안 분류 등급이 부여될 수 있고, 사용자별로 인가 등급을 부여할 수 있어 접근에 대한 통제가 가능합니다.
• 일반적으로 읽기는 사용자의 등급이 접근하는 데이터 객체 등급과 같거나 높은 경우에만 허용되고, 수정 및 등록은 사용자의 등급이 기록하려는 데이터 객체의 등급과 같은 경우만 허용합니다. 이러한 통제는 높은 등급의 데이터가 사용자를 통해 의도적으로 낮은 등급의 데이터로 사용되거나 복사되는 것을 방지하기 위함을 목적으로 합니다.

18번 해설

- 3줄 : 정수형 변수 sum, cnt를 생성한다.
- 4~14줄 : 반복문 for에 의해 반복된다. 초기값은 cnt = 0, sum = 0이고, 증감식은 cnt++, cnt <= 5가 참인 경우 반복하게 된다. 따라서 cnt가 0부터 5까지 1씩 증가하며 반복하고 6이 되면 반복이 종료된다.
- 5줄 : sum에 cnt를 누적한다.
- 6줄 : cnt를 출력한다.
- 7~13줄 : 7에서 cnt가 5와 같다면 "="과 변수 sum에 저장된 값을 출력하고, 5가 아니라면 "+"를 출력한다.
- 위의 설명을 연결해보면 cnt가 0, 1, 2, 3, 4, 5로 증가하면서 sum에 누적되고 있다. cnt가 5가 되면 "="과 sum을 차례대로 출력하여 지금까지 누적한 값을 출력하는 것이다. 따라서 sum은 0부터 5까지의 합을 출력하게 된다.
- 즉, 프로그램을 실행하여 출력된 내용은 0+1+2+3+4+5=15가 된다.

19번 해설

결합도(Coupling)

자료 결합도 (Data Coupling)	모듈 간의 인터페이스로 전달되는 파라미터를 통해서만 모듈 간의 상호 작용이 일어나는 경우 예 제곱근을 계산하는 함수로 하나의 정수를 전달
스탬프 결합도 (Stamp Coupling)	모듈 간의 인터페이스로 배열이나 오브젝트(Object), 스트럭처(Structure) 등이 전달되는 경우
제어 결합도 (Control Coupling)	단순 처리할 대상인 값만 전달되는 게 아니라 어떻게 처리를 해야 한다는 제어 요소가 전달되는 경우
외부 결합도 (External Coupling)	다수의 모듈이 모듈 밖에서 도입된 데이터, 프로토콜, 인터페이스 등을 공유할 때 발생하는 경우
공통 결합도 (Common Coupling)	파라미터가 아닌 모듈 밖에 선언되어 있는 전역 변수를 참조하고 전역 변수를 갱신하는 식으로 상호 작용하는 경우 예 전역 변수
내용 결합도 (Content Coupling)	다른 모듈 내부에 있는 변수나 기능을 다른 모듈에서 사용하는 경우

기적의 TIP

소프트웨어 응집도와 결합도

- 응집도는 모듈 내부에서 구성요소 간에 밀접한 관계를 맺고 있는 정도로 평가되며, 응집도가 높을수록 필요한 요소들로 구성되어 있고 낮을수록 관련이 적은 요소들로 구성되어 있습니다.
- 결합도는 모듈과 모듈 간의 관련성 정도를 나타내며, 관련이 적을수록 모듈의 독립성이높아져 모듈 간 영향이 적어지게 됩니다.
- 즉 소프트웨어 모듈화를 수행할 때 응집도는 높게 하고 결합도는 약하게 하는 것이 유리합니다.

20번 해설

세션 하이재킹(Session Hijacking)

- 다른 사람의 세션 상태를 훔치거나 도용하여 액세스하는 가로채기 기법으로, 일반적으로 세션 ID 추측 및 세션 ID 쿠키 도용을 통해 공격이 이루어진다.
- 피해는 세션 상태에 어떤 정보가 저장되어 있느냐에 달려 있지만, 그보다 더 위험한 것은 ID와 패스워드를 사용하는 인증 절차를 건너뛰어 서버와 사용자가 주고받는 모든 내용을 그대로 도청하거나 서버의 권한을 확보할 수도 있다는 점이다.
- 스푸핑은 실사용자의 접속 여부에 상관없이 공격이 가능하지만, 세션 하이재킹은 실사용자가 오프라인이 되도록 선행 공격을 해야만 한다.

기출문제 2020년 04회

464p

번호	정답
01	IPv6
02	행위
03	패키지 다이어그램
04	즉시 갱신 기법, 지연 갱신 기법
05	(1) n > 0 또는 n >= 1 (2) n % 2
06	① 3 ② 5
07	송신자와 수신자 사이 네트워크에서 패킷 정보를 도청하는 행위 또는 해커가 네트워크상에서 송수신되는 패킷을 수집하여 비밀번호 등을 알아내는 해킹 기법이다.
08	NAT
09	[1, 2, 3] 7 1 2 3 4 5 6 7 8 9
10	블록체인(Blockchain)
11	하둡(Hadoop)
12	삽입 이상, 갱신 이상, 삭제 이상
13	(1) 준비 (2) 실행 (3) 대기 또는 블록 또는 보류
14	샘플링 오라클(Sampling Oracle)
15	동등 분할 (테스트)
16	SELECT 학과, COUNT(*) AS 학과인원 FROM 학생 GROUP BY 학과;
17	유닉스(UNIX)
18	누구나 쉽게 이해하고 사용할 수 있어야 한다.
19	KOREA EA K E M
20	1

01번 해설

IPv4와 IPv6의 비교

구분	IPv4	IPv6
주소 길이	32bit(8bit×4구역)	128bit(16bit×8구역)
주소 할당	A, B, C, D 등의 클래스 단위로 비순차적 할당(비효율적)	네트워크, 단말 순서로 순차적 할당(효율적)
보안 기능	IPsec 프로토콜 별도 설치	IPsec 프로토콜 자체 지원
서비스 품질	제한적 품질 보장	확장된 품질 보장
주소 규칙	유니캐스트, 브로드캐스트, 멀티캐스트(옵션)	유니캐스트, 멀티캐스트, 애니캐스트
헤더 크기	가변(약 20byte)	고정(40byte)
헤더 체크섬	있음	없음
표시 방법	8bit씩 4부분, 10진수 표기 예 203.252.53.55	16bit씩 8부분, 16진수 표기 예 2002:0221:ABCD:5ABC:::1234:4020

02번 해설

GoF 디자인 패턴

- GoF 디자인 패턴은 23가지의 디자인 패턴이 정리되어 있고, 구현 방식에 따라 생성(Creational), 구조(Structural), 행위(Behavioral) 3가지로 분류한다.
- GoF 디자인 패턴의 분류

생성 패턴	• 객체의 생성과 관련된 패턴이다. • 객체의 인스턴스 과정을 추상화하는 방법으로, 객체의 생성과 참조 과정을 캡슐화하여 객체가 생성되거나 변경되어도 프로그램 구조에 영향을 받지 않도록 하여 프로그램에 유연성을 더해준다. • 생성 클래스 패턴은 객체를 생성하는 일부를 서브 클래스가 담당하도록 하며, 생성 객체 패턴은 객체 생성을 다른 객체에게 위임한다. • 종류 : Abstract Factory, Builder, Factory Methods, Prototype, Singleton
구조 패턴	• 클래스나 객체들을 조합해 더 큰 구조로 만들 수 있게 해주는 패턴이다. • 구조 클래스 패턴은 상속을 통해 클래스나 인터페이스를 합성하고, 구조 객체 패턴은 객체를 합성하는 방법을 정의한다. • 종류 : Adaptor, Bridge, Composite, Decorator, Facade, Flyweight, Proxy
행위 패턴	• 클래스나 객체들이 서로 상호작용하는 방법이나 어떤 태스크, 어떤 알고리즘을 어떤 객체에 할당하는 것이 좋을지를 정의하는 패턴이다. 즉, 객체나 클래스의 교류 방법에 대해 정의하는 것이다. • 하나의 객체로 수행할 수 없는 작업을 여러 객체로 분배하면서 그들 간의 결합도를 최소화 할 수 있도록 도와준다. • 행위 클래스 패턴은 상속을 통해 알고리즘과 제어 흐름을 기술하고, 행위 객체 패턴은 하나의 작업을 수행하기 위해 객체 집합이 어떻게 협력하는지를 기술한다. • 종류 : Chain of Responsibillity, Command, Interpreter, Iterpreter, Mediator, Memonto, Observer, State, Strategy, Template Method, Visitor

03번 해설

패키지(Package) 다이어그램은 관련된 클래스를 묶어 패키지로 만들어서 관리하는 다이어그램으로, 패키지 내부의 클래스와의 관계, 패키지 간의 관계를 표현할 수 있다.

04번 해설

즉시 갱신 회복 기법 (Immediate Update)	• 트랜잭션 수행 도중에도 변경 내용을 즉시 데이터베이스에 기록 • Commit 발생 이전의 갱신은 원자성이 보장되지 않는 미완료 갱신이므로 장애 발생 시 UNDO 필요
지연 갱신 회복 기법 (Deferred Update)	• 트랜잭션의 부분 완료 상태에선 변경 내용을 로그 파일에만 저장 • Commit이 발생하기 전까지 데이터베이스에 기록하지 않음 • 중간에 장애가 생기더라도 데이터베이스에 기록되지 않았으므로 UNDO가 필요 없음(미실행 된 로그 폐기)

05번 해설

- 3줄 : int형 자료 8개를 갖는 배열 array를 생성한다. 배열의 초기값을 설정하지 않았으므로 모두 0으로 자동 초기화 된다.
- 4줄 : int형 변수 i와 n을 생성하고 각각 0과 10을 배정하여 초기화 한다.
- 5~8줄 : n은 십진수 10으로 0이 되면 2진수로 변환이 완료된 것이므로 n이 0보다 클 경우 반복한다. 따라서 (1)에는 n 〉 0이나 n 〉= 1의 논리식을 조건으로 설정하여야 한다.
- 6줄 : 10진수를 2진수로 변환할 때 2로 나눈 나머지를 취하므로 (2)에는 나머지 연산자를 사용하여 n % 2의 식이 적당하다. 그 결과를 배열 array에 i를 인덱스로 하여 배정한다.
- 7줄 : n /= 2는 n = n / 2와 같은 식이다. n / 2 는 n을 2로 나눈 나머지는 버리고 몫만 취하게 되므로 이 결과를 n에 다시 배정하고 5로 이동하여 다시 반복문을 수행하게 된다.

i	n	while(n〉10)	array[i++]=n%2	n/=2
0	10	True	0	5
1	5	True	1	2
2	2	True	0	1
3	1	True	1	0
4	0	False	–	–

- 따라서 실행 결과는 00001010이 된다.

06번 해설

- 3줄 : 정수형 2차원 배열 array를 생성한다.
- 4줄 : 정수형 변수 i를 생성하고 1로 초기화 한다.
- 5줄 : 반복문 for(int i = 0 ; i 〈 3 ; i++)는 i의 초기값을 0으로 시작하여 1씩 증가시키며 3보다 작을 동안 5~11줄을 반복한다. 즉, i가 0, 1, 2일 때 반복하고 3이 되면 반복을 종료한다.
- 6줄 : 반복문 for(int j = 0 ; j 〈 5 ; j++)는 j의 초기값을 0으로 시작하여 1씩 증가시키며 5보다 작을 동안 6~9줄을 반복한다. 즉, j가 0, 1, 2, 3, 4일 때 반복하고 5가 되면 반복을 종료한다.
- 5~11줄 : 따라서 i가 0일 때 j가 0, 1, 2, 3, 4,
  i가 1일 때 j가 0, 1, 2, 3, 4,
  i가 2일 때 j가 0, 1, 2, 3, 4로 반복하게 된다.
- 7줄 : 2차원 배열 array에 행 인덱스를 i로 하고, 열 인덱스를 j로 하여 j * 3 + (i + 1)의 결과를 배정한다.
- 8줄 : 7에서 배정한 값을 2차원 배열 array로 출력한다.
- 10줄 : 5의 반복문이 1회 반복하는 마지막에 줄바꿈을 하여 배열의 행을 구분하여 출력하도록 한다.

07번 해설

스니핑(Sniffing)

- 송신자와 수신자 사이 네트워크에서 패킷 정보를 도청하는 행위이다.
- 네트워크 트래픽 분석에 사용할 수도 있고, 악의적 목적으로 해커(Hacker)가 네트워크 패킷을 엿보면서 데이터를 도청하는 해킹 유형을 말하기도 한다.

08번 해설

NAT 사용 시 HTTP 요청 및 응답의 과정

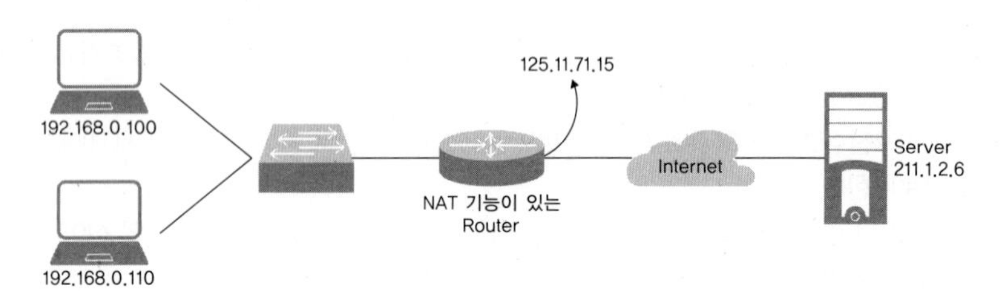

HTTP 요청/응답	NAT 기능 사용	출발지 주소	목적지 주소
PC → Sever	PC → Router	192.168.0.100	211.1.2.6
	Router → Server	125.11.71.15	211.1.2.6
Server → PC	Server → Router	211.1.2.6	125.11.71.15
	Router → PC	211.1.2.6	192.168.0.100

09번 해설

- 1줄 : arr은 리스트 객체로 아래와 같이 생성하여 초기화 한다.

	arr[0][0]	arr[0][1]	arr[0][2]
리스트 arr[0]	1	2	3

	arr[1][0]	arr[1][1]
리스트 arr[1]	4	5

	arr[2][0]	arr[2][1]	arr[2][2]	arr[2][3]
리스트 arr[2]	6	7	8	9

- 2줄 : print()로 arr[0]을 출력하면 리스트 arr[0]의 원소들이 모두 출력된다. 이때 출력 형식은 대괄호([ ])를 포함하여 출력한다. → [1, 2, 3]
- 3줄 : print()로 arr[2][1]을 출력하면 리스트 arr[2][1]의 원소를 출력한다. → 7
- 4줄 : arr의 리스트 개수만큼 반복한다. 첫 번째 반복에서 리스트 arr[0] 전체를 sub에 저장하여 반복하고, 두 번째 반복에서 arr[1] 전체를 sub에 저장하여 반복하며, 세 번째 반복에서 arr[2] 전체를 sub에 저장하여 반복하게 된다.
- 5줄 : 4에서 저장한 리스트를 사용하여 반복한다. 리스트 arr[0]으로 반복하면 arr[0]은 3개의 원소로 되어 있으므로 3회 반복한다. 즉, 첫 번째 반복에서 arr[0][0]을 item에 저장하여 반복하고 두 번째와 세 번째도 arr[0][1], arr[0][2]를 저장하여 반복한다.
- 이후 리스트 arr[1]과 arr[2]의 경우도 동일하게 반복된다.

- 6줄 : 5에서 저장된 리스트 원소를 출력한다. end=" "는 출력 후 개행하지 않고 한 칸의 공백을 두기 위해 작성한 코드이다.
  →1 2 3
  4 5
  6 7 8 9
- 7줄 : 4의 반복문이 1회 종료될 때마다 개행하기 위한 코드이다.

기적의 TIP

- Python의 print() 메서드는 기본적으로 출력 후 줄을 바꾸어 줍니다. 즉, 개행문자(\n)를 사용하지 않아도 자동으로 인식하여 줄을 바꾸게 됩니다.
- 하지만 줄을 바꾸고 싶지 않은 경우 end=" "를 작성하면 개행문자를 대신하여 줄을 바꾸지 않습니다.

10번 해설

블록체인(Blockchain)

- 거래 정보를 특정 위치에 저장하지 않고 네트워크에 분산 저장하여 참여자 공동으로 기록하고 관리하는 분산 원장 기술이다.
- 초기 블록체인은 암호화폐로 거래할 때 발생할 수 있는 해킹이나 위변조를 막는 기술로 활용되었다.
- 보안성(Secure), 투명성(Transparent), 탈중개성(P2P–based), 신속성(Instantaneous)의 장점으로 빠르게 확산되고 있다.

11번 해설

① 하둡(Hadoop)

- 대용량 데이터 분산 처리 플랫폼의 약자로 다수의 범용 컴퓨터를 연결하여 하나의 시스템처럼 작동하도록 묶어 대용량의 다양한 데이터들을 분산 처리하는 공개 소스 프레임워크(소프트웨어 패키지)이다.
- 2005년 더그 커팅(Doug Cutting)과 마이크 케퍼렐라(Mike Cafarella)가 오픈 소스 검색 엔진인 아파치 너치(Apache Nutch)를 분산 처리하기 위하여 개발하였다. 하둡이라는 이름은 개발자인 더그(Doug)의 아들이 갖고 있던 노란 코끼리 장난감의 이름을 따서 지었다. 이후 개발한 하둡 에코시스템(Ecosystem) 프로그램들은 하이브(Hive, 데이터 모델링 솔루션), 피그(Pig, 빅데이터 분석을 위한 플랫폼)처럼 모두 동물 이름을 갖게 되었다.

② 하둡의 핵심 구성요소

- 하둡 분산 파일 시스템(HDFS, Hadoop Distributed File System) : 대용량의 데이터를 분산시키고 저장·관리하는 시스템
- 맵리듀스(Map Reduce) : 대용량 데이터의 처리를 위한 분산 프로그래밍 모델로 흩어져 있는 데이터들을 연관성 있는 데이터로 분류하는 맵(Map)과 분류한 데이터에서 중복된 데이터를 제거하고 원하는 데이터를 추출하는 리듀스(Reduce)라는 두 개의 메소드로 구성
- 하둡 공통 요소(Hadoop Common) : 다른 하둡 모듈을 지원하는 공통 유틸리티 및 라이브러리 모음
- 하둡 얀(Hadoop YARN) : 하둡 분산 파일 시스템 위에서 작동하는 빅데이터용 응용들을 실행하는 분산 운영체제로 자원 관리자, 노드 관리자, 응용 마스터, 컨테이너로 구성
- 하둡 오존(Hadoop Ozone) : 하둡용 확장성 있는 중복된 분산 객체 저장소

12번 해설

- 삽입 이상 : 데이터를 삽입하기 위해 불필요한 데이터도 삽입해야 하는 현상
- 갱신 이상 : 중복 튜플 중 일부만 변경하여 데이터가 불일치하게 되는 현상
- 삭제 이상 : 튜플을 삭제할 때 꼭 필요한 데이터까지 같이 삭제되는 현상

13번 해설

프로세스의 상태

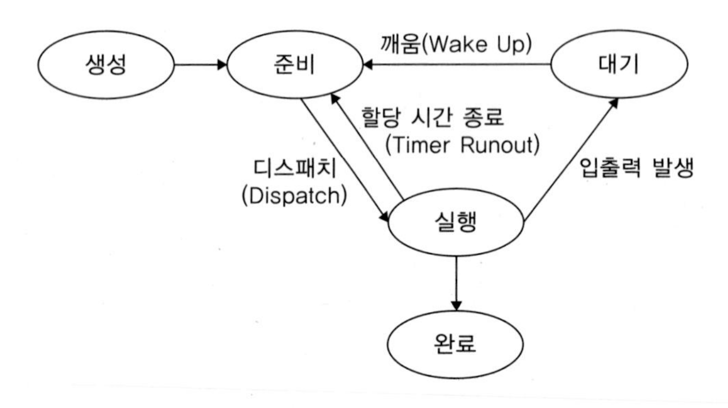

생성 상태(New)	프로세스가 생성 이후 운영 체제에 의해 실행 가능하게 되지 못한 상태
준비 상태(Ready)	프로세스가 실행을 위해 CPU(Process)를 할당 받기를 기다리는 상태
실행 상태(Execute)	프로세스가 CPU(Process)를 할당받아 실행되는 상태
대기 상태(Block)	프로세스가 임의의 자원을 요청한 후 이를 할당받을 때까지 기다리고 있는 상태
완료 상태(Finish)	프로세스가 완료되어 기억장치, CPU 등 모든 자원을 해제한 상태

14번 해설

테스트 오라클(Test Oracle)

- 테스트의 결과가 참인지 거짓인지를 판단하기 위해서 사전에 정의된 참 값을 입력하여 비교하는 기법 및 활동이다.
- 테스트 오라클의 유형

참(True) 오라클	모든 입력 값에 대하여 기대하는 결과를 생성함으로써 발생된 오류를 모두 검출할 수 있는 오라클
샘플링(Sampling) 오라클	특정한 몇 개의 입력 값에 대해서만 기대하는 결과를 제공해 주는 오라클
휴리스틱(Heuristic) 오라클	샘플링 오라클을 개선한 오라클로, 특정 입력 값에 대해 올바른 결과를 제공하고, 나머지 값들에 대해서는 휴리스틱(추정)으로 처리하는 오라클
일관성 검사(Consistent) 오라클	애플리케이션 변경이 있을 때, 수행 전과 후의 결과 값이 동일한지 확인하는 오라클

15번 해설

동등 분할 테스트는 명세에 기반하여 볼 때, 컴포넌트나 시스템의 동작이 같을 것이라고 추정되는 입력 또는 출력 도메인의 부분을 선택하여 선택된 값들 간의 논리적 관계를 고려하여 테스트 케이스를 선정하는 기법이다.

16번 해설

SELECT 학과, COUNT(*) AS 학과인원

③ 학과와 COUNT(*)를 별칭 '학과인원'으로 검색하시오.

FROM 학생

① [학생] 테이블에서

GROUP BY 학과;

② '학과'로 그룹화 하여

17번 해설

유닉스(UNIX)

- 유닉스 시스템의 구조는 간단하여 이해하기 쉽고 범용성과 확장성이 뛰어나기 때문에 현재 개인용 컴퓨터(PC)나 소형 컴퓨터에서 주로 사용된다.
- 유닉스 시스템은 읽고, 이해하고, 변경하기 쉬운 고급언어인 C언어로 작성되어 시스템 간의 이식(Porting) 과정을 단순화하였다.
- 다양한 기능으로 인하여 경제성이 뛰어나다.
- 유닉스 시스템의 3대 특징은 다중사용자, 다중작업, 대화형이다.
- 파일과 입출력장치를 동일하게 취급하여 장치 의존성을 제거하였다.
- 쉽게 유지보수할 수 있고 효과적으로 구현할 수 있는 계층적 파일시스템을 사용한다.

18번 해설

UI의 설계 원칙

- 직관성 : 누구나 쉽게 이해하고 사용할 수 있어야 한다.
- 유효성 : 사용자의 목적을 정확하게 달성하여야 한다.
- 학습성 : 누구나 쉽게 배우고 익힐 수 있어야 한다.
- 유연성 : 사용자의 요구사항을 최대한 수용하며, 오류를 최소화하여야 한다.

19번 해설

- 2줄 : 문자열 "KOREA"를 가리키는 문자 포인터 p를 선언하고 초기화한다.
- 3줄 : 문자열 p를 출력한다. 따라서 "KOREA"가 출력된다.
- 4줄 : p+3는 포인터 p를 3 바이트 뒤로 이동시키기 때문에 "EA" 문자열을 출력한다.
- 5줄 : *p는 p가 가리키는 위치의 첫 번째 문자를 나타낸다. 따라서 "K" 문자를 출력한다.
- 6줄 : *(p+3)은 p의 3 바이트 뒤에 있는 문자를 나타낸다. 따라서 "E" 문자를 출력한다.
- 7줄 : *p는 "K" 문자를 나타내며, 여기에 2를 더하면 문자 'M'의 ASCII 값에 해당하는 결과가 나온다. 따라서 "M" 문자가 출력된다.

20번 해설

- 주어진 프로그램은 Java로 작성된 클래스 및 상속을 활용한 프로그램이다. 프로그램은 Parent 클래스와 Child 클래스를 정의하며, Main 클래스에서 이러한 클래스를 활용하여 메서드를 호출하는 예제이다.

Parent 클래스	• compute 메서드는 하나의 정수 매개변수 num을 받는다. • 메서드는 num이 1 이하일 때, 그 값을 반환한다. 그렇지 않으면 compute 메서드는 num–1과 num–2를 각각 compute 메서드에 재귀적으로 호출하여 그 결과를 더한 값을 반환한다.
Child 클래스	• Child 클래스는 Parent 클래스를 상속받는다. • Parent 클래스의 compute 메서드를 오버라이딩(재정의)하여 자체적인 구현을 제공한다. • compute 메서드는 num이 1 이하일 때, 그 값을 반환한다. 그렇지 않으면 compute 메서드는 num–1과 num–3를 각각 compute 메서드에 재귀적으로 호출하여 그 결과를 더한 값을 반환한다.
Main 클래스	• Parent 클래스를 사용하여 Child 클래스의 객체를 생성한다. 이는 다형성을 활용한 예시이다. • compute(4) 메서드를 호출하며, 이때 Child 클래스의 compute 메서드가 실행된다. • compute 메서드는 4를 전달하고, Child 클래스의 compute 메서드가 호출된다. Child 클래스의 compute 메서드는 재귀적으로 호출하여 그 결과를 더한 값을 반환하며 재귀적으로 호출되는 메서드들은 다음과 같다. compute(4) = compute(3) + compute(1) compute(3) = compute(2) + compute(0) compute(2) = compute(1) + compute(−1) compute(1) = 1 compute(0) = 0 compute(−1) = 0

- 호출된 역순으로 메서드의 결과를 리턴하면 최종 1이 출력된다.

MEMO

자격증은 이기적!

합격입니다.

이기적 강의는
무조건 0원!

이기적 영진닷컴

강의를 듣다가
궁금한 사항은?

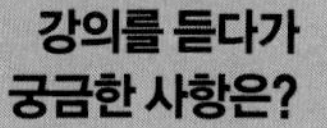